财政部"十三五"规划教材

高等教育（成人/网络）工商管理专业系列教材

# 生产运作管理

## （第二版）

主　编　孟宪华　张鸿萍

副主编　申元月　陈振华

中国财经出版传媒集团

经济科学出版社

Economic Science Press

图书在版编目（CIP）数据

生产运作管理/孟宪华，张鸿萍主编．—2 版．
—北京：经济科学出版社，2018.7
高等教育（成人/网络）工商管理专业系列教材
ISBN 978 - 7 - 5141 - 9625 - 2

Ⅰ.①生… Ⅱ.①孟…②张… Ⅲ.①企业管理 -
生产管理 - 高等学校 - 教材 Ⅳ.①F273

中国版本图书馆 CIP 数据核字（2018）第 185903 号

责任编辑：于海汛 李一心
责任校对：杨 海
责任印制：李 鹏

# 生产运作管理

## （第二版）

主 编 孟宪华 张鸿萍
副主编 申元月 陈振华
经济科学出版社出版、发行 新华书店经销
社址：北京市海淀区阜成路甲 28 号 邮编：100142
总编部电话：010 - 88191217 发行部电话：010 - 88191522
网址：www. esp. com. cn
电子邮件：esp@ esp. com. cn
天猫网店：经济科学出版社旗舰店
网址：http：//jjkxcbs. tmall. com
北京密兴印刷有限公司印装
787 × 1092 16 开 25.5 印张 540000 字
2019 年 1 月第 1 版 2019 年 1 月第 1 次印刷
印数：0001—3000 册
ISBN 978 - 7 - 5141 - 9625 - 2 定价：64.00 元

# 前　言

## INTRODUCTION

生产运作是人类最基本的活动之一，是社会财富的源泉和推动社会经济发展的原动力。进入 21 世纪以来，随着全球经济一体化加速，以及科学技术的迅猛发展，为了应对市场需求的多样化、多变化和顾客需求的个性化，生产与运作管理的模式发生了巨大变化，生产与运作管理被提到了战略的高度，成为管理科学与工程中最为活跃的一个分支，该领域的新思想、新理论不断涌现，内容更加丰富，范围更加宽广，体系更加完整。第二版教材力图反映近年来生产与运作管理的最新成果和这一学科的最新发展，具有以下特点：

1. 比较全面地反映了生产运作管理最新研究与实践，以价值链和供应链视角规划生产运作系统和产品开发与设计，展示生产运作职能与企业战略管理内在的互动逻辑关系。

2. 对部分章节内容按照知识内在联系和逻辑重新编排了顺序及其搭配组合，尝试生产运作管理各模块知识内容的交叉教学。尝试从作业资源调配角度阐述作业计划与控制内容，以互联网、大数据、信息化为突破口介绍了诸如"服务型制造""智能制造技术""云服务"等先进生产运作方式的新发展趋势。

3. 为适应生产运作管理教学的需要，突出案例教学，为适应不同职业背景的学生，案例都兼顾了制造业和服务业。每章开篇都有一个与本章内容密切相关的案例，用于启发学生对本章的兴趣和思考；在每章结束再提供一个更为详细的讨论案例，用于学生的独立思考或分组讨论。

本书的编写，本着既重理论更重操作的指导思想，坚持理论联系实际，定量分析与定性分析相结合的原则，面向成人及网络高等教育管理类生产运作管理教材的需求，内容丰富，体例规范，每章后面附有本章小结、复习思考题、推荐阅读、案例等，既有利于教学，也方便自学，也可作为管理类本科学生生产运作管理的参考书。

全书分为 12 章。第 1 章为生产运作管理导论，阐述生产运作管理的基本概念和历史沿革；第 2 章为生产运作战略，分析战略环境、提出战略内容、讨论战略的制定与实施；第 3 章为产品开发与设计，介绍产品和服务的开发设计与技术选择；第 4 章为生产运作系统规划与设计，介绍了生产系统的构成，阐述了价值链、供应链的方法，讨论了能力规划和技术工艺管理手段；第 5 章为生产运作设施选址与布置，介绍设施选址原则及其注意事项，阐述 4 种常见布局方法，讨论了现场管理及其改善；第 6 章为生产运作工作系统设计，在介绍劳动生产率概念的基础上，讨论工作设计、工作研究及劳动定额管理问题；第 7 章为生产运作计划，阐述了生产运作计划体系及其编制原则，讨论了企业年度生产运作计划的制定与实施；第 8 章为库存管理与物料需求计划，着重讨论独立需求库存控制的决策和模型，介绍 MRP、MRPII 及 ERP 的基本原理和应用问题；第 9 章为作业计划与控制，介绍了生产运作过程资源调配的基本原理，阐述了制造业作业计划的编制与控制主要内容，并讨论了服务业作业计划相关问题；第 10 章为质量管理，介绍了质量管理的基本概念与历史演进过程、ISO9000 系列标准及与全面质量管理、统计质量控制的常用方法以及 6σ 管理内容；第 11 章为设备综合管理与安全生产，介绍设备管理的基本理论和维修体制，以及安全生产管理的基本内容；第 12 章为先进生产运作方式，介绍准时生产系统的管理思想、看板控制系统以及精益生产，讨论了大规模定制、敏捷制造以及先进生产运作方式发展规律和趋势等问题。

本教材由孟宪华、张鸿萍任主编，申元月、陈振华任副主编，本书大纲由孟宪华、张鸿萍、申元月、陈振华共同讨论拟定。各章编写的具体分工如下：第 4 章、5 章、11 章、12 章由孟宪华编写，第 2 章、6 章、8 章、10 章由张鸿萍编写，第 1 章、3 章、7 章、9 章由申元月、陈振华编写。本教材在编写过程中，编写人员参阅了国内外专家学者的大量中外文参考书和文献资料，主要参考资料目录已列在了书后，在此对国内外有关作者表示衷心的感谢。

由于本书涉及的内容广泛、知识更新较快，加之时间仓促，作者水平有限，难免会有一些不当与错误之处，恳请专家与同行批评指正。

编写者

2017 年 5 月

# 目　录
## CONTENTS

# 第1章 生产运作管理导论

## 【引例】

### 格力电器上半年营收净利增幅均超30% 高增长"定调"全年业绩

经济网讯8月30日盘后,格力电器披露2018年半年度报告。报告显示,上半年格力电器营业收入和净利润双双较上年同期增长超过30%,在较高基数情况下,继续保持了较高增长,经营业绩再创新高,实现了可持续、高质量发展,为2018年全年业绩迈上新台阶打下了坚实基础。

高基数上的高增长:

2017年上半年,格力电器营业总收入为700.21亿元,增长39.79%,是2012年以来收入增幅最大的一个上半年,由此也抬高了今年上半年的基数水平。在这样的背景下,2018年上半年格力电器仍取得了31.4%的收入增长,营业总收入达到920.05亿元,距离千亿元关口仅一步之遥。

2018年前两个季度,格力电器收入水平均保持较快增长,第一季度实现营业总收入400.25亿元,增长33.26%;第二季度实现营业总收入519.79亿元,增长30%,表现超出预期。这是格力电器有史以来,单季度营业总收入首次站上500亿元关口,创了新纪录。

2018年上半年,空调市场增长势头依旧强劲。根据产业在线数据,2018年上半年中国空调总销量同比增长14.30%,居各家电品类增长率之首。中怡康终端数据显示,2018年上半年空调零售量同比增长16.60%,零售额同比增长19.80%,是大家电中唯一取得两位数增长的品类。

在暖通空调领域,格力电器的行业地位再度提升,领先优势进一步扩大。行业的高景气度,加上格力电器稳步提升的市场影响力,为公司收入水平较快增长提供双轮驱动,在行业上升期的增长弹性得以充分展现。

据了解,格力家用空调多年来始终保持市场份额全球第一。日本经济新闻汇总并发布的"2017年全球主要商品与服务市场份额调查"显示,在家用空调领域,格力电器以占有率21.90%的绝对优势位列全球第一,超过了第二名7个百分点。

在国内中央空调市场上,格力电器的行业龙头地位愈发稳固。根据《暖通空调资讯》发布的《2018年上半年度中央空调行业发展报告》,格力中央空调以

17.03%的市场占有率继续领跑国内中央空调行业，较 2017 年度全年 15.42%的市场份额，进一步提升了 1.61 个百分点。

领先源于核心技术：

格力电器的市场地位，源于消费者对品牌的认可，本质上是对公司产品品质、核心技术水平的认可。

据国家知识产权局发布的相关统计数据，在 2018 年上半年我国发明专利授权量排名前十位的国内企业中，格力电器以 787 件的专利授权量位列第七，是唯一进入前十名的家电企业。此前，2016~2017 年连续两年在国家知识产权局公布的中国发明专利排行榜中，格力的发明申请量、发明授权量均进入全国前十，稳居家电行业第一。

2018 年 5 月，格力电器对外发布了 5 项自主研发的最新技术，达到"国际领先"水平。至此，格力共累计研发出 24 项"国际领先"级技术。

强大的研发实力、领先的技术水平，构成格力电器品牌认可度的根本保障，从而为产品的盈利能力提供了坚实支撑。近年来，格力电器盈利增速持续高于收入增长，盈利能力较为突出。

2018 年上半年格力电器实现归属于上市公司股东的净利润 128.06 亿元，较上年同期增长 35.48%，增长幅度依旧高于收入。数据显示，当期公司销售毛利率继续保持在 30%以上的历史较高水平，空调产品毛利率达到 34%。

格力电器同时还披露了中期分红方案，拟向全体股东每 10 股派发现金红利 6 元（含税）。据测算，格力电器本次分红总额达 36.09 亿元。

成长前景被看好：

此次格力电器半年报更新了截至 2018 年 6 月末的公司股东数量及持股情况。

前十大股东方面，中国证券金融股份有限公司所持公司股份数量再次出现增长，较 2018 年一季度末的 2 094.82 万股进一步增至 2 314.01 万股，持股比例由 3.48%增至 3.85%。一定程度上反映出，主要股东对格力电器增长前景的认可。

行业观察人士认为，考虑到格力电器经营表现的季节性规律，其后期表现值得期待。从格力电器历年下半年的收入及利润数据上来看其下半年业绩通常要好于上半年。按照这一规律，预计下半年公司总营收将超过 1 000 亿元、全年总营收将超过 2 000 亿元。

（资料来源：人民日报中国经济周刊官方网站－经济网 http：//www.ceweekly.cn/2018/0831/233430.shtml，2018－08－31）

## 【本章学习目标】

1. 掌握生产与运作管理的基本概念。
2. 了解生产运作的类型划分及特点。
3. 了解制造性生产与服务性运作的区别和联系。
4. 理解生产运作管理的目的、任务及职能范围。
5. 认识生产运作管理的地位与作用。
6. 熟悉生产运作管理的发展历史及新特征。

　　生产活动是人类最基本的活动，有生产活动就有生产管理。可以说，人类最早的管理活动就是对生产活动的管理，20 世纪管理作为一门科学出现也是源于对生产活动的管理。本章主要阐述生产运作管理（production and operations management）的基本概念、生产运作管理的职能范围与内容、生产运作管理在整个企业管理中的地位和作用及其发展历史和趋势。

## 1.1　生产运作管理的基本概念

### 1.1.1　生产运作活动

　　社会产品的生产和服务的创造是通过人类生产运作活动来实现的。生产是人类社会赖以生存和发展的基础。人类早期的生产活动主要是从自然界获取物质财富。随着人类智慧和文明的发展，生产活动主要集中在企业内进行，表现为企业从自然界基本产物中通过提取、加工、组合，将低价值的生产要素转换为高价值的具有一定效用的产品。进入 20 世纪后，尤其是"二战"以来，服务业及其他非制造业获得了迅猛的发展，生产活动的含义进一步扩大。可以说，服务业的兴起，使生产的概念得到延伸和扩展。过去，西方学者把与工厂联系在一起的有形产品的制造称作"production"，而把提供劳务的活动称作"operations"。现在，他们有时将两者均称为"operations"。西方学者将有形产品和劳务都称作"财富"，把生产定义为创造财富的过程，从而把生产的概念扩大到非制造领域。这是有道理的，虽然，搬运工人和邮递员转送的都不是他们自己制造的东西，但他们付出了劳动，我们不能说他们从事的不是生产活动。为了区分"production"和"operations"，我们将它们分别译作"生产"和"运作"。在一般情况下，为了符合汉语的习惯，将两者都称作生产或生产运作。生产与运作概念的发展如图 1 - 1 所示。

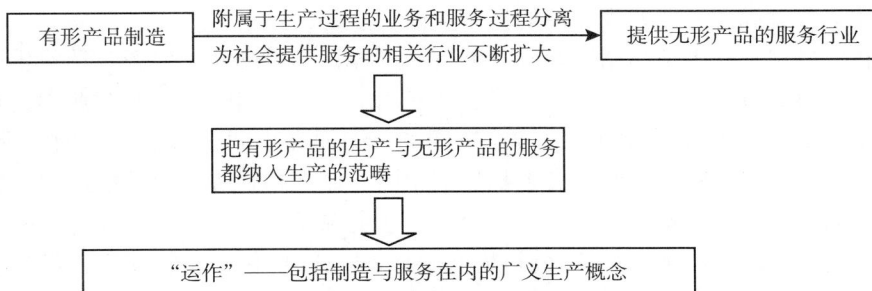

图 1 - 1　生产与运作概念的发展

从一般意义上讲，生产运作是一切社会组织将它的输入转化为输出的过程，是一个投入一定的资源，经过生产运作系统转换，使其客户和企业价值增值，最后以某种形式的产出提供给社会的过程。

因此，只要是能够创造或增加效用，来满足人们需求的活动，包括物质产品的生产和非物质产品的创造，均属于生产运作活动。

从上述定义可看出，生产运作活动包括三个基本要素：投入、转换过程、产出。

投入就是生产运作活动所需要的各种资源，包括人力、资本、设备、物料、技术、信息、土地、能源等。按照它们在生产运作中所起的作用可分为劳动力、劳动对象、劳动资料、信息和资金五大类。劳动力是生产运作活动所需的劳动能力，是劳动者的体力、脑力和智力的总和。劳动对象即生产运作活动的作用目的物，可分为主要材料和辅助材料两大类：主要材料包括构成产品的原材料及外购件等，是产品形成的主要部分；辅助材料是指不直接形成产品的消耗材料，如催化剂、涂料、能源等。劳动手段是作用于劳动对象，将其转变成产出物的手段，主要是指机器设备、工具、仓库、厂房等。生产信息是指生产运作活动中应用的知识、经验、技术等，也包括生产运作活动所需的标准、程序、方法和数据资料，等等。相对而言，前三种资源是有形资源，而信息则是无形资源并对有形资源的运用起着组织、操纵、控制的作用。可以说，信息是所有资源要素中最重要的，也是企业提高生产率、增强竞争能力和获利能力的主要资源。如在高技术含量的产品中，信息资源所创造的价值一般占到产品价值的80%，而其成本只占产品总成本的20%。资金是为获取以上资源而必需的资本投入，只有一定量的资金投入才能使这些资源成为企业所拥有的资源，才能使企业的生产运作活动成为可能。

产出是指生产运作活动的结果，包括产品和服务，即有形产品和无形产品。前者指汽车、机床、电冰箱、食品等各种物质产品；后者是指某种形式的服务，如管理咨询公司提供的管理创新方案，银行提供的金融服务，邮政局提供的邮递服务，航空公司提供的运输服务等。值得强调的是，在现代社会中，随着社会的进步和消费者消费心理及行为的日益成熟，产品这一概念的内涵进一步扩大，它应该包括所有能使消费者感到满意的功能，是产品功能、质量、价格、交货期、售后服务及信誉等的总和。从这个意义上讲，企业必须从上述各方面全面完成生产并使消费者满意才能实现预期的生产价值。

转换过程是从事产品制造和服务创造的过程，是通过人的生产劳动使生产要素价值增值的过程。转换过程在制造业和非制造业是不同的。在制造业中，转换过程是由生产过程所采用的工艺方法决定的，因而在不同的行业、不同的企业、不同的产品甚至不同的生产规模中都各不相同。如汽车制造厂的转换过程是将各种形态的原材料、设备、劳动力、资金及其他资源经过刻意设计和综合平衡后将其转变为汽车产品的生产系统（production system）；焦化厂是将原煤、设备、劳动力、资金及其他资源经过综合平衡后并采用一定的工艺方法将其转化为具体产品的生产系统。在非制造业中，转换过程所产出的不是制成品而是服务，它是一个由劳动力、资金、信息、附属设施及其他资源组合成的作业系统。如航空公司，其投入的各种资源为人员、飞机、能源、配套设施等，而它产出的是各航空港之间的位移服务；再如医院，其投入的资源主要是医护人员、医疗设备、附属设施等，它的产出则是为病人提供医疗服务。但无论是制造业还是非制造业的转换过程，都既是一个使投入要素发生转换的过程（生产过程），又是一个通过计划、组织、控制等管理职能使上述资源要素得以顺利转换的管理过程。通常情况下，习惯上把有形产品的转换过程称为生产过程，把无形产品的转换过程看作是一种特殊的生产过程，称为服务过程或作业过程。

不同的企业组织，其输入和输出的内容和转化过程是不同的，典型组织的生产运作转化过程如表 1 - 1 所示。

表 1 - 1　　　　　　　　　典型组织的生产运作转化过程

| 社会组织 | 主要输入 | 转化的内容 | 主要输出 | 利用的资源 |
| --- | --- | --- | --- | --- |
| 工厂 | 原材料 | 加工制造 | 产品 | 工具、设备、工人 |
| 运输公司 | 产地的物资 | 位移 | 销地的物资 | 运输工具、工人 |
| 修理站 | 损坏的机器 | 修理 | 修复的机器 | 修理工具、修理员 |
| 医院 | 病人 | 诊断与治疗 | 恢复健康的人 | 医疗器械、医生、护士 |
| 大学 | 高中毕业生 | 教学 | 高级专门人才 | 教室、书本、教师 |
| 咨询站 | 情况、问题 | 咨询 | 建议、方案 | 咨询员、信息 |
| 饭店 | 饥饿的顾客 | 提供餐饮和服务 | 满意的顾客 | 厨师、服务员、食物 |

### 1.1.2　生产运作系统

综上所述，生产运作过程是一个投入转换产出的过程，它是生产运作过程与管理过程有机结合的整体。生产运作系统就是使该过程得以实现的手段。在当今竞争激烈的市场环境中，如何加快对市场需求的反应速度，更好地满足消费者需求，增强企业的应变能力，已成为企业能否取得竞争优势的关键因素。因此，现代生产运作系统是为企业生产产品和创造服务提供手段和平台，是集研究设计、采购、生产加工、交货、服务等功能为一体的综合性系统。其结构如图 1 - 2 所示。

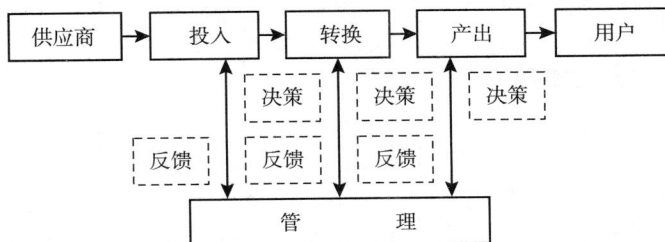

图 1 - 2　生产运作系统示意图

在图1-2中，生产运作系统是一个开放的系统，由供应商、投入、转换、产出、用户、管理六部分组成。从系统的相对封闭性来看，生产运作系统是由投入、转换、产出、管理四部分组成。这四部分构成两个相对的封闭系统：资源要素转换系统和管理系统。前者是一个实体系统，主要由各种机器设备、运输工具、设施、仓库、信息传递媒介等组成。例如，在一个机械制造厂中，实体系统是由车间、厂房、各种机床、运输设备、仓库及人员等组成；管理系统主要是指对前一系统进行设计、配置、运行和改进，实际上是对生产运作过程的计划、组织和控制。在生产运作过程中，管理系统对要素转换系统起着组织、操纵和控制的作用：首先由管理系统提出目标制订计划，然后按目标和计划要求组织资源要素的投入，由转换系统生产出产品或提供服务；转换系统实际执行的结果信息反馈给管理系统，通过实际结果与计划要求的比较发现偏差，再由管理系统采取措施，调整资源要素的投入和控制转换系统的再运行。当然，生产运作系统是一个开放的系统，还需要从外部环境获取信息，如国际政治经济形势、科学技术的新发展、市场需求的变化、新竞争对手的威胁等，并以此来调整企业自身的投入和转换过程，增强适应能力和市场竞争力。

生产运作系统有它的时效性，即生命周期。任何生产运作系统的设计与建立，都是基于生产一种产品或提供某种服务的设想。如果设想是可行的，就要调查其可销售性、可生产性、所需资本、预期收益等等，然后作出是否生产这一产品或服务的决策。一旦决策是肯定的，那么，产品的最终形式、工艺方案、平面布置、所需设备、附属设施都要详细规定，设备要选择购买，要完成的工作任务及相应的工作流程和工作方法必须做好计划，生产、采购、存储和质量控制系统要设计，厂房、仓库及附属设施要建设，生产及管理人员要合理配备，然后开始组织生产。在生产系统开始运行时，由于各方面因素的影响，原有设计很可能需要调整，或者重新布局，或者调整人员，或者调整工作流程等。一旦系统正式运行后，要解决的问题就逐渐变成日常性的，整个生产运作系统在运行阶段处于一种稳定阶段。实际上，系统的稳定性是相对的，系统本身要根据整个企业经营战略的总体安排和生产决策而不断地进行调整，系统的运行是一个动态的过程。但是，如果该系统所生产的产品或提供的服务方向发生了根本性的改变，那么该系统的生命将趋于终结。这样，从系统的诞生、运行、调整，一直到系统的终止所经历的阶段称为生产运作系统的生命周期。

### 1.1.3　生产运作管理

生产运作管理就是对生产运作过程的计划、组织、控制，是和产品生产和服务创造密切相关的各项管理工作的总称。如果从动态系统的观念来认识，生产运作管理是指对企业提供产品或服务的系统进行设计、运行、控制和维护改善的各种管理活动的总称。生产运作系统的设计包括产品或服务的开发和设计、运作设施的地点选择、运作设施的布置、服务交付的系统设计和工作系统的设计。生产运作系统的运行，主要是指在现行的运作系统中如何适应市场的变化，按用户的需求生产合格产品和提供满意服务，主要涉及生产计划、组织与控制三个方面的问题。生产运作系统的控制是指对运行过程的全方位控制，主要包括进度控制、质量控制、设备控制、现场控制、费用控制等。生产运作系统的维护和改善主要是指生产运作系统在运行过程中，基于内部因素和外部条件的变化而对系统所进行的调整和改善。如供应链管理中涌现了众多新理论和新方法，企业应积极应用这些新理论和新方法来改善生产运作系统。再如精益生产与大规模定制越来越焕发出勃勃生机，已开始从传统的制造业延伸到服务业，并尝试在非营利性组织中广泛应用，企业应适应这一变化及时对生产运作系统作出调整和改善。

### 1.1.4　生产运作类型

生产运作系统设计与运行的关键是确定系统的结构和运行机制，而系统结构和机制的确定主要取决于其产品和服务的特点。为此，就必须对企业生产和服务过程进行分类研究，按照一定的标志对生产服务过程进行分类，即生产运作类型。生产运作类型可以分为制造业生产类型和服务业运作类型两大类，这里先介绍制造业的生产类型的划分问题。

制造业所包括的行业相当广泛，不同的企业在生产规模、产品结构、生产方法、设备条件、专业化程度等方面，都具有各自不同的特点，这些特点都对生产系统设计和组织管理有着直接的影响。因此，必须研究企业生产系统属于何种生产类型，有何特点和规律，以便确定适宜的组织管理方法。制造业企业可采用多种标志对生产运作类型进行分类，表 1 - 2 所示的是几种典型的分类方法。

表 1 - 2　　　　　　　　　　　　制造性生产类型的划分

| 分类方法 | 生产类型 |
| --- | --- |
| 按产品使用性能分类 | 通用产品，专用产品 |
| 按生产工艺特征分类 | 流程型，加工装配型 |
| 生产稳定性和重复性分类 | 大量生产，成批生产，单件小批生产 |
| 按产品需求特性分类 | 订货生产，存货生产 |

#### 1. 通用产品生产与专用产品生产

按产品使用性能可把制造性生产分为通用产品和专用产品两大类。通用产品是按照既定的标准设计生产的产品，其适用面广，通用性强，市场需求量大。生产此类产品的企业一般是专业生产厂家，生产规模较大，生产过程相对稳定，可以较多地采用高效率的专用设备，在保证产品质量和市场销路的前提下可以取得很好的效益。专用产品是根据用户的特殊需要专门设计和生产的产品，其适用面较窄，需求量很小，有时甚至是单个产品。生产此类产品的企业由于不断变换品种，生产过程的稳定性较差，生产技术准备工作量很大，需要生产系统具有较高的灵活性和适应性，生产计划工作和生产运作控制比较复杂。一般来说，这类产品生产成本较高，但附加值大，如组织管理得当，也可取得很好的效益。

## 2. 流程型生产和加工装配型生产

按生产工艺特征分类可分为流程型生产和加工装配型生产。流程型生产的工艺过程是连续进行的，其生产的品种虽然可以不止一种，但每一种产品的工艺过程必须很相近，采用的设备要相同，生产设施按工艺流程布置，原材料按照固定的工艺流程通过一系列生产设备或装置加工处理成产品。如化工厂、炼油厂、制糖厂、水泥厂等都是流程型生产的典型。这种生产类型的管理重点是保证原材料、动力不间断地连续供应；加强设备的维护保养工作，实行计划预修制和保修制，保证设备运行时不出现故障；尽可能采用自动装置对生产过程实现实时监控并保证安全生产等。加工装配型生产的产品是由许多零部件构成的，各零件的加工过程是彼此相对独立的，整个产品的生产工艺过程是离散的，制成的零件经过部件装配和总装最后成为产品。如汽车制造厂、电冰箱厂、自行车厂等都是加工装配型的。这种生产类型的管理重点是在保证及时供应原材料和零件加工质量的前提下，控制零部件的生产进度，保证生产的配套性。因为任何零件的短缺，都会影响按时装配出成品，从而延长产品的生产周期，甚至延误产品的交货期。所以，加工装配型企业的管理最为复杂，也有较多的管理方法可供选择。连续型生产与离散型生产特征如表1-3所示。

表1-3　　　　　　　　　连续型生产与离散型生产特征

| 特征 | 连续型生产（流程型） | 离散型生产（加工装配型） |
|---|---|---|
| 产品品种数 | 较少 | 较多 |
| 产品差别 | 有较多标准产品 | 有较多用户要求的产品 |
| 影响特点 | 依靠产品的价格与可靠性 | 依靠产品的特点 |
| 自动化程度 | 较高 | 较低 |
| 设备布置的性质 | 流水式生产 | 批量或流水生产 |
| 设备布置的柔性 | 较低 | 较高 |
| 扩充能力的周期 | 较长 | 较短 |
| 对设备可靠性要求 | 高 | 较低 |
| 维修的性质 | 停产检修 | 多数为局部修理 |
| 原材料品种 | 较少 | 较多 |
| 能源消耗 | 较高 | 较低 |
| 在制品库存 | 较低 | 较高 |

### 3. 大量生产、成批和单件生产

按生产的稳定性和重复性可把企业分为大量、成批和单件三种生产类型。这是最为常见和最为典型的生产类型划分方法。大量生产类型的特点是产品品种少，产量很大，经常重复生产少数产品，生产过程稳定，工作地的专业化程度很高。成批生产类型的特点是产品品种较之大量生产要多，产量相对小一些，即每种产品的数量不够经常重复生产的条件，只能是一段时间出产一批。成批生产可按产品数量的多少、重复程度的大小，再分为大批量生产、中批量生产和小批量生产。大批量生产的特点接近于大量生产，习惯上统称为大量大批生产；小批量生产的特点接近于单件生产，统称为单件小批生产；中批量生产的特点是产品品种较多，同种产品数量大，生产过程相对稳定。单件（小批）生产的特点是产品品种很多，经常改变，每种产品只生产一件或少数几件，生产过程很不稳定，生产作业计划和控制工作较为复杂和困难。三种生产类型在生产组织和管理上的特点如表 1-4 所示。

表 1-4 大量、成批和单件生产的特征

| | 大量大批生产 | 成批生产 | 单件小批生产 |
|---|---|---|---|
| 产品品种 | 单一或很少 | 较多 | 很多 |
| 产品产量 | 很大 | 较大 | 很少或单个 |
| 生产设备 | 专用设备 | 专用通用 | 通用设备 |
| 设备利用率 | 高 | 较高 | 低 |
| 工作地专业化程度 | 高 | 较高 | 低 |
| 工艺装备 | 专用工装 | 专用通用 | 通用工装 |
| 生产率 | 高 | 较高 | 低 |
| 计划管理 | 较简单 | 较复杂 | 复杂多变 |
| 生产控制 | 较易 | 较难 | 很难 |
| 生产周期 | 短 | 一般 | 长 |
| 产品成本 | 低 | 一般 | 高 |
| 适应能力 | 差 | 较好 | 好 |
| 追求目标 | 连续性 | 均衡性 | 柔性 |

### 4. 订货生产和存货（备货）生产

按产品需求特性分类可分为订货生产和存货生产。订货生产是企业根据用户提出的具体订货要求，分别在设计、制造、装配、服务等方面满足用户的特殊需求。这类企业所生产产品种类很多，生产技术工作量很大，很难作出标准化的生产流程，在生产组织上一般采用适应性强的生产组织形式。另外，订货生产在某种程度上与专用产品的生产有相似之处，但也不尽相同。例如，自行车是一种典型的大量生产的通用产品，但也允许用户订货，进行小批量甚至单件生产。存货生产是指企业在市场调查、预测的基础上，有计划地进行生产，并通过保持一定量的成品库存来应付市场需求的波动。这类企业的生产过程相对来说比较稳定，便于按标准组织均衡生产，生产计划和控制工作相对简单。存货生产的产品通常是通用产品。订货型生产与存货型生产特征如表1-5所示。

表1-5　　　　　　　　订货型生产与存货型生产特征

| 项目 | 备（存）货型生产 | 订货型生产 |
| --- | --- | --- |
| 产品 | 标准产品 | 无标准产品，大量的变型产品与新产品 |
| 对产品的需求 | 可以预测 | 难以预测 |
| 价格 | 事先确定 | 订货时确定 |
| 交货期 | 不重要，由成品库随时供货 | 很重要，订货时决定 |
| 设备 | 多采用专用高效设备 | 多采用通用设备 |
| 人员 | 专业化人员 | 需多种操作技能 |

## 1.2　生产运作职能的重要性

### 1.2.1　生产运作管理的目标与任务

生产运作管理的目标是通过构造一个高效率、适应能力强的生产运作系统，为企业制造有竞争力的产品。所谓有竞争力的产品，必须是具有满足消费者一定需要的功效，并能在消费者需要的时候及时予以提供的产品。这就要求企业必须面对市场，在需要的时候，以适宜的价格，提供消费者满意的产品和服务。

产品竞争力的大小主要取决于产品的质量、成本、交货期三个要素。产品质量是指产品适合一定用途、满足社会和人们一定需要所具备的那些自然属性或特性。对于有形产品来说，质量特性可归结为性能、可靠性、安全性、适应性、经济性、时间性六个方面；对于无形产品来说，服务的质量特性可归纳为功能性、经济性、安全性、时间性、舒适性五个方面。成本是产品竞争力中一个十分重要的因素，它决定了产品的价格是否为消费者所接受，也决定了产品为企业带来的收益大小。交货期是保证产品时间性的关键因素。在这里，交货期是一个广义的概念，它既有及时满足顾客交货要求的含义，又有产品能够适应市场需求适时适量投放市场的含义。企业能否保证及时交货，直接影响着企业的信誉，有时甚至影响着产品的价格。

由此可见，生产运作管理的基本任务是：如何保证和提高产品质量。这涉及产品的设计质量、制造质量和服务质量，取决于产品设计过程、制造过程、辅助过程、售后服务过程的工作质量情况，即质量管理问题；如何降低产品成本，使产品的价格既为消费者所接受，又为企业带来一定的利润。这涉及企业内资源的合理配置与利用、生产运作系统的效率，以及企业资金的运用与管理等问题；如何保证交货期。这涉及企业如何将各种生产要素在需要的时候组织起来，对产品生产进度进行有效控制以及如何控制交货期等问题。

## 1.2.2　生产运作管理的职能范围和内容

生产运作管理的职能范围和内容可从企业生产运作活动过程的角度来看。对制造业来说，生产活动的主要内容是有形产品的制造过程，即从原材料投入、工艺加工直至产品完成的过程，传统的生产管理就是对产品基本制造过程的管理。其内容包括生产过程组织、生产计划、生产作业计划、生产调度及生产作业控制等。但是，在产品生产之前，还必须进行一系列的生产技术准备活动，如产品设计、工艺设计、工装夹具设计等，在产品生产完成之后，产品价值的实现还要依赖于售后服务和对市场的关注，而且，当今市场需求复杂多变，技术进步日新月异，产品更新换代的速度越来越快，这就要求企业必须注重生产系统的选择、设计与调整，提高生产系统的功能和柔性。因此，传统的生产管理的范围必将要扩大，其管理内容将会以产品基本制造过程为核心向前后延伸而更加丰富。对服务业来说，其服务过程的核心是无形产品——服务的创造，在当今市场环境条件下，尤其是信息技术飞速发展的形势下，同样面临着新产品更新换代速度加快、服务多样化的课题。因此，服务业企业也同样面临着作业系统及服务方式的适时调整和优化问题。所以，无论是制造业企业还是非制造业企业，其生产运作管理的内容都在不断地丰富和发展。

从生产运作管理的职能范围来看，生产运作管理主要有以下不同层次的内容：

### 1. 生产运作战略

生产运作战略的核心任务是赢得竞争优势。生产运作战略是对生产运作系统所作的规划与设计、运行控制以及维护与更新方面所作出的长期规划。生产运作战略属于企业职能战略范畴，它不但与营销战略和财务战略等职能战略相得益彰，更要与企业的总体战略相一致，以利于实现组织的使命和目标。

制定生产运作战略，就是以实现企业的使命和目标为出发点，从职能战略管理的视角，分析社会、经济、政治环境给企业带来的机会和威胁，针对企业在运营管理方面的优势和劣势，在成本、高质量、交货期等方面识别并培植企业的订单赢得要素，凝结企业的核心竞争力，以使企业在市场上获得竞争优势。

生产运作战略主要涉及企业生产什么，如何对不同的产品品种进行有机组合，企业将采用什么方式来进行生产，企业的生产规模应是多大，为此需要投入那些生产要素，如何对这些要素进行优化配置，如何确立企业自己的竞争优势，等等。

### 2. 生产运作系统规划与设计

生产运作系统设计决策是在生产运作战略确定以后所进行的决策。当生产运作战略决策作出以后，为了实现战略目标，就要设计一个高效率的生产运作系统，对系统设施规划和布置、生产运作技术、生产能力规划、生产过程组织、工艺设计、工作设计等问题作出决策。

### 3. 生产运作系统的运行与控制

生产运作系统的运行决策是在生产运作系统的结构、功能、构成要素等基本问题确定以后，系统处于日常运行过程中的决策。包括生产计划、生产作业计划、生产调度、生产作业控制、在制品管理、生产进度控制、质量控制等。

### 4. 生产运作系统的维护与改善

任何一个系统，不论其规划与设计如何科学，不论其运行与控制如何精准，都免不了会出现这样那样的问题，即使当时看来已经是最新的，也要不断进行更新，这就提出了生产运作系统的维护与更新问题。

生产运作系统的维护和改善主要是指生产运作系统在运行过程中，基于内部因素和外部条件的变化而对系统所进行的调整和改善。如供应链管理中涌现了众多新理论和新方法，企业应积极应用这些新理论和新方法来改善生产运作系统。再如精益生产与大规模定制越来越焕发出勃勃生机，已开始从传统的制造业延伸到服务业，并尝试在非营利性组织中广泛应用，企业应适应这一变化，及时对生产运作系统作出调整和改善。

## 1.2.3 生产运作管理职能的地位

生产运作管理是对企业生产运作活动的管理，是把企业的经营目标，通过产品制造和服务创造而转化成为现实。

生产与运作管理在企业管理中的地位，首先，生产运作管理是企业管理的一部分，从企业管理系统分层来看，生产运作管理处于经营决策（领导层：上层）之下的管理层（中层），它们之间是决策和执行的关系，生产运作管理在企业管理中起保证作用，处于执行的地位。其次，生产与运作管理活动是企业管理一切活动的基础，对生产运作活动管理不好或效率低下，企业就很难按市场所要求的品种、质量、数量、期限和价格向社会提供产品，满足不了用户要求，企业自身的竞争力必然下降，企业也就无法实现其经营目标。

## 1. 生产运作管理是企业管理的基本职能之一

现代管理理论认为，企业管理按照职能分工，可形成众多的管理职能，其中最基本的也是最主要的职能是市场营销、生产运作和财务会计。市场营销负责引导新的需求，成功地把产品销售出去，实现产品价值。生产运作负责生产产品或创造服务。财务会计负责企业资金的筹措和运用，跟踪企业生产运作状况并进行核算。

对于任何一个企业来说，这三种基本职能都是必不可少的。企业的组织机构也是为了充分发挥这些职能而设计和建立起来的。表 1-6 说明了制造企业、快餐店和银行是如何发挥这些职能的。

表 1-6　　　　　　　　　　　　　企业基本职能

| 企业经营中的三种基本职能 | | | |
|---|---|---|---|
| 企业名称 | 市场营销 | 生产运作 | 财务会计 |
| 汽车制造 | 广告、赞助汽车赛等 | 设计汽车、制造零部件、装配汽车等 | 向供应商付款、支付员工工资、作出预算等 |
| 快餐店 | 电视广告、分发宣传品、社会赞助等 | 制作食品、设计新店面、保养设备等 | 向供应商付款、支付银行贷款、支付员工工资、收取现金等 |
| 银行 | 广告宣传、贷款、信托等 | 支票清算、交易处理、维护、安全等 | 投资、证券、不动产、会计、审计等 |

从表 1-6 中可以看出，制造业和服务业的生产运作活动有所区别。制造企业的生产活动集中在某生产部门统一进行，而服务企业则是将作业活动分散到整个组织中去。比如说，航空公司的订票工作是由营销部门来完成的，但它属于整个服务作业过程的一部分。

但无论是在制造企业还是在服务型企业，生产运作活动都占用着很大一部分资金和劳动力等资源。所以说，生产运作活动是企业的基本活动之一，生产运作管理也是企业管理的一项基本职能。

## 2. 生产运作管理与市场营销的关系

生产运作与市场营销是处在同一管理层次上，又相对独立。在企业经营过程中，市场营销是先导，企业生产什么产品，生产多少，什么时间生产等决策都必须在营销部门进行市场调查和预测之后才能作出。而且，产品在市场上的销售状况如何，又在一定程度上取决于营销工作质量的好坏。而生产运作管理则是在市场营销导向和销售计划的规定下，按质、按量、按时、低成本地制造产品或提供服务。因此，生产运作管理是市场营销的后盾，它为营销部门提供有竞争力的产品或服务。两者是紧密联系、相互促进的。

在认识两者关系时，我们一定要正确认识生产运作管理的基础作用。在市场竞争越来越激烈的今天，企业到底依靠什么去获得竞争优势，从而在市场上站稳脚跟并求得不断发展？不同的企业可能有不同的成功经验和认识。但无论哪个成功企业，其竞争优势都是依靠它所拥有的核心产品获取的。只要企业所提供的产品或服务质量好，价格低，又能适应市场需求及时推出，就能在市场竞争中获胜。对于一个企业来说，它可能面临许多问题，如管理体制问题、资金短缺问题、设备陈旧问题、人员素质问题、债务问题等，这些问题都是属于企业内部问题。虽然任何一个问题的存在都会影响企业的正常运行，但对于消费者来说，他们并不过分关心一个企业内部的运行状况，他们真正关心的是企业所提供产品和服务是否能满足需要。所以，市场竞争实际上是不同企业产品和服务之间的竞争，而企业产品竞争力的大小在很大程度上取决于企业生产运作管理的绩效。因此，从这个意义上说，生产运作管理是企业竞争力的真正源泉。

### 3. 生产运作管理与财务管理的关系

生产运作管理与财务管理是处在同一管理层次、联系非常密切的两大管理职能。财务管理是以资金运动为对象，利用价值形式进行的综合性管理工作。

企业的生产运作活动是伴随着资金运动同时进行的。企业为进行生产运作活动，通过借贷、筹集等方式获得资金，这些资金先以货币资金形式存在于企业，当企业采购生产所需的原材料、燃料等实物后，货币资金转化为储备资金；随着原材料等实物进入加工过程，储备资金就转化为生产资金；当转换过程结束时，原材料等加工成产成品，生产资金也随之转化为成品资金；产品在市场上销售以后，其价值得以实现，成品资金又以货币资金形式收回。在上述整个过程中，资金流动与实物流动交织在一起，资金流动对实物流动起着核算、监督、控制的作用。从财务管理的角度看，企业财务管理系统既要为生产运作活动所需的物质以及技术改造、设备更新等提供足够的资金，又要控制生产运作中的费用开支，加快资金的周转，提高资金的利用效果。

从生产运作管理的角度看，生产运作管理所追求的高效率、高质量、低成本和适时性，可在各方面降低消耗，减少资金占用，又为财务管理系统更好地节约资金、提高资金利用效果、增加企业利润提供了基础保证条件。所以说，生产运作管理与财务管理是相辅相成、紧密联系的。

### 4. 企业管理系统的整体性

企业是一个完整的有机系统。企业管理的目的就是在充分发挥市场营销、生产运作、财务会计等管理职能作用的基础上，实现系统的整体优化，创造整体的最佳效益。在企业管理系统中，三大管理职能是相辅相成、相互影响的，缺少或削弱任何一项职能，都会影响企业经营的整体效果。如果一个企业营销体系不健全，营销政策不完整，销售渠道不畅，即使企业拥有竞争力很强的产品，也难以将产品销售出去，更谈不上取得市场地位、获得竞争优势。如果企业的生产运作系统设计不合理，采用的生产技术和工艺陈旧，产品质量没有保障，生产成本较高，很难想象这样的产品有可能在市场上销售出去。假如企业有竞争力很强的产品，也有很强的销售能力，但财务管理系统较弱，资金筹集和运作能力很低，企业最终也会因为没有足够的资金支持和资金使用效果低而不能够将市场做大。因此，我们在研究如何提高企业管理水平时，不能片面地强调某一方面的重要性，而应将其看作是一个完整的系统工程。那种认为企业管理应以某种职能管理为中心的观点是十分错误的。但是，由于企业经营活动的不稳定性，它在不同时期发展的重点也是不一样的，相应的职能管理水平也会有差别。因此，在某些时期针对管理的薄弱环节提出重点发展的思路是正确的。但总体上必须保证各项管理职能的平衡发展、共同提高。

## 1.2.4　生产运作管理的作用

### 1. 生产与运作是企业价值链的主要环节

从人类社会经济发展的角度来看，物质产品的生产制造是除了天然合成（如粮食生产）之外，人类能动地创造财富的最主要的活动。工业生产制造直接决定着人们的衣食住行方式，也直接影响着农业、矿业等社会其他产业技术装备的能力。在今天，随着生产规模的不断扩大，产品和生产技术的日益复杂，市场交换活动的日益活跃，一系列连接生产活动的中间媒介活动变得越来越重要。因此，与工业生产密切相关的金融业、保险业、对外贸易业、房地产业、仓储运输业、技术服务业和信息业等服务行业，在现代社会生活中所占的比重越来越大，在人类创造财富的整个过程中起着越来越重要的作用，是人类创造财富的必要环节。而作为构成社会基本单位的企业，其生产与运作活动是人类最主要的生产活动，也是企业创造价值、服务社会和获取利润的主要环节。

### 2. 生产与运作管理是企业市场链的主要活动

企业生产经营可以说有五大活动：财务、技术、生产、营销和人力资源管理。这五大活动是有机联系的一个循环往复的过程，如图 1 – 3 所示。企业为了实现自己的经营目的，先要制定一个经营方针，决定经营什么、生产什么；然后需要准备资金，即进行财务活动；接下来需要研制和设计产品以及工艺——进行技术活动；设计完成后，需要购买物料和加工制造——进行生产活动；产品生产出来以后，需要通过销售使价值得以实现——即进行营销活动；对销售以后得到的收入进行分配，其中一部分作为下一轮的生产资金，又一个循环开始。而能使这一切运转的，是人——企业的人力资源管理活动。

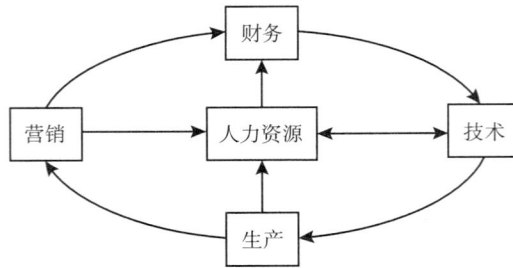

图 1－3　企业经营的活动过程

企业为了达到自己的经营目的，以上五大活动缺一不可。例如，没有资金，生产活动就无法开始，也就谈不上创造价值；又如，生产出来的有价值的产品，如果销售不出去，价值也就无从实现。而其中生产活动（包括"技术"活动在内）的重要意义在于它是真正的价值创造过程，是产生企业利润的源泉。

### 3. 生产与运作管理是构成企业核心竞争力的关键内容

在市场竞争条件下，企业竞争到底靠什么？不同的企业有各自不同的战略和各自不同的成功经验。归纳起来，最终都体现在企业所提供的产品上，体现在产品的质量、价格和适时性上。哪个企业的产品质量好，价格低，又能及时推出，就能在竞争中取胜。一个企业也许面临许多问题，如体制问题、资金问题、设备问题、技术问题、生产问题、销售问题、人员管理问题、企业和政府、银行、股东的关系问题等，任何一个方面的问题，都有可能影响整个企业的正常生产和经营。但消费者和用户只关心企业所提供的产品对他们的效用。因此，企业之间的竞争实际上是企业产品之间的竞争，而企业产品的竞争力，在很大程度上取决于企业生产与运作管理的绩效，即如何保证质量、降低成本和把握时间。

从这个意义上来说，生产与运作管理是企业竞争力的真正源泉。在市场需求日益多样化、顾客要求越来越高的情况下，如何适时、适量地提供高质量、低价格的产品，是现代企业经营管理领域中最富有挑战性的内容之一。在 20 世纪 80 年代，美国工商企业界的高层管理者们曾经把兴趣更多地偏重于资本运营、营销手段的开发等，而对集中了企业绝大部分财力、设备、人力资源的生产系统缺乏应有的重视，其结果导致整个生产活动与市场竞争的要求相距越来越远。而后起的日本企业，则正是靠它们卓有成效的生产与运作管理技术和方法，使其产品风靡全球，不断提高其全球竞争力。尤其日美汽车工业之间的竞争和成败是这方面的一个最好例子。在今天，绝大多数企业已经意识到了生产与运作管理对企业竞争力的重要意义，开始重新审视生产与运作管理在整个企业经营管理中的地位和作用，大力通过信息技术的应用等手段来加强生产与运作管理。今天的中国企业实际上也面临类似的问题，西方国家的经验教训值得我们借鉴。

# 1.3　服务业兴起与服务运作管理

## 1.3.1　服务业的兴起

### 1. 服务业的定义

服务业（service sector）是国际上通行的产业划分标准概念，指那些提供非实物产品的行业，它包括了除农业、采矿业、建筑业以外的所有非制造业的组织，如流通企业、银行、餐饮业、交通运输业、教育事业、公用事业、政府机关等。这是一般意义上的服务业的概念。

服务业自从出现到发展到现在的现代服务业，对人类社会的发展作出了巨大的贡献。发达国家正是由于现代服务业的快速发展，使其经济持续增长，社会不断进步。目前，我国正处在工业经济向信息经济和知识经济迈进的阶段，加快发展现代服务业，提高服务业在国民经济中的比重，形成高科技引导的、服务业全面发展的新兴产业格局，是优化国民经济结构，全面建设小康社会战略目标的需要。

在国际上，正式使用现代服务业概念的并不多见。20 世纪 90 年代以来，曾有划分传统服务业和知识密集型服务业的先例，如 OECD（经济合作与发展组织）将信息服务业（包括通信）、金融服务业、教育服务业、专业技术服务业、健康保健服务业五大类列为知识密集型服务业，又称战略性服务业，它是知识经济时代背景下成长性最高的产业，这一划分为我国提出"现代服务业"的概念提供了参考。根据美国国家科学委员会的资料，1998 年美国知识密集型服务业的产值为 3.48 万亿美元，约占 GDP 的 35%，占全部服务业比重的一半左右。

我国"现代服务业"的提法最早出现于 1997 年 9 月党的十五大报告中，2000 年 10 月，十五届五中全会上关于"十五"计划建议中，明确提出"要大力发展现代服务业，改造和重组传统服务业，明显提高服务业增加值占国内生产总值的比重和从业人员占全社会从业人员的比重"。

国家《现代服务业发展科技问题战略专题研究报告》中认为：现代服务业是在工业化比较发达的阶段产生的，主要是伴随着信息技术和知识经济的发展而产生，用现代化的新技术、新业态和新服务方式改造传统服务业，创造需求，引导消费，向社会提供高附加值、高层次、知识型的生产服务和生活服务的服务业。它既包括新兴服务业，如以互联网为基础的网络服务、移动通信、信息服务、现代物流等行业；也包括对传统服务业的技术改造和升级，如电信、金融、中介服务、房地产等行业。

相对于传统的劳动密集型服务业，现代服务业是信息和知识相对密集的服务业。它具有"三高三低"的特点，即高技术密集度、高知识含量、高附加值、低能耗、低物耗、低污染。简单来讲，现代服务业就是包括建立在信息基础上的新兴服务业和一部分经过改造"再现青春活力"的传统服务业两部分。

### 2. 现代服务业的发展现状及趋势

（1）随着社会的发展，服务业在国民经济中的比重正在迅速增长。目前世界主要发达国家的现代服务业都已是支柱产业，其中美国服务业增加值已经占到GDP的74%，欧盟服务业增加值比重已占到GDP的66.7%，纽约、伦敦、香港等国际大都市的服务业就业比重甚至达到90%左右。服务业吸收劳动力占社会劳动力的比重也逐年提高，多数国家服务业吸收就业劳动力人数已经超过第一、第二产业吸收劳动力的总和。2018年5月14日国家统计局发文称，服务业保持较快发展，规模持续扩大，已成为我国经济发展的主动力。2017年，我国服务业增加值427 032亿元，占GDP的比重为51.6%，成为我国第一大产业。服务业增加值比上年增长8.0%，高于全国GDP增长1.1个百分点，连续5年增速高于第二产业。服务业对经济增长的贡献率为58.8%，比上年提高了1.3个百分点，成为推动我国经济增长的主动力。当前服务业已成为税收的主要来源。2017年，服务业税收收入占全部税收收入比重为56.1%，比上年增长9.9%，连续5年对税收收入贡献过半。服务业已成为吸纳就业的主渠道。2013～2016年，服务业就业人员年均增长5.1%，高出全国就业人员年均增速4.8个百分点。2017年，服务业就业人员比重比上年提高了1.4个百分点，达到44.9%，高于第二产业16.8个百分点。[①]

（2）服务业对第一、第二产业的带动作用日益突出。随着现代服务业的发展，它与第一、第二产业结合得更加紧密，成为推动其他两大产业发展的重要因素。在未来的工业和农业发展中，由于市场需求的变化，无论工、农业产品自身还是组织形式都将从单一的大规模生产变得越来越精巧和个性化，需要各类服务的支持；资源枯竭问题的突显将使工、农业生产减少对不可再生资源的消耗，增加可再生资源的使用，服务将更多地作为中间投入融入工农业生产中；信息技术在工、农业生产中的普遍应用，也增加了两大产业对相关服务的需求，这些都使未来工业和农业成为"服务密集型"领域，出现"产业服务化"的现象，即一些工业或农业部门的产品是为提供某种服务而产生的，知识和技术服务将伴随产品一同出售，服务还将引导工、农业部门的技术变革和产品创新。

（3）服务业内部结构不断调整，现代化进程不断加快。随着信息技术的产业化、社会化，服务业的发展呈现出以知识密集、人才密集和网络化为特征的发展态势，并表现出两种类型的现代化进程：一方面，利用信息技术和网络技术实现服务业现代化改造，全面提高传统服务业科技含量，成为一些国家促进经济社会发展的基本做法；另一方面，伴随着以知识的创造、传播、应用和科技创新活动

---

① 中国商报／中国商网 http：//news.zgswcn.com/2018/0415/826268.shtml。

为内容的各类专业服务组织的兴起，一批新兴服务业领域迅速形成，成为高速增长的现代经济部门。

（4）生产性服务业成为现代服务业的主要部分。从服务业内部结构来看，通信、金融、保险、物流、农业支撑服务、中介和专业咨询服务等生产性服务所占比重不断增加，成为服务业的主流，在主要工业国已达 50% 以上。许多著名跨国公司的主营业务也已经开始由制造向服务衍生和转移，服务在企业的销售额和利润中所占的比重越来越高。另外，制造业在产出产品的同时也产出着服务，如技术咨询、技术培训、售后服务等，这些服务项目的质量好坏往往成为企业能否取得竞争优势的关键因素。所以，从某种意义上说，所有类型的组织都可视为服务部门（service sector），而且这一观点正在日益为人们所接受。

（5）咨询等知识服务业大量兴起。知识服务业是提供知识产品和知识服务的产业，是智力型服务业群体的总称，它包括咨询、软件、研发、设计、文化传媒、广告以及传统的教育、医疗等。知识服务业具有高聚集性、高附加值和高成长性的特点。近年来，以知识密集型为特征的研发设计、咨询、解决方案提供等知识服务业正在不断兴起，日益成为现代服务业的重要组成部分。据统计，欧盟服务业近 50% 的工作机会是知识密集型服务行业提供的；美国知识密集型服务业对其 GDP 的贡献率高达 50%；韩国知识密集型服务业对 GDP 的贡献率也达到 22.1%。

## 1.3.2　服务业作业的特点

由于服务业在经济发展中的地位和重要作用，研究服务性产出及服务业作业系统是十分重要的。但由于服务业或服务运作系统具有与制造业或者制造系统不同的产出特点，这就决定了服务业的作业过程与制造业的生产过程有明显的差别，也具有独特的作业类型和特点。

与制造业的产品生产相比，无形产品——服务的创造存在着某些显著的特点：

### 1. 无形性

服务与商品之间最基本的区别在于服务是一种绩效或行动，而不是实物，往往不可看到、感觉或触摸。由于服务的无形性是服务的最为显著的特点，故人们常常据此来界定服务。但是，体验服务过程的经历说明，服务既非完全虚无缥缈或不可感知，也非仅是无关紧要的修饰品，服务也是一种特殊的商品，只不过其存在是无形的。例如：旅游服务中，你所看到的宣传页，你所听到的关于城市的介绍。有些产品提供商，已经开始淡化产品，浓化 Intangibility，比如星巴克，星巴克所卖的咖啡已经不用再多说了，现在星巴克推出的是"文化"；再比如：IBM，现在推出的是理念 Solution，而不是一台看得见的笔记本。

## 2. 同时并发性（生产过程与消费过程统一）

大多数商品都是先生产出来，并且可以在生产和消费之间的一段时间内存在，然后进行销售与消费。但对绝大多数的服务来说，却是先销售，然后产出过程与消费过程同时进行。服务与消费通常不能分离，顾客往往会参与服务，或通过与服务人员合作共同参与服务过程，享受服务的使用价值。从这个角度讲，服务活动的发生，依赖顾客与服务提供者的交互作用。如航空公司提供的运送服务就是在运送旅客的过程中产生并同时被消费。

## 3. 异质性

服务具有高度的异质性，即使是同一种服务，受到提供服务的时间、地点及人员等因素的影响也很大；尤其是必须有人员接触的服务，其服务的品质异质性就相当大，通常会视服务人员、接触顾客的不同而有所差异，服务的构成成分及其质量水平经常变化，甚至每天都有变化。在当前，即使在发达国家，虽然工业和农业已实现了机械化和自动化，但其服务业仍然是以"人"为中心的产业，由于人类个性的存在，使得对于服务的质量检验很难有统一的标准。其原因如下：一是服务提供者自身因素的影响，同一种服务也会因人而异，即使同一服务人员在不同时间不同地点提供的服务也可能会有不同的水准；二是由于顾客直接参与服务的生产和消费过程，而顾客本身的因素，如知识水平、兴趣和爱好等，也会直接影响服务的质量和效果。

因此，同一种服务的一般与特殊的差异是经常存在的。服务的这个特征，决定了服务的质量和效果要受到生产者和消费者两方面的影响。这样，服务质量就有很大的弹性，这既为服务行业创造优质服务开辟了广阔的空间，也给劣质服务留下了活动的余地。

## 4. 易逝性（不可保存）

绝大多数服务都无法在消费之前生产与储存，这就是服务的易逝性，即服务只存在于其被产出的那个时点。如果不对服务产出能力加以及时利用，它创造利润的机会也会自然丧失，这方面最好的例子是航班上的空座位与旅馆里的空床。服务的易逝性，是供给与需求矛盾的主要来源，因此，服务能力决策就非常关键。

## 5. 即时性

服务的即时性主要表现在两个方面：一是同步性。即服务的生产与消费过程通常是同时发生的，它不像有形产品那样，在生产、流通、消费过程中，一般要经过一系列的中间环节，因而生产与消费过程一般都具有一定的时间间隔，而服务产品与其提供来源大多是无法分割的。也就是服务人员提供服务给顾客时，正是顾客消费服务的时间，两者在时间上是同时进行的。二是不可分离性。由于服务的不可分割性，使大多数情况下，顾客必须介入生产流程，使服务的提供人员与顾客之间的互动极为密切，购买服务者对于服务品质也有相当大的影响。正因为如此，两者均会影响服务产出的结果，顾客与其接触的服务人员之间的互动，也影响顾客所认知的服务品质。服务的这种特性还表明，顾客在很多情况下，只有而且必须加入到服务的生产过程中才能最终享受到服务。

### 6. 知识性

近几年来，在发达国家和新兴工业化国家，产业结构呈现"由硬变软"的趋势，实质是传统的物质生产为主的经济发展模式向新兴的信息生产为主的经济发展模式转换，也就是从物质经济到知识经济的转换。在发达国家和新兴工业化国家，信息服务业已成为服务业中的主要产业，以至于有人把信息服务业称为第四产业，而信息服务业的主要特征就是知识性。此外，在当代，随着科学技术的发展，服务行业产生了质的变化，使服务业迅速扩大，服务项目迅速增加，一跃而成为社会经济中的主要部门。在这一过程中，许多服务行业从制造业分离出来，形成独立的经营行业，其中以技术、信息、知识密集型服务业发展最快，其他如金融、管理咨询等服务业，由于运用了先进的技术手段，包括硬件和软件技术的应用，也很快在全世界范围内扩展，即使是传统的服务业，如运输、贸易、旅游、饮食、建筑等也借助于先进的科学技术知识手段，加速生产设备的更新换代，大大提高了劳动生产率。可以说，当代服务业明显体现了知识经济的特征。

另外，服务业作业的绩效很难由创造者直接给予评价，只能由消费者来进行主观判定，即按顾客的满意度而定，同时还具有高度的个性化，服务需求变动性较大、随机性强等特点。表 1－7 列举了制造业与服务业的主要特征。

**表 1－7　　　　　　　　　　制造业与服务业的主要特征**

| 比较项目 | 制造业（产品导向） | 服务业（活动导向） |
| --- | --- | --- |
| 产出本身 | 有形 | 无形 |
| 投入的一致性 | 易确定 | 不易确定 |
| 产出的存储性 | 高 | 低 |
| 产出的一致性 | 高 | 低 |
| 顾客参与程度 | 低 | 高 |
| 产业性质 | 资本密集 | 劳动力密集 |
| 质量保证 | 易 | 较难 |
| 规模经济的实现 | 增加批量 | 多店作业 |
| 库存数量 | 较多 | 较少 |

| 比较项目 | 制造业（产品导向） | 服务业（活动导向） |
|---|---|---|
| 需求变化 | 相对较慢 | 较快 |
| 专利保证 | 较易 | 较难 |
| 绩效（质量成本交货期、顾客满意） | 可计量 | 较难计量 |

### 1.3.3　服务业作业类型

为了有效地管理服务作业系统，有必要对其进行分类。常见的服务作业类型有以下几种不同的分类方法。

1. 纯服务作业、准制造作业、混合型服务作业

由于服务作业总是在与顾客直接接触的状态下进行的，所以，按照服务创造过程中与顾客接触的程度这一标志，可把服务作业分为纯服务作业、准制造作业、混合型服务作业三种类型。

纯服务作业，是指那些与顾客直接打交道或直接交往的服务作业，这类作业发生时，服务方与顾客之间在服务过程中保持的接触程度很高，如旅馆客房、理发、门诊、课堂教学等。在这类作业系统中，效率的提高固然很重要，但更应注重服务的质量和适应性，要根据顾客的需要即时提供优质服务。所以，如何有效地进行激励，提高员工工作的积极性和主动性，就成为此类系统运作的关键。准制造作业，是指那些不与顾客直接打交道，而是从事业务和信息处理的服务作业，这类作业发生时，服务方与顾客的接触程度很低，如银行中的支票处理业务、行政管理、会计事务处理、后勤、计划与调度等。在这类作业系统中，由于顾客参与服务过程较少，大部分工作是在系统内部封闭进行的，因而可以借助先进的机器设备和技术方法来提高生产率、降低成本和控制服务质量。混合型服务作业，即性质和内容介于纯服务型和准制造作业之间的各种服务作业，如银行出纳、餐厅服务、修理作业等。混合型作业兼有上述两种服务类型作业的特点，在实际工作中，往往被不加区别地归在纯服务型作业类型中。

2. 基础服务、生产和市场服务、个人消费服务、公共服务

在国家《现代服务业发展科技问题战略专题研究报告》中将现代服务业主要划分为四大类：基础服务、生产和市场服务、个人消费服务、公共服务。

基础服务包括通信服务和信息服务，信息服务又包括信息技术服务和信息内容服务等。

生产和市场服务包括金融（银行、证券、保险）、中介和咨询、物流、批发、电子商务、农业支撑服务等专业服务。

个人消费服务包括教育、医疗保健、住宿、餐饮、文化娱乐、旅游、房地

产、商品零售等。

公共服务包括政府的公共管理服务、基础教育、公共卫生、医疗以及公益性信息服务等。

**3. 金融资产、项目咨询、创意展览、商务服务、生活服务、公共商业服务运作**

金融资产包括金融、信贷、房地产、融资、知识产权等方面。项目咨询主要是创业加盟、项目合作、市场调查、中介服务等方面。创意展览内容比较跟随潮流，包括工业设计、展会、策划、会展等服务。商务服务属于现代服务业的范畴，是符合现代服务业要求的人力资本密集行业，也是高附加值行业。主要包括企业管理服务、法律服务、咨询与调查、广告业、职业中介服务等行业。生活服务则是与人们工作和生活息息相关的服务业。包括餐饮旅游、家政保洁、摄影快递、医疗保健、文体娱乐等方面。公共服务包括通信、计算机软件、环保技术、教育培训以及各种商会协会研究所等。

**4. 生产性服务、消费性服务和公益性服务**

服务业按服务对象一般可分类为：生产性服务、消费性服务和公益性服务。

生产性服务业一般是指被其他产品和服务的生产者用做中间投入的服务，它具有很强的产业关联性。生产性服务业主要包括交通运输业、现代物流业、金融服务业、信息服务业四个大类。

消费性服务业主要是指以终端消费为目的的服务，它对于活跃内需经济、促进社会发展具有非常重要的作用。消费性服务业主要包括文体娱乐、餐饮旅游等方面。这一大类多属于传统服务业，随着时代的发展，必然面对创新和升级。

公益性服务业主要是指卫生、教育、水利和公共管理组织等。

另外，世贸组织的服务业分类标准界定了现代服务业的九大分类，即：商业服务，电信服务，建筑及有关工程服务，教育服务，环境服务，金融服务，健康与社会服务，与旅游有关的服务，娱乐、文化与体育服务。

## 1.3.4 服务运作管理的特征

由于服务作业提供的服务与制造业提供的有形产品具有明显的不同特点，所以不能把制造有形产品的管理方法直接简单地照搬到服务运作中，需要具体研究服务运作的管理问题。

服务产品的本质特性是无形性，这就造成服务组织的效率难以准确测定，服务的不可存储性使得采用库存调节需求变化变得尤为困难，服务的异质性使得服务质量难以测量，而服务过程中的顾客参与又会对服务组织的工作效率和服务质量带来直接的影响。所以，服务组织的运作管理较之制造企业更为复杂和困难，需要深入研究和探讨。

# 1.4 生产运作管理的发展趋势

## 1.4.1 生产运作管理的历史演进

自从有了人类社会和共同劳动，就有了管理问题。古代文明铸就了埃及的金字塔、中国的万里长城、罗马的导水渠、印加人的庙宇等建筑奇迹，体现了古人杰出的作业组织和协调能力，积累了丰富的生产实践经验，但终究没有上升为科学。

生产管理的思想可以说形成于西方工业革命时期。在 18 世纪下半叶开始于英国纺织业，后又波及整个欧洲大陆的工业革命，使社会生产的组织形式从家庭转向工厂，从而促使管理思想产生了质的飞跃，出现了许多近代管理理论的先驱者。现在公认的第一个研究生产经济学的是英国古典经济学家亚当·斯密。他在 1776 年发表的代表作《国民财富的性质和原因的研究》中以制针业为例说明了劳动分工可以大幅提高生产效率（efficiency）。其原因是劳动分工提高了每个工人的技术熟练程度、节省了从一种工作转换为另一种工作所需要的时间以及发明了许多便于工作又节省劳动时间的机器。亚当·斯密关于劳动分工优越性的论述，为生产经济学的发展奠定了坚实的理论基础。

在产业革命后期，英国的数学家查尔斯·巴贝奇于 1832 年发表了《机器与制造业经济学》，通过时间研究和成本分析，进一步分析了劳动分工使生产效率提高的原因：节省了学习所需要的时间及耗费的材料；节省了工作过程中的转换时间；可以减轻工人的疲劳程度；节省了工具调整和更换所需要的时间；重复劳动大大提高了技术熟练程度，使工作速度加快；使注意力集中于某一作业，便于改进工具和机器。显然，巴贝奇的论述比亚当·斯密更全面、细致。此外，巴贝奇还提出了工资加利润分享制度，并对经理人员提出了许多建设性意见。他的这些思想和方法无论是在广度上，还是在深度上都较前人有很大进步，对生产理论和方法研究起了极大的促进作用。1801 年，美国人伊莱·惠特尼（Eli Whitney）提出了标准化生产方式。正是采用标准化的配件实现了零件的可互换性，零件才无须定制，才能快速批量生产，才能以标准化的方式生产上万支滑膛枪，才使得后来福特汽车装配线的大量生产成为可能。

尽管产业革命时期较之经验管理发生了巨大的变化，但管理理论与实践并未获得长足的发展，社会经济的发展迫切需要比较系统、切实可行的管理理论和方法作指导。

自亚当·斯密以来的生产运作管理发展简史如表 1-8 所示。

表1-8 生产运作管理发展简史

| 时间 | 概念或工具 | 创始人或发展者 |
|---|---|---|
| 1776 年 | 劳动分工 | 亚当·斯密 |
| 1832 年 | 分工和分配制度 | 巴贝奇 |
| 1911 年 | 科学管理原理 | 泰罗 |
| 1911 年 | 动作研究 | 吉尔布勒斯 |
| 1913 年 | 流水生产线 | 福特 |
| 1914 年 | 工作进度图表 | 甘特 |
| 1917 年 | 经济批量法 | 哈利斯 |
| 1931 年 | 质量控制方法 | 休哈特 |
| 20 世纪 30 年代 | 工人动机的霍桑实验 | 梅奥 |
| 1934 年 | 工作活动的抽样分析 | 蒂皮特 |
| 1940 年 | 解决复杂问题的运筹学方法 | 英研究组 |
| 1947 年 | 线性规划的单纯形法 | 但泽 |
| 20 世纪 50 年代后 | 运筹学的进一步发展（仿真、排队论、决策理论、PERT 等） | 美、欧 |
| 20 世纪 70 年代 | 车间计划、库存控制、预测、项目管理、MRP、服务业的大量生产 | 美欧计算机商、怀特、麦当劳 |
| 20 世纪 80 年代 | JIT、TQC、工厂自动化 | 美、日、德 |
| 20 世纪 90 年代 | 同步制造、ISO9000、价值工程、并行工程、持续改进、企业再造、因特网、万维网等 | 哈默、钱皮、微软、网景、美国、德国 |
| 20 世纪 90 年代末 | 大规模定制、绿色制造、供应链管理 | 美欧 |
| 21 世纪 | 可持续制造、电子商务、应用服务供应商和业务外包、基于互联网平台的增值服务 | 美、欧、日、中国 |

在生产运作管理的发展史上，弗雷德里克·W. 泰罗是最杰出的历史人物之一，他根据其在工厂中的实践和研究，于 1911 年发表了《科学管理原理》一书，这是最早系统地研究生产管理的著作。可以说，现代生产运作管理学是起源于 20 世纪初的泰罗的科学管理。在此之前，工厂的生产运作管理主要是工人自己决定进行生产的方法，根据传统确定生产的时间和费用，没有统一的操作规程和管理规程，人员培养也是靠师傅带徒弟的经验方法，缺乏统一的培训标准。泰罗的科学管理把科学的定量分析方法引入到生产运作管理中。泰罗认为管理是"确切了解你希望工人干什么，然后设法使他们用最好、最节约的方法完成它"，"提高效率的关键在于为每一项工作制定出完善而又公正的标准"。

为此，泰罗首创了工时研究方法，制定了一系列科学的作业程序和标准，对工具进行了改进和重新设计，大大提高了工作效率和工作效果（effectiveness），并最终形成了可以广泛应用于生产领域的管理哲学：科学的方法能够而且也应当应用于解决各种管理中的难题，而且完成工作所用的方法应当通过科学的调查研究由企业的管理部门来决定。

其核心观点在于：对一个人工作的组成部分进行科学研究，以代替传统的经验做法；对工人进行科学的挑选、培训和提高，以便正确地执行管理者的指令；明确划分工人和管理部门的工作，各自承担最合适的工作，以代替以往工人承担过多工作和责任的状况；工人和管理部门要发扬诚心合作的精神，以保证工作在科学的设计程序下进行。可以说，正是泰罗科学管理理论的出现及在实践中的广泛应用，才使生产管理摆脱了传统经验管理的束缚，真正成为一门科学。直到现在，泰罗的许多思想仍指导着管理实践，并成为现代科学管理理论的重要基石。

泰罗的许多追随者，如亨利·甘特、哈林顿·埃默森、弗兰克·吉尔布勒斯、莉莲·吉尔布勒斯及其他一些人，也对时间动作研究、作业控制图表、工资报酬制度等问题进行了深入的研究，但总的来说，他们都没有超出泰罗的思想理论体系。

1913 年，福特在自己的汽车工厂发明了世界上第一条流水生产线，从而拉开了现代化工业大生产的序幕，这是自机器时代以来最大的技术革新。由于采用专业分工和流水作业，生产效率以惊人的幅度提高，加之产品标准化原理的广泛应用，生产成本大大降低，产品质量也更有保证。当时，福特汽车公司在建立装配生产线之前，一个工人完成一辆汽车底盘的装配要用 12.5 小时，1913 年 8 月以后，公司安装了装配线，由于采用了专业分工和底盘可以自动移动，每个底盘的平均装配时间缩短为 93 分钟。流水线生产技术的诞生直接造就了以大批量、经济规模化为主要特征的生产方式。这种生产方式在现代大工业生产中一直占据着主导作用，至今仍在普遍应用。

此后，20 世纪的二三十年代，美国的 W. 休哈特在 1931 年对统计质量控制方法的发展及在工业领域的应用和英国的 L. H. C. 蒂皮特在 1934 年对工作抽样理论的发展，以及日程计划、库存控制等方法的相继出现，都对生产管理的发展起了极大的推动作用。特别是第二次世界大战期间，统计质量控制的概念迅速发展，在产品质量控制中取得了显著的成效。第二次世界大战以后，由于科技高速发展以及军事工业的急剧扩张，促使生产管理采用更多的新技术，以定量的优化方法为主要内容的运筹学、库存论、价值工程等得到迅速发展，大量生产方式也逐步成熟和普及，这一切都使生产管理的领域进一步扩大，生产管理学开始进入现代管理的新阶段。在这期间，企业规模日趋扩大，生产活动越来越复杂，业务和管理工作的分工越来越细，计划管理、劳动管理、设备管理、库存管理、质量管理等管理子系统逐步建立，形成了相对独立的管理职能及部门。

自 20 世纪 60 年代起，机械化、自动化技术飞速发展，计算机技术在生产运作领域得到广泛应用。企业所面临的技术改造、引进新技术和新设备的压力不断增大，传统的生产系统和工作方式也遇到新的发展机遇和挑战。系统工程的引入是这一时期生产管理的重大发展。它从系统的观念出发，把生产过程看成是一个投入产出系统，注重生产系统的设计、选择和调整，从系统整体出发对系统的资源要素和活动过程进行合理的组织和控制，以期保证生产任务的如期完成和总体效果的最优化。同时，在制造业中，一个重大的技术突破——MRP（物料需求计划）被广泛应用于生产计划和控制。它通过计算机软件把企业生产、营销、财务活动联系在一起，共同完成复杂产品的制造。物料需求计划打破了传统的生产计划和控制方法，使之成为一种全新的生产系统。

20 世纪 80 年代，市场需求日趋复杂多变，技术进步日新月异，传统的大批量生产方式遇到了新的挑战，多品种中小批量生产方式日益成为主流，从而给生产管理带来了新的更高的要求。

在生产技术和管理哲学上的最主要成就当属日本创立的准时生产方式（JIT）。JIT 是日本丰田汽车公司从 20 世纪 50 年代开始，经过 20 多年的探索和实践创立的。它蕴涵着丰富的管理思想和方法，从一诞生就经受住了 1973 年石油危机从而引起了全世界广泛的关注和研究，被认为是有着新的管理哲学的生产方式，极大地丰富了生产管理的内容。在此期间，工厂自动化技术也对生产管理产生着巨大的影响，出现了计算机集成制造系统（CIMS）、柔性制造系统（FMS）等生产方式。这一时期生产管理的另一特点是其管理思想和方法扩大到了非制造业，生产管理开始发展成为包括非制造业在内的生产运作管理学。

从 20 世纪 80 年代后期至今，信息技术和计算机技术的飞速发展和在企业管理中的广泛应用，使得处理"物流"的生产本身和处理"信息流"的管理都发生了根本性的变革，生产运作管理只有同企业整体的管理活动融合在一起才能发挥最佳的效果。因此，现代生产运作管理必须服从企业管理的整体优化目标，在企业战略、目标和总体规划指导下进行。在 80 年代，生产运作管理理论和实践的另一重大发展是 TQM（全面质量管理）和质量保证体系。进入 90 年代，面对全球性的经济衰退，企业更加注重保持和提高竞争力，积极寻求对生产运作过程的革新，探索新的管理理论和方法。迈克尔·哈默在《再造工作不要自动化，忘却自动化》一文中提出了企业过程再造（BPR）理论。BPR 强调革命性的变革，即重新审视企业现行的所有企业活动过程，取消不能带来价值增值的步骤，并对剩余的部分进行计算机管理，以取得预期的产出。

20 世纪 90 年代后期，全球范围内因特网（Internet）、万维网（WWW）的迅速普及，使新型信息化企业应运而生。信息化企业是指将因特网作为自己业务活动基本元素的企业。这些企业的诞生以及信息化技术在其他企业的广泛应用，正在改变着信息收集、商务交易等方式，企业运作过程正面临着革命性变革。在这一时期，管理思想的另一重大发展是供应链管理。供应链管理的思想是用系统的方法来管理始于原材料供应商、经由加工工厂和储存仓库，止于最终用户的信息流、物流和服务流，其核心是优化调整企业进行的满足用户需要的业务活动，以求实现最快地响应用户需求变化。

进入 21 世纪以来，产品生命周期的缩短、科学技术的长足发展和社会需求的快速多变，给企业带来了前所未有的压力。如何高质量、低成本地满足顾客多样化的需求摆在了企业组织的面前。正是在这种形势下，大规模定制应运而生，并呈现出勃勃生机。

大量生产实现了低成本生产，精益生产实现了高质量生产，而大规模定制则是精益生产方式的升华，实现了定制化生产。这种生产方式综合了大量生产的低成本和精益生产的柔性化的优点。大规模定制得以实现的核心技术是模块化与延迟策略。这两项核心技术使本来相互对立的大规模生产与满足顾客定制化需求统一在了一起：大规模生产的是模块化设计的组件；通过延迟策略，最大限度地满足了顾客定制化的需求。而使大规模定制真正落到实处的是：

（1）以顾客需求深度调查为基础的客户关系管理；

（2）以最先进的信息技术为支撑的电子商务；

（3）以价值链为核心的供应链管理；

（4）基于流程优化或流程再造的精益六西格玛。

## 1.4.2 现代生产运作管理的主要特征

从生产运作管理的发展历程可以看出，生产管理的发展在很大程度上取决于环境变化。在 20 世纪前后，企业规模较小，生产运作技术水平不高，市场需求旺盛，产品或服务只要保证基本质量即可，因而生产运作管理处于一个较为粗放的阶段。福特于 1913 年首创流水生产线后，企业生产效率大幅度提高，加之市场供不应求，通过单一品种（或少品种）大批量生产以降低成本，靠成本的降低进一步刺激批量扩大的生产模式奠定了现代汽车工业生产的基础，并由此揭开了现代化大生产的序幕。这种生产方式在 20 世纪前半叶极大地推动了世界经济的发展，使一大批西方国家进入了工业化社会。

### 1. 企业经营环境的变化

20 世纪 80 年代以后，以石油危机为转机，情况开始逆转，特别是进入 21 世纪以后，企业需要面对与此前截然不同的环境：

（1）随着社会的进步，经济的发展，社会消费结构有了很大的变化，总体消费水平也有了很大的提高，市场需求开始向着多样化的方向发展。传统的卖方市场逐渐转向买方市场，消费者对产品的质量、性能、品种、款式等的要求越来越高，产品更新换代的速度越来越快。这就要求企业不得不从单一品种大批量生产方式转向多品种中小批量的生产方式。

（2）科学技术发展的速度加快，技术不断更新，既为企业采用新的生产运作技术、生产运作多样化产品或服务提供了条件，同时也使企业面临着生产技术选择、生产运作系统重新设计、调整和组合的挑战。

（3）市场国际化和经济全球化使市场竞争更加激烈。竞争的方式和种类越来越多，竞争的内容也超越了传统的价格、质量而向着优质的服务、卓越的品牌、快速的需求反应、紧密的供应链等方向发展。

### 2. 企业生产运作管理的变化趋势

在技术进步日新月异、市场需求日趋多变的今天，企业面临的环境发生了巨大的变化。与此相适应，现代生产运作管理与传统的生产管理相比，无论是在概念上还是在内容体系上都有新的发展。其特征和发展趋势可归纳如下：

（1）生产运作管理学的研究范围，已从传统的制造业扩大到了非制造业。现代运营突破了传统的制造业的生产过程和生产系统控制，扩大到了非制造业的运营过程和运营系统的设计上。

（2）生产运作管理所涵盖的内容已不仅局限于传统的生产制造过程的运行管理，而是扩展到生产运作战略的制定、生产运作系统的选择与设计，以及产品的研究、开发、制造和服务的全过程，从而把生产运作战略、新产品服务开发、产品和服务设计、采购供应、生产制造、产品配送直至售后服务看做一个完整的"价值链"，对其进行综合管理。

（3）生产运作战略越来越受到重视。20 世纪 70 年代初，哈佛商学院的维克曼·斯金纳（Wickam Skinner）提出了运营战略的概念，并把其总结为如何通过生产运作管理赢得组织的竞争优势。其构成要素包括：低成本、高质量、准时交货。现在，越来越多的组织认识到了生产运作战略对组织战略的支撑作用，认识到了生产运作战略对其自下而上和发展的重要性。特别是进入 21 世纪以后，生产运作战略越来越受到领导层的重视。如通用电气是世界上最大的多元化服务性公司，其通过享誉业界的四大战略（全球化战略、服务战略、六西格玛质量要求和电子商务）获得了 20 年的高速增长，这四大战略有的涉及服务管理，有的涉及质量控制，有的涉及流程变革。通用电气已经把生产运作战略提升到公司战略的层次。

（4）注重提高生产运作系统的柔性，以适应多品种中小批量的生产要求。为此需要采用先进的制造技术和生产运作组织形式、动态的计划编制方法和反应灵敏的监控系统，提高生产运作系统对市场需求变化的适应能力。

（5）广泛运用信息技术，把生产运作、市场营销、财务管理等活动紧密地联系在一起，实现生产经营一体化，提高企业的整体效能。如 MRP 与 MRP II 系统、JIT 生产方式、精益生产、敏捷制造、企业再造等，都体现了管理的集成化趋势。

（6）更加重视绿色制造和绿色供应链。当代社会对环境和可持续发展的高度重视，使得企业为了在日益激烈的环境中求得生存和发展，必将把提供绿色产品或服务作为企业新的增长点。企业越来越注重减少资源的利用、设计出更容易再处理和再利用的产品和部件、减少废物的排放，最终走向以 3R（减量化、再循环、再利用）为基本特征的循环经济快车道。

（7）随着全球经济一体化趋势的加剧，"全球化生产运作"成为现代企业的一个重要课题，因此，全球化生产运作管理也越来越成为生产运作管理学中的一个新热点。

## 【本章小结】

生产是人类最基本的活动，有生产活动就有生产管理。人类最早的管理活动就是对生产活动的管理，20世纪初的科学管理运动也始于生产管理，而随着服务业的兴起，生产的概念已经扩展，生产已是一切社会组织将其最主要的资源投入进去进行的最基本的活动。生产运作是企业组织的主要职能之一。生产运作职能既存在于制造型组织，也存在于服务型组织和其他类型的组织中。本章对生产运作管理的基本概念、目的、任务及职能范围做了介绍，强调了生产运作管理的地位与作用，并展示了生产与运营管理的历史演变和该领域的最新发展趋势。

## 【延伸阅读】

美国生产与运作管理学会（Production and Operations Management Society, POMS）于1990年成立，其成员由300多名生产运作管理领域的专家、教授组成，旨在加速生产运作学科的发展，给关注生产、运作的经理、科学家、教育工作者、学生、公共组织、私营企业、国家以及地方政府机构、大众提供一个更好的信息交流平台，并以此来提高生产、运作领域的科技水平。请登录网站（http：//www.poms.org）了解其提供的各项信息和服务。

## 【复习思考题】

1. 说明"生产"与"运作"的含义。
2. 如何认识生产运作系统？
3. 生产运作类型是如何划分的？各有何特点？
4. 如何认识生产运作管理职能的地位和作用？
5. 服务生产运作过程的特点是什么？
6. 简述生产运作管理的发展历史。
7. 现代生产运作管理的特征有哪些？

## 【本章案例】

海尔是以冰箱起家的家电企业，冰箱是海尔的招牌产品，是支撑企业营业额的中坚事业之一。在竞争激烈的电器制造业——一个增长性已经不高的行业，海尔不但保持了高速增长，而且踏入世界级品牌行列。海尔成功的秘诀在哪里呢？

著名的营销大师米尔顿·科特勒先生说过："发现还没有被满足的需求并满足它，你的成功不是跟着别人干已经干成功的事，而是找到人们想买却只有你能卖的东西。"海尔就是整合全球供应商资源，利用全球设计和制造网络，开发出了一系列能够满足国外消费者个性化需求的产品。

如今是个性化的时代，其特征是：个性强的产品备受青睐，同质化的产品遭人冷落，消费行为从"你生产什么我买什么"的被动接受，转向"我需要什么你生产什么"的主动选择。个性化时代向企业提出了新的要求：你的经营目标要调整到满足用户个性化需求上来；你的管理体制要调整到能够与个性化市场的速度相适应上来；你的基础实力要能够迅速不断地开发出个性化产品。只有达到个性化时代的要求，才能生存和发展，否则，就会逐渐被淘汰。

无数事实已证明这一点。硝烟弥漫的中国家电市场，从某种意义上说就是同质化产品在相互绞杀。市场永远青睐超前者，而海尔冰箱率先走进了个性化时代。

目前，个性化家电在国外已开始流行，特别是发达国家，人们的生活水平和信息化水平的提高，使消费者非常关注家电功能的多样化和个性化。一些发达国家从20世纪80年代末开始逐步淘汰大批量生产一种产品的家电生产方式，在生产布局、技术工艺管理、组织流程上实行柔性化，进行小批量生产，一条生产线可以生产几十种型号的产品，以满足不同消费者的个性需求。而这种互动式个性化营销将成为市场营销的主流模式。

海尔人认为，新经济时代，企业面对的是千千万万的个体，或者说是一对一的消费者，他们会提出无数个性化的需求。能够满足这种需求，才会在新经济中掌握主动。谁占领了制高点，谁将成为家电行业的胜者。为了应对新经济时代的要求，海尔制定了从制造业向服务业转移的战略。

定制冰箱，可以说是海尔从制造业向服务业转移的"先行者"。定制冰箱对厂家来说，就是把"我生产你购买"转变成了"你设计我生产"。虽然这两者都是做冰箱，但前者是典型的制造业，后者却有了服务业的概念，它更能满足消费者的个性化需求。定制冰箱对企业提出了更高的挑战。设计系统、模具制造系统、生产系统、配送系统、支付系统、服务系统等都比普通冰箱的要求高得多。比如，消费者看中了"金王子"的外观、"大王子"的容积、"欧洲型"的内置、"美国型"的线条，设计人员需要对其进行科学合理的搭配，模具要重新制作，生产线要重新调试，配送系统要送对型号，服务系统要清楚这种机型的配置。一台冰箱容易做到，几百万台各不相同的冰箱都能做的丝毫不差，将是一项浩繁的工程！

从海尔宣布要向服务业转移到推出定制冰箱，仅仅用了三四个月时间。因此，有人不免对海尔的这种"神速"感到惊异，甚至怀疑：海尔真能做到？其实，海尔早在几年前就已经开始尝试冰箱定制生产。海尔冰箱出口的国家达100多个，每个国家都有不同的气候、电压状况及消费习惯，所以对冰箱的设计要求也各不相同。而海尔从市场细分以及个性化的角度出发，设计了数千种不同类型的冰箱产品，总是能满足不同国家消费者的需求。如，海尔冰箱的超大容积设计满足了国外消费者"一日购物，六日休闲"的生活习惯；自动制冰、吧台等功能设计，为喜欢"红酒加冰块"的欧洲消费者增添了一份浪漫情调；容积庞大，却达到了A＋级能耗标准的省电功能，使澳洲客户不断追加订单；多路风冷设计的冰箱让地处热带荒漠、气候炎热干燥的中东国家消费者感受到无限凉爽；另外，根据国外消费者喜欢放长假出游的生活习惯，海尔还设计了具有"假日功能"的冰箱，只要用户在外出度假前将冰箱设置在"假日"档，冰箱内就不会因为长期密封而产生异味，而且耗电量也大大降低，这些是海尔定制冰箱的前奏。

如今，海尔的定制冰箱，已在全国掀起一股"定制冰箱"热。现在海尔冰箱生产线上的冰箱，有一半以上是按照各大商场的要求专门定制的。

## 【问题与讨论】

1. 你认为海尔的哪些理念和做法体现现代生产运作和生产运作管理的发展趋势？

2. 海尔的做法对你有哪些启示？

（资料来源：摘自：朱彤：《赢利锦囊 36 计》，华中科技大学出版社 2009 年版）

# 第2章 生产运作战略

## 海尔工厂：颠覆传统制造的4大新模式

向全球开放生产线，对于其他企业来说相当于"自杀"式的行为，却成为海尔展现制造实力的窗口。2015年8月，海尔召开透明工厂发布会，通过在全部互联工厂中安装的摄像头，向全世界直播其先进的生产线。专家表示，如此大胆的开放其生产线，背后隐藏的其实是海尔互联工厂颠覆传统制造的4大新模式。

从工人到机器人，颠覆人工作业。在传统的生产制造模式中，生产线前站着的是工人，从面板的切割到机器的焊接，全都靠人工来完成，这样的生产模式就不可避免地产生误差，增加内部损耗。而海尔在互联工厂全部采用机器人无人作业，通过先进的设备进行自动换模、自动上料等，实现自动化生产，不仅可以与生产链其他环节无缝对接，提高生产效率，还能保证生产精度，杜绝生产误差，为消费者创造更高品质的生活。

从孤岛生产到智能互联，颠覆串联式作业。过去的生产模式主要依靠人工作业，生产的每个环节都是单机孤岛作业，信息无法及时传递。如果一个环节出现问题，不能及时传送到其他环节，将引发不必要的损失。而海尔互联工厂精密装配机器人社区，预装机器人沟通、协同作业，通过RFID，实现产品与设备、产品与模块、产品与人员之间的多重互联，全程数字化监控，颠覆了传统串联式作业，实现了并联式生产。

从大规模制造到大规模定制，颠覆同质化生产。互联网时代，用户需求成为推动产业发展第一生产力，传统制造业大规模、标准化的生产模式显然难以满足用户个性化、碎片化的需求，这就决定了企业的关键不再是制造产品，而是对用户个性化需求的满足。在这种情况下，海尔互联工厂率先实现了个性化定制，用户可根据个人喜好网上下单，工厂通过系统APS自动排产，满足用户个性化定制最佳体验，改变了过去工厂批量生产、大规模制造的固定模式。

从毫不知情到全球直播，颠覆封闭式生产。对普通的用户来说，工厂的生产线一直都很神秘，消费者无法了解到产品设计、研发、生产的过程。而通过海尔互联工厂，用户不仅可以定制个性化产品，而且定制产品的上线、装配、下线时间都可通过 App 全程可视。现在随着海尔透明工厂的建立，通过在全部互联工厂中安装的摄像头，更是将互联工厂的生产线置于全球用户的眼皮之下，任何人都可以成为海尔生产的监督者。

当前新一轮的工业革命正在深化，数字化、智能化技术深刻地改变着制造业的生产模式和产业形态。在此大背景下，海尔不仅建立四大互联工厂，颠覆传统的制造模式，还将其向全世界公开，代表着中国企业向工业 4.0 迈出了坚定的第一步。

（资料来源：http：//www. pcpop. com/view/1/1121/1121131. shtml？r = 14144635）

## 【本章学习目标】

1. 认识现代企业的生存与发展环境。
2. 理解生产运作战略概念。
3. 理解生产运作战略与企业战略的关系。
4. 把握生产运作战略的内容。
5. 掌握生产运作管理战略的制定方法和实施方式。

伴随着世界经济一体化进程的加快和全球化的市场竞争日趋激烈，企业所面临的环境不确定性日益加大。企业要在复杂多变的环境中求得生存和发展，就必须对自己的行为进行通盘谋划，从整体上把握企业的发展方向。于是战略问题成为企业经营活动所要解决的首要课题。企业战略是企业为获得持续竞争优势并求得长期生存和不断发展而对较长时期内生产经营活动的发展方向和关系全局问题的总体性谋划。生产运作战略（operations strategy）则是在企业战略指导和约束下的职能性战略，它是企业总体战略成功的基础和保障。本章通过分析现代企业的生存与发展环境，阐述企业战略及其制定过程，探讨生产运作战略的内容。

## 2.1　生产运作战略概述

### 2.1.1　生产运作战略的发展简史

第二次世界大战之后，美国的企业通常是通过其市场营销和财务职能部门来制定企业的总体战略。由于战争期间的产品极为匮乏，使战后的美国市场对产品的需求急剧高涨，这一时期的美国企业得以以相当高的价格出售他们的所有产品，而无须考虑其他影响因素。此外，由于美国当时的两个主要工业对手德国和日本的工业在战争中被严重摧毁，美国企业几乎没有任何来自国外竞争对手的压力，他们甚至连国内市场需求都来不及满足，更不用说进行出口了。

在这样的商业环境中，制造或生产运作职能部门的职责就只是以最少的成本生产出最大数量的标准化产品，它们无须考虑企业的总体目标，从而使生产运作职能部门把精力都集中在了如何获得低成本的原材料、廉价的劳动力（不考虑其技能水平）和建立高度自动化的流水装配线上。

由于不存在国际竞争的压力和持续旺盛的国内需求，从 20 世纪 50 年代到 20 世纪 60 年代初，生产运作管理在企业发展中的角色基本没有什么明显变化（仅仅是在降低成本方面起作用）。但是到了 20 世纪 60 年代末，被称为"生产运作战略之父"的管理大师威克汉姆·斯金纳（Wickham Skinner）认识到了美国制造业的这一隐患。他建议企业开发生产运作战略，以作为已有的市场营销和财务战略的补充。在他早期的著作中，斯金纳就提到了生产运作和企业总体战略脱节的问题。并且积极地提出解决的策略，以应对这一问题。

由哈佛商学院的埃伯尼斯（Abernathy）、克拉克（Clark）、海斯（Hayes）和惠尔莱特（Wheelwright）进行的后续研究继续强调了利用企业生产设施和劳动力的优势作为市场竞争武器的重要性，并强调了如何用一种战略的长期眼光去展开生产运作管理的重要性。至此，生产运作战略才形成了较为完整的体系。

## 2.1.2 什么是生产运作战略

生产运作是一项长期的规划，以最有效地利用企业的关键性资源，支持企业的长期竞争战略以及企业总体战略。生产运作战略涉及很多有关有效配置企业的关键资源以满足企业总体目标方面的问题。一些主要的长期结构性问题包括：

（1）需要建造多大生产能力的设备？

（2）建在何处？

（3）何时建造？

（4）需要何种类型的工艺流程来进行生产，需要何种类型的服务流程来提供服务？

以上这些战略问题在后面的章节会详细地论述。在本章中，我们先从更为宏观的视角去更好地理解这些战略问题之间的相互关系。

开发企业生产运作战略时，除了管理之外，还需要考虑以下的因素：

（1）现有可用的技术水平或者即将可以达到的技术水平；

（2）劳动力所需的技能水平；

（3）纵向一体化的程度，即与供应商的合作程度。

如表 2-1 所示，在生产运作职能中管理决策可归纳为三个层次。生产运作战略支持了 SBU 的长期竞争战略。生产运作战略与 SBU 层次上的战略决策一样注重的是有效性，即"做正确的事"，这常被称为"战略规划"（strategic planning），接下来是影响中期的决策，也称为"战术计划"（tactical planning），注重的是效率，即"正确是做事"，主要关注何时发送原材料、何时生产产品以最好地满足客户需求，以及劳动力的规模等决策问题。最后，"计划与控制"（planning and control）是用来处理日常工作管理的，包括日常工作计划、库存日常管理以及工艺（服务流程）日常管理等。

表 2 - 1　　　　　　　　　　　生产运作管理决策的层次

| 计划的类型 | 时间跨度 | 典型决策问题 |
|---|---|---|
| 战略规划 | 长期 | 工厂（服务机构）规模、选址、生产运作流程类型 |
| 战术计划 | 中期 | 劳动力规模、物料需求 |
| 生产运作计划与控制 | 短期 | 劳动力、工作、设备的日常计划；工艺（服务流程）日常管理；库存日常管理 |

资料来源：整理自马克·M. 戴维斯（Mark M. Davis），尼古拉斯·J. 阿圭拉诺（Nicholas J. Aquilano），理查德·B. 蔡斯（Richard B. Chase）著．汪蓉译：《运营管理基础》（第 4 版），机械工业出版社 2004 年版。

### 2.1.3　生产运作战略的特点

由于生产运作战略在整个企业战略体系中所处的地位，决定了它在企业经营中的特殊位置，形成了自身的一些基本特征：

1. 从属性

生产运作战略虽然属于战略范畴，但它是从属于企业战略的，是企业战略的一个重要组成部分，必须服从企业战略的总体要求，更多从生产运作角度来保证企业总体战略目标的实现。

2. 支撑性

生产运作战略作为企业重要的职能战略之一，从生产运作角度来支撑企业总体战略目标的实现，为企业战略的有效实施提供基础保障。

3. 协调性

生产运作战略要和企业总体战略、竞争战略保持高度协调。生产运作战略要与企业其他职能部门的战略相协调，一方面生产运作战略不能脱离其他职能战略而自我实现，另一方面它又是其他职能战略实现的必要保证。生产运作系统内部的各要素之间也要协调一致，使生产运作系统的结构形式和运行机制相匹配。

4. 竞争性

生产运作战略制定的目的就是通过构造卓越的生产运作系统来为企业获得竞争优势做贡献，从而使企业能在激烈的市场竞争中发展壮大自己，在与竞争对手竞争市场和资源的过程中占有优势。

## 5. 风险性

生产运作战略的制定是面向未来的活动，要对未来几年的企业外部环境及企业内部条件变化作出预测，由于未来环境及企业条件变化的不确定性，战略的制定及实施具有一定的风险性。

### 2.1.4　生产运作战略的环境分析

#### 1. 外部环境分析

企业在制定生产运作战略时，需要考虑的外部环境因素有很多种，由于在制定企业经营战略时基本上都已考虑过，在这里我们只涉及与生产战略制定关系密切的几个主要外部因素。

（1）政治环境。政治环境是指一个国家的社会制度、组织形式、政府方针、法律法规等。不同的国家有着不同的社会制度，而不同的社会制度又会对企业的生产经营制定出不同的要求和规范。即使是在一个相对稳定的社会制度中也会因为时间、环境的不同而对政策作出一些调整。因此，在生产运作的过程中企业必须对这些变化进行分析研究。另外，随着法律体系的建立和完善，企业必须了解与其活动相关的法律系统及其运行状态。通过对政治环境的研究来规避风险，使企业的生产运作符合相关规定。

（2）宏观经济环境。宏观经济环境包括国民消费水平、收入分配、投资水平、国民生产总值、产业政策、家庭数量和结构、经济周期、就业水平、储蓄率、利率等。而在这其中对生产运作战略影响最大的是产业政策。虽然在制定经营战略时已经充分考虑了这一点，但它对产品决策和生产组织方式的选择有着重大的影响。尤其是对一些大的产业来说，如汽车、钢铁产业的发展，不仅取决于国民收入的水平，而且取决于国家的产业政策和基础设施条件。

（3）技术进步。技术环境是指与企业生产经营活动相关的科学技术要素的总和，既包括全新技术的创新，也包含对以往技术的改进。科学技术的进步，一方面对企业的新产品开发产生直接影响，另一方面也给企业内部生产运作系统所采用的生产方法、工艺及组织管理带来新的变革。例如，并行工程技术的产生，不仅改进了产品设计方法，而且对整个生产运作系统的组织机构、业务过程提出了重组的要求，促进了企业组织管理水平的提高。当然，技术进步在给企业带来机遇的同时，也会给一些企业带来很大的威胁，对企业提出了新的、更高的要求。

（4）市场需求及发展趋势。主要是指消费者和潜在消费者的需求和期望、市场销售渠道、竞争对手及潜在竞争对手的数量、优势和不足，他们的战略、进入市场的障碍、市场对价格的敏感性、产品生命周期的潜在销售量和盈利性等。这个因素看似与经营战略的制定关系更为密切，实际上它也直接影响着生产战略的制定。例如，某企业通过市场调查发现，电视机需求的下一个发展趋势是网络数字化电视，那么，企业现有的生产技术、工艺、生产能力等能否适应新产品的开发和生产，生产系统是否需要调整等一系列问题就必须随之作出决策，这就必然影响到生产战略的制定和执行。

（5）资源供应。资源供应主要是指原材料、外协件、劳动力等资源的供应。这个因素对企业产品竞争力的影响非常大。企业在制定生产运作战略时，一定要充分考虑这些因素。例如，企业生产所需的外协件的供应非常不稳定，就可能会影响到正常的交货期，从而影响到企业响应市场需求的速度和竞争力。

### 2. 内部环境分析

（1）企业经营战略及其他职能战略。企业经营战略规定了企业的经营目标。在企业整体经营目标之下，企业的不同职能部门分别建立自己的职能部门战略和自己力图达到的目标。因此，包括生产运作战略在内的各个职能级战略的制定，都受企业整体目标的制约和影响。由于各职能级目标所强调的重点不同，往往对生产运作战略的制定有影响，而且影响的作用方向是不一致的，因此在同一个整体经营目标之下，生产运作战略既受企业经营战略的影响，也受其他职能战略的影响。在制定生产运作战略时，要考虑到这些相互作用、相互制约的目标，权衡利弊，使生产运作战略决策能最大限度地保障企业经营目标的实现。

（2）企业能力。企业能力对制定生产运作战略的影响主要是指企业在运作能力、技术条件以及人力资源等方面与其他竞争企业相比所占有的优势和劣势，在制定生产运作战略时要把握住竞争重点，尽量扬长避短。例如，企业的技术力量强大、设备精度高、人员素质好，进行产品选择决策时可能应该以高、精、尖产品取胜；如果企业的生产应变能力很强，那么集中力量开发和生产与本企业生产工艺相近、产品结构类似、制造原理也大致相同的产品，在市场竞争中以快取胜。

企业的能力评价是一个非常复杂的难题，它需要在全面评审内部条件的基础上作出一个大致的判断。通常情况下，需要评价的企业内部条件包括：对市场需求的了解和营销能力，现有产品状况，现有的顾客及与顾客的关系，现有的分配和交付系统，现有的供应商网络及与供应的关系，管理人员的素质和能力，工人的技能水平，对自然资源拥有的情况及获取能力，设施、设备、工艺状况，产品和工艺的专利保护，可获得的资金和财务优势等。

在评价企业内部情况时，要回答这样一些问题：在满足现有的和将来的顾客需求方面，本企业有什么核心能力（core competency）？本企业的不足是什么？如何才能弥补这些不足？本企业能否尽快吸引和培训足够的工人和管理人员？本企业能否更恰当地将获得的资金投到不同的项目中去？在弥补本企业的不足方面有哪些内部限制？作为一个生产运作管理人员来说，在制定生产运作战略时，必须全面细致地对各方面因素加以权衡和分析。

## 2.2　生产运作战略的内容

### 2.2.1　生产运作战略的定义

企业的决策者为谋求企业长期稳定的发展，首先要确定企业的发展战略，明确战略目标。企业战略目标应围绕着如何建立和发展竞争优势而设定，如 IBM 公司的战略目标为"发展软件，加强服务"，丰田汽车公司的战略目标为"优质优智，世界丰田"。可见，企业战略目标指明了企业发展方向和途径。而为了保证企业战略目标的实现，维护其在整个经济系统中的利益，企业决策者必须决定向社会提供何种商品和服务。这种贡献正是这些组织（或系统）存在的理由，是体现在企业战略目标中的承诺，也是它们的使命（mission）。确立使命可以保证整个组织对共同目标的关注，而如果没有共同目标，企业就无法团结一致。使命体现了企业的指导思想，也可以视为计划想要实现的东西。企业一旦确定了它的使命，它内部的各个"职能区"（如市场营销、财务会计及生产运作）将随之确定各自的支持性使命。表 2－2 给出了一家制造业公司的各级使命。

表 2－2　　　　　公司、生产运作职能及该职能下各主要部门的使命

| 公司使命 |
| --- |
| 致力于世界范围的电子部件、电器、设备和系统制造业务多样化，保持增长及赢利能力，向工业、商业、农业、政府和家庭提供这些产品。 |
| 生产运作使命 |
| 生产同公司的使命（成为世界范围的低成本制造商）一致的产品。 |
| 生产运作部门使命 |
| 质量管理：更加注重设计、采购、生产和服务的机会，由此取得出色的质量以求同公司的使命和市场营销目标相一致。<br>产品设计：在主营业务的各个领域内，保持研究和工程技术能力的领先地位，从顾客需要出发，高质量地设计和生产出各种产品和服务。<br>工艺设计：确定和设计生产工艺和设备，并使其在经济的成本下，既满足产品低成本、高质量的要求，又能向员工提供良好的工作条件。<br>现场布局：通过对工厂布局和工作方法的合理安排，提高生产效率，同时保证员工有良好的工作条件。<br>工厂选址：选址、设计并建造经济的、高效率的厂房设施，为公司、员工和社区提供高价值的产出。<br>人力资源：以精心设计的、安全的、有激励作用的职位和稳定的就业、公平的报酬，向员工提供良好的工作条件，最终使各级员工都有突出的贡献。<br>物料采购：同供应商和承包商合作，为那些需要从外界购买的部件建立可靠的、有效率的供应来源。<br>时程安排：通过有效的调度，实现对生产设施的充分利用。<br>库存控制：根据服务水平和设施的充分利用，使存货投资处于与此相适应的较低水平。<br>设备维护：通过对厂房和设备有效的预防性维护和及时修理，达到对其的充分利用。 |

资料来源：整理自杰伊·海泽（Jay Heizer）、巴里·伦德尔（Barry Render）著，寿涌毅译：《运作管理原理》（第 6 版），北京大学出版社 2010 年版。

休氏飞机电子公司的企业使命："我们的使命是创造性地将电子技术应用于国防、航天和民用市场的产品和服务。在完成这种使命时，最重要的是使我们的用户得到高质量的、成本与预期价值相当的产品和服务，使我们的员工和有关企业伴随着我们的成功获得收益，使我们的股东从他们的投资中取得优厚的收入。我们承诺，不断发展我们的电子与相关技术，开发新的建立在我们独特技术能力上的市场机会，提高我们在国防航天事业中的领先地位。同时，把我们的营业扩展到通信、大规模集成系统和培训系统，并同 GM 集团形成联盟，以开发旨在加强 GM 的新产品和服务。"

电话与数据系统公司："为我们的用户提供最好的总体通讯服务。"

福特汽车公司的企业使命："在汽车、与汽车有关的产品和服务以及较新的行业（如航空）等领域里成为世界范围的领导者，并不断提高产品和服务质量以满足顾客的需要，使我们获得商业上的成功并向股东提供合理的回报。"

这些使命给出了企业生存的指导思想和目的。认清使命之后，必须制定相应计划以完成既定使命，这类计划就是企业战略。

战略（strategy）就是为完成使命而制订的计划。具体来说，企业战略是企业为顺应环境变化，谋求并发展其竞争优势而制定的基本方针，以及对其重要资源配置所做的谋划。组织在确定一种战略时，必须考虑外部环境中的各种威胁和机会，以及自身的优势和劣势。只有在充分理解外部的威胁与机会和内部的优势与劣势之后，企业才有可能确立有效的战略。比如，在现代经济全球化的大趋势下，战略的制定应蕴涵着对世界经济发展的理解和认识。

在企业内，每个职能区都有自己的战略，以便完成自身使命并帮助整个组织完成总体使命。生产运作战略是企业根据经营战略意图在构建生产运作系统时所遵循的指导思想，以及在这种指导思想下的一系列决策原则、程序和内容。它的着眼点是企业长远发展战略及所选定的目标市场；它的工作内容是在既定目标导向下确定生产运作系统时所应遵循的指导思想，以及在此思想指导下的具体决策；它的目的是使生产运作系统成为企业立足于市场，获得竞争优势的坚实基础。

## 2.2.2　生产运作战略与企业经营战略

生产运作战略对于保证生产系统的有效性、顺利地进行生产运作活动无疑是至关重要的，但它并不等同于企业的经营战略。某项生产战略对企业的一种或几种产品获得竞争优势起着不可替代的保障作用，但对于企业其他产品来说，由于目标市场的差异，这种战略可能就不太适用，尤其是在采取事业部制的大企业中，这两者的区别更加明显。一般来说，企业的战略可以分为三层，即公司级经营战略、部门级战略和职能级战略（见图 2 - 1）。

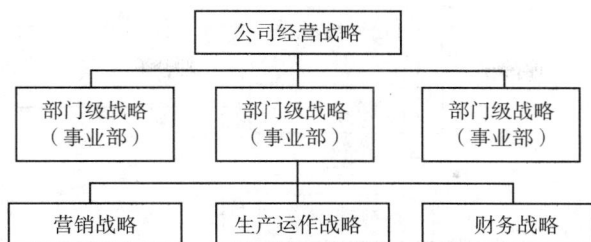

图 2 - 1 生产运作战略与企业经营战略的关系

公司级经营战略的任务是决定企业组织的使命，注重对外界环境的分析和研究，并据此调整自己的战略目标和长期计划，谋求企业经营活动与环境的动态平衡，使企业始终有明确的发展方向和发展道路。部门级战略是企业某一独立核算单位或具有相对独立的经济利益的经营单位对自己的生存和发展作出的谋划，它要把公司经营战略中规定的方向和意图具体化，成为更加明确的针对各项经营事业的目标和战略。而生产运作战略则属于职能级战略。很明显，即使在同一个经营战略之下，不同部门的部级战略不同，生产运作战略的内容就有可能不同。例如，一个电器公司，分别设电视机部、洗衣机部、收录机部，等等。电视机部的竞争策略可能是以高质量（例如，高清晰度、高可靠性等）取胜，而收录机部可能是面向农村市场而以物美价廉、操作方便取胜。这样相应的生产运作战略的重点可能就不同，前者可能应选择利用最新技术的产品投入生产，后者则可能将重点放在降低成本上。

如果企业没有部门级的划分，企业战略则分为两层，作为职能级战略的生产运作战略直接担负着支持公司经营战略的任务。

## 2.2.3 生产运作战略模型

如图 2 - 2 所示，生产运作战略是一种应该由企业战略引导的职能级战略（functional strategy），在整个决策过程中应该保持统一的模式。图中虚线框内的四个要素：使命、独特的竞争力、目标和策略是生产运作战略的核心内容。图中的其他要素则是制定生产运作战略时的输入或输出内容。整个过程包括生产运作四个部分（流程、质量、产能及库存）的生产运作策略，这些决策又与企业其他职能紧密相连。

### 1. 公司和业务战略

公司和业务战略位于图 2 - 2 的顶部。公司战略（corporate strategy）是公司的业务定位。例如，迪士尼把"为人们带来快乐"视为自己的战略定位。迪士尼在全球范围内的产品不仅包括主题公园，还有动画、电影、商业及其相关业务。

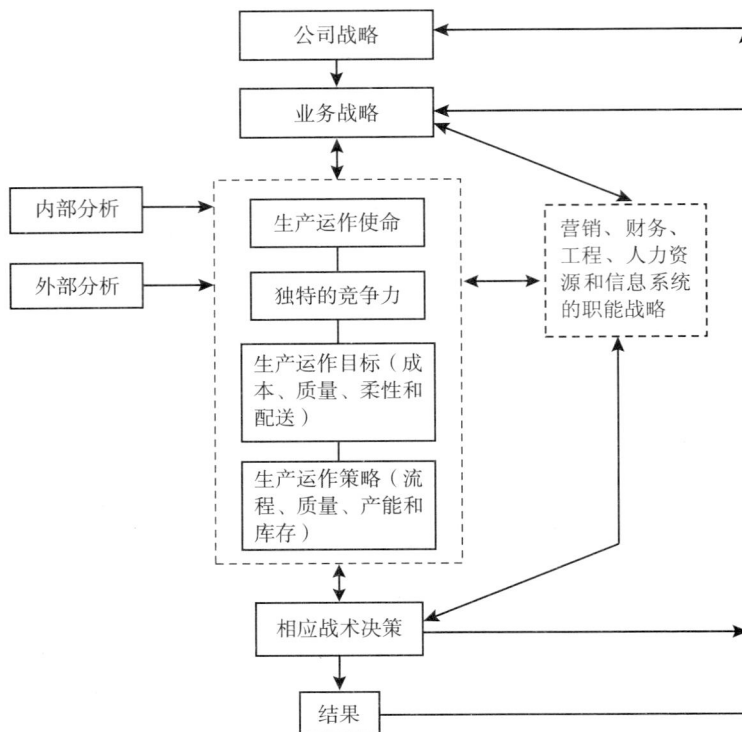

**图 2-2 生产运作战略流程**

资料来源：整理自罗杰·G. 施罗德（Roger G. Schroeder）著，任建标译：《施罗德运营管理》（第 4 版），中国人民大学出版社 2009 年版。

根据公司战略制定业务战略（business strategy），以指导某项具体业务如何展开竞争。大多数大型企业都有一些不同的业务，每项业务都在各自的市场领域找到竞争基础。例如，特里西（Treacy）和威尔斯曼（Wiersema）1997 年定义了 3 种可适用于任何业务的业务战略类型：顾客亲近型、产品领导型及生产运作优异型。生产运作战略应该与选定的业务战略相对接。

每一种业务战略都应该提供一种价值主张（value proposition），即说明创造价值的类型，明确了目标市场、产品或服务的差异化以及顾客购买的理由，根据营销和业务战略进行确定，并通过生产运作战略提供指导。

## 2. 生产运作使命

所有的生产运作都应该有一个与业务战略相联系的使命，而且这一使命还必须与其他的职能战略相融合。例如，当业务战略是产品领先型时，生产运作使命就应该着眼于新产品的引入和产品的柔性以使产品适应市场需求的变化。其他业务战略也有与其对应的生产运作使命，诸如低成本和快速配送等。生产运作使命（operations mission）源自业务单元选定的业务战略。美国美敦力（Medtronic）的生产运作领袖威廉·乔治（William George）解释了使命驱动型公司是如何为股东创造价值的。

### 3. 独特的竞争力

所有的生产运作都应该有相应的独特的竞争力（distinctive competence），以使其与其他竞争者区分开来。这种独特的竞争力能使企业在某方面的生产运作超越其他任何企业。独特的竞争力可能是基于某种独特的、难以模仿的资源（如人力资源或资本）而建立的；也可以基于那些不易被复制的专利技术或生产运作中的任何创新来建立。

独特的竞争力应该与生产运作使命相匹配。例如，当生产运作使命是追求在新产品引进方面的领先时，先进库存管理系统的独特竞争力就变得毫无作用。同样，独特的竞争力也必须与营销、财务以及其他职能相协调，这样才能作为竞争优势的基础，在整个企业范围内得到支持。

可以使用独特的竞争力来定义一家企业现行的业务战略。业务战略并不总是源于市场，也可以从市场运作的独特竞争力（当前的或设计的）相匹配的角度来制定。为了使公司拥有竞争力，公司必须同时具备可行的市场细分以及提供产品或服务的独一无二的产能。克拉克（Clark）曾在一篇文章中提到，独特的竞争力是成功业务战略的核心要素。沃尔玛将之定义为低成本的零售商。为了完成这一使命，他们发展了降低运输成本的越库作业的独特竞争力。通过越库作业，供应商货车上的货物被直接转移到了转货区域，并在那里等待沃尔玛的货车直接配送进各家店铺，而不用先进入仓库。此外，沃尔玛还有比其他竞争对手更先进的库存控制系统，因此它能够使仓库保持在最低水平。这些独特的竞争力有助于沃尔玛以低成本展开竞争。

### 4. 生产运作目标

在生产运作战略中，生产运作目标是第三个要素。四个一般的生产运作目标为：成本、质量、配送以及弹性。应该根据使命来确定目标，同时这些目标也能以定量和可测量的方式重申使命。这些目标都应该是长期的（5 年到 10 年）战略性目标。

表 2 - 3 列出了可以用作长期生产运作绩效定量化的目标措施，表中列出了当前目标、未来 5 年目标和当前世界级竞争者的状况。把世界级竞争者的状况作为比较的基准，来说明生产运作与竞争者对比是提前还是落后。但是目标应该与特定业务相适应，也就是说没有必要在所有领域都超过竞争对手。

表 2 - 3　　　　　　　　　典型生产运作目标

| | 当前目标 | 未来 5 年目标 | 当前世界级竞争者 |
|---|---|---|---|
| 成本 | | | |
| 制造成本占销售额的百分比（%） | 55 | 52 | 50 |
| 库存周转率 | 4.1 | 5.2 | 5.0 |

| | 当前目标 | 未来 5 年目标 | 当前世界级竞争者 |
|---|---|---|---|
| 质量 | | | |
| 客户满意度（%） | 85 | 99 | 95 |
| 损坏或返工率（%） | 3 | 1 | 1 |
| 保修成本占销售额的百分比（%） | 1 | 0.5 | 1 |
| 配送 | | | |
| 库存的订单满足率（%） | 90 | 95 | 95 |
| 补货提前期（周） | 3 | 1 | 3 |
| 柔性 | | | |
| 新产品引入所需时间（月） | 10 | 6 | 8 |
| 产能改变 ±20% 所需时间（月） | 3 | 3 | 3 |

## 5. 生产运作策略

生产运作策略（operations policies）是生产运作战略的第四个要素。在策略中应该明确生产运作目标是如何实现的。每个主要的决策类型（流程、质量、产能及库存）都应该制定相应的生产运作策略。这些策略都应该与其他职能决策以及策略紧密相连，这是企业中最难做到的一点，也是需要真正整合生产运作战略的原因。

表 2-4 列出了生产运作的一些重要策略。需要注意的是这些策略可能需要相互权衡或择一而定。例如，在产能领域需要在一个大型设施或数个小型设施之间进行选择。由于规模经济的存在，大型设施的总投资可能较少，而小型设施则可以在当地市场中更好地满足顾客的需求。所以应根据具体的生产运作目标、资金的可用额、营销目标及其他要素来确定选择何种策略。

表 2-4                            生产运作中的重要策略范例

| 策略类型 | 策略领域 | 战略选择 |
|---|---|---|
| 流程 | 流程跨度；制造或购买 | 自动化手工制造或机器制造；柔性或非柔性自动化<br>流程项目、批量、流水线或持续流程<br>工作专业化高度或低度专业化<br>监督高度分散或集中 |
| 质量 | （体系）方法；预防或检查 | 培训技术或管理培训<br>供应商按质量或成本选择 |

| 策略类型 | 策略领域 | 战略选择 |
|---|---|---|
| 产能 | 设施规模；一个大型或数个<br>小型设施 | 选址临近市场、低成本或海外<br>投资永久性或临时性 |
| 库存 | 数量；高水平或低水平库存 | 配送集中或分散仓库<br>控制系统严格控制或粗略控制 |

### 2.2.4　生产运作战略决策

生产运作战略主要包括三方面的内容：生产运作的总体战略，产品的开发与设计，生产运作系统的设计。

#### 1. 生产运作的总体战略

生产运作的总体战略包括以下几种常用的生产运作战略。

（1）产品的选择。企业进行生产运作，先要确定向市场提供什么样的产品，这就是产品选择或决策问题。

提供何种产品来自于各种设想。在对各种设想进行论证的基础上，确定本企业要提供的产品，这是一个十分重要而又困难的决策。在一般情况下，产品的设想或开发方案，其数量要比企业最后实际投入生产的要多得多。据统计，关于新产品项目的建议方案或设想，每 60 个新方案中只有 8 个左右可通过初审，真正投入生产投放市场的只有一个。

而产品的选择可以决定一个企业的兴衰，已为无数事实所证明。所以，产品的选择问题既困难又重要。

在进行产品选择时，需要从以下几个方面考虑：一是市场条件。主要指市场需求情况，企业开拓市场的能力，企业在市场中的地位及竞争能力等。二是企业内部的生产运作条件。主要是指企业的技术、设备水平，新产品的技术、工艺可行性，所需原材料和外协件的供应等。三是财务条件。主要是指新产品开发和生产所需要的投资，预期收益，风险程度的大小，产品的生命周期等。四是企业内部各部门工作目标上的差别。这是指企业内各职能部门由于工作目标不同，在产品选择上会发生分歧。比如，生产部门追求高效率、低成本、高质量和生产的均衡性，希望品种数少一些。销售部门追求市场占有率、对市场需求的响应速度和按用户要求提供产品，希望扩大产品系列，不断改进老产品和开发新产品。财务部门追求最大的利润，要求加快资金流动，希望只销售立即能得到利润的产品，销售利润大的产品，不制造不赚钱的产品。由于职能部门工作目标上的差异，往往造成产品决策的困难。销售部门要求创新、发展，愿冒风险，要求保持广而全的多种产品的生产线，财务部门往往要求生产销售利润大的产品，生产部门则要求尽可能生产尽可能少的成熟产品，而它们之间的矛盾，只有通过高级管理层协调解决。此外，在产品决策时，还要考虑社会效益、对环境的影响等因素。

（2）自制或购买。产品、零部件是自制还是购买，这是每一个企业在制定战略时都必须回答的问题。如果从企业战略的角度看，这实际上涉及企业的纵向一体化政策。企业开发新产品，建立或改进生产系统之前，都需要作出自制或购买的决策。自制或购买决策有不同的层次。如果在产品级决策，会影响到企业的性质。产品自制，则需要建一个制造厂，需要建造相应的设施，采购所需要的设备，配备相应的工人、技术人员和管理人员；产品外购，只需要成立一个经销公司，就可以为消费者提供相应的服务。如果只在产品装配阶段自制，则只需要建造一个总装配厂，然后寻找零部件供应厂家。

（3）生产方式的选择。近十几年来，科学技术尤其是信息技术飞速发展，消费者消费观念日趋个性化，全球性的市场竞争越来越激烈，使得制造业的生产方式面临着巨大的变革。这就要求企业在作出自制或购买决策之后，从战略的高度对生产方式作出选择。可供制造企业选择的生产方式主要有以下几种：

大量生产方式。第一次世界大战之后，美国福特汽车公司首创流水线生产方式，并在20世纪初取得巨大成功。这种生产方式的特点是，大量采用专用设备生产标准化的产品，依靠批量的扩大来降低成本，并通过重复性和互换性保证质量和良好的维修性。然而这种生产方式的致命缺陷是适应性差，产品更新困难。显然，这种生产方式应当用于需求量很大的产品或服务。只要市场需求量大，采用低成本和高产量的策略就可以战胜竞争对手，取得成功，尤其在居民消费水平还不高的国家或地区。

准时生产制。第二次世界大战之后，日本丰田汽车公司在总结了流水线生产方式和市场特点后，创立了以多品种中小批量生产为主要特点的准时生产方式。这种生产方式是尽量采用通用性强的设备，依靠多技能的工人，生产多品种中小批量的产品，以提高企业适应市场变化的能力，更好地满足消费者的需求。应该说，对于顾客化的产品，只能采取多品种中小批量生产方式。当今世界消费多样化、个性化，企业只有采用这种方式才能立于不败之地。但是多品种中小批量生产的效率难以提高，如生产大众化的产品就不应采取这种方式。

计算机集成制造。20世纪70年代以来，随着社会经济的发展和科技的进步，人们对产品的质量、品种和成本的要求越来越高，产品的生命周期越来越短，企业的技术、产品更新压力越来越大。能否及时推出多品种、高质量、低成本的产品已成为决定企业命运的关键。因此，对生产方式的灵活性提出了更高的要求。而计算机技术在制造领域的广泛应用，为提高生产系统的反应速度提供了可能。计算机集成制造就是把产品的设计、制造、装配和检测等所有生产环节和部门集成起来，使生产系统成为一个有机整体，从而能对市场变化作出更快的响应。

批量客户化生产。随着市场竞争的日益激烈，消费者越来越需要既能满足其个性化需求，同时价格又低廉的产品。在这种需求的引导下，20世纪80年代初，一种新的生产方式——批量客户化生产应运而生。这种生产方式是指既具有大量生产的高效率、低成本，又能像单件小批量生产方式那样满足个性需求的生产方式。现在许多著名的大公司，如惠普公司、丰田公司、摩托罗拉公司等，都在采用这种方式实行批量客户化生产。据有关资料统计，目前美国和欧洲已有 70% 以上的大企业在按这种方式重新经营和规划其生产系统。

敏捷制造。敏捷制造是 1988 年美国通用汽车公司和里海大学共同研究提出的一种全新的制造业生产方式。敏捷制造是在具有创新精神的组织和管理结构、先进制造技术（以信息技术和柔性智能技术为主导）、有技术有知识的管理人员三大类资源支柱支撑下得以实施的，也就是将柔性生产技术、有技术有知识的劳动力与能够促进企业内部和企业之间合作的灵活管理集中在一起，通过所建立的共同基础结构，对迅速改变的市场需求和市场进度作出快速响应。敏捷制造比起其他制造方式具有更灵敏、更快捷的反应能力。

（4）竞争重点的确定。在选择了生产方式之后，生产运作战略必须要确定生产运作重点，即必须明确竞争重点。根据哈佛商学院威克汉姆·斯金纳的研究成果和伦敦商学院泰瑞·黑尔的研究成果，基本的竞争重点包括成本、产品质量和可靠性、交货速度、交货可靠性、对需求的应变能力、柔性和新产品的引入速度以及其他与特定产品有关的标准七个方面的内容。

成本。在每个产品市场中，通常都存在着严格遵循低成本原则的细分市场。为了在市场上取得竞争优势，企业必须以低成本进行生产。

产品质量和可靠性。质量分为三类：产品质量、过程质量和工作质量。

交货速度。当今市场竞争越来越激烈，企业交货的速度是竞争的重要条件。比如说，某企业为计算机网络设备提供维修服务，那么能够承诺在 1～2 小时内提供现场维修服务的企业显然要比在 24 小时内保证维修服务的企业具有明显的竞争优势。

交货可靠性。这是指企业在承诺交货期当日或之前的产品或服务的提供能力。20 世纪 80 年代和 90 年代中采用的为降低成本而减少库存的做法，使企业越来越重视交货的可靠性，并以此作为标准来评价和选择供应商。

对需求变化的应变能力。在许多市场上，企业对需求增减变化的反应能力是竞争能力的重要因素之一，追求长期高效地响应动态市场需求的能力，应是运作战略要解决的基本问题。

柔性和新产品开发速度。从战略意义上讲，柔性指的是企业为顾客提供多种类型产品的能力，决定这种能力的一个重要因素是企业开发新产品所需的时间以及建立可生产新产品的工艺流程所需的时间，并行工程则较好地解决了这一难题。

其他与特定产品有关的标准。这是指特定产品或特定情况下的重点内容。主要是指技术联系与支持、密切的合作、供应商售后服务等。

除此以外，其他典型的重点内容还有：颜色、尺寸、重量、装配线布局、产品市场化情况以及产品组合方案等。

## 2. 产品开发与设计

在产品决策作出后，就要对产品进行设计，确定其功能、型号、规格和结构，在此基础上选择制造产品工艺，设计工艺规程。

加强研究开发，不断推出新产品和新技术，是保障企业生存和发展的重要条件。现代科学技术突飞猛进，研究开发职能的地位更加突出。在产品开发与设计方面，按发展方向的不同，可将战略分为四类：

（1）做技术领先者还是技术追随者。企业在设计产品或服务时是作新技术的领导者还是作跟随者，是两种不同的选择。作领先者就需要不断创新，风险大。但可以在竞争中始终处于领先地位。但技术追随者只要努力学习和仿造，也可能取得优势。

哈佛大学商学院波特教授将研究开发战略同企业竞争战略联系起来。他指出：技术领先者和技术追随者在获取成本领先优势或差别化优势方面各有特点，技术领先者是易于获得竞争优势的，但技术追随者也可以获得优势。如表 2 - 5 所示。

表 2 - 5　　　　　　　　　研究开发战略与竞争优势

| 竞争优势 | 技术领先者 | 技术追随者 |
|---|---|---|
| 成本领先 | 优先设计出成本最低的产品；<br>优先获得学习曲线效益；<br>创造出完成价值链活动的低成本方式 | 通过学习技术领先者的经验，来降低产品成本和价值链活动的费用；<br>通过仿造来减少研究开发费用 |
| 差别化 | 优先生产出能增加买方价值的独特产品；<br>在其他活动中创新以增加买方价值 | 通过学习技术领先者的经验，使产品或交货系统更紧密地适应买方的需要 |

成本领先优势就是最大努力降低成本，通过低成本降低商品价格，维持竞争优势。要做到成本领先，就必须在管理方面对成本严格控制，尽可能将降低费用的指标落实在人头上，处于低成本地位的公司可以获得高于产业平均水平的利润。在与竞争对手进行竞争时，由于成本低，在对手已没有利润可图时还可以获得利润。

差别化优势是公司提供的产品或服务别具一格，或功能多，或款式新，或更加美观，因为能建立起应对五种竞争作用力的防御地位，从而利用客户对品牌的忠诚而获得竞争优势，在行业中赢得收益。

（2）自主开发还是联合开发。自主开发是企业根据市场需要，依靠自己的技术力量，进行基础理论及相关应用研究，从而开发出新产品。联合开发是企业与合作伙伴或其他机构联合进行新技术、新产品的开发活动。需要指出的是，在当今全球化激烈竞争的买方市场条件下，联合开发不失为一条建立竞争双方共赢关系的捷径，特别是对于一些复杂的产品或技术，这种方法更为适用。现在已有多国联合开发航天航空器的事例。同时，联合开发也是充分利用社会资源，提高开发速度的良好途径。

（3）花钱买技术或专利。"自制或是外购"的决策同样可运用于研究开发战略。有条件独立进行研究开发固然很好，外购或引进他人的先进技术，使用他人的研究开发力量，也不失为一个好办法，还可借此促进自身技术实力的增强。但在购买或引进之后，要注意消化、吸收和创新，形成自己的特色。

（4）做基础研究还是应用研究。基础研究是对某个领域或某种现象进行研究，但不能保证新的知识一定可以得到应用。基础研究成果转化为产品的时间较长，投资比较大，而且能否转化为产品的风险很大。但是，一旦基础研究的成果可以得到应用，对企业的发展将起很大的推动作用。应用研究是根据市场需求选择一个潜在的应用领域，有针对性地进行的研究活动。应用研究实用性强，容易转化为现实的生产力。但应用研究一般都需要基础理论的指导，企业选用何种研究开发战略，取决于它的规模、技术实力、产业环境和竞争对手的状况。

### 3. 生产运作系统的设计

生产运作系统的设计对生产运作系统的运行有先天性的影响，它是企业战略决策的一个重要内容，也是实施企业战略的重要步骤。生产运作系统的设计主要包括选址、设施布置、工作设计、考核与报酬四方面的内容：

（1）选址。选址就是指将生产运作的设施、设备等物质实体设置在什么地方的问题。选址对企业的运行效率和效果都有先天性的影响，其重要性不言而喻。一旦选择不当，它所带来的不良后果不是通过建成后的改善措施可以弥补的。而且，在选址确定以后，随着社会经济的发展及扩大生产能力的需要，企业也会面临着迁址和重新选址的问题。因此，选址是现代企业生产运作系统设计中需要解决的首要问题。

（2）设施布置。设施布置是在选址之后进行的，目的是把企业内的各种设施、设备进行合理的安排，确定组成生产系统的各个部分的平面和立体位置，并确定物料流程和运输路线等。设施布置对生产运作的效率有很大影响。设施布置不当，会造成运输路程长，运转路线迂回曲折，不仅浪费了人力、物力资源，而且延长了生产周期。

设施布置是随着生产类型的不同而采用不同的布置方式。第一种是对大量大批生产，一般采用流水线布置（按对象原则）。第二种是对多品种小批量生产，一般采用按功能布置（按工艺原则），即将完成相同功能的机器设备布置在一起。功能布置能适应多种产品的生产，生产系统有较高的柔性，但物料运送的路线长。第三种是固定布置，即把原材料、零部件和人员集中到一个特定的地点，被加工的劳动对象固定在一定的位置上不动，设备和工具按需要配置，使用过的设备和工具随时拿走。造船厂就是采用固定位置布置。第四种布置是生产单元。按生产单元布置，把不同的设备集中到一起，进行有限范围内的产品生产。在生产单元中，机器设备不动，工件的移动也很有限。

（3）工作设计。在生产运作系统中，机器设备及技术的优势发挥、生产运作系统运行的状况最终取决于操纵、控制该系统的人，取决于人对工作的态度和工作方式。而工作设计就是要设计工作结构，制定与同事、与顾客之间的联系，并对与工作有关的活动规则作出正式和非正规的说明。工作设计有不同的指导思想和方案。不同的指导思想和方法会产生不同的效果。比如，流水线上的生产工作设计指导思想是分工理论，通过细致分工，提高工作效率，从而提高生产系统的产出。但这种方式使工作单调乏味；而团队工作方式则可以使工作丰富化，提高员工的工作兴趣和责任感，但在一定程度上牺牲了效率。

在工作设计中需要特别注重的一个问题是要正确处理人机分工。工作设计要使机器和工作环境适合人的能力和需要，而不是相反。

（4）考核和报酬。对人的工作业绩要进行考核，并将考核结果与报酬挂钩，这是大家已达成共识的问题。只有这样才能激励员工努力工作，不断改进工作方法，发挥创造性，提高工作效率。报酬涉及工资和薪水的数量和发放办法。通常有两种计酬的办法：计时付薪和按贡献付薪。计时付薪适用于难以量化的工作。按贡献付薪包括计件和承包等办法，适用于能够量化的工作。报酬系统的选择和设计对于发挥人力资源的潜力有十分重要的影响。

## 2.3　生产运作战略的制定方法

生产运作管理者在制定生产运作战略时，必须充分理解组织的总体战略。因为在企业所拥有的所有资源中，生产运作系统占用着大多数的资源数量。要充分利用资源，实现资源的优化配置，单凭有效的市场营销和财务管理，并不能使资源得到最有效的利用，保证把最好的产品及时地交付给顾客，只有生产运作职能才能做到这些。因此，生产运作战略是企业建立竞争优势的基础。

生产与运作战略仅仅是组成企业战略的一个职能性战略。它的制定过程同企业战略制定过程基本是相同的。图2-3给出了生产运作战略制定的基本过程及战略内容概要。

（1）环境分析。这是企业在制定战略时首先要做的工作。包括内部环境分析和外部环境分析。通过外部环境的分析发现企业面临的机会与威胁，通过内部条件的分析总结出企业的优势或劣势。除此之外，还需要对企业的总体战略、竞争战略进行系统分析。

（2）确定企业使命。企业使命是企业生产经营的哲学定位，也就是经营观念。企业确定的使命为企业确立了一个经营的基本指导思想、原则、方向、经营哲学等，它不是企业具体的战略目标，或者是抽象地存在，不一定表述为文字，但影响经营者的决策和思维。通过企业使命明确企业发展的目标，保证企业的发展不偏离轨迹。

（3）形成一种战略。首先，为保证生产运作战略目标的科学性，对企业确定的生产运作战略目标要进行全面的综合评价，评价可以根据企业的生产运作实际情况，运用定性、定量的方式进行分析。其次，在环境分析的基础上根据战略目标拟定出备选方案，备选方案的数量要综合考虑企业的规模、市场竞争力、企业

```
┌─────────────────────────────────────────────────────────┐
│                      环境分析                              │
│  认清各种威胁、机会、优势、劣势，理解环境、顾客、行业和竞争对手  │
└─────────────────────────────────────────────────────────┘
                          ↓
┌─────────────────────────────────────────────────────────┐
│                    确定企业使命                            │
│        说明企业存在的原因，并认清企业创造的价值               │
└─────────────────────────────────────────────────────────┘
                          ↓
┌─────────────────────────────────────────────────────────┐
│                   形成一种战略                             │
│  建立一种竞争优势（如低价位、灵活设计、生产批量小、高质量、快速交 │
│  货、可靠性、良好的售后服务和多样化产品系列）                  │
└─────────────────────────────────────────────────────────┘
                          ↓
┌─────────────────────────────────────────────────────────┐
│              贯彻主导战略并形成各职能区战略                   │
└─────────────────────────────────────────────────────────┘
```

| 市场营销<br>服务<br>分销<br>价格<br>分销渠道<br>产品定期<br>（形象、功能） | 财务会计<br>资金成本<br>生产成本<br>应收账款<br>应付账款<br>财务控制<br>各类信贷 | 生产运作<br>决策：被选方案范例<br>质量：通过性能衡量确定顾客的期望<br>产品：特殊规格或标准规格<br>流程：设施规模、技术<br>选址：靠近供应商或靠近顾客<br>布局：工作小组或装配线<br>人力资源：工作的专业化或全面化<br>采购：单一或多个货源<br>库存：订货时机和库存控制<br>进度：稳定的和可调的生产进度<br>可靠性与维护：按照需要作预防性维护 |
| --- | --- | --- |

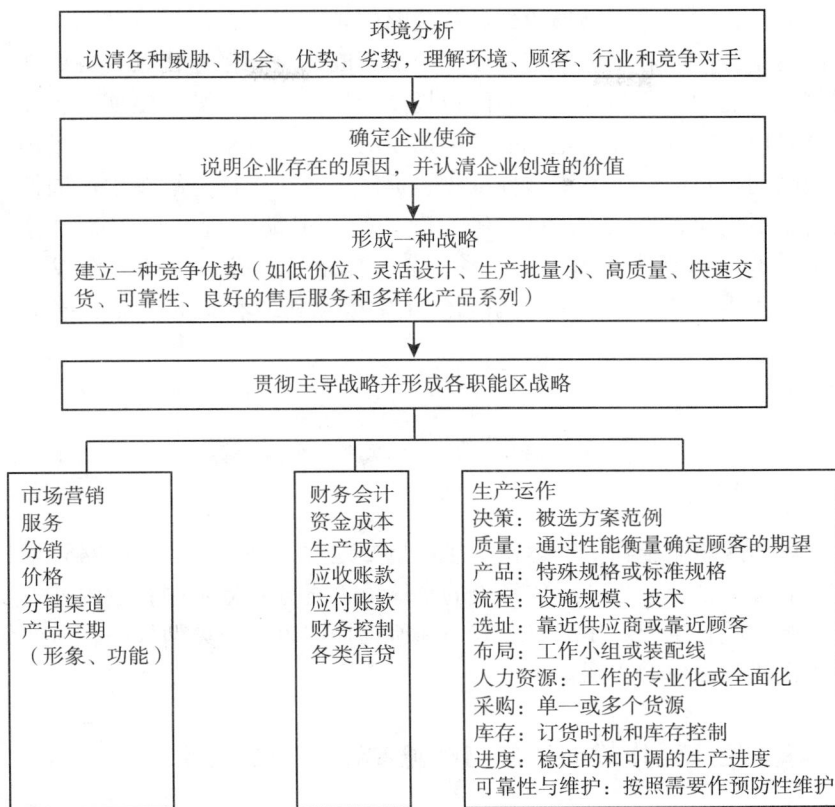

图 2 – 3　生产运作战略制定的过程及战略内容概要

资料来源：整理自杰伊·海泽（Jay Heizer）、巴里·伦德尔（Barry Render）著，寿涌毅译：《运作管理原理》（第 6 版），北京大学出版社 2010 年版。

性质等因素，要体现出一定的差异性。最后，对拟定的备选方案从成本、收益、风险及它们对企业长期竞争优势的影响等方面进行全面评估，综合运用定性、定量分析的方法，以形成对备选方案的综合评价，作为企业选择生产运作战略的依据。

（4）贯彻主导战略并组织实施。为了更好地实施生产与运作战略，应根据选定的战略方案制订具体的方案实施计划，建立协调和控制机制。另外，还需对企业员工进行深入发动，调动员工参与战略实施的积极性，确保战略目标的实现。

需要指出的是，成功的生产运作战略不仅要同整个组织的环境分析战略一致，还应当与产品生命周期阶段的特点和要求相吻合。也可以说，在产品生命周期不同阶段里，有待解决的具体战略性问题也不同。一般来说，产品的投入期，是增加市场份额的关键时机，在这一时期企业战略的关键问题是研究开发，而生产运作战略的关键是产品设计和开发，面临和需要解决的主要问题是：产品和工艺设计频繁变动、生产能力不相适应、生产成本高、产品型号少、质量标准的确定、工人的技术熟练程度、迅速消除设计缺陷等；产品的成长期，要根据实际情况调整产品价格、树立产品形象，企业战略的重点应放在市场营销上，生产运作的关键问题是：产品和工艺稳定可靠、产品不断改进和多样化以具备更强的竞争力、提高生产能力、逐步确立产品的市场主导地位等；产品成熟期，企业战略的关键问题是以低成本来提高竞争能力，以新的促销和分销手段保持市场地位，生产运作战略的重点应是大力实施标准化、提高工艺稳定性、缩短生产周期、进行产品改进和系列化、降低产品成本等；产品的衰退期，行业生产能力过剩，企业战略的核心是以新产品占领新市场，成本控制是关键，生产运作战略的重点是重新进行产品组合，精简产品系列停止生产无利或利少的产品、缩减生产能力等。

## 2.4 生产运作战略的实施

生产运作战略实施在生产运作中居于重要地位，是生产运作战略管理的关键环节。它能够动员企业生产运作系统的全体员工充分并且协调企业内外一切可以利用的资源，沿着生产运作战略的方向和所选择的道路去贯彻战略，从而保证整个生产运作战略目标的实现。

### 2.4.1 生产运作战略实施与战略制定之间的关系

对企业来说，成功的生产运作战略制定并不能保证战略实施的成功，实施战略要比制定战略重要得多，也要复杂得多。分析战略制定与战略实施不同的结果，我们可以得出这样的结论：

（1）只有当企业在制定了科学合理的生产运作战略并且积极有效的实施这一战略时，企业才能顺利地实现战略目标，取得战略的成功。

（2）当企业所制定的生产运作战略不够科学合理时，企业如果严格地执行了这一战略，此时可能出现两种情况：一是企业在执行战略的过程中及时发现了战略存在的缺陷，并且采取积极的措施予以纠正，在一定程度上减少了战略制定失误所带来的损失，此时，企业往往会取得一定的业绩。二是企业僵化的实施战略，而在战略实施中又没有结合实际对战略进行调整，此时会导致整个生产运作战略的失败，给企业带来严重的经济损失。

（3）当企业制定了科学合理的生产运作战略，但是没有认真地去贯彻实施。企业如果不从战略实施环节查找原因，而是对战略本身进行修订后仍然按照原来的方式组织实施，此时企业的生产运作战略收效往往甚微，甚至导致企业的失败。

（4）企业的生产运作战略本身并不科学，又没能很好地组织战略的实施和控制，此时企业的失败就是在所难免的了。

综上所述，只有制定出科学合理的生产运作战略并且坚定不移地去执行，企业才能取得成功。

### 2.4.2　生产运作战略实施的步骤

制定出运作战略后，就进入了实施阶段。在战略实施过程中，必须使企业的生产运作系统的内部结构及条件与战略相适应，也就是说，生产战略要与企业的技术与能力、资源分配、内部生产政策和工作程序、计划方案等相适应。一般来说，企业生产战略的实施过程包括明确目标、制定方案、编制预算、确定工作程序等内容。

**1. 明确生产运作战略目标**

生产运作战略目标要根据企业经营战略来制定。虽然在企业战略中已明确生产运作职能的目标，但这只是一个粗略的基本目标。要使生产运作战略顺利地实施，还要把目标具体化，使其成为可以执行的具体目标。生产运作战略目标主要包括生产能力目标、品种目标、质量目标、产量目标、成本目标、柔性目标、交货期和环保目标等。

**2. 制订计划**

为保证生产运作战略目标的实现，需要制订相应的计划。在企业生产运作过程中，计划是一切行动的纲领，企业内部的一切生产运作活动都要按照计划来进行。在生产运作管理中，生产运作计划是整个计划体系的龙头，其他计划都要依据生产运作计划来编制。包括生产运作能力发展计划、生产运作技术准备计划、新产品开发计划、生产运作作业计划、品种计划、质量目标计划、成本计划、原材料及外协件供应计划、设备维修计划、生产运作系统维护及改善计划等。

**3. 确定实施方案**

计划明确了生产运作活动的方向，但要具体实施还需制订相应的行动方案。通过实施方案进一步明确实施计划的行动，从而使计划目标落实到行动上。例如，为了落实新产品的开发计划，企业可以制定实施相应的生产运作组织机构调整方案、扩大生产运作能力或设备调整方案、选择供应商方案等。

**4. 编制生产运作预算**

企业生产运作预算是企业在一定时期内生产运作系统的财务收支预计。从生产运作战略管理的角度，预算是为了管理和计划控制的目的，确定每一项活动方案的详细成本。为了有效地实施上述方案，企业必须编制相应的预算。因此，生产运作预算是为战略管理服务的，它是企业实现生产运作战略目标的财务保证。

**5. 确定工作程序**

工作程序具有技术性和可操作性，它规定了完成某一项特定工作所必须经历的阶段或步骤的活动的细节。这些行动是实现生产运作战略目标所必需的，因而工作程序的制定必须在时间、人、财、物等方面满足战略目标的要求。为了制定最佳的工作程序，可以借助于电子计算机和 PERT（计划评审法）、CPM（关键路线法）、线性规划、动态规划、目标规划、随机服务系统模型等一系列科学的管理方法。

## 2.5　影响生产运作战略决策的新趋势

影响生产运作管理战略决策的新趋势主要包括经济全球化新趋势，技术发展的新趋势，特别是信息技术的发展以及产业结构的升级。

### 2.5.1　全球化

随着网络技术、交通运输的发展和资源配置的全球化，世界正在变得越来越"小"，成为一个"地球村"。正因如此，近年来大多数行业的竞争也在不断地加剧。"超竞争"的趋势也会一直持续下去，全球化在加剧竞争的同时也为企业的发展提供了新的机遇。通过对新兴市场的开发，企业不仅可以销售产品，更能够利用新的市场资源和原材料来降低自身的成本。

全球化（globalization）的趋势促成了全球单一市场经济的出现，主要原因有：

（1）信息技术的不断发展，使人们能更加快捷、便利、远距离的传输数据；

（2）各大贸易区和不同国际组织之间的贸易壁垒不断降低；

（3）运输成本的下降；

（4）新兴工业国家中高利率市场的出现和高速增长，这与高度发达国家饱和的市场和收缩的利润率形成了鲜明的对比。

面对经济全球化，管理者在开发生产运作战略时应该采用跨越国界的视角，如在劳动力价格低廉的东南亚建立制造厂，或在爱尔兰设立呼叫中心，充分使用爱尔兰当地价格适中又受到良好教育的人力资源和现成的必要的基础设施。

除了设施选址这样的结构性战略决策，企业在全球实施其生产运作战略时，还要准确地评估当地的基础设施水平，并考察当地劳动力的受教育程度、语言能力、当地法律和顾客因素等等。例如，爱尔兰的主要吸引力在于其受到过良好教育的人力资源；又如德国法律规定，每年某些周内雇员工作时间可达 70 小时（无须支付加班费），但在另外某些周内，却只能让雇员工作 30 小时甚至更短的时间，因此，研究一个最合理的雇佣时期（如 6 个月或 12 个月），使雇员周工作时间保持在一个相对较高的水平是很有必要的。

### 2.5.2　技术进步

斯坦·戴维斯（Stan Davis）和克里斯·梅尔（Chris Meyer）在他们的著作《模糊》中，认为对商业活动最有影响力的三个显著特性为：（1）联通性；（2）快速性；（3）无形性。融合了上述三个特性的变化一旦出现在商业活动中，那么过去只能依赖比率分析的经理们就会觉得眼前一片的模糊，这也是他们确定书名的主要原因。

这三个特性的出现都与技术的发展直接相关。联通性是指当今任何人都可以通过电子邮件、互联网、电话或者传真等电子手段相互联系。此外，很多企业通过网络提供 24 小时、每周七天的服务以取代传统的周一到周五，如银行、股票交易服务、航运服务和客房预订服务等。由于联通性的出现，信息得以在几秒钟或几分钟被传送到，而过去则需要几天甚至几周的时间。联通性和快速性的共同影响，使得企业把精力集中在无形业务上，开始为客户提供更好或者更具创新性的服务去获取市场的竞争优势。

### 2.5.3　产业结构的升级

产业结构升级（industrial structuring）是指产业结构从低级形态向高级形态转变的过程或趋势。产业结构升级的主要原因是技术进步和比较优势的变化，即技术水平低、劳动力资源和自然资源比较丰富的国家，其产业结构必然处于较低层次上。但是，随着技术进步和经济发展，要求对产业结构进行调整，并在条件成熟的情况下，实现产业结构升级。

产业结构升级包括几个方面：

（1）由以轻纺工业为主要经济结构上升到以重化学工业为主的经济结构；

（2）由以原材料为重心的经济结构上升到以加工组装为主的经济结构；

（3）由以低附加值的劳动密集型产业为主上升到以高附加值的技术密集型产业为主。

对于制造业企业来说，每次产业结构的升级和更新换代都是对旧的生产运作方式的扬弃。通过生产运作方式的变更和升级，甚至彻底的革新，极大地提高了产业生产率，同时与之相匹配的生产运作战略也要进行调整，使之更能适应生产力的发展。

### 【本章小结】

生产运作战略是指在企业（或任何其他形式的组织）经营战略的总体框架下，决定如何通过运作活动来达到企业的整体经营目标。它是在企业总体战略、竞争战略的指导和约束下的职能战略之一，是企业战略成功的基础和保障。生产运作战略根据对企业各种资源要素和内、外部环境的分析，对与运作管理以及运作系统有关的基本问题进行分析与判断，确定总的指导思想以及一系列决策原则。本章首先介绍了生产运作战略的发展简史、含义、内容、战略框架及竞争重点，接着在对企业外部环境和内部条件分析的基础上，阐述了生产运作战略的制定过程和实施的具体步骤，最后对生产运作战略决策的新趋势进行了展望。

## 【延伸阅读】

### 基于生产运作管理的沃尔玛发展模式分析

沃尔玛百货有限公司由美国零售业的传奇人物山姆·沃尔顿先生于1962年在阿肯色州成立。经过四十余年的发展，其已经成为全球最大的私人雇主和世界上最大的连锁零售商。让我们从沃尔玛的生产运作管理角度对此进行分析。

**一、顾客至上的服务战略**

1. 以顾客为中心的顾客至上服务战略，保证顾客满意。沃尔玛"顾客至上"的原则可谓家喻户晓，它的两条规定更是尽人皆知。第一条规定："顾客永远是对的"；第二条规定："如果顾客恰好错了，请参照第一条！"更为与众不同的是沃尔玛的顾客关系哲学是顾客是员工的"老板"和"上司"。

为使顾客在购物过程中自始至终都感到愉快，沃尔玛要求它的员工服务要超越顾客的期望值；永远要把顾客带到他们找寻的商品前，而不是仅仅给顾客指一指，或是告诉他们商品在哪儿；熟悉你所在部门商品的优点、差别和价格高低，每天开始工作前花五分钟熟悉一下新产品；对常来的顾客打招呼要特别热情，让他有被重视的感觉。

2. 沃尔玛坚持天天平价为顾客提供更多的实惠。沃尔玛通过开店将"天天平价"的销售理念介绍到欧洲、亚洲、拉丁美洲，已被广泛地接受。"天天平价"的销售理念是针对零售业最广大的消费群体，即中等收入和低收入的阶层，因此，它具有普遍性，也成为连锁业的基本经营方针。连锁业只有具备规模经营，大幅度降低管理成本，坚持微利原则，才能实现向顾客提供低价格、高质量商品的要求，赢得最广大的消费群，获得可持续的发展。

**二、卓越的供应链管理**

沃尔玛的管理模式已经跨越了企业内部管理和外界"沟通"的范畴，而是形成了以自身为链主，链接生产厂商与顾客的全球供应链。

沃尔玛在高科技和电子技术的运用方面投入了大量资金，因此始终在这方面处于世界领先地位。沃尔玛投资4亿美元由美国休斯公司发射了一颗商用卫星，实现了全球联网。沃尔玛在全球4 000多家门市店通过全球网络可以在一小时内对每种商品的库存、上架、销售量全部盘点一遍，所以在沃尔玛的门市店，不会发生缺货情况。

沃尔玛拥有百分之百完整的物流系统，由信息系统、供应商伙伴关系、可靠的运输及先进的全自动配送中心组成的完整物流系统遍布全美。其高效率的物流过程包括以下几个环节：首先由采购员向供货商采购商品，通过资料输入发出订单→供应商将商品统一地送到配送中心→配送中心经过处理之后由卡车运往各个商店，摆放在商店内让顾客购买→商店通过电脑系统要求补货。如此不断地循环。

沃尔玛在美国建立了 70 个由高科技支持的物流配送中心，配送中心面积一般在 10 万平方米左右，可以同时供应 700 多家商店。配送中心每周作业量达 120 万箱，每个月自理的货物金额在 5 000 万美元左右。全部配送作业实现自动化，是当今公认最先进的配送中心，实现了高效率、低成本的目标，为沃尔玛实行"天天平价"提供了可靠的后勤保证。

### 三、优秀的成本管理能力

1. 进货成本控制战法。这是零售连锁企业成本控制的关键，沃尔玛采用中央采购制统一进货，买断进货并固定时间结算，从生产企业直接进货，在大批量进货、大批量销售的强力支持下，实现了营销良性循环最大化。

2. 物流成本控制战法。这是影响零售连锁企业经营成本的重要因素，沃尔玛建立了快捷的信息反馈系统和高效的物流管理系统，不仅大大降低了存货量，而且大大加快了资金周转速度，使得物流费用率比同行低 60% 以上，游刃有余地实现了物流、商流、信息流的优势互补。

3. 营销成本控制战法。沃尔玛 90% 的商品均从生产厂商直接进货，并拥有了 35% 以上的自有品牌，促使分销成本降至总销售额的 3% 以下，从而形成了无与伦比的竞争优势。低价质优的自有品牌一经建立，便成为沃尔玛顾客的钟爱商品，而且这些商品只有在沃尔玛商店才能买到。

4. 广告成本控制战法。沃尔玛认为"天天平价，始终如一"就是最好的广告，消费者的嘴巴和耳朵就是最好的传媒。故而，他们总是大做平价商品"实物广告"，广告费用在同行中最低，仅相当于同行的 1/3；而销售额却最大，比同行高出 1 倍。要延续"天天平价，始终如一"的市场定位持久性，就要与时俱进变革营销手段，通过信息化促进企业 E 化。

5. 降低营业成本，实行"反损耗战"。沃尔玛明文规定，职员因工外出时，需两人住一间汽车旅馆；而商店里诸如照明设施、空调设备等出于节约能源和降低成本的考虑，也实行统一管理。为了保持低价位，沃尔玛将损耗降到了最低限度。

### 四、优秀的客户关系管理能力（战略能力管理）

1. 营销互补共生共荣的厂商模式，实现了厂商的双赢。沃尔玛始终把建立同供货商利益共享、共生共荣的关系放在重要位置，沃尔玛公司的企业文化中重要的一条就是同供货商保持良好的合作伙伴关系。

沃尔玛与 P&G 的合作，堪称是零售商与供货商合作的典范。1987 年，沃尔玛跻身为 P&G 的主要零售商。此前，P&G 对生产成本高度保密，沃尔玛无法预测其最低成本价；沃尔玛对商品销售的信息也采取保密的态度，P&G 也无法制定有关沃尔玛未来需求的计划。此后，双方一同制定了长期遵守的合约，P&G 向沃尔玛透露了各类产品的成本，保证沃尔玛有稳定的货源，并享受尽可能低的价格；沃尔玛也把连锁店的销售和存货情况向 P&G 传达，双方还共同讨论了运用计算机科技交换每日信息的方法。

沃尔玛率先建立了与供应商的合作关系，而且从一开始就产生了很好的效果。这种合作关系可以让 P&G 更加高效地管理存货，简化生产程序，因而可以降低商品成本；此外，还可使沃尔玛自行调整各店的商品构成，做到价格低廉、种类丰富，从而让顾客受益。

2. 与员工关系形同伙伴、同仁，赢得了企业强大的凝聚力。沃尔玛与员工的关系是一种真正意义上的伙伴、同仁关系。在沃尔玛的员工中建立平等的伙伴关系，这仅仅是革新的开始。很快，沃尔玛开始面向每位员工实施其"利润分红计划""购买股票计划""员工折扣规定""奖学金计划"等。除了这些，员工还享受一些基本待遇，包括带薪休假、节假日补助、医疗、人身及住房保险等。

根据"员工折扣规定"，员工、员工配偶及其被赡养人，在沃尔玛连锁店、沃尔玛购物广场和沃尔玛美国 HyperMart 连锁店购物时，许多种正常价格的商品可以打 10% 的折扣。对于那些在沃尔玛工作一年以上的员工，沃尔顿基金会向他们即将高中毕业的子女提供奖学金。

员工们在沃尔玛的激励下贡献着自己的力量。他们为削减成本出谋划策，设计别出心裁的货品陈列，还发明了灵活多样的促销方式。

（资料来源：童国良：《基于运营管理的沃尔玛发展模式分析》，载于《当代经济》2009 年第 21 期，第 52~53 页）

## 【复习思考题】

1. 现代企业在产品竞争方面有何特点？
2. 如何理解"基于时间的竞争"？
3. 什么是生产运作战略？它与企业战略有何关系？
4. 如何认识企业使命？
5. 生产运作战略的基本内容是什么？
6. 怎样制定并实施生产运作战略？
7. 哪些新的趋势会对生产运作战略产生影响？

## 【本章案例】

### 恩德科技——产销分析电子化

恩德科技成立于 1972 年，董事长谢子仁先生一直秉持"责任、用心、特色"的经营理念，并在其企业网站上诠释如下："责任：企业对于土地、家园、员工与股东的必然许诺与回馈；用心：标示着恩德科技针对目标深远思索与全面投入，追求由做对到做好的至善质量标杆；特色：恩德科技对于企业定位的承诺。"在过去、现在及未来，恩德科技都必须塑造与竞争者差异化的经营模式与弹性的生产策略，才能在激烈的全球工业竞争中，实践永续经营的企业理想。

恩德科技的主营业务包括计算机数控机械、建筑与装潢材料及五金零件的设计、制造、加工、销售和进出口业务。恩德科技的主要产品从营收比例的角度可区分为两大部分：精密机械与板材。其中，精密机械约占总体营收 65%，板材约占 35%。精密机械产品以自有品牌方式营销，又区分为非铁金属切削机与电子机械两大项。从恩德科技的非铁切削机与板材来看，这两项服务的终端客户多为家居工业（泛指一切家具与办公家具），提供家居工业整体服务（包含加工机械和加工所需原物料）。

**恩德科技的全球布局**

恩德科技在全球的布局包含有 11 个海外子公司，中介与代理模式的渠道商更是多达 52 家，其中美洲的营业额占总营业额的 27%，中国大陆营业额占总营业额的 20%，欧洲营业额占总营业额的 15%，其他地区合计占总营业额的 38%。全球的销售渠道因规模不同、业务拓展人力有差异，使得业务拓展、客户服务水平各有差别，再加上文化不同与语言的隔阂，造成恩德科技的全球化客户服务、业务拓展与沟通的困难。

恩德科技与全球销售渠道所共同建立的生产运作模式，依据不同的国家和地区分为直销模式、代理模式及中介模式三种，终端客户可以通过渠道商洽询机种规格、价格及售后服务等事宜。运作模式如图 1 所示。

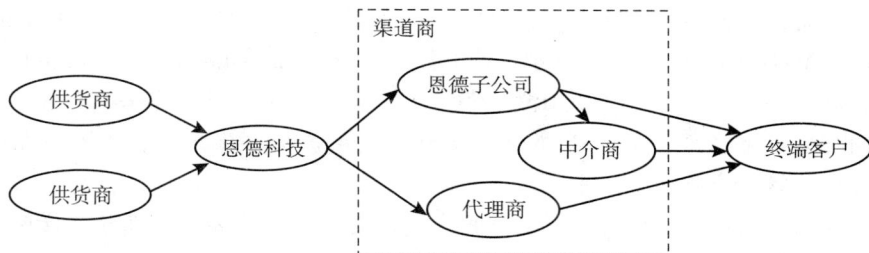

图1　恩德科技客户端的价值活动情况

**1. 直销模式**

使用直销模式的国家和地区包括德国、中国内地、中国香港及新加坡等，此种模式是指恩德科技于当地市场设立子公司，专门负责当地市场的开发、当地终端客户销售与售后服务，并作为售后服务零件的海外库存点。在销售过程中，子公司直接与终端客户进行洽谈，待订单确认完成后，将确认的订单传回恩德科技总部，由总部负责完成后续订单生产与装机出货等作业。此种运作模式占恩德科技全年营业额的 40%。

## 2. 代理模式

在英国、西班牙、意大利、越南、泰国、日本及韩国等国家，恩德科技没有在当地设立子公司，其销售渠道是利用代理模式来合作生产运作，当地小型代理商负责当地市场开发，其中较具规模与工程技术维修能力较强的代理商，则会负责当地终端客户的保养和维修的售后服务，以及担任部分售后服务零件库存点的角色。在销售过程中，当地小型代理商也是直接与终端客户进行洽谈，待订单确认完成后，才会将确认的订单传回恩德科技总部，由总部负责完成后续订单生产与装机出货等作业。此种运作模式占恩德科技全年营业额的20%。

## 3. 中介模式

中介模式是指恩德科技虽在当地设立子公司，但是市场区域广大，因此，委由当地小型中介商依据规划的市场区域，分别负责当地市场开发，当终端客户有增购设备需求时，由当地小型中介商协同恩德科技子公司的业务人员共同完成客户洽谈、规格及订单确认等销售过程的服务。关于保养与维修等售后服务项目，则由恩德科技当地子公司负责。此种运作模式占恩德科技全年营业额的40%，并以美国为主。

### 生产运作模式带来的问题

忙碌的一天中，谢董事长仍抽空巡查公司的业务状况，办公室的电话声频频响起，在旁观察的董事长一则喜一则忧，欢喜的是公司的业绩蒸蒸日上，担忧的是电话的谈话内容总是下游的销售渠道需求变更产品规格，或对产品进行了解的询问。回到董事长办公室，泡了一杯茶，想起每次产销会议中都会论及在向客户进行产品验收时，常无法顺利通过。公司长期以来与下游销售渠道的生产运作模式，皆为恩德科技在机械设备完成功能模块设计后，即印制产品目录交由销售渠道销售。而以往恩德科技订单式生产/个性化制作生产（make-to-order/engineer-to-order，MTO/ETO）与计划性生产/组装式生产（make-to-stock/configuration-to-order，MTS/CTO）的生产模式比例为9∶1，表示大部分机种是完全配合客户的个性化制作需求重新开发的，少部分机种为预先生产标准化模块，等有订单需求后，再进行组装出货。

谢董事长发现，在这种生产运作模式下，恩德科技总部总是在销售活动的最后阶段才接触到终端客户。举例来说，在业务洽谈、规格需求及订单确认的过程中，恩德科技总部无法得知此订单沟通过程中的任何信息，例如价格调降的幅度、产品规格的改变和客户的使用意见等，一切似乎只能被动式的等到销售渠道与终端客户订单确认后的结果出来，这种单方面的被动式经营模式在竞争越来越激烈的国际市场就显得问题重重（见图2）。谢董事长随即便召集了内部业务、研发及生产各部门主管开会商讨，要求各单位主管对现行作业详细做一报告，集思广益找出问题的症结与未来的发展方向。各部门针对现行作业提出了各自发现的问题，内容概略如下：

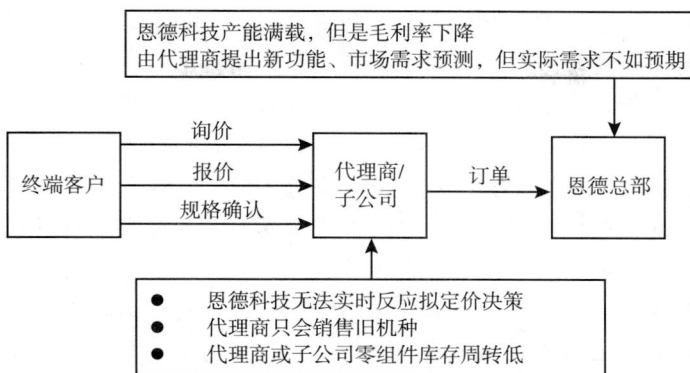

图 2　恩德科技在原有生产运作模式下的营销作业状况

业务部门：下游销售渠道的代理商或恩德科技子公司常常反映产品定价过高、产品不易销售或销售利润不佳，恩德科技总部对于客户的实际需求情况并不清楚，所以无法根据客户需求实时反映产品定价应有的策略。例如，客户要求降价，但渠道商因自己的利益而拒绝接单，往往可能因此失去订单，而恩德科技却不知道。另外，在代理模式下，代理商对于恩德科技产品的专业知识了解能力不足，往往严重影响某区域市场销售业绩，如果能够与恩德科技总部联系，就可以通过设计部门的协助，完成此类订单的接洽，增加销售绩效。

研发部门：上一季规划的新产品与功能模块，市场接受度不高；下年度新产品开发也缺乏明确的规划方向，且目前公司是以人为主观判断来确定研发方向。如果想要找出正确的研发方向，不能只依靠销售渠道建议的机型和规格，必须拥有一套完整的信息系统，才能系统化地分析需求，进而掌握终端客户不确定的因素，并确保售后服务质量，有效收集机器维修或机器操作上的各种信息。

生产部门：总部与销售渠道间信息落差的问题，造成在客户验收时才发现顾客、销售渠道及恩德科技生产部门三者间的认知差异，常常需要重新更改机种规格与设备。而在生产模式上，由于 MTO/ETO 与 MTS/CTO 生产模式的比例为9：1，因此，大部分订单在确认后才开始生产，使得交货时间拉长，在产能规划上也不能作出妥善的安排。另外，销售渠道只接容易销售且对自我利润高的产品，未深思是否属于恩德科技营业利润率贡献高的机种，因此销售渠道虽然可以接到顾客的订单，生产部门产能利润率也高，但是整体毛利率却没有提升。

经过一番讨论，大家渐渐发觉此种被动式的生产运作模式下，恩德科技与销售渠道处于单向的信息关系，图 3 说明双方似乎仅止于产品销售的生产运作关系。如果设身处地以销售渠道的角度思考，当然会以销售最能获利的品牌机械设备为主，在此种思维下，会优先以销售的难易程度来思考，而销售难度包括销售渠道对于产品功能模块的了解。在部分销售渠道的业务人员完全不了解产品功能模块的情形下，价格就成为推荐终端客户购买的重点。因此，恩德科技与销售渠道若继续以产品销售为前提的生产运作关系，则恩德科技必须持续与其他同业以价格作为唯一的竞争规则。然而，在此种模式下，因销售活动结束时才能得到客户信息，故恩德科技与终端客户只有产品交易的间接关系，恩德科技只能被动地等待销售渠道提供客户需求信息，对于客户真正的需求并不了解，也失去很多成功接单的机会。

在听完简报与几次讨论会议后，谢董事长不断思考现行生产运作模式与各部门的问题点，发现如何实时得到客户的需求信息与如何整合这些信息似乎成为最重要的议题。恩德科技在未来的生产运作模式上，必须与下游的销售渠道建立良好的信息作业流程，以共同快速响应市场需求，而在得到需求信息后，恩德科技也必须能化被动为主动地规划营销与生产策略，提高恩德科技和销售渠道的总体利润。

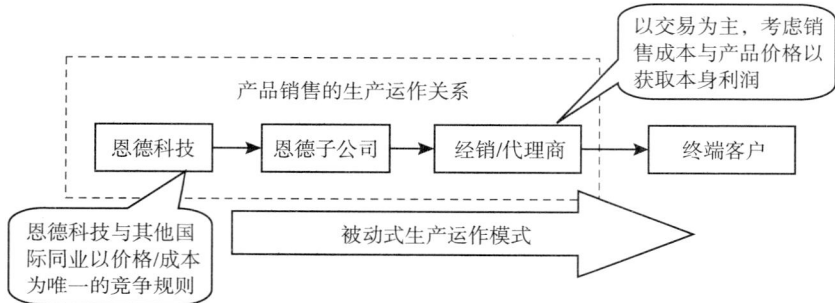

**图3 恩德科技原有生产运作模式示意图**

### 互利双赢的协同生产运作模式

为了更快且实时地响应市场端信息，恩德科技决定将以往序列式的信息传递方式改为集中同步的传达方式，将供应端与需求端资源整合，以强化恩德科技的销售渠道，让销售渠道与恩德科技双方的信息可以透明化，并运用终端客户庞大的需求信息，转化为提供给渠道商的销售计划与恩德科技本身生产研发的计划。如此一来，不仅将以往被动的运作模式改变为主动模式，提升了对于现有客户的服务水平；而且借由互动机制的建立，搜集全球销售渠道在业务营销过程中的信息与现有客户设备使用的情况，进行统计分析，作为恩德科技主动规划目标市场和产品开发的依据，创造客户价值来提高终端客户的满意度，并从销售渠道寻找潜在客户开始，由恩德科技总部主动规划潜在市场与主打产品机种，提升全球销售渠道的业务营销能力，加强对于销售渠道的主动支持，以达到恩德科技和销售渠道双赢的目的。因此如何使销售渠道愿意成为伙伴，也成了一个重要课题。

针对以上计划，谢董事长首先将和销售渠道有密切关系的作业流程与内部各单位进行讨论，商议如何与销售渠道在销售运作过程中分享互动信息，将产品管理、客户管理作业、销售项目管理、订单作业、机器出货管理及账务管理作业这六项主要作业流程整合成"数字互动销售模块"，并建立一个"决策分析模块"以主动规划生产、营销及研发计划。

在销售渠道与终端客户的洽谈过程中，每次与客户接触的记录，都会通过在线互动生产运作平台的简易操作传送到恩德科技总部。因此，恩德科技总部会将销售渠道与现有客户的机台使用情况，及销售渠道依据恩德科技总部所提供的市场目标进行业务洽访，若洽访的客户并没有意愿下采购订单，销售渠道必须将客户无意愿的原因（价格太高、功能不符、质量印象及服务印象不佳等）详细记录，传回恩德科技总部决策分析模块中的管理指标分析、销售指标分析及售服指标分析三个子模块，作为市场需求分析。分析市场需求时，首先把已知的历史信息、已排订单、过去机种销售比例及年度销售计划纳入考虑范围，并对价格弹性与工时贡献度进行分析，作为判断市场对于机种需求反应和产能分配的衡量指标。另外，决策分析模块也要把开发新机种、规划销售渠道的目标对象作为销售计划（sales plan，SP）、产品研发计划（research & development-plan，R&D－P）及产能规划计划（operation plan，OP）的修订参考。

在恩德科技总部的产能规划上，谢董事长发现，当 MTO/ETO 与 MTS/CTO 生产模式的比例为 9∶1 时，时间都花费在等待订单的确认，加上个性化定制订单居多，使得产品出货时间拉长，在产能规划上也不能做妥善的安排。于是谢董事长利用决策分析模块分析出来的结果，与内部讨论后，决定预先生产出标准化模块，或将客户常用机种的模块，通过工程变更程序重新设计成标准化模块，等待订单需求确认后，再进行组装出货。因此，在不考虑供货商产能的情况下，从以往 MTO/ETO 与 MTS/CTO 的生产模式比例 9∶1，尝试调整为 2∶8，在这样的调整下，发现可降低订单前置时间，如此也将改变恩德科技对于供货商采购计划的规划。

另外，在售后服务方面，把以往被动式改为主动式。就机械设备而言，依据统计得知争取一个新客户所需的成本是留住旧客户的 3~7 倍。恩德科技针对现有终端客户与销售渠道进行调查，希望了解影响旧有的终端客户延误率的因素。在调查中发现，与客户缺乏沟通是客户无法延续的首要原因。因此，恩德科技与销售渠道对于现有客户进行持续的沟通、关怀客户，才是永续发展成长的关键。

若销售渠道销售过程中客户提出降低价格、缩短交期及产品目录上没有的个性化制作功能要求，该怎么办，皆可利用在线互动生产运作平台提供技术知识支持，并将客户需求信息传回恩德科技总部的销售模块。而销售模块包含销售项目管理、产品管理、客户管理作业、订单作业、机器出货管理即账务管理作业五个子模块，都可进行相关支持。在报价单上，恩德科技总部会提供标准的报价规格数据给予渠道商，包含详细的成本、税率及给予渠道商折扣等信息，作为恩德科技毛利预估的参考；在提供支持上，恩德科技总部将依据技术困难度，安排最恰当及最接近的子公司或由恩德科技总部直接提供技术支持，协助销售渠道取得订单。

当与客户成交订单后，信息将会传回销售模块的订单作业、机器出货管理及账务管理作业系统，并将其客户先前所有的产品交易维修记录与业务查访的过程内容做整理，了解客户需求信息，成立成交项目表后再做订单、出货及账款的作业。除了上述的改变之外，关于现金流也做了调整，恩德科技总部直接支付销售渠道佣金，而对于客户的存款，则要求直接付给恩德科技总部，不再经过销售渠道。

## 【问题与讨论】

1. 机械设备产业生产运作形态与一般消费品产业生产运作形态有所不同，属于前一类型的恩德科技与下游营销渠道会产生什么关系？

2. 恩德科技在旧的生产运作模式上所遭遇的问题及其解决策略是什么？

3. 试探讨导入新生产运作模式时可能遭遇的困难，以及如何能加强下游营销渠道的合作意愿。

4. 恩德科技如何运用市场端信息进行终端客户购买形态分析。

（资料来源：黄思明、王帆、宫大川：《台湾生产运作管理案例》，中国人民大学出版社 2012 年版）

# 第3章 产品开发与设计

【引例】

## 华为为啥这么厉害？

华为是《财富》世界500强企业中唯一一家没上市的公司，是一家百分之百的民营企业。2015年的年营收达到608亿美元，为全球通信产业龙头。它的厉害就在于不是只知埋头钻研技术而是抬头搞清市场，在充分掌握市场需求的前提下大胆创新。任正非将产品开发作为一项投资进行管理——在产品开发的每个阶段，都从商业的角度而非技术角度进行评估，以确保投资回报，或尽可能减少投资失败所造成的损失。为此，任正非斥资几千万元，聘请IBM公司的咨询师为华为量身定做了一套名为"集成产品开发"的改革方案，在财务、企业管理和研发机制上重新打造华为，这套改革方案强调以市场和客户需求作为产品开发的驱动力，在产品设计上强调产品质量、成本、可制造性和可服务性等。

（资料来源：中外企业文化、中国品牌网）

【本章学习目标】

1. 理解新产品开发的重要意义。
2. 了解企业研究与开发的概念及其策略。
3. 理解产品生命周期各阶段 R&D 的策略。
4. 熟悉产品开发过程与内容。
5. 掌握产品开发的主要方法。
6. 了解服务设计的特殊性及其要素和方法。

进入21世纪以来，由于科学技术飞速进步和生产力的发展日趋加快，企业之间竞争加剧，加上政治、经济、社会环境的巨大变化，使需求的不确定性大大增强，导致需求日益多样化。企业所面对的是一个变化迅速且无法预测的买方市场。企业要想在这种严峻的竞争环境下生存下去，必须加强企业的研究与开发，提高快速开发新产品和改造老产品的能力，使企业具有强有力的处理环境变化和由环境引起的不确定性的能力，才能使企业赢得竞争。

# 3.1 产品开发与设计概述

## 3.1.1 现代企业的研究与开发

### 1. 研究与开发的分类与特征

研究与开发（research and development，R&D）包括基础研究、应用研究和技术开发研究。基础研究进行的是探索新的规律、创建基础性知识的工作；应用研究是将基础理论研究中开发的新知识、新规律应用于具体领域，即运用基础研究的成果，为创造新产品、新方法、新技术、新材料的技术基础而进行的研究；技术开发研究是将应用研究的成果经设计、试验而发展为新产品、新方法、新技术、新材料或改变现有产品、技术、方法的科研活动。这三种类型研究活动的目的、性质、内容及在管理上都具有不同的特点，如表 3－1 所示。

表 3－1 　　　　　　　　　　三种研究类型的比较

| | 基础研究 | 应用研究 | 技术开发研究 |
|---|---|---|---|
| 目的 | 寻求真理，扩展知识 | 探讨新知识应用的可能性 | 将研究成果应用到生产实践 |
| 性质 | 探求发现新事物、新规律 | 发明新事物 | 完成新产品、新工艺，使之实用化、商品化 |
| 内容 | 发现新事物、新现象 | 探求基础研究应用的可能性 | 运用基础研究，应用研究成果从事产品设计、产品试制、工艺改进 |
| 成果 | 论文 | 论文或专利 | 专利设计书、图纸、样品 |
| 成功 | 成功率低 | 成功率较高 | 成功率高 |
| 经费 | 较少 | 费用较大，控制松 | 费用大，控制严 |
| 人员 | 理论水平高，基础雄厚的科学家 | 创造能力强、应用能力强的发明家 | 知识和经验丰富、动手能力强的技术专家 |
| 管理原则 | 尊重科学家意见，支持个人成果，采用同行评议 | 尊重集体意见，支持研究组织在适当时候作出评价 | 尊重和支持团体合作 |
| 计划 | 自由度大，没有严格的指标和期限 | 弹性，有战略方向，期限较长 | 硬性，有明确目标，较短期限 |

### 2. 企业 R&D 的主要内容

科学技术的研究与开发是推动生产力发展、促进社会进步的重要因素，因而为所有国家政府注重。同样，企业 R&D 对于提高企业竞争能力，赢得市场份额至关重要。而企业 R&D 与一般意义上的研究开发是有一定区别的。在我国，研究开发类型中的基础研究以及在此成果上的应用研究主要为国家政府和科技界所关注，企业主要关注和参与的大多是技术开发，力求实现新知识、新技术与市场需求的融合和转换。再者，企业外的 R&D 大多属于非经济性活动，而企业作为一个经济实体，其 R&D 理所当然从属于企业的整体经营行为，有着明确的功利目标。所以，企业的 R&D 既可以看作为一种利用自然科学的知识进行有特定目的的探索或创造性行为，也可以将其理解为一种为实现企业经营目标的经济性行为。

## 中国 GDP 全球第二　制定标准不到 1%

在全球科技竞争日益加剧的今天，能否掌握国际标准化制高点成为衡量一国工业实力的重要指标。中国，作为国际标准化组织（ISO）的六大常任理事国之一，参与国际标准化活动虽已取得长足发展，却始终面临一种尴尬处境：拥有着位居世界第二的 GDP 总量，国际标准化参与度名列第六。

占领国际标准化制高点，就意味着你主导制定规则，其他国家按你的规则来执行。国际标准化已经成为全球科技和经济竞争的制高点，发达国家对此十分看重。美国的策略是"控制＋争夺"制高点，核心内容就是要使国际标准能够反映美国技术和实力。欧盟是"控制"制高点，无论是 ISO、IEC 还是 ITU，欧洲都居于主导地位。而日本则是选择抢占自己重点关注的领域，如钢铁、机器人等，但是目标明确，即"争夺"制高点。

全世界都说中国是大国，出口额占世界第一，排在第一位的产品数量 1 485 个。而德国只有 703 个，美国也才有 603 个。中国也是 ISO 六大常任理事国之一，但我们制定的标准数量仅占总数的 0.7%。同时，中国与发达国家的差距还体现在国际标准化组织中承担的技术机构主席职位数量以及集中程度等。就总量而言，发达国家占比大于中国。在集中程度方面，中国在 ISO 和 IEC 的技术委员会中，共有 50 人担任主席职位，而且分散于中国不同的大企业当中。美、德、日等国的主席，则是集中在顶级大企业手中，仅西门子在 ISO 和 IEC 就有 14 个主席。这是中国的差距所在。

当然，近年来中国在国际标准化方面取得了显著进步。其一，2015～2017 年在三大标准化组织当中，都有中国人担任领导职务，这是中国取得的历史性突破。其二，自 2005 年起至今，中国制定的国际标准数不断增加，中国承担的秘书处和技术机构的主席都在增加。其三，中国涌现出一批积极参与国际标准化的优秀企业。

因此，在新趋势下，中国真正有优势的大企业，要在优势领域积极参与国际标准的制定，在其他领域则积蓄能力，为未来标准化做准备。同时，可充分利用"一带一路"机遇，推动中国国际标准化。

（资料来源：澎湃新闻，http://www.thepaper.cn/，2016 年 4 月 5 日）

企业的 R&D 主要包括新产品开发和新技术开发两大内容。新产品开发在企业经营中具有极为重要的意义，关系到企业未来的生存与发展。对于企业来说，

R&D 的主要目的是不断创造出能够带来高额利润的新产品以保持长期的竞争优势，也就是说，企业的产品战略应从"制造产品"向"创造产品"改变，营销战略应从"适应需求"向"创造、引导需求"转变。随着市场变化的日益频繁，产品寿命周期的日益缩短，产品开发将决定企业经营的基本特征，成为企业经营活动的出发点。

与此相适应，企业开发新技术，即新生产工艺技术开发也具有非常重要的地位和作用。众所周知，技术是影响企业竞争力的基本要素之一，技术具有将企业所拥有的资源转换为产品和服务的功能。新产品的竞争力除了产品本身的功能、性能特性以外，还需要有优异的质量和低廉的价格来保证，而后者则是由生产工艺技术来提供保证。在科学技术进步日新月异的今天，技术的寿命周期与产品的寿命周期一样，正在日益缩短。因此，企业需要不断地开发、采用新技术来取代陈旧、老化了的技术。对于企业来说，产品开发和技术开发二者是相辅相成，缺一不可的。

总之，有计划、有组织地积极进行 R&D 已成为当今企业赢得竞争，谋求长期发展的重要手段，并已成为企业经营战略和生产运作战略的重要组成部分。

## 3.1.2 新产品开发的动力方向与开发方式

### 1. 新产品开发的动力分析

产品开发的动力来自两个方面，一个是需求的拉动，另一个是技术的推动。需求的拉动，是指通过市场调查来明确产品开发的方向，然后对其商品化的诸特性，如生产技术、性能、质量要求、成本、预测需求量、预期收益等方面进行研究，最后来决定是否开发。技术的推动，是指从最初的科学研究出发来开发新产品，通过对市场的供给带动需求的变化。如青霉素就是在进行结核菌的培养过程中发现，进而开发成产品的。在这两者之中，很难说哪一种动力是主要的。因为，在当今市场上，产品是为用户而开发，市场需求是产品开发的源头，离开了它，开发活动成了无源之水，无本之木。但技术进步日新月异，而由此创造的新的市场需求越来越大，并由此带动大批新企业乃至新产业的出现。比如，火车、汽车、飞机、收录机、电影、电视、电话、计算机等产品的出现，创造了一个个大市场，也造就了福特、英特尔、索尼、微软、飞利浦等世界名牌企业。正如盛田昭夫所说："我们的政策，并不是先调查消费者喜欢什么产品，然后再投其所好，而是以新产品去引导他们进行消费。"所以，不能简单地说哪一种动力更为重要，二者都是产品开发的重要动力。

企业的新产品开发是以技术推动为主，还是以适应市场需求为主，还是二者并举并无定论，关键是企业需要对自身实力和能力全面考察之后确定一个基本的开发策略，并随市场需求及竞争态势的变化而调整。

## 2. 新产品开发的方向

新产品的开发要从市场需要出发，在把握科学技术发展趋势的基础上，努力做到技术上适宜、生产上可行、经济上合理、时间上及时。具体来说，新产品开发有如下可供选择的方向：

多（高）能化。是指提高产品的性能，增加产品的功能，开发高效率，高精度的产品，由单功能发展成为多功能，达到一物多用，一机多能。这也是推动我国产业结构升级、从制造大国走向制造强国的保证。

复合化。把功能上相互有关联的不同单体产品发展为复合产品。例如，洗衣机和干燥机的一体化，集打字、计算、储存、印刷为一体的便携式文字处理机等。

微型化。是指要开发小巧轻便的，即体积、重量比同类产品小（轻）的产品。例如，把笨重的传统摄像机改进为便携式数码摄像机。

简化。是指改革产品的结构，减少产品的零部件，使产品的操作性能更好，更容易操作，同时也能降低成本。使用新技术、新材料是使结构简化的方法之一，使产品的零部件标准化、系列化、通用化也是简化的一个重要途径。

美化。是指产品设计要注意美化，外形要美观大方，色调要柔和，款式要新颖。

环保。环境保护已经成为全人类发展共识，国内外无论从舆论导向，还是法律法规方面都已经深入人心。环保类产品在有很好的市场的同时，又能获得各国政府提供的相当可观的补贴，对企业而言开发此类产品可谓"名利双收"。

节能。可持续发展和石化类等不可再生能源日益减少和价格提高，为节能或新能源类产品提供了广泛市场空间，这已经成为 21 世纪新产品研发重要方向之一。

企业在选择新产品开发方向时应考虑以下几点：其一，产品性质和用途。在进行新产品开发前，应充分考察同类产品和相应的替代产品的技术含量和性能用途，确保所开发产品的先进性或独创性，避免"新"产品自诞生之日起就被市场淘汰。其二，考虑价格和销售量。系列化产品成本低，可以降价出售增加销售量，但是系列化产品单调，也可能影响销售量。因此，对系列化、多样化产品以及价格、销售之间的关系，要经过调查研究再加以确定。其三，充分考虑消费者需求变化速度和变化方向。随着人们物质生活水平的提高，消费者的需求呈多样化趋势，并且变化速度很快。而开发一种新产品需要一定的时间，这个时间一定要比消费者需求变动的时间短，才能有市场，才能获得经济效益。还要考虑企业产品创新满足市场需求的能力、企业技术力量储备和产品开发团队建设等。

## 3. 新产品的开发方式

针对不同的新产品和企业的研究和开发能力，可以选择不同的开发方式。一般有以下几种可供选择的开发方式：

自行研制。这是一种独创性的研制，采用这种方式开发的产品一般是更新换代或者全新的产品，主要有三种情况：一种是从基础理论研究到应用技术研究，再到产品开发研究，全部过程都靠自己进行；另一种是利用社会上基础理论研究的成果，只进行应用技术研究和产品开发研究；还有一种就是利用社会上应用技术的研究成果，自己只进行产品的开发研究。

技术引进。它是指工业企业开发某种主要产品时，在国际市场上已有成熟的制造技术可供借鉴，为了节约时间，迅速掌握这种产品的制造技术，尽快地把产品制造出来以填补国内空白，而通过与外商进行技术合作、"三来一补"、购买专利或购买关键设备等，从国外引进制造技术、复制图纸和技术文件的一种方式。

自行研制与技术引进相结合。它是在对引进技术的充分消化和吸收的基础上，结合本企业科研，进行产品开发。其又有两种情况：一是通过对引进技术的学习、消化和进一步研究，创造符合我国国情的别具一格的新产品；二是直接把引进技术和我国的研究成果结合起来，创造出新的产品。

## 3.1.3　产品生命周期与 R&D 策略

### 1. 产品生命周期与 R&D 策略概述

1950 年，乔尔·迪安首先提出产品生命周期（product life cycle）的概念，其后，西奥多·莱维特在他那篇著名的论文"利用产品生命周期"中对这一概念给予了高度肯定。此后，产品生命周期理论在几十年的实践中日益成熟并得到了广泛的运用。产品生命周期是指任何产品都是经由投入期进入市场，为市场所接受，经过成长、成熟和衰退以至最终退出市场而消亡的过程。产品生命周期一般分为投入期、成长期、成熟期和衰退期 4 个阶段。

企业 R&D 活动的开展和产品生命周期有着密切联系。在产品生命周期的各阶段，R&D 的战略重点、内容等都有不同变化。掌握这些，对于有计划地组织和管理 R&D，提高企业开发能力和经济效益具有重要的意义。

在产品投入期，市场需求与有关技术尚不明确，处于开发阶段的产品仍需不断调整以适应市场，R&D 着重于创新产品的筛选工作，不断改进产品的功能和特征。通过对市场广泛的调查研究来对创新产品进行评价和改进，确定产品的基型设计。同时，在这一时期，一个很重要的工作内容是要大致确定企业 R&D 在该产品领域的规模，必须从企业整体经营的高度和生产运作战略的角度来合理分配资源，而在组织方面，不求规模大，需要的是生气勃勃、富有创新精神的灵活的组织形式，如工作团队等。

在产品成长期，产品的标准化和工艺的合理化是该阶段的标志。在这一时期，市场需求情况已经明朗，产品的基本功能、结构已渐趋定型化，产品已开始进入批量生产阶段。同时，市场上同类产品也开始大量出现，市场竞争逐渐激烈，竞争内容从投入期的以功能为主开始向价格为主转变。因此，研究开发的重点应放在生产技术和工艺方面，在标准化和工艺的合理化方面下大力气，不断地创新和改进，争取在工艺与生产组织方面为降低成本创造良好的条件。在这一阶段，由于风险较前阶段小，只要决定了企业的核心技术和明确了市场的需求，便可在原有基础上增大 R&D 的投资力度，大量开展应用研究与技术开发工作。在组织上，由于研究开发管理体制已经健全，工作中遇到的问题和矛盾主要来自各职能部门之间的衔接配合，因此，要强化内部管理，加强规划、市场、R&D、生产及财务等有关职能部门之间的合作与协调。

在产品成熟期，产品型式和技术工艺已经确定，无论是产品创新还是工艺创新都已减少而趋于稳定。产品结构和工艺上的相互依赖性进一步增强。一种产品结构的改进往往要大量增加工艺改革费用。这时，R&D 工作的重点应放在产品的系列化、技术服务和工艺改进方面，并开始构思设计更新换代产品。在组织方面，强调组织的稳定性。

从以上分析可以看出，在整个产品生命周期的过程中，企业 R&D 工作的重点和内容是不同的。企业必须在整个产品生命周期各阶段进行相应的组织调整与改革，并按照产品生命周期不同阶段制定 R&D 的策略。

## 2. 企业 R&D 的策略设计

企业 R&D 对于培育和增强企业核心能力，推动企业持续、稳定、健康、快速的发展具有十分重要的作用。但由于企业 R&D 是一种高投入、不确定性强、风险很大的工作。因而，怎样明确其在企业的经营发展中的定位，使 R&D 充分发挥其应有的作用，是企业领导人应解决的重要问题。任何企业的生存与发展，都不可能远离市场，必须与市场变化协调共振。所以，企业 R&D 活动必须在企业经营战略的指导下进行，与企业发展的整体战略相协调，既不能游离于企业战略之外，也不能超越于企业战略之上。

（1）企业 R&D 的策略类型与选择。企业 R&D 的策略内容涉及面很广，既有产品和市场方面的内容，又有开发目标、开发方式和途径及协调控制方面的内容。这些方面中任何一方面的变化都可能形成一种不同的 R&D 策略，而每一个方面还可再作细分。因此，R&D 策略类型如按其扩展内容划分是非常之多的，较有代表性的划分 R&D 策略类型的方式有两种：

其一，按 R&D 策略的风险程度大小分为三种类型：维持型策略、改革型策略和风险型策略。

维持型策略也叫作防卫型策略，其着眼点是控制风险的出现，确定有限目标，尽可能减少开发失败而造成的损失，其手段主要是改进生产技术和工艺，以降低产品成本、提高质量为特征，技术上以应用、适用技术或仿制为主。

改革型策略具有进攻性，目标是通过增加销量和提高市场占有率达到较大的增长。这种策略大多以技术革新为突破口，并与市场营销相结合，谋求技术进步与市场运作的协同效应，具有扎实、稳健的特点，但在运作过程中也会遇到革新失败、市场变化等风险。

风险型策略，以快速成长为目标，常常以技术的重大突破作为 R&D 工作的中心。以这种策略为指导开发的新产品，在技术性能、结构特征、品牌与包装等方面应当具有相当的独特性。这种策略往往需要较大的投入，风险很大，但这样的新产品一旦开发成功，高风险就会转变为高利润。

其二，按 R&D 策略制定的着眼点不同可分为两类：反应性策略和预测性策略。

反应性策略是基于反馈信息，即对前期 R&D 活动所产生的各种问题如何处理的信息而制定的。反应性策略适合于这样的企业：需要对现有产品或市场投入更多的资源；新产品与新成果易模仿，市场进入壁垒低；新产品市场需求不明确或市场容量有限，不能弥补开发费用的支出；产品市场竞争激烈，同类产品的功能、质量差别不大；其他新产品抢走本企业的分销渠道。

预测性策略是在市场调查和需求预测的基础上，为配合企业战略的实施，将资源分配到将来准备抢先夺取的市场领域为目的，具有一定的进攻型和前瞻性。适于采用这一策略的企业所应具备的条件是：具有明确的发展战略；新的产品或市场领域存在着良好的机遇；有较强的研究开发能力；有着丰富的进入新市场运作的经验；拥有开发新产品所需要的资源和时机；分销渠道稳固而畅通。

企业在选择和拟定 R&D 策略时，必须要对以下问题作出明确的回答：是以市场为中心还是以生产技术为中心；是以创新为主或以应用、模仿为主；是自主开发还是联合开发或者是购买已有的专利；是开发全新产品为主还是改进现有产品为主，等等。在此基础上对可能形成的 R&D 策略进行综合分析，才可以使所选择的策略方案有一个比较清楚的轮廓。

此外，企业在选择 R&D 策略时，还要考虑企业规模、经营习惯、市场环境、企业优势与特长、技术工艺发展趋势、产品特点等因素。通常情况下，规模较大的企业可采用上述的风险型策略和预测性策略，而中小企业更适宜于采用维持型策略、革新型策略以及反应性策略。

（2）加快企业 R&D 的速度。如前所述，现代企业的竞争模式已转向基于时间的竞争。在激烈的市场竞争中，企业能否在某产品市场夺取先机，往往取决于其产品进入该市场的时机把握上。捷足先登者将会在该产品市场占据领导地位并建立起较高的声誉，而且在今后的竞争中始终保有可观的市场份额和竞争优势，而后入者要在该产品市场获得一定的市场份额则要付出更大的投入和努力。而要成为市场领导者，就必须加快企业 R&D 的速度。快速而又适应需求的产品开发可使企业获得战略上和操作上两方面的优势。战略优势在于能建立和保证领导者的市场地位，使本企业得以在所在行业建立标准，提高该产品市场的进入壁垒，在某种程度上阻止竞争者的进入。操作优势在于能加速新产品开发和投放，可以提高生产效率。

加快企业 R&D 的速度可以有多种途径和手段，缩短产品开发周期就是一种很好的选择。为此，首先要立足于市场预测，要满足市场需求和产品规格的要求，在有一个相对可行的设想或改进方案后就可开始进行设计，不必等到 R&D 计划完成了再开始进行设计，设计中尽可能加强用户与设计人员之间的接触和交流，尽可能适应用户的需求，要设计出适宜的研发机制和管理体制，尽量放权给 R&D 人员，在研究设计部门注意配备所需的各方面的专业人才，同时要保证所需资金的投入。

为了加快企业 R&D 的速度并取得成效，可尝试与生产过程进行同步开发。并行工程（concurrent engineering）就成为一项可供选择的很有成效的技术。它能够大大缩短开发周期，减轻企业各部门之间的信息闭锁现象，使产品特性更为完整，还能更好地着眼于市场并能对其作出有效预测。

在当今世界市场上，快速开发已经成为企业创造和保持其竞争优势的重要策略之一。速度本身实际上是诸多因素的综合结果，其中许多因素受制于企业高层决策者们，为了确保快速开发，管理者必须及时决策。快速开发由决策层提出，但企业的每一个部门都应参与。要在市场上以速度取胜，有必要对企业的结构、体制以及企业成员的工作方式加以相应的改变。

### 3. 西方企业 R&D 的新动向

国家的繁荣、企业的发展，其经济活力之源来自创新，技术创新是经济发展和生产率增长的基本驱动力，而研究与开发能力正是国家和企业技术创新能力的关键组成部分和重要衡量指标。

20 世纪 90 年代以来，世界进入向多极化方向演化和区域经济一体化发展的阶段。在这种大环境下，世界竞争更加集中到经济领域，而经济的竞争，归根结底依赖于科学技术的研究与发展。由此导致美、日等发达国家企业的 R&D 出现一些新的变化：

（1）R&D 发展战略由军用为主转向民用为主。"冷战"结束后，各资本主义发达国家实施 R&D 发展战略的一个重大变化，就是把大量的军事科研成果转向民用，重点开发实用的科研项目，加速科研成果的商品化。将 R&D 重点转移至经济领域，制定科技发展中长期规划，促使基础研究和应用研究的协调发展是各国加强宏观调控的主要手段。

（2）各国政府加大对企业 R&D 的扶持力度。摒弃过去那种政府不干预企业 R&D 的做法，加强政府的引导和支持，是当前各国政府的一个显著变化。美国将指导和参与企业 R&D 作为"恢复美国经济领导地位"的保证措施，决定继续扩大创办由政府牵头、企业参加的各种联合体，通过实施"先进制度业国家战略计划"等方式，直接干预企业。德国推出了"工业 4.0"计划，希望重塑自己在工业领域全球龙头地位。为此，各国政府均加大对有市场前景的通用技术的 R&D 支持强度，尤其是对信息、通信、新材料和生命科学等技术的研究，增加研究经费。

（3）充分审视 R&D 机构建设和人员选拔。西方发达国家的企业十分重视 R&D 机构的建设和高科技研究人员的选拔和培训。在西方各国的大型企业几乎都有自己的研究所、实验室。

R&D 机构组织形式近年来的发展出现了一些新的变化。在美国，这一变化表现为 R&D 机构趋向小型化。发生这种变化的主要原因是：为缩短产品的开发周期，缩短从概念到产品推向市场的时间，提高产品质量、降低成本，必须围绕产品重新组织人员，将从事 R&D 活动、计划、工程财务、制造、销售等人员组织在一起，从产品开发到市场销售全过程，形成一个工作梯队。这对提高企业的竞争能力和利润水平十分重要。

（4）R&D 实现手段更加多样化。西方发达国家大型企业大多拥有自己的 R&D 机构以及雄厚的人、财、物等以支持其自行开展 R&D 活动。进入 20 世纪 90 年代后，组织之间的 R&D 活动的联合已成为一种实现手段。这种联合可以是在一国之内的，亦可以是跨国的。在一国内的 R&D 组织联合方式主要有企业与企业之间的合作、企业与科研机构的合作、企业—高等院校—研究所的合作等。

跨国间的 R&D 联合方式较为普遍的是不设立常设机构、设立常设机构、组建临时财团、"虚拟公司"等。近年来，为提高本国的科技实力、振兴经济，在国际市场的竞争中取得优势，西方各发达国家加大力度规划本国或区域间国际协作的重大 R&D 项目。一些大型的企业积极参与其中并从中获得诸多益处。

（5）形成企业 R&D 全球化新趋势。进入 20 世纪 90 年代，作为技术创新的重要手段，R&D 正成为企业提高其产品竞争力，扩大市场份额的强有力武器。由此导致目前西方各工业强国 R&D 管理与视野的新变化：跨国公司的海外 R&D 投入逐步增加，设立在本国的 R&D 机构更多担负着的是公司全球 R&D 网络的协调工作，企业中心实验室的基础性研究逐步缩减，跨国公司相互渗透，形成交叉纵横的 R&D 国际网络，企业 R&D 全球化已经成为主流趋势。

## 3.2　产品开发与设计管理

### 3.2.1　产品开发

#### 1. 产品开发过程

产品开发过程包括产品构思、产品设计和工艺设计等一系列活动。产品设计是将产品创意的构思转化为产品的具体结构、尺寸和零部件组成，确定产品及其零部件、材料的技术要求以及全部的工作图纸。工艺设计是指按产品设计要求，安排或规划从原材料加工成产品所需要的一系列加工过程、工时消耗、设备和工艺装备需求等的说明。在这个过程中，一个重要部分是通过市场调研，了解顾客的需求。它可以提供新的产品创意，也能对老产品不断进行改进，以延长产品的生命周期。图 3-1 表示了产品的开发过程。

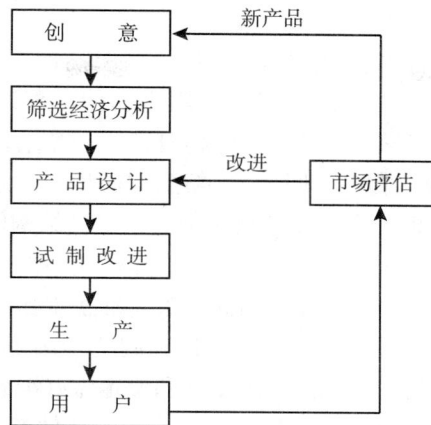

图 3 - 1　产品开发过程

（1）创意。创意是根据市场需要或科技发明提出开发新产品的方案设想。创意与创新不同，创新侧重考虑新产品的实用性、可行性和开发价值，而不是解决产品具体的性能和结构等问题。产品创意可来自不同的渠道，有来自企业外部的，如用户、销售代理商、竞争对手、供应商、科技咨询部门等；有来自企业内部的，如研究开发、市场营销和管理部门等。但不论来自哪种渠道，它们都可归为两类：一是受市场拉动，二是受技术推动。

研究表明，两类企业新产品的创意来源不同。生产工业品的企业新产品的创意更多依赖于企业内部，而生产消费品的企业新产品的创意更多来自企业外部。

通常，市场是产品创意的主要源泉，而新技术的发展对产品创意也有着极为重要的影响。对于不同的企业来说，其产品、规模及各种条件都有区别，其新产品的创意来源也有很大的区别。企业应对一切创意来源都十分敏感，最终以市场为导向来开发满足消费者需求的新产品。

（2）筛选和经济分析。筛选是对不同的新产品开发创意进行分析比较，从中选出开发价值高、可行性强和市场发展潜力大的方案。为了满足同一社会需求可提出若干种产品开发方案，但各自的开发价值有所不同，因此有必要通过筛选从中选出最佳方案。在筛选过程中通常采用三项标准：其一是生产标准，包括技术工艺的可行性、现有生产设施和经验、生产能力和资源供应的可获性、生产系统的整体保证能力等；其二是市场标准，包括产品市场的需求分析、上市能力、预期的销售增长率、对现有产品的影响以及产品竞争力等；其三是财务标准，包括预期投资总额、投资收益率、对企业总获利能力的贡献大小以及预计的现金流量等。

按照上述标准对产品创意项目进行评价，可以采用对项目评分的办法来对产品创意进行粗略评价，然后通过经济分析再作最后的评判。产品创意项目的经济分析，主要是具体地确定出它们的获利性和投资回报率等经济指标。常用的经济分析方法主要有盈亏平衡法。

（3）产品设计。产品开发方案确定以后，接着就要进行产品设计。在产品设计阶段先要编制设计任务书，说明产品的用途和使用范围，规定产品的基本结构、性能、规格等，以指导具体的产品结构设计。产品结构设计一般分为初步设计、技术设计和工作图设计三个阶段，由粗到细逐步把产品结构设计出来。

（4）工艺准备与管理。产品设计只是确定了产品结构问题，产品应该如何加工制造，就需要通过工艺准备来解决。一种产品可用不同的设备和方法加工制造出来，但其费用和效率却差别巨大。因此，工艺准备工作的主要内容就是选择工艺过程和确定工艺方案，编制工艺技术文件和制造专用工装。通过一系列工作，选择工艺过程，确定工艺方案，为产品试制和鉴定做好准备。

（5）产品试制。产品试制就是生产一件或少数几件产品，对产品设计图纸和选择的生产技术及具体的方案进行实际检验。产品设计图纸和拟定的工艺方案仅是设想，是否合理就要通过试制加以验证。产品试制工作分为样品试制和小批试制两个阶段。样品试制是在试验车间生产样品，目的在于检验产品的结构设计是否合理；小批试制是在生产车间正式生产一小批产品，目的在于检验工艺是否合理。

（6）产品鉴定。产品试制完成后，要从技术上和经济上对产品作出全面鉴定，以决定是否可以正式投产。鉴定工作一般要组织专家鉴定委员会来进行。鉴定的内容一般包括：产品是否符合国家政策及法规规定，产品及零部件质量，产品经济性、适用性，安全可靠程度等，并作出是否可以投产的结论。

## 2. 产品开发的组织与计划工作

（1）新产品开发的组织。为了有效地进行新产品开发工作，企业应建立新产品开发组织机构。其工作内容主要包括：提供新产品开发决策依据并参与决策；参与制定新产品开发计划；指挥监督新产品设计；组织新产品试制和鉴定等等。企业产品开发的组织形式有以下两种：

一种是职能管理与开发设计合一的组织形式。即在总工程师领导下建立设计、技术部门，既负责日常的生产技术工作，又负责新产品的开发组织工作和开发设计工作。这种形式适用于新产品开发项目少、产品不太复杂的企业。

另一种是职能管理与新产品开发管理分设的组织形式。即让技术部门专门负责日常的技术管理，另设新产品开发管理机构，专门负责新产品开发管理。这种形式适合于新产品开发任务重、产品结构复杂且开发周期长的企业。

（2）新产品开发的计划工作。新产品开发计划是组织新产品开发活动、实现新产品开发目标的主要手段。新产品开发计划工作的主要内容是：

确定开发计划指导方针。企业必须根据自身实力和市场情况，制订自己的指导方针。比如是采取"以新制胜"方针，还是采取"以优取胜"方针；是以自行研制为主，还是靠技术引进开发等等。

明确新产品开发方向。主要是明确产品的服务对象和技术发展方向。比如，产品是向单功能发展，还是向多功能发展；产品是向大型化发展，还是向小型化、微型化发展；产品是向多样化发展，还是向标准化发展等等。

确定新产品开发目标。就是规定计划期产品开发的种类和名称，明确各种新产品应达到的技术水平和销售、成本、利润等目标。

安排计划实施进度。具体规定每种新产品开发的时间进度，做好人、财、物、技术等方面的综合平衡工作。

制订实现计划措施。为顺利实现计划，必须在物资供应、资金筹措和人员配备各方面制订相应的保证措施，以确保开发计划按期完成。

### 3.2.2 产品设计

产品设计是将产品创意的构思转化为产品的具体结构、尺寸和零部件组成，确定产品及其零部件、材料的技术要求以及完成全部的工作图纸，是通过绘制产品图纸确定产品结构的工作过程。

#### 1. 产品设计的基本要求

要设计出具有先进技术水平的新产品。在设计中应尽量采用新技术、新工艺和新材料，以超过现有产品为起点，以赶上国内外先进水平为目标，使设计出的新产品能尽量达到性能好、效率高、安全可靠、美观大方、便于使用、便于维修。

要保证新产品在制造时有良好的经济效果。就是在保证产品使用性能的前提下，尽可能降低产品在制造过程中的物化劳动和活劳动消耗。为达到上述要求，在设计时就必须注意提高产品结构的工艺性。所谓产品结构的工艺性，就是使产品结构尽量减少加工表面，降低不适当的精度过高要求，使产品容易加工制造，节约生产耗费。同时还要利用结构分解原则，使各部分能够平行地进行加工，以利于缩短生产周期。

要尽量提高产品设计的标准化、系列化和通用化水平。产品的标准化、系列化、通用化简称为"三化"。产品实行"三化"是组织现代社会化大生产的重要手段，也是国家一项重要的技术经济政策。因此，产品设计应尽可能满足"三化"要求。

所谓产品标准化，就是对产品的类型、性能、材质、形状、尺寸、精度、试验方法、验收及包装要求等规定统一标准，并加以贯彻执行。任何产品都必须达到规定的标准，达到标准的产品才算合格品。

所谓产品系列化，就是根据实际需要，通过技术经济分析，在缩减同类产品种类和发展先进结构基础上把产品划分为若干品种和规格，以较少的品种规格来满足社会多方面需要。

所谓产品通用化，是指生产多种产品的企业，将各种零部件尺寸、型式进行合并简化，使加工出的零部件能够在不同类型和同一类型不同规格的产品中相互通用。

产品按"三化"原则进行设计，可使企业取得良好的经济效益，这是因为：产品设计贯彻"三化"要求，可以避免设计中的重复劳动，加快新产品开发速度。因为企业根据需要可在基本系列基础上，运用结构典型化，零部件标准化和通用化方法，只需增加适当的专用零部件，即可派生出变型产品来。这样就可以大量减少设计工作量，缩短产品设计时间，加快新产品设计速度；产品设计实行"三化"可提高产品系列化程度，零部件加工可采用典型工艺和使用标准工装进行，从而可缩短工艺准备时间和大量节约工艺准备费用；产品设计贯彻"三化"原则，可使备品配件通用互换，用户使用和维修就比较方便，从而可提高产品信誉，有利于产品扩大销售；产品设计要符合国情和本企业实际。在原材料选用方面，要尽量选用本国资源丰富的原材料，少用进口原材料，采用的技术要能充分利用本企业现有机器设备。

## 2．产品设计过程

产品设计过程主要是指自行设计需要经历的阶段和步骤。对于机械产品自行设计来说，通常是采用初步设计、技术设计和工作图设计三阶段程序。

（1）初步设计。初步设计又称方案设计或草图设计，有的叫编制技术任务书（或技术建议书）。初步设计的目的是在调查研究基础上，通过分析比较和技术经济论证，确定产品的总体设计方案，也就是解决产品的选型问题。它的工作内容主要包括：论证发展这种新产品的必要性和可能性；确定产品的用途、适用范围和主要技术经济性能；说明产品工作原理、确定产品结构特点、工作条件和尺寸重量；确定新产品设计基本原则，并设计产品概略总图；同国内外同类产品进行技术经济比较分析；如果属系列产品，要说明本类产品发展方向、产品系列表以及产品标准化、通用化程度。

初步设计一般由制造企业编制技术任务书，特别复杂的非标准产品，则是由用户提出技术任务书，再由制造企业编制技术建议书，将用户的使用要求进一步具体化。初步设计是新产品设计的重要步骤。但是如果新产品结构比较简单，或是通过改进设计形成的新产品，也可省去初步设计这一步，直接进行技术设计和工作图设计。

（2）技术设计。技术设计是产品的定型阶段。技术设计的任务，是根据技术任务书中所规定的原则，进一步确定产品的结构、性能、技术条件和各项技术经济指标，其目的在于使新产品基本定型。技术设计的主要内容是：设计产品总图、重要零部件图以及各种系统图（传动系统、液压系统、电气系统和冷却系统）；设计产品说明书，包括各种计算数据和技术经济指标；编制产品所需特殊零件明细表和特殊外购件明细表；设计产品制造、验收和交货的技术条件。

新产品结构的先进性、工艺性、适应性和经济性都应在技术设计阶段确定下来。因此，技术设计中采用的新结构、新材料、新工艺在必要时候还应进行试验鉴定，以确保产品的可靠性。

（3）工作图设计。工作图设计是技术设计的具体化，是设计工作的最后阶段。工作图设计的任务是绘制产品全套图纸和编制所有技术文件，为产品的试制和生产提供确切的依据。工作图设计阶段的任务是：详细绘制所有的零件图、部件图、装配图、总图、产品图和产品安装图；编制所有零件、部件、附件、配件和外购件明细表；编制需要的各种技术文件；编制产品使用维护说明书。由于设计出的工作图是直接用于生产的，所以要保证零件尺寸的准确性和技术文件的完整性。在工作图设计阶段，应加强对图纸的审查和批准手续。

### 3. 产品设计方案的技术经济分析

为了满足同一种社会需要，可以提出几种不同的设计方案，为此就需要对不同设计方案进行技术经济分析，以便从中选出最佳方案。这种分析主要是对不同方案的基本投资和经常使用费进行全面对比。如果一个方案的基本投资和经常使用费都比较低，当然这是最理想的方案。假如两个方案使用费相同而所需的基本投资不同，则基本投资省的为好的方案；反之，若两个方案基本投资相同而使用费不同，则使用费省的为好的方案。如果一个方案基本投资费用大而使用费省，另一方案则基本投资省而使用费大，就无法简单对比，这就需要计算两个方案的追加投资回收期来评判其优劣。

## 3.3 产品开发与设计方法

进入 20 世纪 90 年代以来，企业面临着比以往更艰巨的挑战：客户要求产品价格更低、产品质量更高，同时交货周期更短。如何更快地去设计更多功能强大、性价比更高、能够最大限度满足客户需求的产品成为产品开发的目标。但由于长期以来的思维和操作定式，产品在开发与制造环节之间始终存在"间隙"，设计出来的产品往往面临不符合制造能力的要求、产品设计需求多次修改、产品根本无法制造、设计成本高、产品可靠性差、客户投诉多、售后服务投入大等问题。而并行工程这一设计理念的提出，向传统的产品开发模式提出了挑战。以并行工程的设计思想为指导，在产品设计时充分考虑顾客需求、可制造性、成本、可靠性、环保等因素，就出现了相关设计方法和工具。这些方法和工具可以有效地帮助解决上述产品开发中存在的问题。最具代表性的就是所谓 DFX 技术，DFX 是 Design for X（面向产品生命周期各环节的设计）的缩写，其中，X 可以代表产品生命周期或其中某一环节，如需求、装配、加工、使用、维修、回收、报废等，也可以代表产品竞争力或决定产品竞争力的因素，如质量、成本、时间等。

### 3.3.1 产品开发设计的新方法——并行工程

开发设计阶段对产品整个生命周期有着巨大的影响。譬如，美国波音公司曾研究过一般产品全生命周期费用（life cycle cost，LCC）的分布情况。它发现，产品开发的早期概念阶段将决定 LCC 的绝大部分（85%），但该阶段所占 LCC 的实际费用却最低（7%）。也就是说，产品的早期设计将起决定性的作用，而在这个阶段做的修改所冒风险却最小。由此可见，产品开发过程中应尽早地考虑它后续阶段的所有因素（如工艺性、可制造性、可装配性以及可维护性等），以避免到了后期阶段由于修改方案造成生产制造过程的反复和资源浪费，同时也因减少修改循环而缩短产品开发周期，使新产品能迅速投放并占领市场。因此，为了实现企业经营绩效的整体优化，必须建立一种全新的产品开发方法，并行工程就是这样一种全新的产品开发模式。

#### 1. 并行工程的基本概念

并行工程的定义是在 1987 年由美国防御分析研究所（IDA）在其 R338 报告中正式提出的。它指出："并行工程是对产品设计及其相关过程（包括制造过程和支持过程）进行并行、一体化设计的一种系统化的工作模式。这种工作模式力图使开发者从一开始就考虑到产品全生命周期中的所有因素，包括质量、成本、进度与用户需求。"

并行的产品开发流程是：当初步的需求规划确定后，以产品设计人员为主，其他专业领域的人员为辅，共同进行产品的概念设计。概念设计方案作为中间结果为所有开发人员共享，开发人员以此作为基础展开对应的概念设计，如工艺过程概念方案、后勤支持概念方案等。每一专业领域输出的中间结果既包括方案，又包括建议的修改意见。所有的中间结果经协调后，达成一致的认识，并根据此修改意见完善概念设计方案，然后逐步进入初步设计阶段、详细设计阶段。

#### 2. 并行工程的主要思想及特点

并行工程是一种强调各阶段领域职能人员共同参加的系统化产品设计方法，其目的在于将产品的设计和产品的可制造性、可维护性、质量控制等问题同时加以考虑，以减少产品早期设计阶段的盲目性，尽可能早地避免因产品设计阶段的不合理因素对产品生命周期后续阶段的影响，缩短研制周期。

并行工程的主要思想是在设计时同时考虑产品生命周期的所有因素（可靠性、可制造性等，参见表 3-2），作为设计结果，同时产生产品设计规格和相应的制造工艺和生产准备文件；在产品设计过程中尽可能使各活动并行交叉进行，以缩短开发周期；在开发过程中所涉及的不同领域的人员要全面参与和协同工作，实现产品生命周期中所有因素在设计阶段的集成，实现各种资源利用的最大化。

表 3 - 2　　　　　　　　　　产品设计时要考虑的因素

| 过程 | 需求阶段 | 设计阶段 | 制造阶段 | 营销阶段 | 使用阶段 | 终止阶段 |
|---|---|---|---|---|---|---|
| 考虑的因素 | 顾客需求产品功能 | 降低成本提高效率 | 易制造、易装配 | 竞争力（低成本、标新立异） | 可靠性、可维护性 | 环保 |

产品设计的并行方法的特点是：

（1）产品设计的各阶段是一个递阶渐进的连续过程，概念设计、初步设计、详细设计等设计阶段的划分只标志着产品和设计的粒度和清晰度。粒度是设计人员在设计过程中所考虑和处理问题要素的大小，清晰度表明设计对象在相应粒度水平上的确定性程度的度量。

（2）产品设计过程和产品信息模型经历着从定性到定量、从模糊到清晰的渐进演化。设计每前进一步，过程每循环一次，设计的粒度减小，信息的清晰度增加，不确定性减少，并行程度逐渐增加。

（3）产品设计过程和工艺设计过程不是顺序进行，而是并行展开，同时进行。

并行工程的目的是在设计阶段就能周密考虑产品生命周期各阶段的各种因素，以减少产品早期设计阶段的盲目性，尽早避免因产品设计的不合理对产品生命周期后续阶段的影响，缩短研制周期，更好地满足用户需求。

根据并行工程的思想，要提高产品开发过程的效率和柔性，必须从两方面进行变革：过程重构，从传统的串行过程转变为集成的、并行的产品开发过程；组织的重构，打破功能部门制的组织机构，建立跨部门、跨专业的开发小组。

### 3．并行工程技术

（1）虚拟技术。产品设计趋向于高度集成化，同时考虑制造、装配、检测、维修、质量、环境等方面的约束，已超越了设计与制造间简单的信息共享。

（2）统一的产品数据交换标准、设计标准化和产品生命周期数据库技术。统一的产品数据交换标准要求所有设计人员和有关部门必须用准确、明了、统一的语言（即数据标准）来表达；设计标准化能使设计人员在公司内做到信息共享；产品生命周期数据库技术可以使设计人员得到有关产品生命周期中的各种信息，有利于综合考虑制造、装配、用户需求等因素。

（3）全面质量管理技术和工具。全面质量管理技术和工具用于收集用户信息，将市场需求转变为具体的时间、成本、性能值，并监控整个系统建立过程，以便最大限度地满足用户的需求。这些工具包括田口方法、质量功能部署方法、统计过程控制、成本分析、价值工程等。

另外，还有设计开发过程网络计划技术和计算机协调管理系统等，这些技术或工具的使用有助于产品降低开发成本提升开发速度以及开发结果的合理化。

### 4．并行工程的人员构成

产品开发是一种创新活动，特别强调人的作用，离开了人的创造性思维要设计出创新产品是不可能的。而且，开发过程是一种全方位、涉及众多部门和人员的活动，因而组织和人员之间的沟通、协作显得尤为重要。一般情况下，并行工程的参加人员以工作小组的方式组成，包括制造、装配、质量、营销人员。制造、装配、质量、营销人员等下游人员加入到开发小组，参与产品设计的早期活动，有利于预防设计的先天不足，减少开发的时间和费用，确保产品设计一次成功；顾客和供应商。顾客和供应商加入到产品开发之中，能减少不确定性，在设计中更好地反映顾客需求，提高产品适应市场的能力；环保人员。环保人员加入到产品设计小组中，其作用是在产品设计时要考虑到产品终止时的资源重用和环境保护问题。

在产品开发的不同时期工作小组成员的作用是不同的。随着产品开发过程的进展，小组成员之间的主次关系是变化的。在概念形成阶段，以市场营销人员和顾客为主，其他人员为辅，在设计阶段，以设计人员为主，制造、营销、质量等人员为辅；在制造阶段，以制造人员为主。

### 3.3.2　面向顾客的设计

面向顾客的产品设计是近年来产品开发的新思路。现在的顾客已经不再被动地接受企业开发的产品，而是要求在产品中有更多的个性体现。因此，产品开发要更多地考虑顾客的个性需求。

面向顾客的产品设计，企业需要了解顾客实际的产品功能和质量要求。以下主要介绍两种方法——质量功能展开和价值工程。

#### 1. 质量功能展开

（1）质量功能展开定义。质量功能展开（quality function deployment，QFD）是一种立足于在产品开发过程中最大限度地满足顾客需求的系统化、用户驱动式的质量保证与改进方法。它于 20 世纪 80 年代起源于日本，以后逐步得到欧美各发达国家的重视并得到广泛应用。

QFD 是把顾客对产品的需求进行多层次的演绎分析，转化为产品的设计要求、零部件特性、工艺要求、生产要求的质量工程工具，用来指导产品的稳健设计和质量保证。

QFD 是从质量保证和不断提高的角度出发，通过一定的市场调查方法获取顾客需求，并采用矩阵图解法和质量屋的方法将顾客的需求分解到产品开发的各个过程和各个职能部门中去，以实现对各职能部门和各个过程工作的协调和统一部署，使它们能够共同努力、一起采取措施，最终保证产品质量，使设计和制造的产品能真正满足顾客的需求。所以 QFD 是一种由顾客需求所驱动的产品开发管理方法。

（2）QFD 瀑布式分解模型。调查和分析顾客需求是 QFD 的最初输入，而产品是最终的输出。这种输出是由使用它们的顾客的满意度确定的，并取决于形成及支持它们的过程的效果。由此可以看出，正确理解顾客需求对于实施 QFD 是十分重要的。顾客需求确定之后，采用科学、实用的工具和方法，将顾客需求一步步地分解展开，分别转换成产品的技术需求等，并最终确定出产品质量控制办法。相关矩阵（也称质量屋）是实施 QFD 展开的基本工具，瀑布式分解模型则是 QFD 的展开方式和整体实施思想的描述。图 3 - 2 是一个由 4 个质量屋矩阵组成的典型 QFD 瀑布式分解模型。

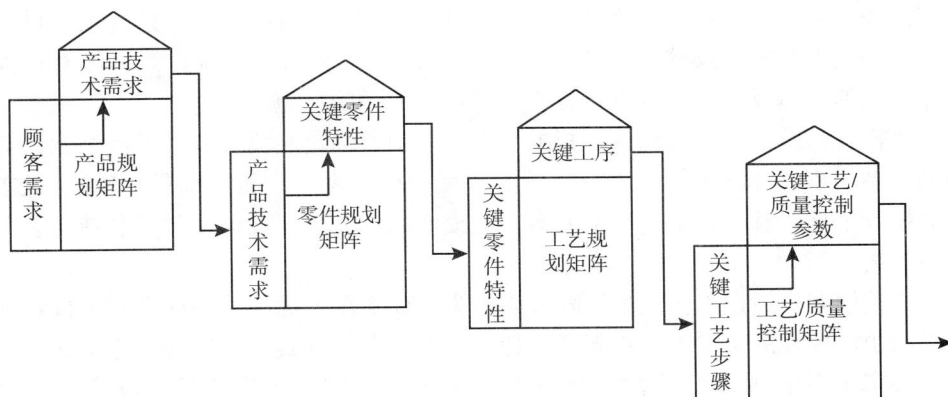

图 3 - 2　典型的 QFD 瀑布式分解模型示意图

　　实施 QFD 的关键是获取顾客需求并将顾客需求分解到产品形成的各个过程，将顾客需求转换成产品开发过程具体的技术要求和质量控制要求。通过对这些技术和质量控制要求的实现来满足顾客的需求。因此，严格地说，QFD 是一种思想，一种产品开发管理和质量保证与改进的方法论。

　　（3） QFD 的分解步骤。顾客需求是 QFD 最基本的输入。顾客需求的获取是 QFD 实施中最关键也是最困难的工作。要通过各种先进的方法、手段和渠道搜集、分析和整理顾客的各种需求，并采用数学的方式加以描述。之后，进一步采用质量屋矩阵的形式，将顾客需求逐步展开，分层地转换为产品的技术需求、关键零件特性、关键工艺步骤和质量控制方法。在展开过程中，上一步的输出是下一步的输入，构成瀑布式分解过程。QFD 从顾客需求开始，经过 4 个阶段，即 4 步分解，用 4 个质量屋矩阵——产品规划矩阵、零件规划矩阵、工艺规划矩阵和工艺/质量控制矩阵，将顾客的需求配置到产品开发的整个过程。

　　确定顾客的需求。由市场研究人员选择合理的顾客对象，利用各种方法和手段，通过市场调查，全面收集顾客对产品的种种需求，然后将其总结、整理并分类，得到正确、全面的顾客需求以及各种需求的权重（相对重要程度）。在确定顾客需求时应避免主观想象，注意全面性和真实性。

　　产品规划。产品规划矩阵的构造在 QFD 中非常重要，满足顾客需求的第一步是尽可能准确地将顾客需求转换成为通过制造能满足这些需求的物理特性。产品规划的主要任务是将顾客需求转换成设计用的技术特性。通过产品规划矩阵，将顾客需求转换为产品的技术需求，也就是产品的最终技术性能特征，并根据顾客需求的竞争性评估和技术需求的竞争性评估，确定各个技术需求的目标值。

产品设计方案确定。依据上一步所确定的产品技术需求目标值，进行产品的概念设计和初步设计，并优选出一个最佳的产品整体设计方案。这些工作主要由产品设计部门及其工作人员负责，产品生命周期中其他各环节、各部门的人员共同参与，协同工作。

零件规划。基于优选出的产品整体设计方案，并按照在产品规划矩阵所确定的产品技术需求，确定对产品整体组成有重要影响的关键部件/子系统及零件的特性，利用失效模型及效应分析（FMEA）、故障树分析（FTA）等方法对产品可能存在的故障及质量问题进行分析，以便采取预防措施。

零件设计及工艺过程设计。根据零件规划中所确定的关键零件的特性及已完成的产品初步设计结果等，进行产品的详细设计，完成产品各部件/子系统及零件的设计工作，选择好工艺实施方案，完成产品工艺过程设计，包括制造工艺和装配工艺。

工艺规划。通过工艺规划矩阵，确定为保证实现关键产品特征和零部件特征所必须予以保证的关键工艺步骤及其特征，即从产品及其零部件的全部工序中选择和确定出对实现零部件特征具有重要作用或影响的关键工序，确定其关键程度。

工艺/质量控制。通过工艺/质量控制矩阵，将关键零件特性所对应的关键工序及工艺参数转换为具体的工艺/质量控制方法，包括控制参数、控制点、样本容量及检验方法等。

（4）质量屋，质量屋（house of quality，HOQ）的概念是由美国学者豪泽（J. R. Hauser）和克劳辛（Don Clausing）在1988年提出的。质量屋为将顾客需求转换为产品技术需求以及进一步将产品技术需求转换为关键零件特性、将关键零件特性转换为关键工艺步骤和将关键工艺步骤转换为关键工艺/质量控制参数等QFD的一系列瀑布式的分解提供了一个基本工具。

质量屋结构如图3-3所示，一个完整的质量屋包括6个部分，即顾客需求、技术需求、关系矩阵、竞争分析、屋顶和技术评估。竞争分析和技术评估又都由若干项组成。在实际应用中，视具体要求的不同，质量屋结构可能会略有不同。例如，有的时候，可能不设置屋顶；有的时候，竞争分析和技术评估这两部分的组成项目会有所增删等。

## 2. 价值工程

价值工程起源于"二战"后的美国。通用电气公司的工程师麦尔斯发现：人们使用某种材料的目的在于材料所具有的功能，因此可以考虑用功能相同但价格低廉的代用品取代原来昂贵的材料，从而导致《价值分析》的产生。之后美国国防和政府部门开展价值工程活动，取得了显著成效。我国在1978年下半年开始推广价值工程活动。

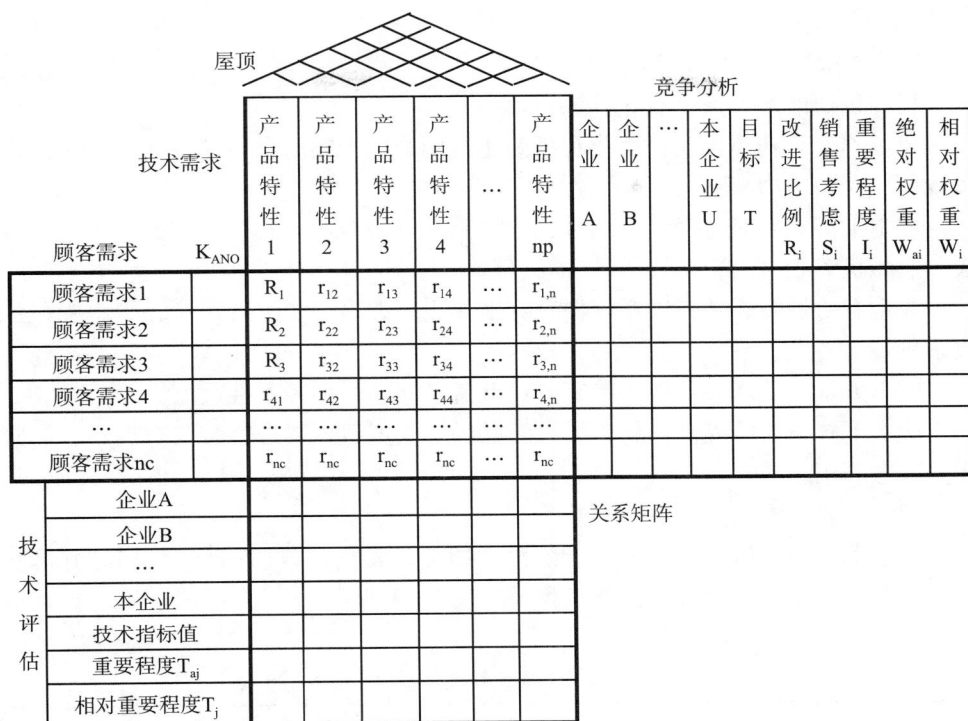

| 技术需求<br>顾客需求 | $K_{ANO}$ | 产品特性1 | 产品特性2 | 产品特性3 | 产品特性4 | … | 产品特性np | 企业A | 企业B | … | 本企业U | 目标T | 改进比例$R_i$ | 销售考虑$S_i$ | 重要程度$I_i$ | 绝对权重$W_{ai}$ | 相对权重$W_i$ |
|---|---|---|---|---|---|---|---|---|---|---|---|---|---|---|---|---|---|
| 顾客需求1 | | $R_1$ | $r_{12}$ | $r_{13}$ | $r_{14}$ | … | $r_{1,n}$ | | | | | | | | | | |
| 顾客需求2 | | $R_2$ | $r_{22}$ | $r_{23}$ | $r_{24}$ | … | $r_{2,n}$ | | | | | | | | | | |
| 顾客需求3 | | $R_3$ | $r_{32}$ | $r_{33}$ | $r_{34}$ | … | $r_{3,n}$ | | | | | | | | | | |
| 顾客需求4 | | $r_{41}$ | $r_{42}$ | $r_{43}$ | $r_{44}$ | … | $r_{4,n}$ | | | | | | | | | | |
| … | | … | … | … | … | … | … | | | | | | | | | | |
| 顾客需求nc | | $r_{nc}$ | $r_{nc}$ | $r_{nc}$ | $r_{nc}$ | … | $r_{nc}$ | | | | | | | | | | |

技术需求　顾客需求　竞争分析　屋顶　关系矩阵

| 技术评估 | | | | | | |
|---|---|---|---|---|---|---|
| 企业A | | | | | | |
| 企业B | | | | | | |
| … | | | | | | |
| 本企业 | | | | | | |
| 技术指标值 | | | | | | |
| 重要程度$T_{aj}$ | | | | | | |
| 相对重要程度$T_j$ | | | | | | |

**图 3－3　质量屋结构形式示意图**

注：①关系矩阵一般用"◎、○和△"表示，它们分别对应数字 9、3 和 1，没有表示无关系，对应数字 0；

②销售考虑用"●""•"表示，"●"表示强销售考虑；"•"表示可能是销售考虑，没有表示不是销售考虑。分别用对应数字 1.5、1.2 和 1.0。

（1）价值工程的基本概念。

价值工程（value engineering，VE），也称价值分析（value analysis，VA），是指以产品或作业的功能分析为核心，以提高产品或作业的价值为目的，力求以最低寿命周期成本实现产品或作业使用所要求的必要功能的一项有组织的创造性活动，有些人也称其为功能成本分析。价值工程涉及价值、功能和寿命周期成本三个基本要素。价值工程是一门工程技术理论，其基本思想是以最少的费用换取所需要的功能。这门学科以提高工业企业的经济效益为主要目标，以促进老产品的改进和新产品的开发为核心内容。

价值（value）。价值工程中的价值是指"评价事物有益程度的尺度"。

功能是指产品的功能、效用、能力等，即产品所担负的职能或者说是产品所具有的性能。

成本指产品周期成本，即产品从研制、生产、销售、使用过程中全部耗费的成本之和。

价值工程的主要特点是：以提高价值为目的，要求以最低的寿命周期成本实现产品的必要功能；以功能分析为核心；以有组织、有领导的活动为基础；以科学的技术方法为工具。

（2）提高价值的基本途径。

提高价值的基本途径有5种：

成本不变，功能提高：美化和成套化。如彩色新颖的自行车、造型美观的电风扇；成套的室内家具。

成本下降，功能不变：微型化、节能化、标准化。如电子计算机、电子仪表、照相机等。

成本有所提高，功能大幅度提高：多能化。如多功能组合机床，带电唱机的收录机等。

成本大幅度下降，功能略有下降：低值易耗品。如一次性产品。

成本下降，功能提高：新工艺、新材料。如塑料、铝合金替代金属材料、废物的综合利用。

（3）价值工程的工作程序与内容。

价值工程的实施过程分为两个阶段，即分析发现问题阶段和解决问题阶段，而这两个阶段又可分为若干具体步骤，如表3-3所示。

表3-3　　　　　　　　　　　　价值工程一般工作程序

| 价值工程工作阶段 | 设计程序 | 工作步骤 | | 价值工程对应问题 |
| --- | --- | --- | --- | --- |
| | | 基本步骤 | 详细步骤 | |
| 准备阶段 | 制订工作计划 | 确定目标 | 1. 对象选择 | 1. 这是什么？ |
| | | | 2. 信息搜集 | |
| 分析阶段 | 规定评价（功能要求事项实现程度的）标准 | 功能分析 | 3. 功能定义 | 2. 这是干什么用的？ |
| | | | 4. 功能整理 | |
| | | 功能评价 | 5. 功能成本分析 | 3. 它的成本是多少？ |
| | | | 6. 功能评价 | 4. 它的价值是多少？ |
| | | | 7. 确定改进范围 | |
| 创新阶段 | 初步设计（提出各种设计方案） | 制定改进方案 | 8. 方案创造 | 5. 有其他方法实现这一功能吗？ |
| | 评价各设计方案，对方案进行改进、选优 | | 9. 概略评价 | 6. 新方案的成本是多少？ |
| | | | 10. 调整完善 | |
| | | | 11. 详细评价 | |
| | 书面化 | | 12. 提出提案 | 7. 新方案能满足功能要求吗？ |

| 价值工程<br>工作阶段 | 设计程序 | 工作步骤 | | 价值工程对应问题 |
|---|---|---|---|---|
| | | 基本步骤 | 详细步骤 | |
| 实施阶段 | 检查实施情况并<br>评价活动成果 | 实施评价成果 | 13. 审批 | 8. 偏离目标了吗？ |
| | | | 14. 实施与检查 | |
| | | | 15. 成果鉴定 | |

### 3.3.3　面向可制造和可装配的设计

面向可制造和可装配的设计（design for manufacture，DFM；design for assembly，DFA；DFMA）概念的提出是为了解决由于设计与制造、装配各自独立而造成的产品成本增加和产品开发周期长等现实问题。它的核心是通过各种管理手段和计算机辅助工具帮助设计者优化设计，提高设计工作的一次成功率。

**1. 设计简单化、标准化**

设计简单化，就是在满足美观和功能要求的前提下，使设计尽量简单，减少零件的个数，减少以装饰功能为主的附件设计。当然，同时也减少了加工工序，生产成本随之降低，生产周期也相应缩短。同样，在设计时尽量用标准件替代自行开发零部件，不仅可以帮助设计师节省大量的时间，而且可以减少制造加工时间，也节省了设计成本。成组技术（GT）的基本原理是把一些相似的零件划分为零件族，从而揭示和利用它们的基本相似性获得最大的效益。美国、英国等工业发达国家的企业都在使用 GT 技术，取得了很好的效果。

**2. 向设计师提供符合企业现有情况的产品设计原则**

如果在设计初期企业能够向设计师提供符合企业实际生产制造情况的一些设计原则，则可以进一步地指导设计师进行设计。以下是一些可以提高设计效率的简单的设计原则。

（1）减少零件个数和种类，并尽量使用标准件。

（2）在可能的情况下尽可能采用组合设计的方法。

（3）使设计的产品方便检验和测量。

（4）产品的精度要求应符合实际生产能力，零件的上下偏差最好取尺寸公差的平均值。

（5）稳健性设计。稳健性设计有助于提高产品生产、测试及使用过程中的稳定性。

（6）充分考虑产品的定位，减少一些没有实际作用或可有可无的附加设计，同时使所设计产品的功能、用途更加清晰明确。

（7）简化装配过程。尽可能采用易于装配的简单零部件，并且简化备组件间的连接设计。

（8）采用常用结构和材料，避免采用特殊材料以及需特殊工艺加工的零部件或组件。

（9）考虑产品维修保养问题，使产品便于拆装和维修。在实际的新产品设计过程中，企业还应根据自身的情况以及以往的经验向设计师们提供更多更详细的信息。

### 3. 多方案分析

DFM 要求设计者在概念设计阶段就要进行多方面的比较分析，一些很小的改动或完善，可能会给后续的设计工作带来极大的收益。只有通过多个方案的对比分析，设计者才能够达到最终优化设计的目的。

多方案分析的实现建立在两个基础之上。一是要在设计创意阶段收集一定数量的设计方案；二是要有科学的分析评价手段和工具。

DFMA 软件将设计、装配、材料和加工工艺的知识集成在一起。从装配、制造和维护等方面出发创建一个系统的程序来分析已提出的设计方案，使独立的设计者自己就能够利用这些信息作出合理的选择。它为设计、制造和工艺等相关人员提供了一个共同工作的平台，让大家都在同一时间考虑同一问题，方便了彼此之间的交流。与当前的产品开发方法相比，应用 DFMA 软件的结果是以更低的成本和更短的时间得到了更高质量的产品，促进产品并行设计和创新设计的实现。据统计，DFMA 可以缩短产品从设计到投产的周期高达 50%，减少零部件数量达 30% ~ 70%，减少装配时间达 50% ~ 80%。

## 3.3.4　面向成本的设计

### 1. 面向成本的设计（DFC）的含义

面向成本的设计（design for cost，DFC）是指在满足用户需求的前提下，尽可能地降低成本，通过分析和研究产品制造过程及其相关的销售、使用、维修、回收、报废等产品全生命周期中的各个部分的成本组成情况，并进行评价后，对原设计中影响产品成本的过高费用部分进行修改，以达到降低成本的设计方法。其主要特点为：

（1）在工程系统研制开发中，应将费用（成本）作为一个与技术、性能、进度和可靠性等要求列为同等重要的参数给予确定。

（2）要求在工程项目的全部生命周期内考虑成本问题。

（3）确定准确的生产、使用和维护等阶段中的 DFC 参数（如每单位的装配成本、每单位的使用成本等），并使得这些参数与进度、性能、可靠性等参数之间达到一种最佳平衡。

（4）确保向工程设计及有关人员进行成本信息的及时交流与反馈，以便有效地采取相应的控制措施。

2. DFC 的关键技术

（1）基于并行工程的全生命周期成本模型。此模型必须能够在产品的不同设计阶段对成本进行相应的估算。

（2）目标成本的确定。在目前还缺乏精确的方法对目标成本进行确定，实际中一般是考虑市场、利润、工厂条件和生产批量等因素，利用历史资料进行确定。

（3）与其他 DFX 工具的集成。由于 DFC 是面向产品全生命周期的，这就要求它必须能够与其他 DFX（如 DFM、DFA 等）工具协调一致进行工作，即需要建立不同评价标准的协调原则和方法。

（4）设计结果评价和改进设计建议的生成。这一工作需要在其他 DFX 技术的支持下进行，即不能只考虑成本一个要素，而且还要综合考虑其他的评价模块提供的评价依据，才能生成合理的设计建议。

（5）成本估算方法。不同的估算方法有可能产生不同的结果，怎样合理地确定估算方法是值得研究的问题。一般来说，在并行工程中，由于不同的设计阶段所产生的信息的完整程度不同，所采用的成本估算方法也不同，例如：在设计的初期，可采用参数化估算方法、神经网络等方法；在详细设计阶段，可采用手册估算方法、详细估算等方法。而且，生产批量、产品类型、产品生命周期长短的不同在选择估算方法时也是需要考虑的因素，同时所选方法应该是灵活易用、可靠准确的。

3. DFC 的实施过程

DFC 作为并行工程的一个工具，在并行设计中需要对设计结果不断作出评价。由于在设计的不同阶段，所提供的信息量是不同的，其详细程度也不同，因此在不同阶段 DFC 在评价设计方案时所采用的方法是不同的，而且评价的主要对象也是变化的，例如：在概念设计阶段主要是对原理方案进行评价；在详细设计阶段主要是对产品结构方面进行评价。在 DFC 中对设计的评价不是一劳永逸的，而是随着设计的变更而在需要时不断地进行直至满意时为止。

### 3.3.5　面向环境的设计

资源、环境、人口是当今人类社会面临的三大主要问题，特别是环境问题，正对人类社会生存与发展造成严重的威胁。为了寻求从根本上解决制造业环境污染的有效方法，20 世纪 90 年代以来，随着全球性产业结构的调整和人类对客观认识的日益深化，在全球掀起了一股"绿色消费浪潮"，相应的面向环境的"绿色设计"的概念应运而生，成了当今产品设计发展的主要趋势之一。

### 1. 面向环境设计的含义

面向环境的设计（design for environment，DFE），又称绿色设计（green de-sign）、生态设计（ecological design），是指借助产品生命周期中与产品相关的各类信息（技术信息、环境协调性信息、经济信息），利用并行设计等各种先进的设计理论，使设计出的产品具有先进的技术性、良好的环境协调性以及合理的经济性的一种系统设计方法。面向环境的设计着眼于人与自然的生态平衡关系，在设计过程的每一个决策中都充分考虑到环境效益，尽量减少对环境的破坏。对工业设计而言，面向环境的设计的核心是"3R"，即reduce、recycle和reuse，不仅要尽量减少物质和能源的消耗、减少有害物质的排放，而且要使产品及零部件能够方便地分类回收并再生循环或重新利用。绿色设计不仅是一种技术层面的考量，更重要的是一种观念上的变革，要求设计师放弃那种过分强调产品在外观上标新立异的做法，而将重点放在真正意义上的创新上面，以一种更为负责的方法去创造产品的形态，用更简洁、长久的造型使产品尽可能地延长其使用寿命。

### 2. 面向环境的设计的原则

绿色产品是循环经济的载体，实现产品的绿色化关键是从设计开始。面向环境的设计，通常也称为生态设计、环境设计、生命周期设计等。一般来说，面向环境的设计必须遵循以下原则：

（1）产品全生命周期并行的闭环设计原则。这是因为产品的绿色程度体现在产品的整个生命周期的各个阶段。

（2）资源最佳利用原则。一是选用资源时必须考虑其再生能力和跨时段配置问题，尽可能用可再生资源；二是尽可能保证所选用的资源在产品的整个生命周期中得到最大限度的利用；三是在保证产品功能质量的前提下，尽量简化产品结构并使产品的零部件具有最大限度的可拆卸性和可回收再利用性。

（3）能源消耗最小原则。一是尽量使用清洁能源或二次能源；二是力求产品整个生命周期循环中能耗最少。

（4）零污染原则。设计时实施"预防为主，治理为辅"的清洁生产等环保策略，充分考虑如何消除污染源，从根本上防止污染。

（5）技术先进原则。为使设计体现绿色的特定效果，就必须采用最先进的技术，并加以创造性的应用，以获得最佳的生态经济效益。

### 3. 面向环境的设计的主要内容

根据以上原则，要达到绿色产品的预期目标，面向环境的设计的主要内容应包括：设计材料的选择；产品的可拆卸性设计；产品的可回收性设计；绿色产品成本分析；绿色产品设计数据库与知识库，它包括产品生命周期中与环境、经济、技术、对象等有关的一切数据和知识。

## 3.4　服务开发与设计①

### 3.4.1　服务开发

#### 1. 服务开发基本类型

服务开发的范畴较广，不同类型的新服务开发具有不同的创新水平，表 3 - 4 列出了不同创新度服务开发的 6 种基本类型。

表 3 - 4　　　　　　　　　　　　不同创新度服务开发

| 类型 | 创新类 | 描述 |
| --- | --- | --- |
| 突破创新服务 | 重大创新 | 对市场来说是全新服务，如超市中引入零售业 |
| | 启动新业务 | 现有服务市场中引进新服务 |
| | 当前服务中引进新服务 | 对现在顾客和组织提供企业原来未提供服务 |
| 渐进创新服务 | 服务产品线扩展 | 现有服务的扩展，引入新的过程 |
| | 服务改善 | 当前服务特性在某种程度的变化 |
| | 风格与形式变化 | 对顾客服务体验有可见变化及不改变基本特性风格的变化 |

#### 2. 服务过程再设计类别

除全新服务开发外，对现有服务进行再设计也是一种可行的服务开发方法。服务过程的再设计是指对现有的服务过程的更新，科技的发展、顾客需求的变化、服务功能的增加等，都会使现行的服务过程发生变化。服务过程再设计的目标是：减少服务失误的数量；缩短从服务开始到服务完成的循环时间；提高服务产出；提高顾客满意度。

基于提高客户利润或降低客户成本考虑，服务再设计包括下列 5 种类型，其中列出了每种类型为企业和顾客带来的潜在收益和挑战。

（1）前台流程简化服务：指通过前台流程的简化来提高服务的活力。例如，旅馆或餐厅的快速结账、医院的预约手续、预存高速公路的通行费等。前台服务效率的提升能在服务传递中改善客户的体验。

（2）自助服务：是指客户转变为生产者的模式，企业通过服务流程再设计能够在利用率、准时性和人员控制方面提高客户收益。诸如网上银行等企业通过互

---

①　蔺雷、吴贵生：《服务管理》，清华大学出版社 2008 年版。

联网提供的服务就是自助服务的实例。

（3）直接服务：指无须客户到达服务提供商所在地，企业直接在客户所在地提供服务，如计算机远程教育和培训服务、干洗衣物上门服务等。

（4）捆绑式服务：指将多种服务组合在一起提供给客户，这样能为客户带来便利性，较单独购买每一项服务有更大价值。

（5）实体环境服务：指通过改变与服务相关的有形物体或服务的物理环境来改善客户体验。例如，航空公司通过对飞机内部进行再设计可以改变整个飞行体验，如设置皮革的座椅、两个一排的座位，提供将瓷盘子以及棉布的餐巾纸等；再如，餐厅将座位改成秋千座位、将饭桌改为石板桌等。

### 3. 服务开发过程

服务开发过程分为导向、设计、试验和引入4个阶段，共15个步骤：

第一阶段：导向阶段。

（1）制定新服务目标与战略。新服务开发的战略必须服从企业全局战略，而且要以满足市场上顾客的主要需求为导向。一旦形成导向，战略决策的重点就在于寻求价值提供和成本控制之间的平衡点。

（2）创意产生。激发新服务创意的渠道很多，包括顾客需求、顾客投诉、服务人员、竞争对手和供应商等。

（3）创意筛选。对激发出的多种新服务创意，通过筛选程序保留少数有希望的创意，分析的重点在于关注创意的可行性和潜在收益性。

第二阶段：设计阶段。

（4）概念开发。经过层层筛选的创意进一步发展成为服务概念。服务概念的核心是确定为顾客创造的利益、解决问题的方案以及所提供的价值。

（5）概念检验。概念检验是一种调查工具，用来评估潜在用户是否：理解新服务的概念；响应该项新服务；认为该项服务提供的利益与需求相符。通过概念检验测定潜在顾客对服务概念的反应，能够剔除对顾客缺乏吸引力的服务创意，使服务设计者将精力集中于顾客真正感兴趣的服务概念上。

（6）商业分析。新服务通过概念检验后，服务设计者必须确认该项服务在经济上是否可行。这一阶段分析包括新服务的市场评估、需求分析、收入预测和成本分析。若分析结果表明该项服务有足够大的市场，生产、销售后能产生利润，该项新服务就值得向高层管理者推荐和实施。

（7）项目认可与授权。若经营分析和利润预测结果与高层管理者的标准相符，那么这个新服务项目将会得到认可，项目实施所需的资源会流向新服务传递系统的设计和实施中。

（8）服务设计和测试。在该阶段，需详细描述服务的各项具体特征，以区别于其他服务。

步骤（8）和步骤（9）必须同时进行、并行操作。新服务开发的整个阶段（步骤1到步骤15）都要采用跨部门的团队合作方法，若之前时机未成熟，应从这一步开始团队合作。

（9）过程和系统的设计与测试。该阶段要完成最详尽的服务设计。服务设计都应了解以下几个要点。首先是了解服务特征对流程设计的影响：顾客接触的性质；顾客参与服务生产的程度；顾客定制化的程度；产品和设备在服务传递系统中的作用；服务的客体（如顾客身体、随身物品）；预期需求。其次，服务设计者必须清楚了解上述特征对服务前台、后台（基于可见度分界线的划分）中各因素的影响，前台包括顾客在接受服务时一切可见的、可触摸到的东西，后台包括操作员工、设施和支持前台服务但没必要出现在顾客面前的各种流程。

服务设计者可以运用基于质量功能展开的质量屋、标杆学习、服务蓝图等方法进行具体的过程和系统设计。这一阶段要经过多次反复修改和调整，在此之后还要进行内部的检验测试。若可能，应尽可能在真实状况下与真实的顾客一起进行测试，若这一点很难实现，可以由员工和其家属事先体验新服务。

（10）营销方案的设计和测试。对一个新服务项目的推介、传递、销售的营销方案必须同潜在的顾客一起进行设计和测试。

（11）员工培训。首先要进行对新员工的招聘或对现有员工的挑选。员工选择标准必须与服务流程设计同时进行。在招募新员工完成后，员工要接受系统的培训和了解整个系统，同时企业应对他们赋予足够的权力，以使其更好地帮助顾客解决问题。

第三阶段：试验阶段。

（12）服务检验与小规模试运营。这是一种实地测试。该步骤的服务检验局限在有限的范围内（一个或几个地点）。但是，服务、员工和顾客都是真实的。其目的在于根据第一手资料确定顾客对服务的认可度，并根据顾客反馈的信息进行必要的调整和修改。

（13）营销试运营。该步骤用来检验新服务项目的可行性。服务的提供仍然在有限的范围内，但较步骤（12）的范围稍广（如在几个分部、单个区域推行服务），同时还可以测试市场营销方案的有效性。

第四阶段：引入阶段。

（14）全面投放市场。当新服务测试完毕，调整和修改都完成后，全面启动该项服务并推向市场。

（15）投放后评价。该阶段用来测定目标实现和程度，并决策有无必要进一步地调整和修改。这一步骤不应成为服务过程设计和开发的终点，而要通过顾客和一线员工的反馈，评估新服务的成功之处，顺应变化的外部环境来调整和改进服务。

## 3.4.2　服务设计

服务设计是指服务企业根据自身特点和运营目标，对服务运营管理作出的规划和设计，其核心是完整的服务包与服务传递系统的设计。服务设计的要素可以划分为结构性要素和管理要素，它们向顾客和员工传递了预期服务与实际得到服务的概貌。

### 1. 结构性要素选择与设计

（1）传递过程设计：前台和后台、流程、服务自动化与标准化、顾客参与。
（2）设施设计：大小、艺术性、布局。
（3）地点设计：地点特征、顾客人数、单一或多个地点、竞争特征。
（4）能力设计：顾客等待管理、服务者人数、调节一般需求和需求高峰。

### 2. 管理要素规划与设计

（1）服务情境：服务文化、激励、选择员工和培训员工、对员工的授权。
（2）服务质量：评估、监控、期望和感知、服务承诺。
（3）能力和需求管理：需求/产能计划、调整需求和控制供应战略、顾客等待的管理。
（4）信息设计：竞争性资源、数据收集。

### 3. 服务设计常用基本方法

服务设计包括三种基本方法：工业化设计法、定制化服务设计法、技术核心分离设计法，在此基础上又形成了改进的服务设计法。

（1）工业化。

工业化设计法又称生产线法，它试图将制造业对生产过程的控制观念引入服务业，运用系统化、标准化原则，将小规模、个性化和不确定的服务系统改造为大规模、标准化和稳定的服务系统。生产线方法可以保证服务企业提供稳定的质量和高效地运作，所有工作是在受控的环境中完成的。

工业化设计法内容包括：

首先，服务包的标准化。这是指通过对服务包的分析，尽量减少其中的可变因素，使服务包的各个要素实现标准化，为顾客提供稳定、一致的服务。标准化服务的一致性是生产线方法的优势所在，也是顾客关注的中心。例如，分布在全国各地的马兰拉面馆提供的拉面要在色泽、口感、服务上保持一致。

其次，服务系统的标准化。这是指通过分析服务运营的各个阶段，在适当的地方采用机械化和自动化设备来替代劳动密集型劳动，以提高标准化程度和效率，减少人为差错。例如，麦当劳使用物料检测系统、自动化烹饪设备、自动点餐和收银机等大大提高了后勤准备、快餐制作和前台运作的标准化程度。

最后，设计和控制的标准化。这是指运用系统化的方法，使运营过程的各个阶段得到精密的组织和控制，以此增加系统运转的稳定性，提升系统的运营效率。

从技术应用的角度看，工业化设计方法的实施包括"硬技术"和"软技术"两方面的应用。硬技术的应用是指用机械和自动化设备、信息系统等替代传统的人工劳动，如银行自动柜员机（ATM）、自动售货机、汽车自动清洗与上光设备、地铁的自动售票和检票装置、民航的联合订票系统等。软技术的应用是指对服务组织和管理系统进行精确、严密的规划和设计，以实现标准化，如现代连锁超市、图书馆、快餐业、邮政快递等标准化流程与操作规范。

（2）定制化。

工业化设计法适用于技术密集、标准化和大规模的服务类型，而在许多服务类型中，顾客需要非标准化、个性化的服务。在这种情况下，服务企业要运用定制方法，考虑顾客的偏好、特点和需求，将顾客作为一种积极的生产资源纳入服务系统，以此提高服务系统的运作效率。

定制化服务设计法的主要内容如下：

首先，把握顾客需求，确定服务流程中的顾客参与程度。具体表现为：充分理解和把握顾客的个性化需求；分析顾客在服务提供过程中的行为，考虑可能出现的各种情况；分析服务提供的整个流程，确定哪些工作可以由顾客承担，是否可以让顾客拥有更大的控制权；最终确定顾客在不同服务提供环节中的参与程度。

其次，注重服务传递系统的灵活性和顾客学习。具体表现为：根据以上分析，重新设计或改进服务传递系统，使其为顾客参与和控制留下更大空间，推动顾客化服务高效、保质的进行；要使顾客更多地参与服务提供过程并行使自主权和控制权，就必须巧妙地使顾客快速、简单地掌握所需的技能和知识，避免由于顾客参与而造成服务系统运营效率的降低；举办有关活动和采取一定措施，吸引、帮助顾客主动参与服务提供过程。

再次，在服务提供过程中给予员工更大的主权。为员工制定相应的服务措施、操作规范和授权方式，使其在顾客化的服务设计中发挥积极、有效的作用。

最后，动态监控和评价服务绩效。不同顾客的服务要求有很大差异，因此必须随时关注服务提供的过程和结果，并及时评价，才能不断改进服务系统和提高服务水平。

相对于工业化设计法，定制化服务设计法能通过提供更加个性化的服务来满足顾客偏好，并通过顾客的参与和主动调节供需平衡而在一定程度上改善服务效率。但总体来说，服务的个性化必然会影响服务系统的运营效率，因此，必须合理确定顾客的参与环节与程度，以实现满足个性化需求和提高服务效率的目的。

此外，要顺利实施定制化设计法，还必须在充分了解顾客、硬服务设施（包括新技术和自动化设备）、软服务设施（如管理体系、信息系统）的基础上，将三者融合在一起，使顾客参与和服务传递系统产生协同作用，以此改善服务水平和效率。

（3）核心技术分离。

技术核心分离设计法又称顾客接触设计法，它将服务系统分为高顾客接触部分（前台）和低顾客接触部分（后台）。"顾客接触"指顾客亲自出现在服务中的过程与活动，"顾客接触程度"可以用顾客出现在服务活动中的时间与服务总时间的百分比表示。在高接触度系统中，顾客通过直接接触服务过程而决定需求时机和服务性质。在低接触度系统中，顾客不会对生产过程产生直接影响。

高接触程度的前台采用顾客化的设计思想和方法，满足顾客的个性化需求，灵活处理各种具体问题；低接触度的后台类似于制造工厂，按照工业化的方法设计"技术核心"，通过使用自动化设备、标准化流程和严格分工，达到较高的运营效率。前、后台之间的衔接部分用于信息和物料交换，对前台的个性化工作进行初加工，以利于后台的批量处理。因此，技术核心分离设计法既能满足顾客对服务的多样化需求，又能充分利用工业化方法的批量生产实现规模经济。

技术核心分离设计法的内容包括：

首先，确认、划分高接触部分与低接触部分。具体表现为：按照接触度将服务系统划分为高接触系统与低接触子系统；找出两个子系统的关键运营目标，确认子系统及下属各单元的工作任务；建立两个子系统之间的衔接，使其能良好地协同运作。

其次，设计高接触部分。具体表现为：仔细评估与顾客接触各个环节的重要程度和不同环节顾客的真正需求；充分利用顾客化设计方法进行服务系统设计，尽量减少可能影响服务效率的不必要的接触，如用自动化服务替代部分人工服务（如自动柜员机、自动售货机、自动查询系统等）。

再次，设计低接触部分。具体表现为：遵循工业化设计的概念，采用新技术和自动化设备，制定时间、费用标准，对服务系统的资源、流程和产出进行精确控制；分离前台与后台，整合后台工作，以此降低费用、提高效率。

最后，以整合性观点对各个部分进行全面考察和评价，找出衔接不良或未能使系统综合运营水平达到理想目标的环节，全面改善整个服务系统。

技术核心分离设计法的关键是对高接触部分和低接触部分的设计以及在低接触作业中分离核心技术的能力，因此必须对各自的设计特点有清楚的认识。其中，高接触服务活动要求员工有较强的人际关系处理技能，其服务水平和行为不确定；低接触服务作业可以与高接触服务作业在实体上分离。后台活动按工厂方式作业而高效使用生产能力，因此可凸显前台与后台分离的好处。

（4）改进技术。

上述三种设计法各自存在不足，需要改进。改进的主要思路是以技术核心分离法为基础，根据不同的服务需求、服务类型以及企业自身特点，分别确定其定制化和技术化的程度。有以下一些改进方向。

首先，前台的充分定制化。改进后的设计方法应当成为前台定制化、后台技术核心分离的组合，以前台为中心设计服务系统的运营。

其次，倡导内部顾客服务（即员工服务）思想。在服务传递系统的各个部分设计中，将满足内部顾客（员工）作为设计和运营的目标，这有利于减少内部运营中的失误，改善前后台之间的交流协调，提高内部运营的质量和效率。

再次，强调对员工的授权管理。赋予前台和后台员工必要的服务工作决策权力，使前台员工能灵活地满足顾客需求，提升后台员工的积极性和满意度，改善企业内部工作环境，改进员工间的关系，最终提高后台运营效率和服务品质。

最后，强调后台设计中信息管理的重要性。将后台划分为"信息"部分和其他部分，信息部分执行服务运营的信息处理，使各个部分高效协调运转。例如银行业的跨行处理系统、通信业的通信网络、交通业的资源管理系统、餐饮业中负责中心调度的人员等。在后台的非信息部分，要用内部顾客服务、员工授权等方法进行设计。

改进后的服务设计方法的内容包括：

首先，企业研究与顾客研究。包括企业目标、企业特点、顾客需求分析、顾客心理与行为分析。

其次，服务包的设计。包括隐性服务要素设计、显性服务要素设计、支持性设施设计、辅助性设施设计。

最后，服务传递系统的设计。包括按照与顾客接触的程度划分服务系统的前台、后台、各级"内部顾客"与其"服务提供者"的关系分析、前后台之间以及各级"内部顾客"与其"服务提供者"之间的衔接部分、前台后台部分的设计等。

前台部分主要应以充分定制的思想设计为主。其中的硬件部分应根据完整服务产品的设计，进行产能规划、设施、营业场所的具体选址、布局、内部布置等方面的设计；软件部分则包括前台部分的组织结构设计、服务流程设计、员工工作设计、质量管理规划等内容。

## 【本章小结】

科学技术飞速进步和生产力的发展，社会消费水平日益提高，企业之间竞争加剧，加上政治、经济、社会环境的巨大变化，使得需求的不确定性大大增强，导致需求日益多样化。企业所面对的是一个变化迅速且无法预测的买方市场。企业要想在这种严峻的竞争环境下生存下去，必须加强企业的研究与开发，提高快速开发新产品和改造老产品的能力，使企业具有强有力的处理环境变化和由环境引起的不确定性的能力，才能使企业赢得竞争。本章是生产运作管理的主要内容之一，阐述企业研究与开发的概念及其策略，同时介绍了制造业产品开发与设计过程和方法，并就服务产品开发与设计的类型、过程和具体常用方法进行展示。

## 【延伸阅读】

### 苹果前 CEO 谈乔布斯成功 12 条原则：保持较小规模

1983 年，乔布斯从百事公司挖来了斯库利。他当时对斯库利说的话已经成为一条名言："你是希望一辈子卖糖水，还是希望抓住一个能够改变世界的机会？"

乔布斯和斯库利作为联席 CEO 共同运营苹果，为苹果带来了世界级的技术、世界级的广告，以及世界级的设计。然而双方的合作关系并未持续太长时间，外界普遍认为，斯库利通过在董事会的斗争将乔布斯赶出了苹果。

这是斯库利首次谈论乔布斯成功的秘诀。在1993年离开苹果之后，斯库利第一次谈论有关乔布斯的话题。斯库利表示："在早年与乔布斯的共事中，我获得了许多产品开发和营销的经验。令人印象深刻的是，在此后的工作中，乔布斯也坚持了他最初的原则。"

斯库利表示："我认为乔布斯最初的原则一直没有改变，不过他在应用这些原则时越来越好。"他还表示："我现在与乔布斯没有任何联系。他仍然对22年前被苹果扫地出门耿耿于怀。而我在苹果的经历已经成为历史。"

斯库利在接受采访时谈到了使乔布斯成功的12条原则：

### 1. 漂亮的设计

斯库利表示，他和乔布斯都喜欢漂亮的设计，而乔布斯还认为，应当从用户体验的角度去开始设计。他们曾学习意大利设计师，包括汽车设计师。他们学习汽车各方面的设计，包括舒适性、材料和颜色等，当时在硅谷没有人这样做。斯库利表示，这样做并不是他的想法，而是乔布斯的想法，不过当时他的专业背景是设计。苹果所做的并不仅仅是计算机，还包括产品设计和营销设计，这是一个有关公司定位的问题。

### 2. 用户体验

乔布斯总是会考虑这样的问题，即产品的用户体验是怎样？用户体验是一个端到端的系统，也与产品的制造、供应链、营销和零售有关。

### 3. 不进行小组讨论

乔布斯曾表示："如果一个人根本不知道基于图形的计算机是什么，我怎么可能询问他基于图形的计算机应该是什么样？之前没有人见过这样的东西。"乔布斯认为，向他人展示一款计算器无助于解释计算机的工作方式，因为跨越太大。

### 4. 完美主义

乔布斯认为每一步都必须做好，他对一切事都讲究方法，并且非常谨慎。乔布斯实际上是一个完美主义者。

### 5. 前瞻性

乔布斯认为，计算机将成为消费类产品。在20世纪80年代早期，这是一个令人吃惊的想法，因为当时人们认为个人电脑只是体积小一点的大型机。这也是IBM的看法。另一些人则认为，个人电脑可能类似游戏机，因为当时已有数款游戏机面市。但乔布斯的看法完全不同，他认为电脑将改变世界，帮助人们获得此前不敢想象的能力。电脑并不是游戏机，也不是将大型机小型化。

### 6. 最小化

乔布斯的方法与众不同的一点在于，他认为最重要的决定不是你应当做哪些事，而是你不应当做哪些事。他是一个最小化主义者。乔布斯总是在削减一些元素，使产品达到最简的水平。当然，乔布斯并不是让产品过分简单化，他只是使复杂的系统简化。

### 7. 招聘最优秀的人才

乔布斯总能找到最优秀、最聪明的人。他有领袖气质，能吸引他人加入他的团队。此外，他也能在没有实际产品的情况下使人们接受他的看法。乔布斯总是去接触那些他认为在某一领域最优秀的人才。他总是亲自负责自己团队的招聘，而不是将招聘工作交给其他人去做。

### 8. 完善细节

乔布斯的一个理念是"改变世界"，另外乔布斯也非常关注细节，例如如何开发产品，如何设计软件、硬件和系统，以及产品应当有什么周边设备。他总是亲自参与广告、设计和一切事情。

### 9. 保持较小的规模

乔布斯不喜欢大公司，他认为大公司充满官僚主义，缺乏效率。他将这些公司称作"笨蛋"。乔布斯曾经认为，Mac 团队的成员不应该超过100人，因此，如果有人想加入，那么必须有人离开。乔布斯曾表示："我无法记住超过100个名字，而我只希望与熟悉的人共事。因此，如果规模超过100个人，那么我们必须改变组织架构，而我无法以那样的方式工作。我喜欢的工作方式是我能接触到所有事。"

### 10. 拒绝糟糕的工作

斯库利认为，苹果就像一间艺术家的工作室，而乔布斯则是一名熟练的工匠。一名工程师曾经向乔布斯展示刚刚写好的软件代码，而乔布斯在浏览了之后就表示："还不够好。"乔布斯总是迫使他人做到他们能达到的最好水平，因此苹果的员工总是能完成一些他们原本认为无法完成的工作。

### 11. 良好的品位

乔布斯与比尔·盖茨（Bill Gates）等人的一个主要区别在于，乔布斯有良好的品位。盖茨等人总是关注那些能占领市场的产品，推出的产品总是为了抢占市场。但乔布斯从不这样做，他认为应当做到完美。

### 12. 从系统角度考虑问题

iPod 是一个很好的例子，反映了乔布斯对用户体验，以及整个端到端系统的关注。乔布斯总是关注端到端系统，他并不是一名设计师，而是出色的系统思考者。这在其他公司不多见，他们只希望做自己需要做的那一部分，并将其他部分外包出去。

## 【复习思考题】

1. 现代研究与开发工作是如何分类的，各有何特征？
2. 企业 R&D 的主要内容是什么，在产品寿命周期各阶段应采取何种策略？
3. 企业 R&D 的主要策略有哪些，应如何加快企业 R&D 的速度？
4. 什么是新产品，其开发方向和程序是什么？
5. 简述产品开发过程。

6. 什么是产品设计的"三化"，为什么要实行"三化"？

7. 什么是并行工程，其主要思想和特点是什么？

8. 产品开发设计的主要方法和内容是什么？

9. 谈谈服务设计中有哪些结构性要素和管理要素？

10. 试述服务设计基本方法各自的特点。

11. 结合身边实际服务体验，使用 4 种设计方法重新设计那些服务。

# 【本章案例】

## 查特斯沃茨庄园——儿童冒险乐园的抉择

查特斯沃茨庄园（Chatsworth House）是第十二世德文郡公爵（Duke and Duchess of Devonshire）的宅邸，也是英国最美丽、最宏伟的庄园之一。它位于英格兰国家公园的皮克区，占地超过 1 000 英亩。庄园里的建筑有着 400 年以上的历史，并在 17 世纪进行了重建。这些宏伟的建筑包括 175 个房间，照明用的灯具超过 2 000 盏，屋顶面积 1.3 英亩。查特斯沃茨庄园的许多房间里都陈列着各种珍品，包括绘画大师的著名作品，还有珍贵的挂毯、雕塑、贵重的家具和乐器，甚至包括 63 座古钟。庄园中的花园占地 105 英亩，5 英里的花园小径引导着游人依次经过大大小小的喷泉、瀑布、小溪和池塘。花园中的布局错落有致，有各种雕塑、塑像、假山、迷宫以及随着四季更迭而变化的花园景色。这些都由 20 名园艺师组成的小组负责管理和维护。一个独立的慈善机构拥有并管理着整个庄园，每年从 3 月到 12 月，庄园和花园会向游人开放。除了这两个地方之外，游客还可以去橘园礼品店、餐馆或农场商店，或者到环绕庄园的公园中去散步、野餐，甚至可以在河里游泳。

靠近庄园和花园有一个由专人负责的农庄和儿童乐园。对于家庭游客来说，这个农庄有着独特的吸引力，它可让游客近距离观察各种家畜，包括猪、羊、奶牛、鸡和鱼等。这里还展示挤奶和动物驯养表演等活动。穿过农庄，可以来到英国最大的儿童冒险乐园，这里有各种游乐设施——冒险桥、高空索道、秋千、滑梯和斜道等。

西蒙·塞利格曼（Simon Seligman）是查特斯沃茨庄园的促进与教育部经理。作为市场部门的负责人，他非常关注新服务项目和设施的设计和开发工作。他对他们的工作方式解释道："这是个相当抽象和有机的过程，回顾我们过去的 25 年，我们有时会大踏步地向前发展，有时候会进行一些小的改进。这些小规模的改进活动通常是基于游客的反馈意见，是一种有机的变化。而大幅度的改进，则需要我们自己来决定。"

在需要进行的大规模改进中，有一项是对靠近农庄的儿童冒险乐园设施的移动或更新。西蒙解释道："现有的冒险乐园明显过于陈旧，要采取怎样的更新方案，现在是作出决策的时候了。每个冬天，我们都要花费 18 000 英镑来对它进行维护，并且这项成本还在逐年增加。我们相信，建设一个更好的乐园大约要花费 10 万英镑，受托管理人要求我和直接负责农庄的副总经理以及农庄经理组成一个小组，就备选的方案上交一份报告。我们考虑了一些基本问题和细节问题，如采取更新方案的原因以及是否应该对其进行全面的更新等。最后，我们起草了四个备选方案：直接拆除、保持现状、原样更新、使用更好的设施进行更新。"

一些人认为，整体拆除冒险乐园是一个可行的选择。公爵和夫人都认为，庄园应该从根本上保持其古典传统。尽管一些人认为农庄是庄园的一部分，而冒险乐园则明显与此不相适宜。但是，冒险乐园对带孩子一起来的家庭游客来说，具有相当大的吸引力。因此，拆除冒险乐园会对游客数量产生负面影响。但反过来说，拆除冒险乐园也可以降低庄园的维修费用。

"保持现状"意味着每年对现有设施进行维修，要忍受越来越高的维护成本。至少在短期内，保持现状不会对经营造成什么影响。但是，一些人认为，这个方案最多也只能把乐园的更新推迟 5 年。

由于现在乐园的设施已经达不到国际安全标准的要求，所以，一些人认为，现在是用类似设施对乐园进行更新的好机会。据估算，采用"保持原状"更新方案的成本为 10 万英镑。如果使用更高级的设施对乐园进行升级，那么，成本就会远远高于 10 万英镑，但这样也会带来游客数量的增加。西蒙及小组成员也密切关注着竞争对手的情况，并尽可能地对他们进行走访调查。他们发现：一些竞争对手已经采用了更先进的设施。如果采取高级设施的升级方案，可以让查特斯沃茨庄园有机会超过竞争对手，并提供更有特色的服务。

"我们计算了四个备选方案的成本以及预计会对游客数量的影响，然后向公爵和其他理事递交了一份中期报告。我们认为，保持现状是不合适的；进行原样更新不会吸引更多的公众游客，所以，其方案成本相对昂贵。我们强烈推荐剩下的两个方案：拆除或者采用高级设施更新。理事会要求我们保留拆除方案，再仔细研究采用高级设施更新方案。"

为此，西蒙邀请了三家公司来冒险乐园参观，并要求他们制定冒险乐园升级计划，并对其进行设计，初期预算为 15 万英镑。虽然三家公司都提交了计划，但他们都认为，只有 20 万英镑的预算才能真正建立起一个有特色的冒险乐园。并且，西蒙团队发现需要在农庄中修建一个新的坡道，并安装升降梯，这需要花5 万英镑。这是一个相当昂贵的项目。西蒙说："其中一家公司带来了完整的水上乐园方案——这是一个在查特斯沃茨花园中反复出现的主题。他们注意到穿过乐园的溪流，并认为它能带来极好的效果。但他们表示不愿意提供单一的解决方案，而愿意与我们一起工作，共同探索什么方案会对我们更有效，以及如何去实现它。他们还要带我们去参观他们制造设备主要部件的德国伙伴。所以，在随后的几个月中，我们共同制定了一个最现代化冒险乐园的建设计划，其中包括对庄园的结构改造，总的预算为 25 万英镑。坦率地讲，这个计划对游客数量的影响是无法预测的，所以，我们采取了一个非常保守的估计——大约 7 年可以收回投资。在未来的几年里，如果新的冒险乐园能带来每年 85 000 人的游客数量增长，那么，我们仅用 3 年就可以收回投资。"

## 【问题与讨论】

1. 你认为，这个模型乐园的概念、组件包和流程应该包括哪些内容？
2. 从可行性、可接受性和风险性方面，对本案例的四个备选方案进行分析。
3. 对于冒险乐园案例中所描述的服务，有哪些结构性要素和管理要素？

（资料来源：奈杰尔·斯莱克、阿利斯泰尔·布兰登·琼斯、罗伯特·约翰斯顿：《运营管理》（第七版），清华大学出版社 2015 年版）

# 第4章 生产运作系统规划与设计

## 【引例】

### 空客天津总装线交付第一架"首型机"

中新社天津8月12日电（记者刘家宇）记者12日从空中客车（简称空客）中国公司获悉，空客天津总装线成功向中国东方航空公司交付首架装备平视显示仪的飞机，此举标志着该条总装线已具备总装"首型机"能力。

"首型机"即客户在完成一款包含有重要改装程序的飞机定制后，空客为该客户所生产的第一架该型飞机。此前，空客"首型机"均在欧洲总装。空客天津总装线交付的第一架"首型机"A319，属高原型飞机，配备CFM56—5B7发动机，采用两级客舱布局，共有8个头等舱和114个经济舱座席。

该飞机是空客天津总装线总装的首架装备平视显示仪的A320系列飞机，飞机厨房是空客首次以"厂家设备选装方式"为东航选装，飞机外部喷涂采用了新的喷漆系统，喷涂更持久，喷漆过程亦更加环保。

据空中客车中国公司首席运营官冈萨雷斯介绍，中国东方航空公司是空客在中国的首家客户，目前，该公司运营的空客飞机总数超过240架，其中空客A320系列飞机机队规模已经超过200架。

"我非常高兴看到东航接收其第50架来自天津总装线的A320飞机，今后我们会一如既往地以最佳产品和服务来支持中国航空业的发展。"冈萨雷斯说。

空客A320系列飞机天津总装线自2008年投产、2009年交付首架飞机以来，至今已经交付约200架飞机，其质量和性能受到中外用户一致好评。根据已经签署的天津总装线二期承诺协议，2016至2025年间，位于天津的空客总装线将提高产能，并开启新机型总装。

（资料来源：中国新闻网，2014年08月12日，http://www.chinanews.com/cj/2014/08－12/6486020.shtml）

## 【本章学习目标】

1. 了解生产运作系统生命周期各阶段及相关决策。
2. 掌握价值链、供应链视角展开生产运作系统结构设计内容。

3. 掌握流程规划设计内容及其方法。

4. 掌握生产运作系统能力规划内容。

5. 了解生产运作技术与工艺管理内容。

## 4.1 生产运作系统结构设计

### 4.1.1 生产运作系统的生命周期

任何生产运作系统的设计与建立，都是基于生产一种产品或提供某种服务的设想。如果设想是可行的，就要调查其可销售性、可生产性、所需资本、预期收益等等，然后作出是否生产这一产品或服务的决策。一旦决策是肯定的，那么，产品的最终形式、工艺方案、平面布置、所需设备、附属设施都要详细规定，设备要选择购买，要完成的工作任务及相应的工作流程和工作方法必须设计，要进行生产、采购、存储和质量控制系统设计，厂房、仓库及附属设施要建设，生产及管理人员要合理配备，然后开始组织生产。在生产系统开始运行时，由于各方面因素的影响，原有设计很可能需要调整，或者重新布局，或者调整人员，或者调整工作流程等。一旦系统正式运行后，要解决的问题就逐渐变成日常性的，整个生产运作系统在运行阶段处于一种稳定阶段。实际上，系统的稳定性是相对的，系统本身要根据整个企业经营战略的总体安排和生产决策而不断地进行调整，系统的运行是一个动态的过程。但是，如果该系统所生产的产品或提供的服务方向发生了根本性的改变，那么该系统的生命将趋于终结。这样，从系统的诞生、运行、调整，一直到系统的终止所经历的阶段称为生产运作系统的生命周期。系统的寿命周期阶段及相关的一些决策和内容如图 4-1 所示。

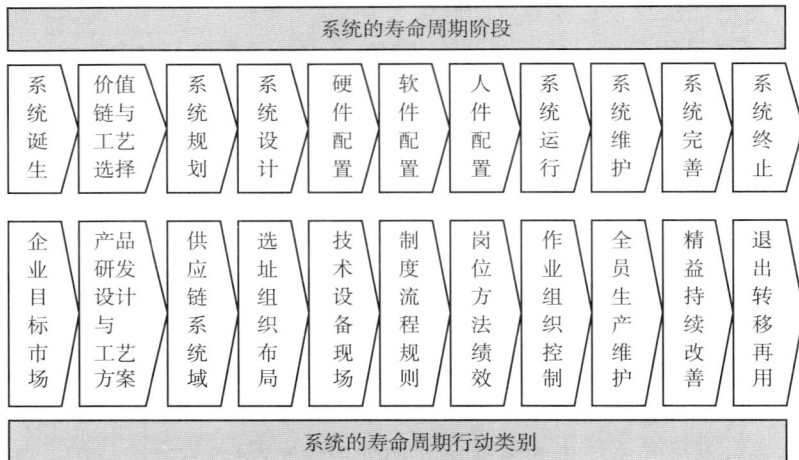

图 4-1　系统寿命周期阶段及相关行动与内容示意图

## 4.1.2 产品价值链构建与生产运作系统设计

从一般意义上讲，生产运作是一切社会组织将它的输入转化为输出的过程，是一个投入一定的资源，经过生产运作系统转换，使其价值增值，最后以某种形式的产出提供给社会的过程。因此，只要是能够创造或增加效用，来满足人们需求的活动，包括物质产品的生产和非物质产品的创造，均属于生产运作活动。组织及其生产运作的职能主要目标是提供顾客认为有价值的产品和服务组合，即顾客价值包（customer benefit package，CBP）。企业通过一系列设施和过程构成的网络［即价值链（value chain）实现顾客价值应该做什么？顾客对有价值的有效形成过程环节的描述］完成上述目标，即价值链是生产运作管理职能的全周期模型（见图 4-2），具体制造业和服务业企业示例如表 4-1 所示。

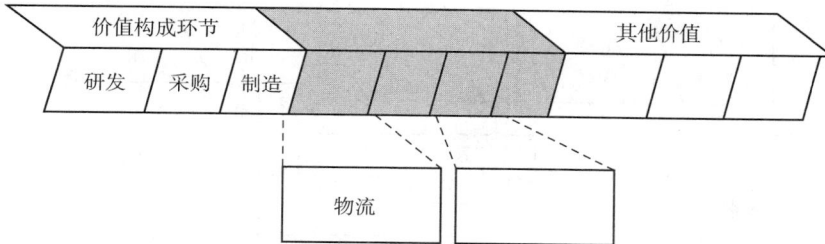

图 4-2 价值链

表 4-1 制造业和服务业价值链示例

| 组织 | 供应商 | 输入 | 转换过程 | 输出 | 顾客和细分市场 |
|---|---|---|---|---|---|
| 汽车装配厂 | 引擎厂 | 劳动力 | 焊接 | 汽车 | 经济用车 |
| | 轮胎厂 | 能源 | 切削 | 货车 | 豪华车 |
| | 车架厂 | 汽车零部件 | 装配 | | 出租车 |
| | 车轴厂 | 规范 | 喷漆 | | 救护车 |
| | 漆料厂 | | | | |
| | 座椅厂 | | | | |
| 航空公司 | 食品供应商 | 飞机 | 飞机维修 | 安全 | 经济 |
| | 燃油供应商 | 劳动力 | 飞行 | 位移 | 奢侈 |
| | 飞行员学校 | 行李或货物 | 行李服务 | 服务 | 私人飞机 |
| | 保险服务商 | 能源 | 机场服务 | 体验 | 商务舱 |
| | 机场服务商 | 维修零部件 | 保险系统 | | 空运货物 |
| | 飞机出租商 | 运营知识 | | | |
| | | 乘客 | | | |

资料来源：科利尔、埃文斯著，马凤才译：《运营管理》，机械工业出版社 2011 年版。

由此看来，生产运作系统的基本功能是产品价值生成系统，产品价值链规划设计及其管理理论对生产运作系统功能设计有重要指导意义。

### 4.1.3 产品供应链配置与生产运作系统结构设计

生产运作系统中的活动包括投入、转换过程、产出三个基本要素，其中伴随着大量的原材料、能源等资源增值流动、流转活动，即产品价值具体实现，或者说谁来做？在哪里做？客观上形成供应链体系，供应链规划设计及其管理理论对生产运作系统结构设计有重要指导意义，如图4-3所示。

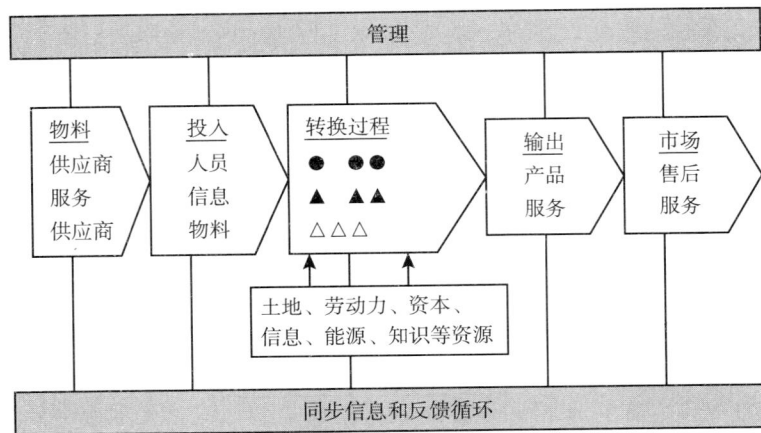

图4-3 生产运作系统与价值链构建

人类生产和生活的必需品，都是从最初的原材料生产、零部件加工、产品装配、分销、零售到最终消费者过程，近几年来还将回收和退货包括进来。这里既有物质材料生产和消费，也有非物质服务的提供和消费。各个生产、流通、交易、消费环节，根据市场要求形成了一个完整的不同性质两种或混合供应链系统，如图4-4、图4-5所示。

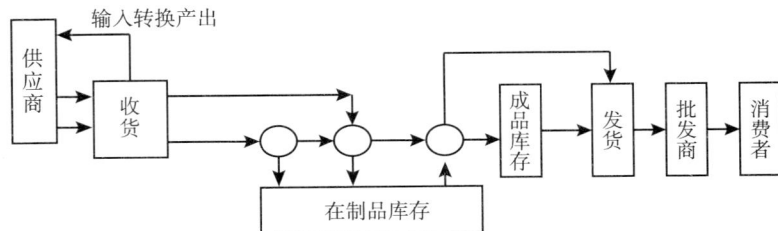

图4-4 生产运作系统投入、转换过程、产出主要环节与要素

制造商推动的供应链：集成度低、需求变化大、缓冲库存量高

用户拉动的供应链：集成度高、数据交换迅速、缓冲库存量低、快速反应

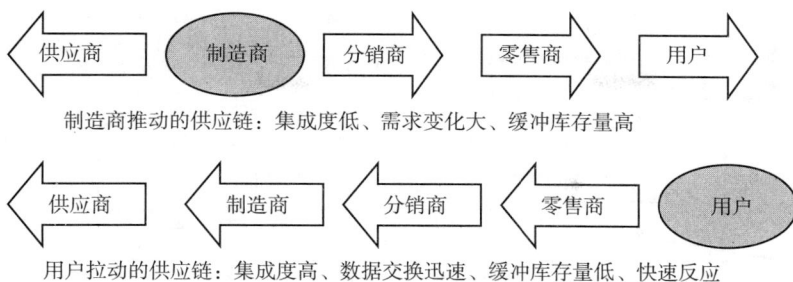

图 4-5　两种不同性质供应链系统

## 4.2　生产运作流程规划与设计

### 4.2.1　生产运作流程及其构成

1. 生产运作流程构成

价值链、供应链方法有效解决了生产运作系统规划设计中的做什么、谁来做、在哪里做的问题，流程规划与设计解决如何做问题。面向生产运作职能的流程规划与设计内容包含：基本业务流程规划设计、流程环节单元任务设计、任务环节作业设计、作业环节操作设计、操作环节工序或动作设计，以及上述设计关联的资源要素配置安排，上述部分详细内容在后续工作设计有叙述。

流程规划与设计具体内容是按照层次展开设计的，上下彼此是节点展开，不同层次节点单位粒度不同，实施环境和总体不同，如图 4-6 所示。基本业务流程设计是面向企业或部门的，流程环节单元任务设计是面向部门或岗位的，任务环节作业设计是面向岗位或工作中心或个人的，作业环节操作设计是面向工作中心或个人的，操作环节工序或动作设计是面向个人的，具体工具见表 4-2。

2. 组织生产运作过程的基本要求

组织生产运作过程是企业内部的工作，但它也必须与外界需求相适应。生产运作过程是一个创造价值的过程，其首要基本要求是通过生产过程发生的一系列转化过程是一个增值过程。生产运作过程的创造价值是产品价值的重要组成部分，因此有效性体现在成本、质量、速度等方面，生产过程中发生一切成本是否比对手低，生产产品质量是否达到客户要求，速度与柔性是否形成对市场竞争支持。对生产运作过程从技术和管理各方面的优化，控制不同层次的持续改善活动，从保持连续性、比例性、平行性、均衡性（节奏性）与准时性等方面入手，使生产运作过程成为企业竞争力的重要源泉之一。

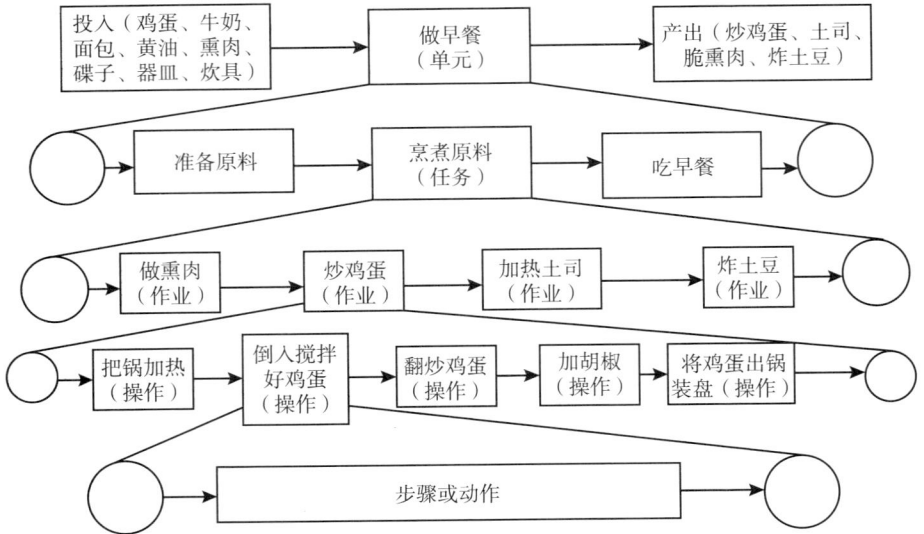

图 4-6　生产运作流程各个层次视图

表 4-2　　　　　　　　　　　　　生产运作流程各个层次设计部分工具

| | 图示工具 | 表格工具 | 提问工具 | 改善工具 | 分析工具 | 要素配置 |
|---|---|---|---|---|---|---|
| 流程中单元设计 | 流程图 | 流程清单 | 5W2H | ECRSIA | 价值流图 | 时量本分析 |
| 单元中任务设计 | 序列图 | 任务列表 | 5W2H | ECRSIA | 工作分解 | 时量本分析 |
| 任务中作业设计 | 作业图 | 作业描述 | 5W2H | ECRSIA | 人、机分析 | 时量本分析 |
| 作业中操作设计 | 操作图 | 操作规范 | 5W2H | ECRSIA | 双手分析 | 时量本分析 |
| 操作中动作设计 | 动作图 | 动作要领 | 5W2H | ECRSIA | 动作分析 | 时量本分析 |

### 3. 生产运作流程规划设计内容及其工具

就制造业而言，产品的生产运作过程是指从原材料投入到成品出产的全过程，通常包括工艺过程、检验过程、运输过程、等待停歇过程和自然过程。

工艺过程是生产过程的最基本部分；检验和运输过程也是必不可少的，但应该尽可能缩短；等待停歇过程如属于制度规定，则是合理的，若由于组织管理不善造成，则应该消除；自然过程，如冷却、干燥、发酵、时效，是技术上要求的，是不可免的。

不论哪一类生产运作过程，其组成可按其在生产运作阶段中的不同作用，分为生产运作技术准备过程、基本生产过程、辅助生产过程和生产服务过程。上述四部分既有区别，又有联系，核心是基本生产过程，它是企业生产过程中不可缺少的部分，其他部分则可根据具体情况（如生产规模大小、管理体制、专业化程度等），或包括在企业的生产过程之中，或由独立的专门单位来完成。例如生产技术准备过程可由公司、总厂的研究所、设计单位来完成，也可由社会上其他专业单位来完成；动力生产、工具制造、设备修理可由专门的协作工厂来完成；分析化验、运输等工作可由专门的生产服务部门（如化验站、运输公司）来完成。随着社会专业化协作水平的提高，企业的生产过程将趋向简化，企业之间的协作联系将日益密切。

基本生产过程按照工艺加工的性质，可划分为若干相互联系的生产阶段（局部生产过程）。如机械制造企业的基本生产过程，一般分为三个工艺阶段，即准备阶段、加工阶段和装配阶段。准备阶段主要是采用铸造、锻造、调直下料等工艺方法，为加工阶段提供毛坯和材料。加工阶段主要是采用机械加工、冲压、铆焊、热处理、电镀等工艺方法，为装配阶段提供各种合格的零件。装配阶段是将各种零件装配成部件、成品。

每个生产阶段又可按劳动分工和使用的设备、工具，划分为不同的工种和工序。工序是组成生产过程的基本单位。组织生产过程就是要合理地安排工序，组织好各工序之间的协作配合。工序是指一个或几个工人，在一个工作地上对一个（或几个）劳动对象连续进行的生产活动。工作地是工人使用劳动工具对劳动对象进行生产活动的地点。它是由一定的场地面积、机器设备和辅助工具组成的。在生产过程中，一件或一批相同的劳动对象，顺序地经过许多工作地，这时，在每一个工作地内连续进行的生产活动就是一道工序。超出了一个工作地的范围，那就是另一道工序了。如果劳动对象固定在工作地上不移动，而由不同工种的工人顺序地对它进行加工，这时，每一个或一组工人在这个工作地上连续进行的生产活动，就是一道工序。

工序按其作用可分为：工艺工序、检验工序、运输工序。工艺工序是使劳动对象发生物理或化学变化的工序；检验工序是对原材料、半成品和成品的质量进行检验的工序；运输工序是在工艺工序之间、工艺工序与检验工序之间运送劳动对象的工序。

工序的划分对于组织生产过程、制定劳动定额、配备工人、检验质量和编制生产作业计划等工作有着重要的影响。工艺工序的划分，主要取决于生产技术的要求，应按照采用的工艺方法和机器设备来划分工序，不要把采用不同工艺方法、不同机器设备的生产活动划为同一道工序。在工艺方法相同的情况下，工序的划分主要考虑劳动分工和提高劳动生产率的要求。在大量大批生产条件下，劳动分工比较细，工序划分就应细一些，这样有利于提高劳动生产率和组织平行作业。在单件小批生产条件下，劳动分工不宜太细，工序划分就相应要粗一些，以免造成工人、设备的负荷不足和增加管理工作的复杂性。

## 4.2.2　生产运作过程时间组织

生产运作过程组织的重要目标之一，就是要节约时间，提高时间利用率。为了合理地组织并有节奏地进行生产，提高劳动生产率，缩短生产周期，减少资金占用量，不但要求生产过程的各个组成部分在空间上的密切配合，合理布局，而且还要求在时间上的相互衔接，保证生产过程不间断进行。

生产运作过程的时间组织，主要是研究劳动对象在工序间的移动方式。劳动对象在工序间的移动方式是指零部件从一个工作地到另一个工作地之间的运送形式。如果制造的产品只有一件，那么就只能加工完一道工序之后，再把零部件送到下一个工作地去加工下一道工序；如果加工的不是一件而是一批产品，那么就可以采用三种不同的移动方式。

### 1. 顺序移动方式

顺序移动方式的特点是整批移动，即一批零部件在上道工序全部加工完了以后，才转移到下道工序去进行加工。这种方式的特点是生产过程的时间很长。例如：某批零件的批量 n = 4，有 4 道工序，各工序的单间作业时间分别是，$t_1 = 10$ 分钟，$t_2 = 5$ 分钟，$t_3 = 12$ 分钟，$t_4 = 7$ 分钟，如图 4 - 7 所示。

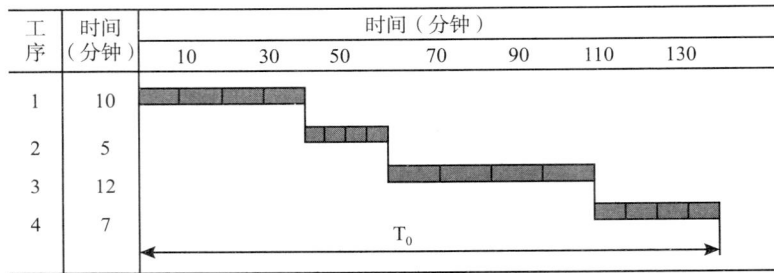

图 4 - 7　顺序移动方式示意图

在顺序移动方式下，加工时间长度与每批零部件个数和每个零部件在一道工序上的加工时间成正比例。假设该批零件在生产工序之间无停放等待时间，工序间的运送时间忽略不计，则顺序移动方式条件下的加工时间，可按下列公式计算：

$$T_0 = nt_1 + nt_2 + \cdots + nt_m = n \sum_{i=1}^{m} t_i$$

式中：$T_0$——顺序移动方式的加工周期；

　　　　n——批量；

　　　　$t_i$——零件在第 i 工序的单件工时；

　　　　m——工序数目。

在上例中，加工该批零件所需时间为：

$T_0 = 4 \times (10 + 5 + 12 + 7) = 136$（分钟）

顺序移动方式由于是整批加工，组织和计划工作相对比较简单，能保证工序内加工过程连续性，有利于减少设备调整时间，提高设备利用率。同时，整批运送，管理与运输方便。但是，因各道工序加工不存在平行或交叉作业现象，时间没有重叠，故加工周期最长，资金周转慢。这种方式适用于批量小，单件工序时间短、重量轻的零件，以及用工艺专业化原则组建的生产单位。

## 2. 平行移动方式

平行移动方式的特点是单件移动，即一批零部件在一道工序加工完了一个零件以后，立即转移到下道工序去进行加工。这样，一批零部件在各道工序上的加工时间是平行的，如图 4 - 8 所示。

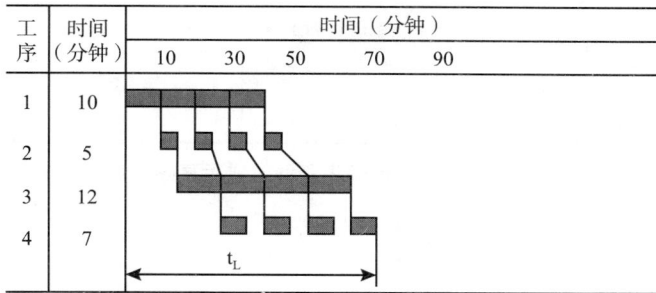

| 工序 | 时间（分钟） | 时间（分钟） | | | | |
|---|---|---|---|---|---|---|
| | | 10 | 30 | 50 | 70 | 90 |
| 1 | 10 | | | | | |
| 2 | 5 | | | | | |
| 3 | 12 | | | | | |
| 4 | 7 | | $t_L$ | | | |

图 4 - 8　平行移动方式示意图

在平行移动方式的条件下，每批零部件的加工时间，可以按下列公式来计算：

$$T_p = \sum_{i=1}^{m} t_i + (n - 1)t_L$$

式中：$T_p$——平行移动方式的加工周期；

$t_L$——最长的单件工序时间。

将上例的单件工序时间代入上式，可求得 $T_p$ 为：

$T_p = (10 + 5 + 12 + 7) + (4 - 1) \times 12 = 70$（分钟）

平行移动方式使多道工序同时对一批零件进行加工，故生产周期最短，但是运输工作量大。而且在前后工序生产效率不同时，会出现设备停歇或等待加工现象，也就是说当各单件工序时间不相等时，时间较短的工序会出现加工中断现象，而时间较长的工序会出现零件等待加工现象。当工序时间相等时，则设备可连续进行生产。

一般情况下，这种方式适用于批量大、单件加工时间长、重量较大的零件或赶急件时，以及用对象专业化原则组建的生产单位。

但是，由于必须使各道工序时间长短划一（时间一致），所以在实际工作中除流水生产以外，就很少可能采用平行移动方式。而采用平行顺序移动方式，能够克服上述缺点。

## 3. 平行顺序移动方式

平行顺序移动方式的特点是将前两种方式结合起来，存长避短。具体来讲，产品在加工过程中的移动既不是整批移动，也不是单纯的单件移动，而是在保证每批零部件在一道工序上是连续加工的，没有停顿时间，并要使各道工序的加工尽量做到平行，如图4-9所示。

| 工序 | 时间（分钟） | 时间（分钟）10　30　50　70　90 |
|------|------------|--------------------------------|
| 1 | 10 | |
| 2 | 5 | |
| 3 | 12 | |
| 4 | 7 | |

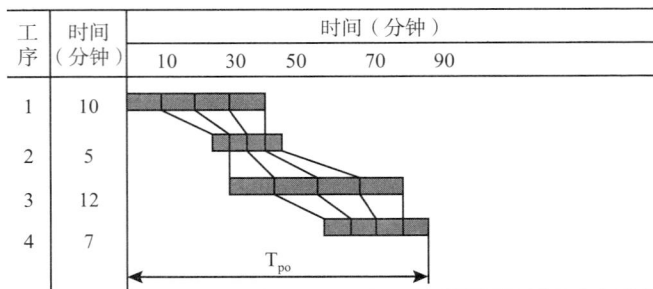

图4-9　平行顺序移动方式示意图

平行顺序移动方式的加工周期为：

$$T_{po} = n \sum_{i=1}^{m} t_i - (n-1) \sum_{i=1}^{m-1} t_{si}$$

式中：$T_{po}$——平行顺序移动方式的加工周期；

$t_{sj}$——每相邻两工序中较短的单件工序时间。

将上例单件工序时间代入上式，可求得 $T_{po}$ 为：

$T_{po} = 4 \times (10+5+12+7) - (4-1) \times (5+5+7) = 85$（分钟）

显然，这种方式既吸收了前两种方式的优点，保证工序内加工不中断，使多道工序能同时对一批零件进行加工，又把平行移动方式中，工作地出现的零碎、间断时间集中起来，便于充分利用。但在移动过程中，每次向下工序转移的零件数量和时间各不相同，管理比较复杂。批量大、单件工序时间长的零件，以及用对象专业化原则组建的生产单位宜采用这种方式。

上述三种移动方式，是产品加工或服务过程中组织工序在时间上衔接的三种基本方式，实际生产要复杂得多。从生产周期看，平行移动方式的生产服务周期最短，平行顺序移动方式次之，顺序移动方式最长；在设备利用方面，在平行移动时生产率高的工序可能会出现停顿现象；在组织管理上，平行顺序移动方式最为复杂。

三种移动方式各有其优缺点，在选择采用时，应结合具体条件来考虑。一般要考虑的因素主要是：①生产运作类型：单件小批，宜采用顺序移动方式；大量大批，特别是组织流水线生产时宜采用平行顺序移动方式或平行移动方式。②生产任务缓急情况：对于濒临交货期或其他紧急任务，为赶时间，可采用平行移动方式或平行顺序移动方式。③生产单位专业化形式：按对象原则组建的生产单位，宜采用平行移动方式或平行顺序移动方式；按工艺原则组建的生产单位，宜采用顺序移动方式。④工序劳动量的大小：零部件加工时间短，可采用顺序移动方式；而零部件加工时间长，为减少资金占用可采用平行顺序移动方式或平行移动方式。⑤设备调整工作量大小：在改变加工对象时，如设备调整劳动量较大，应考虑采用顺序或平行顺序移动方式；反之，则可采用平行移动方式。

### 4.2.3　流水生产过程组织

流水生产方式产生于 20 世纪 20 年代的美国福特汽车公司。1913 年，福特在泰勒科学管理的基础上，通过标准化将分工理论应用到极限，首创汽车装配流水线，使生产效率大大提高。采用流水线，可以使用专用的设备和工具，提高工作效率，改善产品质量，可以减少在制品，缩短生产周期，取得专业化生产的经济效益。因此，它是一种先进的生产组织形式。

**1. 流水线生产的特征**

流水线就是劳动对象按照既定的工艺路线和速度，从一台设备到另一台设备，从一个工作地到另一个工作地，似流水般地完成每道工序的加工任务并出产产品的生产组织形式。典型的流水线具有以下特征：

（1）工作地的专业化程度很高。流水线上的作业分工很细，组成流水线的各种工作地都固定地做一道或少数几道工序，工作地的专业化程度很高；

（2）工艺过程相对封闭。流水线是按对象原则组建，在流水线上，劳动对象的加工过程是连续不断进行的，不必跨越其他生产单位就可完成全部或大部分加工；

（3）流水线上各工序（各工作地）的加工时间之间，规定着相等的关系或倍数的关系；

（4）按照规定的时间间隔或节拍出产产品。

**2. 组织流水线生产的条件分析**

流水线是一种先进的生产组织形式，能够使生产过程较好地符合连续性、比例性、平行性及均衡性的要求，而且由于专业化生产，广泛地采用专用设备、工艺装备和机械化的运输装置，有着很高的生产效率，在市场需求状况较好的情况下，可以取得较好的生产效益。但是，流水线的最大缺陷是不够灵活，且投资较大。所以，在采用流水线这种生产组织形式的时候，一定要进行可行性分析，从技术和经济等方面全面分析权衡，以便正确选择和确定流水线生产的加工对象和具体形式。一般情况下，采用任何形式的流水线，都应该具备一定的先决条件。这些条件是：

（1）零部件和产品的产量相当大；

（2）工艺过程可以根据需要进行适当的分解和合并；

（3）产品设计应具有良好的结构工艺性；

（4）必要的厂房条件。

此外，还要求流水线生产所需的原材料、外协件必须是标准化、规格化的，并能保证供应；对设备进行综合管理，保证机器设备经常处于完好状态；质量管理工作必须符合标准和要求，产品检验能随生产在流水线上进行，等等。

### 3. 单一品种流水线的组织设计

单一品种流水线是最基本的一种流水生产方式，多对象流水线生产方式是在此基础上发展起来的。虽然目前中小批量生产已成为主流，实际运转的单一品种流水线已不多见，但它的组织设计原理与方法是设计多品种流水线的基础。整个设计过程为：

（1）确定流水线的节拍和节奏。

节拍是流水线的基础参数，是指流水线上连续出产前后两件产品的时间间隔。它表明了流水线的生产速度，规定了流水线的生产能力，也是流水线其他一切设计计算的出发点。

$$节拍 = \frac{计划期有效工作时间}{计划期产量}$$

如果计算出来的节拍数值很小，同时零部件的体积也很小，不便于单件运输，需要按运送批量来运输，那么还要计算流水线的节奏。

$$节奏 = 节拍 \times 运送批量$$

（2）组织工序的同期化（同步化）。

所谓工序同期化是指通过技术或组织措施来调整流水线各工序时间，使它们等于流水线节拍或者与节拍成整数倍比关系。可见，工序同期化是提高设备负荷，提高劳动生产率和缩短产品生产周期的重要手段，它也是组织连续流水线的必要条件。

在机械加工工序上，可以通过提高设备机械化水平、采用高效率的工艺装备、改进操作方法、提高工人技术熟练程度、改进工作地布置等措施来提高工序同步化程度；在手工装配工序上，主要是通过分解与合并某些工序、合理调配工人、改进装配工艺等措施来提高同步化程度。

（3）计算和确定流水线上的设备（工作地）数量。

计算设备需要数是按每道工序分别计算的。

$$某工序设备需要数 = \frac{工序单间时间}{节拍}$$

（4）计算设备的负荷率和流水线的总负荷率。

$$设备的负荷率 = \frac{计算的设备需要数}{实际采用的设备数}$$

在流水线中，机床的平均负荷率不应低于 0.75（手工为主的流水线应不低于 0.85）。如果负荷率太低，则表明不适于采用流水线。

（5）计算和配备工人。

在机械化生产中，流水线所需的工人人数的确定，要考虑工人同时看管的设备数及是否需要配备后备工人。

$$流水线配备的总人数 = (1 + 后备工人百分比) \times \sum \frac{某工序实际采用设备数 \times 工作班次}{某工序看管定额}$$

在以手工作业和使用手工工具为主的流水线上，每个工作地需要的工人人数可按下式计算：

　　　　某工序需要的工人数 = 工作地上同时工作的工人数 × 工作班次

整个流水线配备的总人数就是所有工作地人数之和。

（6）选择运输装置。

流水线上采用的移动运输装置种类很多，常用的运输装置有传送带、传送链、滚道、重力滑道、各种运输车辆等。选取何种形式的运输装置既要考虑产品形式、尺寸、重量、精度要求，又要考虑流水线的类型和实现节拍的方法。在连续流水线上必须采用机械化的运输装置，如传送带。间断流水线在选用运输工具时，要考虑在制品的储存问题。当运输装置采用传送带时，要确定传送带的长度和速度。

传送带的长度可按下列公式计算：

　　传送带的长度 = 2（流水线上各工作地长度之和）+ 技术上需要的长度

工作地长度包括工作地本身的长度和相邻两个工作地之间的距离。传送带的速度与移动方式有关，当传送带采用连续移动方式时，可用下式计算：

$$传送带的速度 = \frac{流水线上两件产品的中心距离（米）}{节拍（分）}$$

当传送带采用脉动移动方式时，即每隔一个节拍（或节奏）往前移动一次，每次移动的距离等于两件制品间的中心距离。

（7）进行流水线的平面布置。

平面布置应当有利于工人操作，零部件的运输路线最短，流水线之间合理的衔接，以及有效地利用生产面积等。流水线的形状有直线形、L形、U形、E形、环形和S形等。直线形用于工序及工作地较少的情况，当工序或工作地数较多时，可采用双行直线排列，或采用L形、U形、S形等。E形一般用于零部件加工和部件装配结合的情况。环形在工序循环重复时采用。流水线上工作地排列要符合工艺路线顺序，整个流水线布置要符合产品总流向，以尽可能缩短运输路线，减少运输工作量。

# 4.3　生产运作系统能力规划

## 4.3.1　生产运作能力及其种类

### 1. 生产运作能力

企业的生产运作能力（production and operation ability）是指在计划期内，企业参与生产的全部固定资产，在既定的技术组织条件下，可能生产或提供的一定种类和一定质量的产品的最大数量，或者能够加工处理一定原材料的数量。它是反映企业加工或作业能力的技术参数，同时也反映企业的生产或服务规模。生产运作能力是否与市场需求相适应是每个企业主管所关心的问题，需求旺盛时要考虑增加生产运作能力以满足需求增加；需求不足时要考虑缩小规模，避免能力过剩，以尽可能减少损失。

### 2. 生产运作能力种类

根据核算生产运作能力所依据的条件和用途不同，企业的生产运作能力可分为三种。

（1）设计能力。

设计能力是企业设计任务书和技术设计文件中所规定的生产运作能力，它是生产或服务性固定资产在最充分利用工作时间和最完善技术组织条件下应达到的最大生产或服务能力。企业建成投入运营后一般要经过一段时间才能逐步达到设计能力。

（2）查定能力。

查定能力是指企业在没有设计能力资料，或者虽然有设计能力资料，但企业由于生产或服务方案、协作关系和技术组织条件已经发生了很大的变化，而原有设计能力不能反映实际情况时，由企业重新调查核定的生产或服务能力。查定生产运作能力时，应以现有固定资产等条件为依据，并考虑采取各种技术组织措施或者进行技术改造后，在提高生产运作能力方面取得的效果。

（3）计划能力。

计划能力即现有能力，是指企业在计划年度内依据现有生产或服务技术条件，并考虑到能够实现的各种技术组织措施效果而计算出的实际能达到的生产运作能力。

上述三种生产运作能力指标，有着各自不同的用途和特点，主要表现在：

它们计算所依据的定额基础不同。设计能力和查定能力是根据先进的定额水平计算和查定的，计划能力是根据平均先进定额水平核定计算的。

它们的作用不同。设计能力和查定能力是说明企业所拥有的潜力，是经过一定时间所能达到的最大可能的生产运作能力，主要用做编制企业长远规划的依据；而计划能力只表明目前企业生产能力水平，用以编制中短期计划。

它们查定和核算的时间长短也不相同。查定能力一般是两三年查定一次，而计划能力在每次编制计划时都要进行一次核算。在同一年度内进行生产运作能力查定和计划能力核算工作，其结果数值也不会相同，查定能力应大于计划能力。

## 4.3.2 影响生产运作能力的因素

企业生产运作能力的大小，受许多技术经济因素的影响，如产品品种或服务项目的多少，产品结构的复杂程度，质量要求，零部件或作业标准化、通用化水平，机器设备的数量、性能、状况、组成和利用程度，有效生产面积的大小，工艺方法和专业化程度以及生产组织和劳动组织形式，员工业务技术水平和劳动积极性等。这些因素归纳起来，即决定生产运作能力的四个基本因素：

## 1. 生产运作中固定资产的数量

生产中固定资产的数量通常指机器设备和生产面积。计算生产能力的设备数量是指企业拥有的全部能够用于生产的机器设备数，包括现有的全部能用于生产的设备，不论是运转的、待修的、正在修理的、已到厂尚待安装的，还是因为任务不足而暂停使用的，但不包括规定为备用的设备、已批准决定封存报废的设备以及出租或变价转让的设备。生产面积包括厂房、其他生产用建筑物和场地的面积，一切非生产用房屋面积和场地，都不应列入生产能力计算范围。

## 2. 固定资产的工作时间

固定资产的工作时间指有效工作时间，与企业规定的工作班次、轮班工作时间、全年工作日数、设备计划预修制度以及轮班内工人的休息制度直接相关。在连续生产的条件下，则按全年日历天数，每日三班，每班 8 小时计算。在间断生产条件下，则从日历时间中扣除节假日，每日工作两班，再扣除设备因计划修理所需必要的停工时间。季节性生产企业的有效工作时间应按全年可能的生产天数计算。

## 3. 固定资产的生产效率

固定资产的生产运作效率指单位设备的产量定额或单位产品的台时定额。生产率定额受产品品种构成、产品结构、质量要求、加工工艺方法、员工业务技术水平等一系列因素的影响，因此是决定生产运作能力的三个因素中最易变化，而且变化幅度最大的因素。计算生产运作能力时所用的定额，应充分反映先进的技术因素和组织因素。

## 4. 服务业服务能力的特殊性

服务业的服务能力与制造业的生产能力受许多相同因素的影响，但也有许多差别。服务能力对服务时间和服务场所的依赖性更大，复杂多变的服务需求以及服务设施的利用率也在很大程度上影响着服务质量。

（1）时间方面：不同于制造业产品，服务不能够为以后的使用而储存起来，而必须在需要服务的那一刻及时提供。例如某次航班已经满员，航空公司不可能告诉前来搭机的顾客给他安排了上次航班中空余的座位。

（2）场所方面：在制造业中，企业可以在一个地方生产，然后将成品送到远方客户的手中。而在大多数的服务业中，服务能力必须存在于顾客周围，然后才可能发生服务活动。例如一座城市里的出租车或旅馆对另一座城市中的人们来说几乎没有立即服务的可能。

（3）需求的多变性方面：服务业面临比制造业多得多的需求改变，原因主要有三点。一是由于服务不能储存，服务业不可能像制造业那样用库存满足需求；二是服务业面对大量个性化的客户需求，这就出现了服务能力最小是多少的问题；三是对服务的需求量受顾客行为的影响，而顾客的行为受太多不定因素的左右。正是由于需求的多变性，服务业的部门需要在很短的时间内，如 20～30 分钟，做好合理可行的能力计划，以应付突然变化的需求水平。相对来说，制造业产品的需求变化就平稳得多。

### 4.3.3　生产运作能力核定

对于流程式生产运作，生产运作能力是一个比较准确和清晰的概念，生产运作能力就用出产的产品数量表示，如发电厂发了多少千瓦时的电，炼油厂出产了多少吨的油等。面对加工装配式的生产，不同的产品组合，表现出的生产运作能力不一样。大量生产，品种单一，可用具体产品数表示生产运作能力；对于成批生产，品种数少，可用代表产品法计算生产运作能力；对于多品种生产则只能用假定产品表示生产运作能力。

1. 制造业单一品种生产运作能力的核定

当设备组生产单一品种时，生产能力可用产品实物量表示：

$$\text{设备组生产运作能力} = \text{设备数量} \times \text{单位设备有效工作时间} \times \text{单位设备产量定额}$$

或，

$$\text{设备组生产运作能力} = \text{设备台数} \times \text{单位设备有效工作时间} \Big/ \text{单位产品台时定额}$$

在生产运作能力主要决定于生产面积时，则：

$$\text{生产面积的生产运作能力} = \text{生产面积数量} \times \text{生产面积利用时间} \times \text{单位时间单位面积的产量定额}$$

或，生产面积的生产运作能力＝生产面积数量×生产面积利用时间/单位产品占用生产面积时间

在核定流水生产的生产运作能力时，按流水线的有效工作时间和节拍计算，即：

$$\text{流水线的生产运作能力} = \text{流水生产线有效工作时间} / \text{节拍}$$

2. 制造业多品种生产条件下生产运作能力核定

（1）代表产品法。在多品种生产企业中，从结构、工艺和劳动量构成相似的产品中选出代表产品，以生产代表产品的时间定额和产量定额来计算生产能力，即将多品种换算为单一品种。代表产品一般选择代表企业方向，在结构工艺相似的多品种系列产品中，选择产量与劳动量乘积最大的产品。

（2）假定产品法。假定产品是实际上并不存在的产品，只是为了结构与工艺差异较大的产品在计算生产能力时有一个统一的计量单位。假定产品工时定额的计算方法是：

$$t_j = \Big( \sum_{i=1}^{n} t_i \cdot Q_t \Big) \Big/ \sum_{i=1}^{n} Q_i$$

式中：$t_j$ 为假定产品的工时定额；

$t_i$ 为产品 i 的工时定额；

$Q_i$ 为产品 i 的产量。

## 3. 制造业生产任务与生产运作能力的平衡

在编制生产计划时，要进行生产任务与生产运作能力之间的平衡，以检查生产运作能力同生产任务是否相适应，了解生产运作能力对完成生产任务的保证程度和生产运作能力的利用程度。生产任务与生产运作能力平衡方法有产量平衡法和台时平衡法两种。

（1）产量平衡法。以产量单位为计算单位进行生产运作能力和生产任务的试算平衡。假设以 B 为代表产品的车床组生产运作能力为 2 203 台，生产任务换算成 B 产品的产量为 1 720 台，生产运作能力大于计划任务，表示能力有富余，可适当增加负荷。

（2）台时平衡法。以台时为计算单位进行生产运作能力和生产任务的计算平衡。首先计算为完成生产计划所需的设备组台时数：

$$T_j = \left( \sum_{i=1}^{n} Q_i \cdot t_{ij} \right)(1 + r)$$

式中：$T_j$ 为完成生产任务所需的 j 设备组的台时数；

　　　$Q_i$ 为产品 i 的计划产量；

　　　$t_{ij}$ 为单位产品 i 在 j 设备组加工的计划台时；

　　　r 为考虑补偿废品的台时损失系数。

其次计算设备组的年有效台时数：

$$T_j^0 = Fe \cdot S \cdot (1 - \alpha)$$

式中：$T_j^0$ 为设备组 j 年有效台时；

　　　Fe 为设备组 j 的单台设备年有效工作小时数；

　　　S 为设备组 j 的设备台数；

　　　$\alpha$ 为设备停修率。

最后计算出设备组的生产运作能力利用系数 K：

$$K = T_j / T_j^0$$

当 K < 1 时，生产能力有富余；

K = 1 时，生产能力与任务平衡；

K > 1 时，生产能力不足。

前两种情况说明完成任务有保证，计划是落实的；后一种情况说明生产任务尚未不落实，必须采取具体措施，提高生产运作能力或修改计划任务。

### 4.3.4　生产运作能力管理[①]

## 1. 长期生产运作能力决策

（1）能力互补。在制定一项长期产能规划时，一家公司必须在产能成本和没

---

① 科利尔、埃文斯著，马风才译：《运营管理》，机械工业出版社 2011 年版。

有足够产能的机会成本之间作出基本的经济平衡。产能成本包括设施设备的初期投资以及运营维修保养的年度成本。没有足够产能的成本就是由于销量损失和市场份额减少而造成的机会损失。

长期产能规则必须紧密地同组织的战略相联系，即结合要提供什么产品和服务。例如，许多产品和服务都是季节性的，淡季会造成产能过剩。许多公司提供互补产品和服务，这些产品和服务是使用同样的公司可用资源进行生产或交付，但是它们的季节性需求模式互不相同。互补产品或服务平衡了季节性需求周期，从而利用了超量的可用产能。例如，割草机的需求在春夏最高。为了平衡制造产能，厂商就可以在秋天生产落叶吹风机和吸尘机，冬天生产吹雪机。

（2）能力扩充。产能需要很少是不变的，市场和产品线以及竞争的改变都将最终导致公司规划增加或减少长期产能。这样的策略需要确定数量、掌握时机以及确定产能改变的形式。为了说明产能扩充决策，让我们来做两个假设：一是产能是一次增加或逐渐增加；二是需求稳定增长。

在某固定时间范围内扩充产能的4个基本策略显示在图4-10中（这些概念还可以应用到产能缩减中）：

①一次大量产能增加（如图4-10（a））；

②配合平均需求的少量产能增加（图4-10（b））；

③超前需求的少量产能增加（图4-10（c））；

④迟于需求的少量产能增加（图4-10（d））。

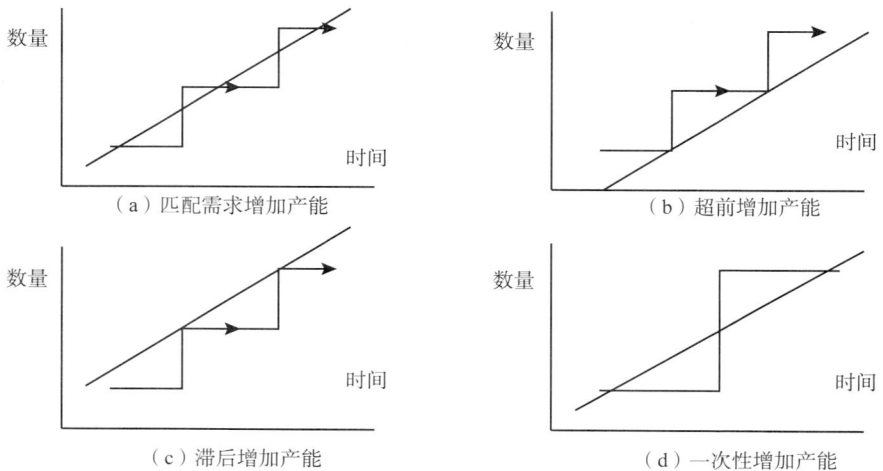

图4-10　产能扩大4种情况示意图

图4-10（a）说明了尽可能地把产能增加同需求相配合的策略。这通常被称作产能跨越战略。当产能高于需求曲线时，公司就有过量的产能；当低于需求曲线时，就出现产能短缺。在这种情况下，会有短期的资源过量或资源利用不充分。

图4-10（b）显示了一种保持足够产能的扩充策略。在这种策略下，很少

有不能满足需求的情况发生。在此，产能扩充领先于需求，因此被称作产能引导战略。因为总是存在过量的产能，所以要提供满足来自大订单或新顾客的未预期需求的安全产能。

图 4 - 10（c）说明了一种产能滞后的策略，会产生持续的产能短缺。这种策略会一直等待需求增长到一个需要额外产能的水平时再扩充。需要很少的投少，产能利用率更高，因此有一个更高的投资回报率。然而，它会由于加班、分包导致顾客满意度下降，进而造成生产力下降，减少长期利润。在长期运营中，这种策略会导致部分市场的永久损失。

最后，图 4 - 10（d）中的策略涉及产能在一段具体时期内一次大的增长。一次大的产能增长的优点在于施工和运营系统设置所需的固定成本只会发生一次，因而公司将这些成本分摊到一个大的工程中。但是这种方法也有一些缺点。该公司在进行大规模产能扩充时，未必能获得大量资金。还要注意如果总需求呈现稳步增大，设施在一段时间内就不会得到充分利用，因为产能水平只在时间跨度末期进行了规划。其他确定的因素包括新的和未预料到的产品和技术、政府政策以及其他可能改变产能需求和加工能力的因素。备选方案就是逐步扩充产能，见图 4 - 10（b）、图 4 - 10（c）和图 4 - 10（d）。

### 2. 短期生产运作能力管理

（1）短期产能弹性与柔性调整。

如果短期需求很稳定，同时有足够的产能，那么为满足需求而实行运营管理就很简单了。但是，当需求波动高于或低于有效产能水平时，如图 4 - 10 中说明的，公司就有两种基本的选择。第一，他们可以通过改变内部资源和能力，调整产能来适应需求的改变。第二，通过转移和刺激需求来管理产能。

当短期需求超过产能时，公司必须增加其短期产能，否则就不能满足所有需求。同样的，如果需求降低到产能水平以下，那么闲置资源就会减少利益。短期产能调整可以通过以下几种方式进行。

①增加或共享设备。由于高额的资本费用，受机器和设备可用性所限制的产能水平在短期运营中更难改变。但是，可以根据需要租赁设备完成，更具成本效益。另一个方法就是通过创新的合作关系安排以及产能共享。例如，每一家医院都不可能承担所有昂贵的专用仪器的采购。但是几家医院可以成立一个联盟，每一家都集中于一个专科并共享服务。

②出售闲置的产能。那些很难减少的固定资产在低需求时期会消耗利润。一些公司可能会把类似电脑存储空间和运算能力的闲置产能出售给外来买家甚至是竞争对手。例如，旅馆通常要发展合作伙伴关系，当竞争对手预约超额时为其顾客提供住宿。

③改变劳动力产能和调度。劳动产能通常通过短期改变劳动水平和调度可以很容易实现。加班、加点、临时工以及外包都是增加产能的常用方式。调整劳动力配置，更好地符合需求模式是另一种方式。例如，医院和呼叫中心根据不同时

段都在改变的需求预测，创立了每天的工作时间表。许多快餐厅聘请了大量兼职人员，他们各自工作时间表都不同。

④改变劳动技能搭配。聘请合适的人员，可以很快学会并针对不断变化的工作要求作出调整，对其进行交叉培训执行不同的任务，这些都为了满足波动性的需求提供了可行性。以超市为例，对于工人来说繁忙的时候从事收银的工作，不忙时就帮助整理货架。

⑤把工作转移到空闲时段。另一个策略就是把工作转移到空闲时段。例如，旅馆职员可以在登记和结账的客人比较少的晚上，准备票据并进行别的书面工作。这使他们在白天有更多的时间来服务顾客。制造商往往在淡季建立库存，为高峰期保存产品。

（2）通过延迟或刺激需求管理产能。

影响顾客将需求从产能不足的时期转移到产能过量的时期，有以下一些常用方法。

①改变产品或服务价格。改变价格是影响需求的一个最有力的方法。例如，旅馆可以提供最后一分钟特价房，以填补空房间；航空公司可以在星期三这样的非高峰提供最好的价位；餐厅在晚上 9 点以后半价刺激需求；电影院日场提供最便宜的电影票。类似的，厂商一般会在进货过多时利用销售折扣来刺激需求，平衡生产进度以及人员需求，同时减少库存。

②提供顾客信息。例如许多呼叫中心，在给顾客的票据上附送注释，或用自动语音留言告知最佳呼叫时间。像迪士尼这样的游乐园在某些游戏器材相当繁忙时，使用警示牌或印刷物告知顾客。

③广告和促销。广告在需求影响中扮演了重要角色。节后销售进行了高强度的广告宣传，努力在这样一个传统销售低谷期吸引顾客。产品或服务优惠券在销售低谷库存过多时拉动了需求增长。

④增加附属产品或服务。附属产品或服务可以增加到顾客价值包中，在淡季增加需求。电影院在非高峰期为其观众提供商务会议租赁场地和专门的服务。购物中心提供游戏中心来吸引十几岁的年轻人。快餐连锁店提供生日聚会服务来填补就餐高峰时间之间的需求低谷期。延长的时间也代表着周边服务；许多超市一周营业 7 天，一天 24 小时，并鼓励消费者在晚间购物，减少高峰期需求量。

⑤提供预约。预约就是对未来某时提供某项产品或服务的承诺。典型的例子就是预约旅馆房间、飞机座位以及外科手术室。预约是一种影响需求并可将其同可用产能相配合协调的方式。预约还可以减少产品或服务供应者和顾客的不确定性。通过预先知道顾客需求何时会发生，运营管理者们可以更好地规划设备和营运动力设置，而不用过多依赖于预测。

## 4.3.5　生产运作能力学习曲线

### 1. 学习效应

一般情况下，随着组织或者个人重复同一过程并从他们自己的经历中获得技能和提高效率时，组织或个人的学习能力会得到相应的提高，这就是所谓的"学习效应"，也就是我们常说的"熟能生巧"。学习效应既可以出现在一个组织当中，也可以产生于个人的学习过程，即学习效应包括两个方面，个人学习效应和组织学习效应。

个人学习效应，是指当一个人重复地生产某一产品时，由于动作逐渐熟练，或者逐渐摸索到一些更有效的作业方法后，个人的劳动技能随之提高，生产一件产品所需的直接劳动时间会随着劳动产品积累数量的增加而减少。组织学习效应则意味着管理方面的学习效应，它是指一个企业在产品设计工艺设计、组织结构、制度安排、资本投资等方面不断积累经验，改进管理方法，从而使组织的生产与运作效率不断提高。

学习效应受许多因素的影响，主要有：

（1）操作者的动作熟练程度。这是影响学习曲线的最基本因素。

（2）管理技术的改善，正确的培训、指导，充分的生产准备与周到的服务，工资奖励及惩罚等管理政策的运用。

（3）产品设计的改善。

（4）生产设备与工具的质量。

（5）各种材料的连续供应和质量。

（6）信息反馈的及时性。

（7）专业化分工程度。

### 2. 学习曲线

学习曲线（learning curve）现象最早是在航空工业中被认识到的，它实际上是学习效应的数学化。在飞机装配过程中发现，随着产量增为原来的 2 倍，工人每生产一件产品的生产小时数将会下降 20%。因而，如果生产飞机 I 需用 100 000 小时，那么生产飞机 II 需用 80 000 小时，生产飞机 IV 将花 64 000 小时，生产飞机 VIII 只花费 IV 工时的 80%，依次类推。因为 20% 的降低率意味着生产产品 2x 时间仅为生产产品 x 的 80%，把产量和时间联系起来的坐标系图线就称为"80% 学习曲线"（传统上，用百分学习率来表示任何给定指数的学习曲线）。如图 4 - 11 所示。

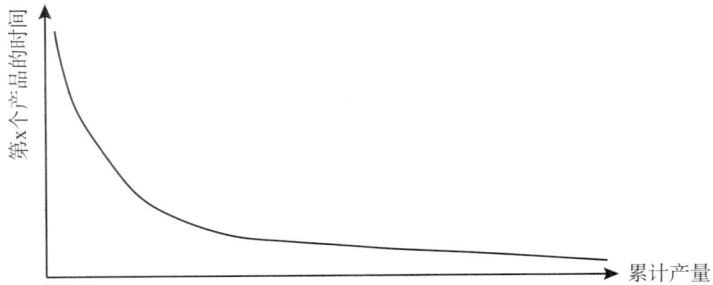

图 4 – 11　学习曲线

学习曲线意在表示单位产品生产时间同所生产的产品总数量之间的关系，用公式表示为：

$$Y_x = K_x^{-b}$$

式中：$Y_x$ 为生产第 x 台产品的直接人工工时；

x 为生产的台数；

K 为生产第一台产品的直接人工工时；

b 为幂指数 = $-\lg p / \lg 2$；

p 为学习率。

学习曲线是基于学习效应而产生的，如果工作全部由机器来完成就不存在学习现象了。学习曲线的变化率取决于机器工作与人工工作的比例。实践表明，当人工工作时间与机器工作时间的比例为 3∶1（即人工占总生产工时的 3/4）时，学习曲线的（工时改善）变化率，简称学习率，估计为 80% 比较适当；当该比值为 1∶3 时，常设为 90%；当两者基本接近时，则取 85% 为宜。

学习（或经验）曲线理论在企业界得到非常广泛的应用。在生产制造方面，它可以用来估计产品设计时间和生产时间，同时它也可用来估计成本。学习曲线的重要性毋庸置疑。有时对它的忽视可能会造成准时化生产系统的失败，因为该系统中丢掉了长期积累的经验方面的优势。学习曲线在设计公司战略（如价格决策、资本投资和基于经验曲线的操作成本）方面也具有不可缺少的作用。

学习曲线基于以下三个假设：

（1）每次完成同一性质的任务后，下一次完成该性质任务或生产单位产品的时间将减少；

（2）单位产品生产时间将以一种递减的速率下降；

（3）单位产品生产时间的减少将遵循一个可预测的模式。

学习曲线最先应用在航空工业上，并已证明以上三条假设都是正确的。

### 3. 学习率和学习曲线表

学习曲线的学习率可利用相同或相似产品的历史资料来估计。当产品的工艺过程与相似产品的工艺过程相同时，就可利用相似产品的学习率来计划该产品的改善速率。若产品不尽相同，则在利用历史资料时要考虑产品设计、生产产量、使用工艺装备以及订货批量等的差别加以调整。

学习曲线是企业进行科学管理的重要工具，它可以帮助企业制定能力计划和成本计划，也可以帮助企业选人用人和进行人力资源开发，还可以帮助企业制定合理的竞争战略。但对于管理者来说，运用学习曲线理论来改进工作的行为和过程不会自动发生，而且是无止境的。它要求管理者通过制定激励或奖励措施来持续推动组织学习和个人学习，从而促进组织整体竞争力的提高。

## 4.4　生产运作技术与工艺管理

生产运作技术（production and operation technology）与工艺是有效完成生产运作职能必备工具或手段，它们管理的效果对产品和服务质量、成本、速度等影响巨大，企业应该给予高度关注。尤其是信息化、物联网、自动化、现代制造技术日新月异发展，为现代制造业和服务业提高市场竞争力发挥越来越重要的作用。生产运作技术与工艺管理主要包括技术与工艺选择决策、使用、日常管理、更新换代等内容，部分计划技术和设备管理内容在后续章节中详细介绍。

### 4.4.1　技术与工艺选择

生产运作技术一般分为物料加工技术、信息加工技术、顾客加工技术，具体技术形态表现为过程组织、参数时间控制、参数进程控制、数量配比控制、物化设备配用。加工一件产品一般需要经过许多道工序，每道工序的加工工艺是不同的。所以工艺选择既要对每道工序采用什么工艺作决策，也要对整个加工过程作选择。工艺管理是保证产品质量和降低成本不可缺少的一项工作，包括对产品设计图纸的工艺性分析与审查，拟定工艺方案，编制工艺技术文件和设计制造工艺装备等。就制造业而言，工艺选择通常要作三方面的决策：决定主要的制造技术、决定产品的基本制造流程、决定关键的制造设备。

#### 1. 选择确定主要的生产运作技术

具体的工艺方案选择是一项比较细致的、工作量很大的任务。例如机电行业，整个制造过程中要完成多种性质不同的工作，要采用许多不同的工艺，任何一项工艺如果不能满足制造要求，都可能影响产品开发。

选择制造技术通常要考虑技术上的可行性和经济性两方面的因素。技术方案的选择是非常复杂的，对于工艺设计人员，对每一项工艺都要进行仔细的分析与试验，确保工艺的可靠性。但是对于企业高层主管人员只需考虑其中几种主要的工艺，这些工艺技术将决定产品能否加工，产品的关键功能是否能够较好地实现，产品的质量能否保证，制造成本是否经济，以及能否大幅度提高产品的附加值。另外，在选择技术时，还要从经济角度考虑，即从技术所具备的功能角度，选择适当的技术，避免选择过剩功能的技术。尤其是在引进技术时，要根据产品性能、质量要求以及生产规模等因素综合考虑后再确定。

### 2. 谨慎选择制造流程

不同的产品特点、不同的生产规模、不同的品种数量、不同的工艺方法都会影响制造流程的选择。选择的原则是有利于提高设备利用率和劳动生产率。图4-12描述了四种基本制造流程的特点和适用原则。

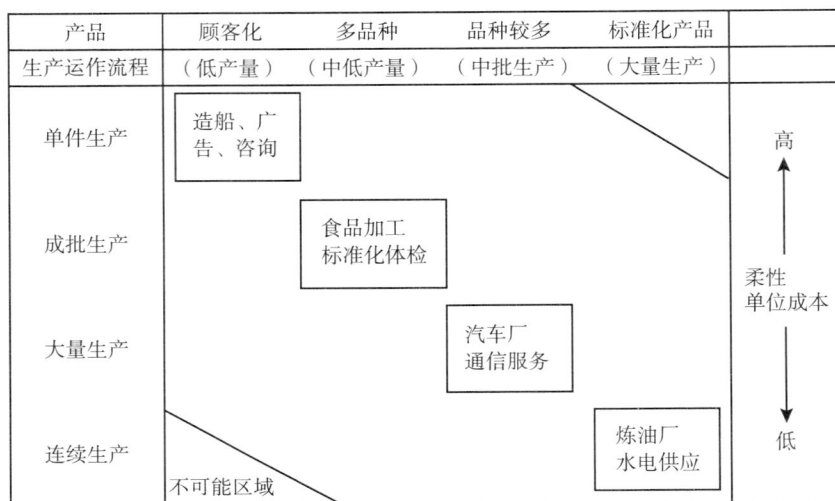

| 产品<br>生产运作流程 | 顾客化<br>（低产量） | 多品种<br>（中低产量） | 品种较多<br>（中批生产） | 标准化产品<br>（大量生产） | |
|---|---|---|---|---|---|
| 单件生产 | 造船、广告、咨询 | | | | 高 ↑ |
| 成批生产 | | 食品加工标准化体检 | | | 柔性单位成本 |
| 大量生产 | | | 汽车厂通信服务 | | |
| 连续生产 | 不可能区域 | | | 炼油厂水电供应 | 低 ↓ |

**图4-12 生产运作流程类型**

单件小批量生产运作方式适用于产品结构复杂、品种数量多、批量小、需求定制的企业，例如飞机厂、船舶制造厂、装修工程，等等。提供产品或服务的企业需要大量不同的技术工艺，定制流程或解决方案，迄今为止这类企业采用单件小批量的方式是最经济的。

批量生产运作方式一般适用于产品体积较大，需求量比较稳定，品种与数量也比较大的企业。企业可以组织稳定的生产或服务线，有利于提高资源利用率和生产运作效率。

流水线生产运作方式是一种效率很高的制造流程，它适用于产品品种单一，生产量大而稳定的企业。这种生产运作方式是在一条流水线上大量地重复生产同一种产品，生产线被设计成按产品的加工顺序排列，加工对象按节拍从前道工序流向后道工序，逐次加工，可以得到非常高的生产运作效率。

连续生产流程往往被用于生产过程连续性和整体性较强和生产规模较大的企业，如炼油厂、自来水、通信运营商，等等。

一般而言，企业根据所生产产品或服务特点和企业自身条件选择适合于自己的生产运作流程并不困难。但要指出的是选择生产运作流程时一定要谨慎。因为这是一项战略行为，既要考虑企业目前资源条件的限制，又要尽可能考虑到扩大生产运作的规模，为以后的发展留下余地。

### 3. 技术设备的选择

在作出工艺类型和流程选择之后，就要根据工艺技术的要求选择相应的设备。影响设备选择的主要因素是设备功能要求和经济因素。而企业的经营目标和各项政策也对所选设备的复杂性和高级程度起着制约作用。在确定所选设备时，均应从技术和经济等方面考虑。

一般来说，设备可分为专用设备和通用设备。专用设备选择服从生产运作流程一般类型的选择。而企业可同时配置通用设备与专用设备。如一家机械厂可配置车床、钻床夹具（通用设备）和运输机器（专用设备）。一家电子企业可配置单一功能测试仪器，每次仅进行一项测试（专用），也可配置多功能测试仪器，每次进行多项测试（通用）。然而，当采用了计算机技术，通用设备与专用设备的区别就变得模糊了，因为一台通用设备能像多台专用设备一样高效运作。影响选择通用、专用设备的因素是多方面的，如表 4 – 3 所示。

**表 4 – 3**　　　　　　　　　　设备选择中主要决策变量

| 决策变量 | 考虑因素 |
|---|---|
| 最初投资 | 成本价格 |
|  | 供应商情况 |
|  | 可用的配套模具或设备 |
|  | 空间场地要求 |
|  | 对辅助设备的需求 |
| 产出率 | 实际能力与额定能力比较 |
|  | 各种资源利用率 |
| 产出质量 | 满足产品规范的一致性 |
| 运行要求 | 操作的简便性 |
|  | 安全性、环保 |
|  | 人为因素的影响 |
| 劳动力需求 | 直接与间接比率 |
|  | 技能与培训 |
| 柔性 | 通用设备与专用设备的对比 |
|  | 专用工具 |
| 生产或服务前准备要求 | 复杂性 |
|  | 转换速度 |
| 维护与保全 | 复杂性频率零部件的可获得性 |
| 折旧 | 技术发展水平 |
|  | 技改的便利性 |

| 决策变量 | 考虑因素 |
|---|---|
| 在制品库存 | 缓冲库存的时间安排与需要量 |
| 系统范围内的影响 | 与计划系统的联系 |
| | 相关控制活动 |
| | 与生产运作战略相适应程度 |

在进行设备选择决策时，除对上述因素进行定性分析外，还应对拟选设备进行经济分析。对初始投资、运行费用、折旧期限、投资回收率、损益平衡分析分析等进行定量分析。

## 4.4.2 工艺设计与管理

工艺设计与管理涉及的范围比较广，用到的数据和信息量相当庞大，又与生产服务现场的个人经验水平密切相关。工艺设计与管理工作的主要内容有以下几个方面。

### 1. 产品设计的工艺分析和审查

产品设计的工艺分析和审查的主要内容有：产品结构或服务流程是否与生产运作类型相适应，是否充分地利用了已有的工艺标准，零件的形状尺寸和配合是否合适，所选用的材料是否适宜，服务例外状况处理原则及其决策要求，以及在企业现有设备、技术力量等条件下的加工可能性和方便程度。

对产品设计进行工艺性分析与审查，一般以工艺员为主，会同质量管理人员、该产品的专业工艺员和现场有经验的一线操作人员共同进行这项工作。重大新产品还应请企业技术负责人参加，并要事先进行必要的工艺试验，审查结束还应履行会签手续。

### 2. 工艺方案的拟订与选择

工艺方案是工艺设计的指导性文件。工艺方案一般在编制工艺技术文件之前拟定，工艺方案主要是确定产品的工艺加工路线，明确编制工艺规程应遵循的原则，明确关键工艺及其解决办法，就制造业而言应该确定工艺装备系数和工装设计原则。

生产一种产品或提供一项服务可用不同的设备和方法来进行，使用的设备和方法不同，其经济效果也就不同。因此，在拟定工艺方案过程中，需要对不同工艺方案进行选择，从中选出效益好的工艺方案。选择方案可通过分析工艺成本来进行。

工艺成本是产品在加工制造过程中发生的费用。工艺成本按费用与产量的关系划分，主要可分为固定成本与变动成本两种。固定成本是指不随产量变化而变动的成本（如一次投入的工装模具费）；变动成本是指随产量变化而变动的成本（如操作工人的工资）。全年工艺成本可用以下公式计算：

$$C = F + VP$$

式中：C 为年工艺成本（元/件）；

　　　V 为单位产品变动成本（元/件）；

　　　F 为固定成本（元/年）；

　　　P 为产品年产量（件/年）。

### 3. 工艺技术文件的编制

为了落实工艺方案，需要编制各种技术性文件，其中包括：工艺规程、劳动定额表、材料和工具消耗定额表等。最主要的是工艺规程。

工艺规程是对产品零部件加工路线、加工方法、操作规范、产品检验标准和检验方法等的具体规定，它是指导产品加工和工人操作的技术性文件。

工艺规程的主要形式有以下几种：

工艺过程卡片（或称工艺路线卡）。它是按产品的每种零件编制的。它规定着一种零件在加工过程中所要经过的路线，列出所需经过的各车间、各工序名称，注明使用的设备和工艺装备等等。

工艺卡片。它是按加工对象的每个工艺阶段（一般按车间或现场工位）编制的。规定了加工对象在这个工艺阶段所要经过的各道工序，以及各道工序所使用的设备工装和加工规范（切削用量、工时定额、材料规格用量等），它是用来指导现场的工艺文件。

工序卡片（或称操作卡片）。它是按产品或零件的每道工序编制的。它规定着每道工序具体操作方法和技术要求，它是用来指导工人操作的工艺文件。

企业生产运作类型不同，需要采用的工艺形式也不一样。单件生产运作企业一般只编写过程卡片，个别的编写工艺卡片；成批生产运作企业一般编写过程卡片与工艺卡片，只对重要的零件和工序编写工序卡片；大量流水生产运作企业则三种形式的卡片都要编写。

另外，还要注意工艺规程典型化。工艺规程典型化就是在对零件进行分类基础上，为同类型零件编制通用的工艺规程。这样在制造产品时，就无须为每种新零件都编一套工艺规程，每一类零件只编一套就可以，甚至可以借用现有的工艺规程。推行工艺规程典型化，可大量减少工艺装备的工作量，缩短工艺准备周期和降低工艺准备费用。

### 4. 工艺装备的设计与制造

按照工艺要求制造产品或提供服务，还需要为它设计和制造一些必要的专用工艺装备。所谓工艺装备，是指为实现工艺规程所使用的各种工具的总称。比如机械企业制造产品所用的各种量具、刀具、模具、夹具等。工艺装备是贯彻工艺规程的物质保证，是实现优质、高产、低耗和安全生产的重要手段。

（1）工装的分类。工艺装备按适用范围不同可分为以下三类：

标准工装——适用于加工各种各样的对象；

通用工装——适用于加工几种对象或零件；

专用工装——只适用于加工一定的对象或零件。

标准工装一般由专业厂生产，企业可以购买。专用工装必须由本企业自制，开发新产品所要设计制造的一般是专用工装，专用工装与标准工装相比，优点是生产效率高、加工质量好；缺点是使用范围窄、准备周期长、成本高。

（2）合理确定工艺装备系数。所谓工艺装备系数，就是为制造某种产品而设计的专用工装种数与所制造产品的专用零件种数之比。用公式表示，即：

$$工艺装备系数 = \frac{为该种产品设计的专用工装种数}{该种产品中专用零件种数}$$

工艺装备数量多少，可以通过工艺装备系数加以确定。采用专用工装数量取决于企业的生产类型和生产批量大小，因为生产批量越大，采用专用工装就越合算。

（3）积极开展工艺装备的"三化"工作。工装设计与制造是工艺准备过程中工作量最大、周期最长的一项工作。工装设计与制造劳动量占工艺准备总劳动量的比例，在大量生产类型企业为80%左右，成批生产类型企业占50%左右。所以，为了缩短整个工艺准备周期并节省工艺准备费用，对工装设计也应实行标准化、系列化和通用化。

组合夹具就是一种高度标准化的工艺装备，它是由一套预先制造好的元件所组成。这些元件各有不同的形状、尺寸和规格，利用这些元件根据被加工对象工艺要求，可以很快地组装成所需要的夹具。采用组合夹具不仅节约时间而且能大量减少工艺准备费用。

## 【本章小结】

生产运作系统规划与设计就是运用价值链、供应链等科学的方法和工具构建完成生产运作职能平台并进行合理的要素配置。它对生产运作系统的运行有着长远的战略影响，是企业生产运作战略的重要内容之一，也是实施企业经营战略的重要环节。生产运作系统的规划与设计是在产品开发设计之后，所进行的生产运作系统结构设计、流程的规划设计、能力规划以及技术与工艺管理等工作介绍。

## 【延伸阅读】

### 从"红领"到"荭荷"，看 C2M 到 M2D2C 的"进化史"

在服装定制产业中，能把"伪定制"这张假面具撕开的，只有两个品牌："红领"和"荭荷"。

红领曾是一家生产西装的传统服装企业，他们于 2016 年提出 C2M，以大数据系统替代手工打版，拥有"供应链系统""全程计算机网络控制系统"等 20 多个子系统。

芰荷曾是一家私人定制工厂，于 2017 年提出 M2D2C，自建"芰荷"服装私人定制平台，通过自有 + 深度整合工厂，使设计师从面料寻找、谈判、制作的烦琐工作中解脱出来，一站式完成获取需求、在线设计、自动打版、智能化生产……设计师们因此趋之若鹜。

在"消费升级"和"新短缺经济"的大背景下，这两个品牌都有着"定制时代已经来临"的共识、"实现大规模定制"的愿景。

那么，究竟谁是服装定制产业的终极模式？

智慧工厂的终极 PK

红领的故事人们已经不陌生了。

一家服装制造工厂，拿 3 000 人工厂当实验室，投入 3 个亿做"大规模个性化定制"，将原本传统的制衣流水线改造成为一座信息化的大规模定制工厂。

消费者端通过红领的 C2M 平台，可在线自主选择产品款式、原材料，在线量体、支付并传输给生产部门，生产部门录入电子标签，工人扫描电子标签后进行流水线生产。从下单到物流，顾客 7 天就能拿到所需衣物。

红领，用 13 年时间，成功从传统制造业跨越到了流水线柔性生产。

芰荷则是一家新兴的 M2D2C 公司，创始人是军人出身，以"让私人定制走进大众生活"（低成本、低门槛为顾客提供服装私人定制服务）为愿景，以"让每一个终端用户都能快捷地寻找到自己的服饰美，享受跨时代超值体验"为使命，是一家兼具人文情怀、科技专利、服装定制产业升级基因的公司。

芰荷的智慧工厂分成三个维度：

在生产维度，利用物联网、AGV、大数据技术，开创性地打造了国内第一家拓扑式数码生产车间（指系统按一个个的设计方案，把对应的生产材料单元，根据设定的生产负载均衡原理算法，自动规划设计出生产路线图，按顺序送至对应生产单元。）

在生产材料维度，芰荷将生产材料、生产工艺重新细分并标准化。形成了 3 位数级的标准化生产材料单元、生产工艺单元库。通过 3 位数级的、不同物理属性的白色面料作为库存，按照设计方案的花色设计部分，采用数码印花方式生产个性化面料，并将这种做法用于布包扣、盘扣、拉链等辅料设计……打造了一个矩阵式供应链。

在用户维度，芰荷利用 AR 技术研发了三维互动式在线服装设计系统，帮助用户轻松实现 DIY，即使没有设计师功底，通过平台在线匹配面料、版型、纹样、饰品，毫不费力地完成精致或"高大上"的服装设计。

用户也能轻松浏览大量优质设计师的作品，轻松与设计师在线沟通，从而选择出自己的私人定制风格和专属设计师。

而专业设计师们，则可以通过芰荷 M2D2C 平台的赋能（设计工具、设计材料、生产能力），节省 90% 以上的工期和成本。

芨荷的用户从设计完成下单到物流只需要 48 小时。

综上，红领实现了有轨道的柔性生产，芨荷则更进一步，实现了智能化生产。

红领，通过流水线生产的改良，使同一条流水线同时生产不同的个性化产品，而其成本只比传统服装厂高出 10%。

而芨荷的拓扑式生产，则完全颠覆了流水线作业，创新实现了：提高私人定制生产效率 10 倍以上，降低生产环节成本 90% 以上，工期缩短 90% 以上。

究竟谁打通了生态圈？

以什么样的公式打通服装定制产业生态圈，就像是一个数学题，非此则彼。

在芨荷以前，曾有过无数"模式先烈"，比如定制化电商、D2C，以及红领的 C2M。

定制化电商连接了买家卖家；D2C 给设计师提供了生产资料；C2M 则通过柔性生产实现了"去库存、降成本"。

但是，以上模式终究没解决衣服如何增加"文化内涵、设计感"的问题，也没有完成整个产业链生态圈的重构。

比如说，一个服装设计师想要实现工艺精美复杂的印花、精美的钉珠，D2C 无法实现。而一个消费者想在自己的服装上，放上有版权的漫画家的作品，C2M 无法实现。

今天，个性化产品越来越被消费者需求、美学经济将引领未来主流消费，设计作为一种重要价值，正发挥越来越大的作用，不容忽视。（"美学经济"是由德国人吉尔诺特·伯梅提出的，他告诉我们，美不仅影响消费者的日常体验，也影响商业运作。它的含义，其实就是一种涵盖审美、高品位的精品消费）。如果不考虑设计的价值，那么 C2M（Customer to Manufacturer）终将成为空谈。

举个例子，当你要买一样东西，这时候你正好站在一个超市和农贸市场中间，你必定会走进超市（这时你便已经开始了一种体验消费）；你和你的朋友们聚餐，你们常会选择带有艺术感、设计感的地方，感觉特有范，也会拍照发朋友圈；你走进无印良品，只买了一个丝瓜瓤做的擦锅球，但服务员会里三层外三层地包好，即使花了相对高昂的价格，但你仍然会感觉很值得（但这时你已经享受到了体验式美学服务）……

为了突出设计的价值，阿里巴巴把 C2M 变成了 C2D2M，于 2017 年启动了 C2D2M 设计师平台的产品规划，进行转型探索。

但是，从消费者出发的 C2D2M，终究奉行得是传统互联网人"连接买卖"的逻辑，缺乏对供给侧的决定意义，以及产业整合能力。

《营销的本质》作者包政评价阿里："它们没有能力把产业主力军引上供求一体化的道路。原因在于，它们是互联网的原住民，而不是传统产业价值链上的原住民。尽管它们知道，要用 DT 和工业 4.0 去整合传统大叔。但它们不知道路径，不知道其中的细节和成败关键……不能有效地构建供求一体化关系，就不能构建有用的数据库结构。不能反映实体经济运营状态的数据是没用的，只是一堆放在数据仓库中的垃圾。而且数据量越大，其可用性越差……在这样尴尬的状态下，阿里很容易退化为电子化的农贸市场，无法成为产业主力军的供求一体化的交互平台。"

茇荷的 M2D2C 模式应运而生。

茇荷通过 M2D2C 模式将设计端整合进产业链，提升了产业链整体价值，让 C、D、M 端都受益，这种模式给予了设计师简单的设计工具，并配套生产，是"跳出盒子"的产业思维。

就像海尔的"人单合一"，M2D2C 是技术创新、模式创新、产品创新、服务创新、管理创新、社会责任创新六个维度产业创新的结合，这六个创新正支撑着茇荷平台，成为国内首个服装定制供求一体化的交互平台，也正是阿里等早期互联网企业难以做到的。

（资料来源：http：//www.sohu.com/a/226600816_ 226635，2018 - 03 - 28）

## 【复习思考题】

1. 说明产品价值链构建与生产运作系统设计关系。

2. 如何识别顾客价值并构建价值链？

3. 简述生产运作流程分层体系构成。

4. 如何理解生产运作系统规划设计内容就是解决"掌握顾客价值构成前提下，谁来做？在哪里做？如何做？做多少？"的问题。

5. 简述生产运作能力长期策略。

6. 简述生产运作能力短期策略。

7. 简述生产运作技术三种基本分类，并举例说明。

## 【本章案例】

### XY 储蓄所种瓜为什么没有得瓜

"本营业所已搬到马路对面 ZX 路 18 号，给您带来了不便，敬请谅解……"梁大爷读着这则通知，微微点点头，"这下好了，以后存钱、取钱、交话费再也不用穿行这条让人堵心的马路了。"

一走进新的营业大厅，梁大爷就在工作人员的引导下取号、就座等候。与原来的储蓄所相比，这里不用站着排队。营业大厅宽敞明亮、窗明几净，新装的银灰色座椅干净整齐。窗口增加了，所有的专柜都取消了，一米警戒线没有了，顾客是坐在服务台前的转椅上办理手续的。"这里的环境真是太好啦！我得尽快告诉邻居。"梁大爷脸上绽出了灿烂的笑容。

时间到了 2016 年 2 月 6 日，星期六，春节前的最后一个周末。2 月 7 日就是除夕了，再不花钱就没有时候了！与其他储蓄所一样，XY 储蓄所里面挤满了人，不断有客户进进出出。有的顾客在大厅里四处走动，随便取些理财方面的宣传材料打发时间，排队机在机械地叫着号，声音听起来也不如以前悦耳动听了。不过，好在场面还在控制之中。

"我就现在办！"一位又高又瘦的顾客冲着窗口里面的服务员高声叫喊着。随着这声叫喊，本来就不平静的营业大厅荡起一阵骚动。"你是普通卡，请您换取'人民币业务'号排队。"胸前挂着"营业经理"标志牌的女士耐心地解释着。"有什么用，我原来取的是'人民币'197号，已经等了40多分钟了，鬼才知道还要等多久！最令人可气的是，别人刚一进来就办手续，这平等吗？我就现在办！"这位顾客涨红着脸。营业经理坚决地说："您没有金卡，就不能取'金卡'号，现在请您等候，您不能影响银行的工作。"经理的这句话显然激怒了这位顾客，甚至说出过激的话语……

随着事态的发展，顾客们由窃窃私语变成了对这位顾客的声援，大家你一句，他一句，七嘴八舌："你们就是不对，办理同样的业务，有钱人就可以与别人不同吗？""你们这是在为谁服务？""如果这样下去，我们就不会再来了。"更出乎大家意料的是，一位储蓄所工作人员扔出一句骂人的话，然后，重重地摔上门，溜进了后台。"她在骂人，把她揪出来！""她的号码是多少，向总行反映。""这丫头我是认定她了，除非她不露面。"一时间，场面极度混乱……

## 【问题与讨论】

1. XY储蓄所如何解决出现的具体问题：是劝退这位顾客还是立即为他办理手续？
2. XY储蓄所的服务质量有问题吗？如果有，存在什么问题？
3. XY储蓄所的排队系统的规划设计有问题吗？如果有，存在什么问题？
4. 以银行为例说明如何在规划好服务能力的基础上管理好能力。

（改编自：科利尔、埃文斯著，马风才译：《运营管理》，机械工业出版社2011年版）

# 第5章 生产运作设施选址与布置

【引例】

## 沃尔沃亚太区研发总部落户上海主攻电动车

全球著名豪华汽车制造商沃尔沃汽车集团9日在上海正式启用新建设的中国研发总部，同时为沃尔沃汽车集团亚太区总部奠基。作为中国国内唯一具备汽车核心技术研发能力的全球豪华汽车品牌，沃尔沃借此吹响"中国成长战略"第二阶段的号角，助推沃尔沃在全球范围内的品牌复兴。

沃尔沃汽车中国研发总部的启用，不仅将提升中国汽车工业研发的整体实力和水平，还将为中国培养更多具有引领全球前沿核心研发的汽车技术人才。瑞典议会交通委员会及沃尔沃汽车集团总部研发全体高管也来到沃尔沃汽车中国研发总部，共同见证这一象征沃尔沃在华发展进入全新阶段的历史性时刻。

沃尔沃汽车中国研发总部位于上海市嘉定区，地处中国汽车产业核心区之一的长三角，一期工程建筑面积3.5万平方米，投资约4.2亿元人民币。研发范围包括汽车整车和各主要子系统——动力总成、主被动安全、底盘、电子电器系统，以及代表未来汽车工业发展方向的新能源和智能互联技术等。中国研发总部按照沃尔沃全球标准与管理流程，采用了业内领先的实验室布局与设备，将全方位提升中国研发的开发能力，并实现与瑞典研发总部协同效应的最大化。

沃尔沃汽车集团研发高级副总裁彼得·默滕斯表示："中国是沃尔沃的第二本土市场，中国研发团队是沃尔沃全球研发体系的重要一环。自2011年初成立以来，中国团队从无到有，目前已经建立起一支超过500人的国际化研发团队。我们已经成功为全球市场开发多款产品，包括刚刚上市的XC90，今后将更多倾听中国消费者的声音，为中国导入更多优秀的全球性和本土化产品。通过发挥无可比拟的资源和效率优势，沃尔沃将协同中国和瑞典，进一步强化沃尔沃在全球同一研发、全球同一标准、全球同一生产、全球同一品质的品牌形象和声誉。"

与多数合资品牌在华设立研发中心不同，沃尔沃汽车中新研发总部与瑞典总部没有壁垒，更不设置防火墙，研发资源和成果实现了共享、研发工作实现了共进，发挥出了跨洲研发在研发速度和研发效率上的巨大特点。通过沃尔沃全球统一的产品开发系统，中国形成了与瑞典哥德堡总部统一研究方法、统一工作流程、统一标准和统一设备的研发格局。

目前，沃尔沃汽车已经将最新一代的 Drive－E 节能环保发动机和 Sensus 智能车载交互系统的部分研发工作放在了中国，这不仅是对沃尔沃汽车中国研发团队的认可，更将对中国汽车核心技术人才的培养起到积极作用。据沃尔沃汽车集团中国研发公司总裁沈峰博士介绍，未来中国研发的工作重心包括研究开发在全新平台上的一系列满足中国消费者需求的、极具竞争力的产品，并与总部研发协力开发新一代的新能源车。同时，中国研发将积极协助总部进行新一代动力总成技术、主被动安全技术、智能互联技术和自动驾驶技术的研究与开发。

此外，沃尔沃还将最新一代新型节能减排发动机研究和电动驱动系统平台引进中国，极大地带动了中国研发团队在动力总成和新能源车开发上的技术水平，为未来更多车型的深入研发奠定了足够的人才基础。更值得一提的是，中国研发团队与各部门通力合作，在今年成功地实现了"中国造"沃尔沃 S60Inion 加长版车型出口美国。这在中国汽车史上是一次历史性的突破。

科技创新是沃尔沃实现技术领先和全球复兴的核心驱动力。创立 88 年来，沃尔沃的科技创新始终秉承"以人为尊"的灵魂内核，一切研发工作都从人的需求出发，研发水准始终处于全球领先的水平。从三点式安全带的发明到实现高度自动驾驶的全新 XC90 推出，沃尔沃的研发史就是汽车安全的历史。从带氧传感器的三元催化器到坚持小排量、轻量化、电气化的 Drive－E"E 驱智能科技动力总成"，沃尔沃也始终是环境保护的先行者和探路者。

近年来，沃尔沃中国研发团队还积极加强与国内相关机构的合作。依托雄厚的研发实力，沃尔沃汽车领衔"中瑞交通安全研究中心"的成立和各项研究工作。沃尔沃还联手上海国际汽车城进行了首个电动车（沃尔沃 C30）示范运营研究，积极参与和帮助国内相应汽车标准制定及完善工作。此外，沃尔沃还与中国汽车技术研究中心（CARTAC）建立了战略合作伙伴关系。

此次同步奠基的沃尔沃汽车集团亚太区总部大楼紧邻沃尔沃汽车中国研发总部大楼，落成后将成为沃尔沃汽车在亚太地区的销售、研发、采购和生产的神经中枢，将为充分释放沃尔沃在整个亚太地区的增长潜力，并协同本地区研发和市场资源，为沃尔沃中国的快速发展和品牌的全球复兴提供新动力。

（资料来源：搜狐网，http：//mt. sohu. com/20150910/n420840623. shtml，2015 年 9 月 10 日）

## 【本章学习目标】

1. 熟悉各类生产运作设施选址运作与基本方法。
2. 掌握生产运作设施常见 4 种类型布置特征及其方法。
3. 了解现场管理主要内容及其方法。

# 5.1  生产运作设施选址

## 5.1.1  选址重要性

设施是指生产运作过程赖以进行的硬件手段，通常由车间、设备、仓库、营业厅、办公及附属服务设施等物质实体构成。设施选址（facility location），是指如何运用科学的方法决定设施的地理位置，使之与企业的整体生产运作系统有机结合，以便有效、经济地达到企业的经营目标。

设施选址就是确定在何处建厂或建立服务设施。它不仅仅是新建企业所面临的决策，对于老企业在谋求发展时，如改建、扩建、兼并与联合时所必须作出的一项重要决策。对于企业来说，地址一旦选定，除非不动资产完全租赁，企业的大部分不动资产也就固定下来了，而且在很大程度上限定了企业的经营费用，从而影响到企业的生产运作管理活动和经济效益。

虽然选址问题由来已久，但作为一门科学来研究则是进入 20 世纪以后的事情，尤其是 21 世纪以后，伴随着经济全球化的发展，全球化范围的选址问题日益重要。

首先，设施选址直接影响着投资成本和运行成本。在不同的地点建厂或建立服务设施对投资多少以及投产后的运行费用有很大的影响。选址是否靠近原材料产地、与客户的距离远近、所选地区劳动力资源是否丰富、当地消费水平（尤其是区域性消费品）、生产协作条件等，都既影响着初始的投资额，又影响着所提供产品和服务的成本，从而影响到价值和企业竞争力。

其次，不同的选址会影响到企业生产运作过程的结构状况，从而影响新建的速度和生产运作系统的结构。如新建工厂所在地的基础设施情况，就决定了企业的生产系统是否需要自备动力或热力等生产运作附属设施；供应来源的可靠性和便利性就决定了企业所建仓库面积大小和运输工具的类型和规模等。

最后，不同地方的风俗习惯、生活标准、教育水平不相同，要求采取相应的管理方式，否则会影响到职工的积极性，产生不同的生产运作经营效果。

选址建厂是一件巨大的永久性投资，一旦工厂已经建成，如发现厂址选择错误，则为时已晚，难以补救，除非选择提高当期运行费用采取租赁设施的方式。而选址本身又是一项比较困难的决策，影响因素很多且往往相互矛盾。因此，必须权衡利弊，选出总体上效益最好的方案。

　　设施选址，是指如何运用科学的方法决定设施的地理位置，使之与企业的整体经营运作系统有机结合，以便有效、经济地达到企业的经营目的。

　　设施选址包括两个层次的问题：

　　第一选位。即选择什么地区（区域）设置设施，沿海还是内地，南方还是北方，等等。在当前全球经济一体化的大趋势之下，或许还要考虑是国内还是国外。

　　第二定址。地区选定以后，具体选择在该地区的什么位置设置设施，也就是说，在已选定的地区内选定一片土地作为设施的具体位置。设施选址还包括这样两类问题：一是选择一个单一的设施位置；二是在现有的设施网络中部新点。

（资料来源：http：//baike.so.com/doc/9098260-9430416.html）

## 5.1.2　选址决策考虑因素

　　生产运作活动是整个企业经营活动一个重要组成部分，应该从系统的观点来考虑选址问题，既要考虑供应厂家，又要考虑顾客，还要考虑产品分配，同时还要考虑社会文化等因素。具体来说，影响选址决策的关键因素主要是：

### 1. 接近顾客

　　设施选址接近顾客是很重要的，尤其是服务设施，因为这样能及时了解需求信息并随时听取顾客的反馈意见，还能将产品尽快地送达顾客手中，提高服务水平，同时也确保了产品的生产和发展与顾客的需要保持一致。

### 2. 行业环境

　　适宜的行业环境，包括相关行业的出现或同一行业中不同公司的出现，以及在某一地区竞争对手的出现，都会影响到企业的选址决策。国家的经济政策、政府的法律法规、地方政府制定的吸引投资的优惠政策和措施都可能为企业提供更加便利的条件，这些都是厂址选择中应该考虑的因素。

### 3. 成本

　　对于企业来说，制造企业选址追求的是成本最小化，服务性企业一般追求收益最大化。所以，企业选址的最终目的实际上就是能为企业带来最大的收益。追求收益的最大化，必须努力使总成本最低。总成本包括土地、建筑、劳动力、税收和能源消耗等构成的局部成本及货物进出的运输成本。另外，有难以计算出来的隐性成本，比如产品到达用户之前在各地间的不必要的移动，信息反馈不及时带来的损失等。

### 4. 基础设施

　　拟选厂址所在地的基础设施状况如何对企业正常的经营活动是很重要的。主要是指能源供应是否充足、通信设施是否便捷、交通运输是否方便等。此外，当地政府是否愿意投资建设一流的基础设施配套对企业选址也有重要的影响。

### 5. 劳动力资源

劳动力是最重要的生产资源，除在数量上保证要求外，更重要的是劳动力的教育和技术水平必须与公司要求相匹配并具有学习的热情和能力。

### 6. 供应商

现代化大生产或服务运作，各企业之间存在着密切的联系，形成一条条彼此相关的供应链。所以，必须在选址时考虑高素质和竞争力强的供应商的所在地位置。而且，就制造业而言距离主要供应商的厂近一些，也是精益生产方式的需要。

### 7. 自由贸易区

国际贸易区或自由贸易区是典型的封闭式工厂（在海关的监督下），货物可不必按照海关的规定运进来。自由贸易区内的制造商可先在其最终装配中使用进口元件，允许延期支付相应关税，直至产品运抵使用国。

### 8. 政治因素

政治因素包括政局是否稳定、法制是否健全、税负是否公平，等等。许多国家的政治风云突变为厂址选择提供了挑战性的机会，也使得在这些地区设厂变得极具风险。比如，20 世纪 90 年代的海湾战争就使得一些跨国公司改变了其在此地区的选址战略。此外，投资国和东道国之间的政治关系也会影响投资国在选址问题上的决策。

### 9. 政府壁垒

世界市场竞争越来越激烈，许多国家，尤其是一些地区的地方保护仍然很严重。虽然在世界经济一体化的进程越来越快的推动下，许多国家正在努力通过立法清除妨碍外国产品进入和来本国设厂的壁垒，但在企业选址时，还必须要考虑国家（或当地）的立法及文化背景的影响。

### 10. 环境保护

现代社会中，人们对环境的重视程度越来越高，环境因素对选址的影响力也越来越大。环保不仅影响某一企业的选址，还会影响到某些行业的具体选址，因为它既影响可测量的潜在成本，还会影响与社区的关系。例如，造纸厂、钢铁厂、化工厂等企业对环境的影响都比较大，在选址时必须重点考虑环境保护，否则，企业将会遇到灾难性的后果。

### 11. 东道社区

东道社区的利益在选址分析中也是不可忽视的。此外，当地的教育设施和生活质量也很重要。

### 12. 区域竞争优势

哈佛大学商学院迈克尔·波特（Michael Porter）教授在其代表作《竞争优势》中建议说，公司可根据不同的业务设置不同的总部。当公司制定并成功实施企业战略，创造出核心产品和技术，形成竞争优势后，企业应将其总部迁移到一个能激励创新并能为全球性的竞争提供良好环境的国家或地区，利用当地的信息、人才、技术等资源，进一步保持和增强竞争优势。该思想也适用于那些希望保持长期发展的国内企业。

### 13. 经济全球化对设施选址的影响

21 世纪以来，企业经营和生产运作全球化的趋势越来越明显。表现在国内外企业对外直接投资、技术转移、在全球范围建厂、在全球采购物料等方面。例如，国外的 IBM、索尼、丰田、大众、西门子、飞利浦等著名跨国公司，以及国内海尔、华为等知名企业纷纷在世界多个国家和地区建厂，其产品往往要用到多个国家的原材料和半成品，成为真正意义上的世界性产品。

一件产品，往往要用到一个，甚至两个、三个或更多个国家的原材料和半成品。美国公司广泛地供应外国电器设备和零部件，如美国电子计算机产品的出口中，有 30% 以上是零部件。美国的波音 747 飞机，有 450 万个零部件是 6 个国家的 1.1 万家大企业和 1.5 万家中小企业协作生产的。福特汽车公司生产的拖拉机，就是在比利时的工厂生产传动装置，在英国的工厂生产引擎和泵压装置，在美国的工厂生产变速齿轮系统，然后互相提供部件装配而成的。法国的"雷诺"为意大利的"阿尔法－罗梅奥"公司装配汽车提供零件，反过来，后者又为前者提供汽车发动机。这种跨国生产协作已成为一种越来越常见的世界经济的结合方式。在很多领域，诸如纺织、制鞋、服装、玩具、电子零部件、汽车零部件，乃至计算机零部件本身，都是在全球很多不同的地点生产和制造的，全球制造业现在约有一半依赖于发展中国家的出口，美国、日本等发达国家的鞋、玩具、服装等产品，几乎不再有本国制造的。

产品的跨国流动，生产地与消费地的分离已经是司空见惯的事情，没有任何一个国家的市场上不存在别国制造的产品，生产和贸易已经变得没有国界。对于很多公司来说，国外业务的增长甚至使国内业务显得无足轻重，因此，他们正在重新考虑其经营方式。可以说，一个全球性公司没有国外可言。

生产运作全球化使世界竞争更趋激烈。企业如何才能保持有利的竞争地位已成为众多企业所面临和亟待解决的问题。德国世界经济研究所所长提出企业保持竞争能力可有 3 种方法：一是调整产品结构，提高生产效率，降低劳动成本；二是开发新产品，抢占新市场；三是调整生产基地，在世界范围内设厂，利用廉价资源降低生产成本。

显然，设施选址已成为企业提高竞争力而必须加以重视的问题。对于当今的企业来说，跨地区、跨国家进行生产协作、全球范围内寻找市场已经是不得不为之的事情之一。因此，企业应该根据促使生产运作全球化的原因，具体分析本企业的产品特点、资源需求和市场，慎重考虑和选择生产基地。此外，对于许多老企业来说，还面临着如何调整生产结构的问题。

## 5.1.3　选址常用方法

### 1．单一设施选址

单一设施选址是指独立地选择一个新的设施地点，其运营不受企业现有设施网络的影响。在有些情况下，所要选择位置的新设施是现有设施网络中的一部分，如某餐饮公司要新开一个餐馆，但餐馆是与现有的其他餐馆独立运营的，这种情况也可看成单一设施选址。单一设施选址又分以下几种方法：

（1）负荷距离法。负荷距离法的目标是在若干个候选方案中，选定一个目标方案，他可以使总负荷（货物、人或其他）移动的距离最小。当与市场的接近程度等因素至关重要时，使用这一方法可从众多候选方案中快速筛选出最有吸引力的方案。这一方法也可在设施布置中使用。

（2）因素评分法。因素评分法在常用的选址方法中也许是使用得最广泛的一种，因为它以简单易懂的模式将各种不同因素综合起来。运用这种因素评分法应注意：在运用因素评分法计算过程中可以感觉到，由于确定权数和等级得分完全靠人的主观判断，只要判断有误差就会影响评分数值，最后影响决策的可能性。目前关于确定权数的方法很多，比较客观准确的方法是层次分析法，该方法操作并不复杂，有较为严密的科学依据，我们推荐在做多方案多因素评价时尽可能采用层次分析法。

（3）盈亏分析法。盈亏分析法是厂房选址的一种基本方法，也称生产成本比较分析法。这种方法基于以下假设：可供选择的各个方案均能满足厂址选择的基本要求，但各方案的投资额不同，投产以后原材料、燃料、动力等变动成本不同。这时，可利用损益平衡分析法的原理，以投产后生产成本的高低作为比较的标准。

（4）重心法。重心法是一种布置单个设施的方法，这种方法要考虑现有设施之间的距离和要运输的货物量。它经常用于中间仓库的选择。在最简单的情况下，这种方法假设运入和运出成本是相等的，它并未考虑在不满载的情况下增加的特殊运输费用。

## 2. 设施网络选址

设施网络中的新址选择比单一设施选择问题更复杂，因为在这种情况下决定新设施的地点位置时，还必须同时考虑到新设施与其他现有设施之间的相互影响和作用。如果规划得好，各个设施之间会相互促进，否则就会起到负面作用。设施网络选址包括以下几个方法：

（1）简单的中线模式法。

简单的中线模式法是一种厂址选择的方法。这种方法有其局限性。这种方法只假设坐标上最优的点（即是使总的运输距离最短的点）是一个可行的建厂点，并不考虑在那里现在是否有道路，也不考虑自然地形、人口密度，以及其他许多在布点时应考虑的重要事项。

（2）德尔菲分析模型。

典型的布置分析考虑的是单一设施的选址，其目标有供需之间的运输时间或距离极小化，成本的极小化，平均反应时间的极小化。但是，有些选址分析涉及多个设施和多个目标，其决策目标相对模糊，甚至带有感情色彩。解决这类选址问题的一个方法是使用德尔菲分析模型，该模型在决策过程中考虑了各种影响因素。使用德尔菲分析模型涉及三个小组，即协调小组、预测小组和战略小组。每个小组在决策中发挥不同的作用。

（3）启发式方法。

启发式方法只寻找可行解，而不是最优解。负荷距离法中的重心法就是一种启发式方法。有许多计算机化了的启发式方法，可解决 m、n（其中 m 指生产基地个数、n 指服务于生产基地与需求客户之间的物流配送中心个数）达几百、几千的问题。早在 20 世纪 60 年代，就有人提出了用启发式方法解决大型设施选址问题。今天，启发式方法已经广泛在很多场合应用。

（4）模拟方法。

模拟是试图通过模型重现某一系统的行为或活动，而不必实地去建造并运转一个系统，那样会造成巨大的浪费，或根本没有可能实地去进行运转实验。模拟方法有许多种应用，在选址问题中，模拟可以使分析者通过反复改变和组合各种参数，多次试行来评价不同的选址方案，模拟方法可描述多方面的影响因素，因此比运输表法有更大的实用意义。

（5）优化方法。

运输表法实际上就是一种优化方法，虽然只是某一方位问题的最优。这种方法求出的不是可行解、满意解，而是最优解，即：在所有可能的方案中，不会有比它更好的了。但是由于这种方法要从理论上证明是最优，所以它在使用上有两大局限性：

①模型必须较抽象、较简单，否则得不出解。但由此而使模型的描述距实际较远；

②很多定性因素被忽略掉了，因此不可能得出在考虑定性条件下可能得出的很多结论。

## 5.2　制造业设施布置

设施布置是在设施位置确定以后所进行的一项工作。具体来说，就是在给定的设施范围内将企业的各种物质设施进行最合理的位置安排，使之组合成一定的空间形式，从而有效地为企业的生产运作提供必要作业现场，以获得更好的经济效果。

### 5.2.1　设施布置的基本问题

#### 1. 企业运作单位的基本类型

企业生产运作过程的运行最终要落实到具体的生产运作单位，由制造工艺要求或服务流程组成的众多生产运作单位来完成。由于企业生产运作的产品品种或服务项目众多，生产过程运作差别很大，生产运作方法各不相同，因此，不同企业生产运作单位的具体构成也不尽相同，没有固定模式。一般情况下，基本的生产运作单位类型有以下几类。

（1）基本生产运作单位。是指直接把劳动对象变为企业基本产品的生产运作单位。就制造业而言可分成三种不同类型：准备车间，主要任务是为加工零部件准备毛坯料，机械制造业中的铸造车间、锻压车间、下料车间，都属于这一类型；加工车间，主要任务是把零件加工成型或使零件具有某些特定功能，如机加工车间、铆焊车间、热处理车间、电镀车间等；装配车间，其主要任务是把零件装配成部件和成品，一般可分为部件装配车间、总装车间等。

（2）辅助生产运作单位。是指为保证基本生产运作单位的正常运行，提供各种辅助产品或劳务的生产运作单位。相对于加工产品而言，它们属于间接生产，就制造业而言可分成两类：辅助车间，如工具车间、模具车间、机修车间等；动力部门，如蒸汽室、锅炉房、压缩空气站等。

（3）生产运作服务部门。是指为基本生产和辅助生产提供服务的生产运作单位。又分成三种类型：运输部门，如汽车队、装卸队、起重队等；仓库，如原材料库、半成品库、成品库等；检验与计量部门。

（4）生产运作技术准备部门。指为生产运作提供技术服务的部门，如研究所、工艺科、试制车间等。

#### 2. 生产运作单位的组织与布置形式

企业内部生产运作单位（车间、工段、班组）的设置，通常有两种基本的形式：工艺专业化和对象专业化。

（1）工艺专业化组织形式与布置。

工艺专业化（process focus）又叫工艺原则。它是按照生产工艺性质的不同来划分生产单位。在制造业工艺专业化的生产单位里，集中着同种类型的工艺设备，配备同工种的工人，采用相同的工艺对企业的各种产品（零部件）进行加工。如车工、磨工、钳工等小组（或工段、车间）。示例如图5-1所示。

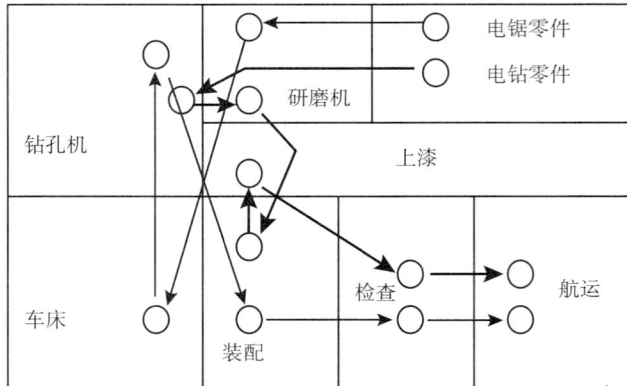

图5-1　工艺专业化布置示意图

按照工艺专业化原则来布置生产单位既有优点，又有缺点。其优点是：设备相同，空间布局相对来说容易，在生产任务饱满的情况下便于充分利用生产设备和生产面积；生产单位内只有一种或少数几种设备，便于对工艺进行专业化的管理，如工人技术培训、设备维修、技术指导等；设备是按相同工艺配置，比较灵活，能较好地适应改变品种的要求。其缺点是：产品在生产过程中，经过的路线长，甚至有往返运输现象，消耗于运送材料和半成品的劳动量较大；在生产单位之间运输时增加了产品的停放时间，容易造成在制品积压，生产周期长，占用流动资金多；生产单位之间的联系较多，使各生产单位的计划管理、在制品管理、质量管理等工作复杂化。

（2）对象专业化组织形式与布置。

对象专业化（product focus）又叫对象原则。它是按照产品（部件、零件）的不同划分车间（或工段、小组）。在制造业对象专业化的生产单位里，集中有为制造某种产品所需要的各种设备，配备相应的各种工种的工人，工艺过程是封闭的，不用跨其他生产单位就能独立地出产产品，如发动机车间、底盘车间、齿轮车间、标准件车间等。示例如图5-2所示。

| 材料库 | ① | ② | ③ | ④ | ⑤ | ⑥ | 成品库 |
|---|---|---|---|---|---|---|---|
| | 钻床 | 焊接 | 热处理 | 磨床 | 电镀 | 检验 | |
| | ① | ② | ③ | ④ | ⑤ | ⑥ | |
| | 锻压 | 车床 | 钻床 | 焊接 | 铣床 | 检验 | |

图5-2　对象专业化布置示意图

同样，按照对象专业化原则来布置生产单位也有其优缺点。其优点是：可以大大缩短产品生产过程中的运输路线，节约运输人力和运输设备；便于采用先进的生产组织形式，减少生产过程中的中断时间，缩短生产周期，减少在制品和占用的流动资金；减少了生产单位之间的联系，可简化计划、调度、核算等管理工作，还可使用技术熟练程度较低的工人。其缺点是：难以充分利用生产设备和生产面积（在产品产量不够的情况下）；由于工艺复杂，难以对工艺进行专业化的管理；一旦生产情况改变，很难作出相应的调整。

由上可见，制造业工艺专业化和对象专业化各有其优缺点，在实际工作中，往往可结合起来应用。也就是说，在一个企业内部，有些车间可能是按对象布置的，而另一些车间又可能是按工艺布置的；在一个车间内部，也可能有些工段和班组是按对象布置的，而另一些工段和班组是按工艺布置的。

究竟按哪一种形式来进行生产过程的布置，必须从企业的具体条件出发，全面分析不同布置形式的技术经济效果，考虑企业长远的战略决策和当前生产经营的需要后再加以决定。一般来说，工艺专业化原则适用于品种多、批量小、生产过程变化大的生产单位和市场需要变化大、产品更新快的环境；对象专业化适用于品种少、批量大、专业方向明确的生产单位和市场需要量很大又比较稳定的环境。

（3）固定组织形式与布置。

固定式布置（fixed position layout）是指加工对象位置是固定，作业人员和设备都随着加工产品或服务对象所在的位置而转移，例如内燃机车、大型船舶等。由于某些产品体积庞大笨重，不容易移动，将工作地按生产产品要求布置，产品固定，人员、设备、装配工具、零部件根据要求依次按工艺流程完成产品生产过程，如图 5 - 3 所示。

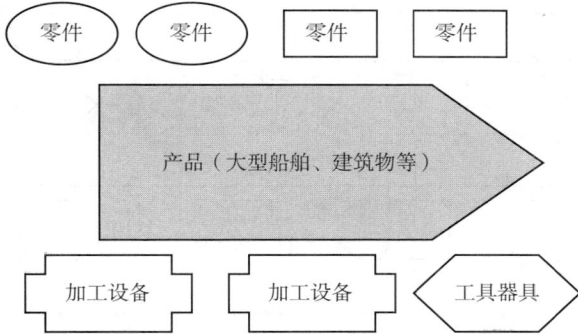

图 5 - 3  固定布置示意图

（4）成组单元组织形式与布置。

成组技术（group technology，GT），就是建立在工艺相似性原理的基础上，合理组织生产技术准备和生产过程的方法。自 20 世纪 50 年代成组技术在机械制造业中推广应用以来，其应用范围已由单纯的成组加工延伸到产品设计、制造工艺及生产管理等整个生产系统。成组技术已不再是单纯的工艺组织方法问题，它涉及产品设计、工艺设计、标准化工作、生产管理、计划管理等许多方面。从实际上讲，成组技术是一种生产组织管理技术，与此对应的成组生产单元和成组流水线等先进的生产组织形式在设施布局中得到广泛应用。

由于工艺相似性和被加工零件的几何形状、尺寸大小、精度要求、材料或毛坯种类等密切相关，所以，成组技术包含以下主要内容：

①对企业生产的所有零件，按照几何形状、尺寸大小、加工方法、精度要求、材料或毛坯种类的相似性，依据一定的分类系统进行零件的编码归类分组，达到"以码代形"的作用。

②根据划分的零件组，将同类型的零件组建为成组生产单元、成组生产线或成组流水线。成组生产单元是按完成一组零件全部工艺过程配置设备和工艺装备，并按典型的工艺过程布置设备。成组生产单元形式上与流水线相似，但它不受节拍时间的限制。

③按照零件的分类编号，为设计新产品选用类似零件，并把零件的分类编号同标准化、通用化工作结合起来。工艺技术人员按照成组工艺的要求使用典型的工艺规程和相应的工艺装备。在生产管理上，按成组零件组织生产。

④成批生产单元将成为多品种、中小批生产的理想组织形式。它兼有工艺专业化与产品专业化两者的优点，既富有柔性，能适应多品种生产的要求，又按一定的零件分类后形成的零件组进行布置，具有对象专业化的特征。

图 5-4 是成组单元布置示意图。

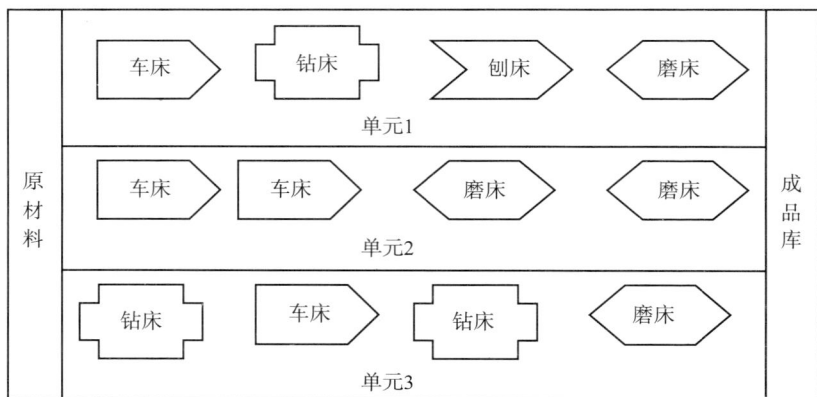

图 5-4　成组单元布置示意图

### 3. 基本布置形式的比较

上述 4 种类型在生产或服务供应量、设备利用、自动化效率、转换时间、柔性、设备种类等方面各有特点，见表 5-1，产品、工艺、固定位置布置及成组的相关特点。很明显在这些布置类型中作出选择，就是要在柔性和生产力之间作出权衡。因此需要决策者综合考虑作出权衡。

表 5 - 1 　　　　　　　　　　　　基本布置形式的比较

| 比较指标 | 产品布置 | 工艺布置 | 固定布置 | 成组布置 |
| --- | --- | --- | --- | --- |
| 生产或服务供应量 | 高 | 低 | 很低 | 中等程度 |
| 设备利用 | 高 | 低 | 中等程度 | 中等程度 |
| 自动化效率 | 高 | 中等程度 | 中等程度 | 高 |
| 转换时间 | 高 | 中等程度 | 高 | 中等程度 |
| 柔性 | 低 | 高 | 中等程度 | 中等程度 |
| 设备种类 | 高度专业化 | 一般目的 | 中等程度专业化 | 中等程度专业化 |

## 5.2.2　设施（工厂）总平面区划

设施（工厂）总平面布置（general layout）就是根据已选定的位置，把组成工厂的各个部分（厂房、仓库、管线、道路等）按地形进行布置，使之成为适应生产或服务和企业发展要求的有机整体。设施（工厂）总平面布置主要包括平面布置、立体布置和运输设计等内容。平面布置主要是确定各种设施在设施地点平面图上的相互位置；立体布置是要确定各种设施的标高及排水方案；运输设计主要是确定设施间的运输方式和运输路线等。设施（工厂）的平面布置对企业的物流、人流甚至信息流有很大的影响。据统计，制造业中原材料进厂后，从库存开始，经过取货发料、厂内运输、车间内各工序之间的运送、车间之间的运送，直到成品入库，所发生的运费占总成本的30%。此外，有关的管理人员因工作需要经常到其他生产部门处理事务，在路上走动要消耗劳动时间，厂区布置得合理，可以减少走路时间。设施（工厂）平面布置看似简单，其实是个比较复杂的问题，要尽可能采用科学的方法寻找最佳的布置方案。

### 1. 设施（工厂）平面区域布置原则

区域布置的根本要求是要有系统观点，兼顾各方面要求，精心安排，合理布局，精心安排，讲究整体效果。一般应遵循以下几条原则：

（1）基本生产运作为中心。设施（工厂）总平面布置首先应该以基本生产为中心，满足生产工艺过程的要求。基本生产单位是生产过程的主体，与它有密切联系的生产部门要尽可能与它靠拢，如辅助车间和服务部门应该围绕基本车间安排。

（2）符合制造工艺或服务流程的要求。工厂的生产过程是一个复杂的物流系统，各种生产及附属设施的布置必须符合生产工艺的要求，保证全厂的工艺流程要顺畅，使整体布置便于采用先进的生产组织形式，提高生产效率。

（3）物流、人流、信息流最优化。生产运作过程是一个有机整体，在满足工艺要求的前提下，要尽可能寻求最小运输量的布置方案，利用先进的运输方式，提高运输效率，同时还要求充分利用生产运作面积。

（4）适应经营发展的需要。为了适应企业未来发展的需要，在进行设施布置时，就必须考虑预先留出必要的扩展空间，以便在将来扩大生产运作规模时无须再重新选址和布置。当然，留有一定的发展空间不应是盲目的，而是在科学的战略和规划指导下进行。

（5）安全和环保原则。厂区布置还要有利于安全生产运作，有利于职工的身心健康，注意厂区及服务区的环境绿化和美化，并适当建有休息场所。同时，各生产运作部门的布置要符合环保要求，制造业厂区有三废处理措施，等等。

## 2. 设施（工厂）平面布置的方法

进行总平面布置首先要调查研究，既要了解企业与外界的联系，又要对企业整个系统全面分析，了解企业内部各组成部分之间的相互关系以及各个系统的目标任务。总平面布置要经过反复试验、比较、论证。开始时可以在纸面上利用模型进行设计，布置时一般先安排主要生产运作车间及现场和某些由特殊需要决定其位置的工作部门；其次是确定主要过道的位置；最后，根据各组成部分的相关程度，确定其他辅助部门和次要过道的位置。为提高布置的科学性，可辅以下述的定量方法。

（1）物料流向图法。这种方法常用于制造业和商贸流通业企业，就是按照原材料进厂后通过加工、装配等环节，物料在生产过程的总流量大小来布置企业各个车间、仓库和其他设施。图5-5所示为某机械厂的物料流向图。

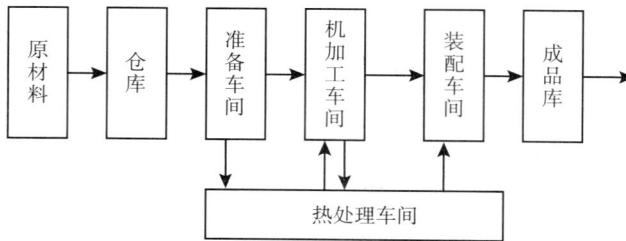

图5-5　物料流向图

采用此方法进行平面布置时，首先，要根据各产品的加工要求编制工艺路线图；其次，绘制物料运量表和运量相关线图，清楚地表明各个单位之间的运量大小；最后，本着总运量最小的原则，把相互间运量大的单位尽量靠在一起，以找到合适的布置方案。这种方法有利于降低运输费用，适合于运量较大的企业。例如，某企业有6个生产单位，各生产单位的运量如表5-2所示。

表 5 - 2　　　　　　　　　　各生产单位运量表

| 从＼至 | 01 | 02 | 03 | 04 | 05 | 06 | 合计 |
|---|---|---|---|---|---|---|---|
| 01 |  | 10 |  |  |  |  | 10 |
| 02 |  |  | 8 | 4 |  | 2 | 14 |
| 03 |  |  |  | 2 | 6 |  | 8 |
| 04 |  | 2 |  |  | 8 | 10 | 20 |
| 05 |  |  |  | 8 |  |  | 8 |
| 06 |  |  |  |  |  |  | 60 |
| 合计 |  | 12 | 8 | 14 | 14 | 12 | 60 |

根据表 5 - 2 可绘出运量相关线图，如图 5 - 6 所示。

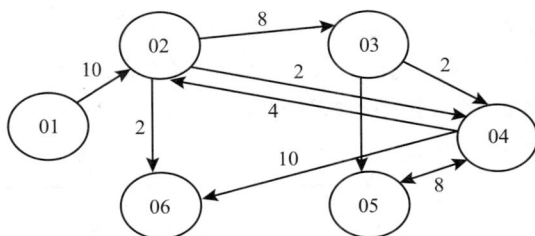

图 5 - 6　运量相关线图

由图 5 - 6 可知，04 车间和 05 车间、06 车间，02 车间和 01 车间、03 车间之间的运量最大，因此，在布置时应尽可能靠近，其他车间就可斟酌处理了。

（2）作业相关图法。作业相关图法是由穆德提出的，它是根据企业各个部门之间的活动关系密切程度布置其相互位置。首先将关系密切程度划分为 A、E、I、O、U、X 6 个等级，见表 5 - 3。然后，列出导致不同程度关系的原因，见表 5 - 4。使用这两种资料，将待布置的部门一一确定出相互关系，根据相互关系重要程度，按重要等级高的部门相邻布置的原则，安排出最合理的布置方案。

表5-3 关系密切程度分类

| 代号 | 密切程度 |
|------|----------|
| A | 绝对重要 |
| E | 特别重要 |
| I | 重要 |
| O | 一般 |
| U | 不重要 |
| X | 不予考虑 |

表5-4 关系密切原因

| 代号 | 关系密切原因 |
|------|--------------|
| 1 | 使用共同的原始记录 |
| 2 | 共用人员 |
| 3 | 共用场地 |
| 4 | 人员接触频繁 |
| 5 | 文件交换频繁 |
| 6 | 工作流程连续 |
| 7 | 做类似的工作 |
| 8 | 共用设备 |

例：一个小型企业有8个组成单位，其生产活动相关图如图5-7所示。该图左边第一栏表示该企业的8个组成单位，其他栏用字母和数字表示两个单位之间的联系。英文字母按表5-3给出的意义表示两个单位的密切程度，数字按表5-4给出的意义表示两个单位关系密切程度的原因。

| | 1 | 2 | 3 | 4 | 5 | 6 | 7 | 8 |
|---|---|---|---|---|---|---|---|---|
| 1. 原材料库 | | X | A=1, 3, 4 | I=1, 3 | X | U | U | O |
| 2. 成品库 | | | X | U | A=1, 2, 3 | X | U | O |
| 3. 毛坯车间 | | | | A=1, 2, 3 | X | X | U | O |
| 4. 机加工车间 | | | | | A=1, 2, 3 | A=1, 2, 3 | U | O |
| 5. 装配车间 | | | | | | E=1, 3 | U | O |
| 6. 中间库 | | | | | | | U | O |
| 7. 餐厅 | | | | | | | | U |
| 8. 办公室 | | | | | | | | |

图5-7 作业相关图示意图

根据图 5 - 7 编制密切程度及总分统计表，如表 5 - 5 所示。

**表 5 - 5** 各组成单位密切程度及积分统计表

| 原材料库 | | 成品库 | | 毛坯车间 | | 机加工车间 | |
|---|---|---|---|---|---|---|---|
| 与某单位密切程度 | 总分 | 与某单位密切程度 | 总分 | 与某单位密切程度 | 总分 | 与某单位密切程度 | 总分 |
| A - 3 | 6 | A - 5 | 6 | A - 1, 4 | 12 | A - 3, 5, 6 | 18 |
| I - 5 | 4 | O - 8 | 3 | O - 8 | 3 | I - 1 | 4 |
| O - 8 | 3 | U - 4, 7 | 4 | U - 7 | 2 | O - 8 | 3 |
| U - 6, 7 | 4 | X - 1, 3, 6 | 3 | X - 2, 5, 6 | 3 | U - 2, 7 | 4 |
| X2, 5 | 2 | | | | | | |
| 合计 | 19 | 合计 | 16 | 合计 | 20 | 合计 | 29 |
| 装配车间 | | 中间库 | | 餐厅 | | 办公室 | |
| 与某单位密切程度 | 总分 | 与某单位密切程度 | 总分 | 与某单位密切程度 | 总分 | 与某单位密切程度 | 总分 |
| A - 2, 4 | 12 | A - 4 | 6 | U - 1, 2, 3, 4, 5, 6, 8 | 14 | O - 1, 2, 3, 4, 5, 6 | 18 |
| E - 6 | 5 | E - 5 | 5 | | | | |
| O - 8 | 3 | O - 8 | 3 | | | U - 7 | 2 |
| U - 7 | 2 | U - 1, 7 | 4 | | | | |
| X - 1, 3 | 2 | X - 2, 3 | 2 | | | | |
| 合计 | 22 | 合计 | 20 | 合计 | 14 | 合计 | 20 |

由表 5 - 5 计算可以知道，机加工车间积分最高。所以，进行工厂总平面布置应首先确定它的位置。毛坯车间、中间零件库、装配车间与机加工车间都是 A 类关系，所以应靠近布置。原材料库与毛坯车间，装配车间与成品库之间也是 A 类关系，应考虑安排在一起。装配车间与中间零件库之间是 E 类关系，也应尽量布置在一起，等等。有了以上分析，可按各组成单位的面积比例绘制工厂平面布置的草图，如图 5 - 8 所示。

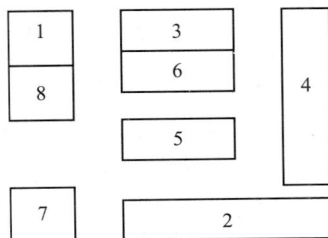

**图 5 - 8 设施（工厂）平面布置草图**

### 5.2.3 车间或作业单元布置

#### 1. 车间或作业单元总体布置

车间或作业单元布置是在设施（工厂）总平面布置完成以后进行的一项设计工作。具体来讲，就是确定构成车间或作业单元各部分的空间位置。一般情况下，车间或作业单元是由生产或服务设备、作业现场、工具、过道、仓库、管理及生活设施等组成。

在进行车间或作业单元布置时，应遵循经济高效的原则。制造业车间具体有以下几方面的要求：一是基本生产部分的布置，要符合生产工艺流程的要求，尽可能保持生产过程的连续性，减少在制品在加工过程中的堆积和等待；二是尽量缩短物料流程，尽量减少在制品运送的次数和数量，工人在工作中的行程尽可能短；三是辅助性生产和生产服务部分的布置要有利于为基本生产部分提供服务；四是车间内要留有足够的通道面积，要便于物料运输和安全；五是加强定置管理，使车间的所有设备和物品各归其所，保持生产作业现场的整洁；六是生活服务部分的面积应视车间人数需要而定，以便于职工使用。

#### 2. 车间或作业单元设备布置

在总体布置的基础上，就可以对车间或作业单元最主要的部分设备进行布置。在进行设备布置时，一是要考虑工人作业和布置工作地的方便性，使工人在设备间移动的距离最短；二是要保证安全和良好的工作环境；三是要充分利用车间的面积，可因地制宜地将设备排列成纵向的、横向的或斜向的队形；四是注意设备维护的方便性。

在设备布置时，除考虑上述的影响因素外，还应该尽量采用科学的方法来确定设备的空间位置。因为，生产运作过程中存在着复杂的协作关系，一件产品往往要经过许多工序，由众多设备对其进行加工之后才能完成。而设备布置的一个重要目标就是要使物料的运输路线最短和总运量最小，显然，解决这个问题单凭经验和试验的方法是不够的，还要采用某些科学方法。下面介绍一种制造业较为常用而简便的方法——从至表法。

所谓从至表是指物料从一个工作地到另一个工作地移动次数的汇总表，表中的列为起始工序，行为终止工序，表中的对角线上方表示前进方向的移动次数，对角线下方表示后退方向的移动次数。从至表法就是以从至表为基础，在确定设备位置的前提下，以表中对角线元素为基准计算物料在工作地之间的移动距离，从而找出物料总运量最小的布置方案。

采用从至表来确定设备布置方案的基本步骤是：

第一步：编制零件综合工艺路线图；

第二步：按照工艺路线图编制零件从至表；

第三步：调整从至表，使移动次数多的靠近对角线；

第四步：绘制改进后的从至表；

第五步：计算改进后的零件移动距离以验证方案。

从至表法是一种在产品品种较多、工艺顺序又不一致时，布置单行设备的试验方法。

值得注意的是，对于简单的设备布置方案，可以用手工方式，[①] 如果设备数量较多，所加工的零部件品种和数量也较多的情况下，单是用试排的办法是不能解决这类复杂问题的，必须辅之计算机手段。

## 5.3　服务设施平面布置的特殊性[②]

上述制造业平面布局方法大部分适应服务业设施布置，尤其是服务设施顾客不参与后台部分。但服务运营中有其特殊性，许多方面表现在设施布置中。

### 5.3.1　服务设施设计的框架

服务设施是指服务包中的服务支持设施要素，它是服务企业展开服务活动和顾客消费的物质基础。服务设施设计就是对服务包中支持设施所包含要素的设计。服务设施主要包含4个要素：设施位置、设施布局、设施装饰和支持设备。其中，设施位置是指服务设施的选址，包括宏观的区位选择和微观的地点选择；设施布局是指对服务设施的各种功能要素进行合理的空间布局，以此协调各种服务功能的动作秩序；设施装饰是指通过服务设施的内部装饰和外部装饰设计来满足服务功能和企业目标要求，创造良好的工作；支持设备具有很强的专业性，不同的服务行业有很大差异，它一般不纳入服务管理的讨论范围。

服务设施设计的目的是为服务活动的展开和顾客消费营造一个恰当的服务场景，通过有形展示使无形服务实现有形化。不同服务企业，如商场、餐厅、超市有不同的服务场景，有形展示是营造服务场景的基础。

### 5.3.2　有形展示与服务场景

#### 1. 有形展示

服务本身是无形的，顾客在购买之前会通过服务的各种有形线索来增强对服务的确定性，并进行评价；企业为帮助顾客判断和选择，会为顾客提供能证明其

---

① 申元月：《生产运作管理》，山东人民出版社 2005 年版。

② 蔺雷、吴贵生：《服务管理》，清华大学出版社 2008 年版。

服务性和价值的线索或凭证。有形展示也称服务证据，是指服务企业为使无形服务有形化而为顾客提供的、顾客能通过感觉手段（听觉、嗅觉、视觉、味觉、触觉）感知和体验到的关于服务特征的各种线索的组合。

### 2. 服务场景

服务场景，也称服务环境，是指用来支持服务设施的物质环境，它是经过布局和装饰设计后的服务设施。服务场景会对顾客和员工行为、感知产生影响，因此在创造服务体验和传递顾客满意的过程中发挥着重要作用。设计良好的服务场景有助于加强顾客的服务体验，传递公司的目标形象，巩固顾客的员工的预期反应，并支持服务的运营和产出。例如，医院、酒店、餐厅和商场的服务场景构成了企业整体价值的重要组成部分。其中，服务场景包括气氛和布景，布景又分为内部设施和外部设施。

服务场景的设计要素可以划分为三类：气氛（周边条件）；空间布局；标识、符号和制品。顾客倾向于从整体下这些要素，因此服务环境设计的关键在于不同要素间的相互协调与适应。

（1）气氛（周边条件）指服务环境内生活条件的舒适性，服务环境向顾客和员工传递舒适性，具体要素包括照明、颜色、音乐与噪声、气味、温度和湿度等。

（2）空间布局包括设施的布局、装修及两者的关系，它们会影响顾客的购买行为和满意度以及服务设施的功能发挥。空间布局的指导原则是满足顾客需求，创造良好的服务联系，使顾客安心使用。服务供应商要准确识别顾客与服务环境的内部和外部接触点。

（3）标识、符号和制品在服务环境中起着重要作用。首先，它们能为顾客在服务环境中引导方向，包括东西摆放的位置指示、服务各部分地点指示和负责人指示；其次，它们提供了服务的线索。

### 5.3.3　服务环境设计工具

服务企业可以通过运用以下工具，有效地设计服务环境。

### 1. 环境调查

运用意见箱、焦点小组访谈等调查工具，从基层员工和顾客处收集反馈意见和各类创意。

### 2. 试验法（现场观察）

通过经理、员工等对消费者行为以及我们对服务环境的反应进行敏锐的试验和现场观察来设计环境。例如，将不同类型的音乐与气味搭配，关注消费者在这样的环境中所消费的金额、停留时间及满意程度；在实验室中采用幻灯片模拟真实的环境，检验在真实环境中难以实现的设计因素所带来的影响，包括检验不同的颜色风格、空间设计和家具类型对顾客的影响。

### 3. 服务蓝图

运用服务蓝图方法描绘服务环境中的实体因素，顾客在服务传递过程中每一阶段所涉及的实体因素都能够被识别。

## 5.3.4　服务设施的影响因素

服务设施的设计会直接影响服务运营的结果。例如，没有设置禁烟区域的餐厅、没有设计隐秘试衣间的商场将失去大量潜在顾客。服务设施的设计强调服务目的、所需空间、柔性、美观因素、安全性和环境等要素。

### 1. 服务的性质和目标

服务的性质和目标即核心服务的目标决定了设施设计的基本参数。例如，消防站必须有足够的空间安置消防车辆、值班人员和维护设备，内科医生办公室布局必须能保护人的隐私，银行必须设有专门的保险柜区域。

### 2. 空间需要

用于服务设施的土地资源受到很多限制，如成本、规划要求等。对服务设施尤其是建筑的外观、结构及周边配套设施也有很多管理条例，如楼高限制，需要留出街边的停车场空间，为将来的扩展留出空间等。服务企业在设计时必须考虑所有限制因素。在市区的建筑物只能向上发展，服务组织在设计中需要有足够的巨大的灵活性和创造性。

### 3. 柔性

服务需要的动态变化特点决定了服务组织对要求有一定适应能力，这取决于服务设施在最初设计时赋予服务组织的柔性，这在实质上是"为未来而设计"。在设计阶段服务组织必须明确回答以下问题：怎样设计才能满足未来业务扩展的需要，怎样设计才能适用于提供新的不同类的服务。例如，国内很多机场的候机厅都是在 20 世纪航空旅客较少、业务不繁忙时设计完成的，但随着这些年航空旅客数量的激增，这些候机厅已不能满足需要，因此当前国内改建、扩建的候机厅不在少数。

### 4. 美学因素

设施设计的美学因素对消费者的感觉、态度和行为有显著影响，还会影响服务员工提供的服务。如拥有宽敞、明亮空间和精美装潢的售楼处明显要比较窄、阴暗且装修一般的售楼处使顾客更愿意停留。

## 5. 安全性

安全性是服务设施设计时要重点考虑的因素。在银行、超市、机场等公共场所，服务企业要运用先进的安全技术来保证安全性。如游泳池边安许多救生圈和安全沟、高楼层设置篱笆和障碍等、在博物馆的珍贵文物前设计隔离区域等。

## 6. 社会与环境

服务组织在设计服务设施前，必须考虑外部社会和环境的可接受性，如干洗店是否能保证有害的化学物质不会影响当地环境，KTV 是否影响周围居民的夜间休息等。

### 5.3.5 几种典型服务部门的布局

#### 1. 零售商店布局

零售商的目标是实现每平方米营业面积的利润最大化。零售业的销售量与顾客接触到的商品量有直接关系，商品的覆盖面越广，销售业绩越好，投资回报率越高。零售业管理者可以运用以下两个步骤对零售店进行布局；第一，对商店进行整体布局，确定商店的流动模式；第二，对该模式下的各类商品进行空间分配。

#### 2. 办公场所布局

办公场所布局的目的是解决信息的传递和交流问题，包括人的交流和文件的交流。办公信息交流包括以下几种模式：面对面交流；电话或网上交流；邮件、文件交流；小组讨论或开会交流；对讲机交流。若所有工作通过电话或通信设备完成，则办公场所配置就会很简单。进行办公场所布局要考虑如下因素：

（1）考虑团队（部门）内部员工之间以及不同团队（部门）之间发生的频繁交流；

（2）设置会议室，尤其是那些向客户提供专业服务的企业；

（3）若顾客会光顾工作场所，则该场所应比普通办公室布置得更美观一些；

（4）办公室走廊要专门设计，以方便员工进出，同时避免穿越他人办公区；

（5）单个办公室的设计应通过办公室大小、朝向以及位置反映出该人的工作地位；

（6）公用设备（如文件柜、公用复印机、传真机、碎纸机等）应放置在方便使用的地方，同时为文具、易耗品存放留出场地；

（7）办公室应设置接待区，要求既舒适又能提供方便；

（8）有必要时要配置卫生间和衣帽间；

（9）办公室应配备一个计算机信息交流中心。

（10）办公室的布局取决于整个办公室的面积、形状、工作的流程以及员工间的关系。每个员工要有自己的工作区间，其设计应使员工完成工作和整体工作的效率都实现最大化。不同的员工需要配置不同的工作环境、工作设施、空间以及不同的私密化程度。

## 3. 仓库储藏室布局

仓库布局的目标是找到库存处理成本和库存空间的最佳平衡点，即在保持以成本处理存货的基础上，充分利用仓库空间，使仓库的总体积利用率达到最大。其中，库存处理成本包括进货、储藏、出货在内的所有成本支出，涉及设备、人力、存货种类、监管系统、保险、货物变质、短损和折旧等因素。除商品自身的变质和损耗外，管理者要设法使搜索和搬运商品的费用降到最低。实现仓库布局最优的关键是储存的商品种类以及提取商品的数量。商品种类少，存放密度就可以大，反之存放密度应缩小。

## 宜家"迷宫式"设计滞留顾客促消费

中新网 1 月 24 日电，据英国《每日邮报》报道，商店设计专家称，宜家"迷宫式"的商场布局是一种心理武器，在尽可能长时间留住顾客的同时还从心理上迫使消费者进行冲动消费，购买更多的商品。

据伦敦大学学院建筑环境学虚拟现实中心主任阿兰·佩恩（Alan Penn）称，宜家的战略同一些郊区的购物中心类似，尽可能长时间地留住顾客。

虽然，宜家商场内都有快捷通道，但顾客却很难找到出口，只能沿着内部设定好的通道去参观更多的商品。

由于"迷宫式"的线路令顾客很难找到走过的路，因此顾客在看到称心的商品时，就会放进购物车里，以免错过后再也找不到了。大量冲动消费也随之而来，如灯泡、煲锅等一些原本不想买的东西。

巧妙的"迷宫"设计，加上物美价廉的商品，使得宜家 2010 年在 26 个国家的 283 家分店总共赢利 23 亿英镑（约 241 亿元人民币）。

但宜家否认其店内设计是故意迷惑顾客。据其英国及爱尔兰副总经理称，宜家的展厅旨在给顾客展示很多不同的室内布局，包括厨房、卧室、客厅等。一些顾客会花一天的时间在宜家，欣赏各种不同的布局。但宜家也欢迎提前在网上浏览过商品、有目地来快速购物的顾客。

（资料来源：中国新闻网，2011 年 1 月 24 日　责任编辑：王小丹）

## 5.4 现场管理①

### 5.4.1 现场及其管理的主要内容

#### 1. 生产运作现场

生产运作现场就是从事产品生产、制造或提供生产服务的场所。即劳动者运用劳动手段，作用于劳动对象，完成一定生产作业任务的场所。对于制造型企业来讲，它既包括基本的生产作业场所，也包括生产技术设备、辅助生产以及生产服务部门的工作现场，如仓库、工装夹具模具制作室、试验室等。在我国工业企业中习惯于把生产现场简化为车间、工场或生产线等。

由于生产运作现场是企业产品实现的主要场所，因此它具有创造效益、能提供大量信息、综合展示企业形象以及直接或间接反映问题等功能。

#### 2. 生产运作现场管理的含义

生产运作现场管理的含义有广义和狭义之分。广义的生产运作现场管理，是指对企业所有生产经营活动场所的管理。它不仅包括生产作业现场，而且还包括与生产作业有关的准备工作现场、服务工作现场和办公现场等。狭义的生产现场管理，主要是针对企业生产作业现场的管理。即指对作业现场的各要素进行计划、组织、协调与控制的一系列管理活动。本教材讨论的生产现场管理则是指狭义的生产现场管理。

#### 3. 生产运作现场管理的内容

现场管理的内容可以从不同的角度去概括和分析。例如，从管理职能的角度分析，现场管理具有计划、组织、控制、激励和教育等职能；从构成现场的点、线、面分析，现场管理可分为工序管理、生产线管理、车间管理。下面从典型的制造业生产运作现场的构成要素和管理对象两个角度来阐述生产运作现场管理的内容。

（1）从生产运作现场的构成要素来看，生产运作现场管理的内容主要有以下几个方面：

①"人"。它包括生产运作现场管理的组织领导者、技术人员、管理人员以及操作人员、辅助生产运作人员。"人"是生产运作现场管理中最关键的因素。

②"机"。即生产运作现场的工具、设备。包括工、夹、量、模、刀具及机

---

① 潘艾华、阮喜珍：《生产运作管理实务》，武汉大学出版社 2009 年版。

械设备、电器设备、运输设备和检测装置等。这是组成现场生产力的重要因素。

③ "料"。它是指生产运作现场需用的各种原材料、辅助材料、配套件、在制品、半成品等。它们是组成现场生产力的重要因素，也是生产运作现场管理中数量大、变化多、难度最大的因素。

④ "物"。它是指生产运作现场需用的其他辅助性物品、基层管理人员现场办公设施和生活设施。如工具柜、更衣柜、饮水柜、消防器材、换气设施、制冷或暖气设施等。这是生产运作现场管理中比较繁杂，但又不可忽视的内容之一。

⑤ "法"。它是指组织现场生产运作所需的各种制度、法规、标准和技术工艺文件、作业指导书等。

⑥ "环"。它是指生产运作现场的环境。包括厂房、场地、通道、作业区域、存放区域的划分、通风照明、温度、湿度、防震、防磁、防辐射、防噪声等环境条件以及安全文明生产等。

⑦ "资"。它是指投入生产运作现场的固定资金和流动资金的总和。生产运作现场管理的目的之一是加强生产运作现场成本控制，减少资金占用，降低生产成本，提高生产运作现场的经济效益。

⑧ "能"。它是指生产运作现场所需要的油、电、气等动力资源。节能降耗也是生产运作现场管理的目的之一。

⑨ "信"。它是指生产运作现场经常进行的信息交流与信息反馈。生产运作现场管理的目标之一是保证信息准确、充分，保持信息渠道畅通、信息反馈迅速。

（2）从生产运作现场管理的对象来看，生产现场管理的内容应包括以下几个方面：

现场生产运作组织管理。包括现场生产组织的确定及改善、班组建设、生产作业计划的编制、现场生产调度、生产进度的统计分析等。

现场工艺技术管理。包括技术图纸、作业指导书工艺文件及工艺规程执行情况的检查、考核，以及工艺流程的确定和工艺改进、技术改进等管理。

现场质量管理。包括现场质量监测、控制以及质量保证体系的运行、现场文明生产的组织实施等。

现场设备管理。包括设备的维护、保养、修理和设备的合理利用、安全操作等。

现场物资管理。包括生产现场需用的其他辅助性物品、基层管理人员现场办公设施和生活设施的管理等。

现场劳动管理。包括劳动力的调度和安排、劳动定额的制定、修订和实施、劳动技能的训练和提高、劳动纪律的执行等管理。

现场安全管理。包括安全纪律、安全设施、防尘、防毒、防火、防汛、防辐射、防干扰、防噪声以及防暑降温、防寒等管理。

现场环境管理。包括厂容厂貌、通风、照明、粉尘、噪声、温度、湿度等的管理。

现场成本管理。包括生产批量的确定，材料定额和工时定额的执行、控制、统计与分析，原材料的合理利用，节能降耗工作的开展等。

生产运作现场管理诊断。包括发现生产现场问题，提出改进的目标，找出存在的主要因素，提出相应的改进措施，然后对症下药，优化生产现场管理等。

### 5.4.2　现场管理基本方法

#### 1. 生产运作现场管理的基本要求

物流人流有序。即要求实现生产运作现场的所有物料流动井然有序，没有或很少有不必要的往复、交叉、短缺或库存等。

生产运作均衡。即要求工艺布局、劳动组织合理，生产运作条件准备充分，生产运作活动按工艺流程、作业计划有节奏地进行。

设备设施完好。即要求遵守设备与设施使用、维护、检修规程，各类设备保持完好、整洁。

信息及时准确。即要求各种原始记录、资讯管理系统、报表的填写要符合规范，字迹工整，数字准确，传递及时等。

执行细节严明。即要求建立健全并严格执行各种生产运作的规章制度、工艺规程、操作规程和安全规程等，生产运作活动做到有法可依、有法必依、执法必严、违法必究。

现场环境整洁。即要求生产运作环境满足作业要求、满足工人的身心健康要求，符合国家有关环境卫生规定，坚决消除生产现场"脏、乱、差"的状况，实现安全文明生产运作目标。

标本统筹兼治。即要求对生产现场所表现出的问题，应深入分析其产生的原因，从根本上消除其再发生的可能性。通过纠正和预防并举，实现标本统筹兼治。

#### 2. 定置管理

定置管理是对生产运作现场中的人、物、场所三者之间关系进行科学的分析研究，使之达到最佳结合状态的一种科学管理方法。它是以生产运作现场为研究对象，通过整理，把与生产运作现场作业无关的物品及时清理掉；通过整顿，把生产运作现场需要的物品放置在规定的位置；最终以物在场所中的科学定置为前提，以定置的信息系统为媒介，使各生产运作要素有机结合，实现生产运作现场管理的科学化、规范化、标准化。

定置管理的基本原则如下：

（1）有物必有区。即应划区、分位进行物品摆放。

（2）有区必标识。即充分发挥信息媒介的作用，让各区域、位置都有便于区别的鲜明的标志，使区位清楚明确。

（3）符合工艺要求。即按工艺顺序和特点进行物品划区，以便于操作和使用。

（4）适应动态变化。即在开展定置管理时，应将固定标识与移动标识相结合、将固定区位与自由区位相结合，以更好地满足生产管理的需要。

（5）追求安全效率。即定置管理应以安全、高效为目标，对特种危险物品进行特种定置，对常用一般物品以快捷、方便为前提定置。

### 3. 目视管理

目视管理是利用视觉感知各种直观形象、色彩适宜的信息来组织现场生产活动，达到提高劳动生产率的一种管理方式。它是以视觉信号为基本手段，以公开化为基本原则，尽可能地将管理者的要求和意图让大家都看得见，用以推动自主管理、自我控制。

据统计，人的行动的 60% 是从"视觉"的感知开始的。在生产现场我们可以给一些仪器仪表安装一些装置，并在正常范围内做上绿色标志，一旦指针偏离绿色范围，就知道有异常情况发生，需要我们及时作出检查。目视管理是一种管理手段，尽量让各种管理状况"一目了然""一看便知"，全体员工容易明白，易于遵守，减少差错。因此，目视管理是一种很简单又很有效的管理方法。在管理中，通过目视管理使各种管理状态和方法"一目了然"，使员工通过眼睛的观察就能把握现场运行状况，让员工能及时、准确地判断，达到"自主管理"的目的。所以目视管理是一种以公开化和视觉化为特征的管理方式，也称为"看得见的管理"。

目视管理需要借助一定的工具，按照这些工具的不同，目视管理可划分为：

（1）红牌。如用于 5S 活动中的整理阶段，来区分日常生产活动中非需要品。

（2）看板。在生产现场，用来表示使用物品、放置场所等基本状况的告示板。它们的具体位置在哪里、做什么、数量多少、谁负责等重要事项记入，让人一看就清楚。

（3）信号灯。用于提示生产运作现场的操作者、管理者生产运作设备是否在正常开动或作业，发生了什么异常状况。

（4）操作流程图。描述生产运作中重点工作、作业顺序的简要说明书，用于指导作业者作业。

（5）反面教材。它为实物、图片结合使用，让生产运作现场的每个人了解、明白不良现象和后果。反面教材一般放在显著的位置，让人们一眼就可以看到。

（6）提醒板。健忘是人们的大忌，但有时又难以杜绝。借助提醒板这种自主管理的方法来减少遗忘或遗漏。

（7）区域线。生产运作的现场，对原材料、半成品、成品、通道等区域用醒目的线条画出区分，保持生产现场的良好生产运作秩序。

（8）警示线。在仓库或生产运作现场等放置物品或设备运行的现场用有色胶带等作出安全警示。

（9）生产运作管理板。用于表示生产运作现场中流水线设备的生产状况，可记载生产运作实绩、设备的开动率、异常原因等。

### 5.4.3　5S 活动内容与推广

5S 起源于日本。1955 年，日本企业为确保作业空间和安全，推出 2S 活动，即整理、整顿。其宣传口号是"安全始于整理整顿，终于整理整顿"。随后，因生产控制的需要和品质控制的需要，它们又逐步提出后续的 3S，即清扫、清洁、素养。1986 年，首本 5S 著作在日本问世，从而对现场管理模式产生了较强烈的冲击，也推动了整个日本企业现场管理模式的变革，并由此掀起了 5S 活动的热潮。

日本企业将 5S 活动作为其管理工作的基础，应用在企业管理的各个方面。特别是在丰田公司的积极倡导和推行下，5S 活动对于塑造企业形象、降低成本、准时交货、安全生产、高度的标准化、创造令人心旷神怡的工作场所、现场改善等方面都发挥了巨大作用，从而逐步被各国的管理界所认识。随着世界经济的发展，5S 已经成为工厂管理的一股新潮流。

20 世纪 90 年代早期，5S 活动方法引入我国。我国企业结合当时如火如荼的安全生产活动，在 5S 的基础上，增加了安全，从而形成 6S。之后，有的企业又在 6S 的基础上增加了节约、习惯化、服务及坚持等，从而形成了 7S、8S 直到 10S。

1. 整理（seiri）

它是 5S 活动的第一步。其内容是对现场的物品进行清理，区分要与不要的物品，把不要的物品移往别处保管，现场只保留适量的必需物品，以提高现场的使用空间和效率。

整顿活动的要点主要有三个。一是对生产运作现场摆放和停滞的各种物品进行分类，区分哪些是现场需要的，哪些是现场不需要的，哪些是不用的，哪些是长期不用的；二是当场地出现紧张时，首先考虑的不是增加场地，而是开展整理活动；三是即便是必须用、立即用的物品，在现场保留也要适量。对于永久性不用的物品，应坚决处理掉；对暂时不用的物品，应进行合理保管。

（1）现场整理的物品包括：

废弃无使用价值的物品，如过期变质的物品、无法修理的设备工具、过时的资料等；

不使用的物品，如已停产的产品原辅材料、半成品、包装物等，已无保留价值的实验品或样品，已被替换而无用的物品等；

销售不出去的产品，如过时、预测失误而过剩的、有缺陷的产品等；

造成生产不便的物品，如取放物品不便的盒子、影响搬运传递的门等；

占据场地重要位置而又只是偶尔使用的其他闲置物品。

（2）整理活动的作用主要表现在以下六个方面：

- 改善和增大作业面积；
- 现场无杂物，行道通畅，提高工作效率；
- 减少磕碰的机会，保障安全，提高质量；
- 消除管理上的混放、混料等差错事故；
- 有利于减少库存量，节约资金；
- 改变作用，使员工心情舒畅，提高工作效率。

## 2. 整顿（seiton）

它是指对现场保留的必需物品进行科学合理的摆放。它是生产运作现场改善的关键。摆放留在现场的必需物品通常采取六定方法。即定区（物品放在什么场所合适）、定点（物品放在什么地点合适）、定容（用什么容器合适）、定量（放置多少）、定标识（用什么标识以便识别）、定法（针对物品特点采用什么放置方法合适）。

（1）整顿活动的要点是：

物品摆放要有固定的区域和地点，以便于寻找和消除因混放而造成的差错；

物品摆放要科学合理，例如根据物品使用的频率，经常使用的东西放得近些（如放在作业区内），偶尔使用或不常用的东西则应放得远些（如集中放在车间某处）；

物品摆放目视化，使定量装载的物品做到过目知数，不同物品摆放区域采用不同的色彩和标记。

（2）整顿活动的作用主要表现在：

减少物品寻找时间，提高工作效率；

能马上发现异常情况，及时采取纠正预防措施，减少故障发生，提高控制质量。

## 3. 清扫（seisoh）

把工作场所打扫干净，设备异常时马上修理，使之恢复正常。现场在生产运作过程中会产生灰尘、油污、材料屑和垃圾等，从而使现场变脏。脏的现场会使设备精度降低，故障多发，影响产品的质量，使安全事故防不胜防，更会影响人们的工作情绪，使人不愿久留。因此，必须通过清扫来清除那些脏污，创建一个明快、舒畅的工作环境，以确保员工能够安全、优质和高效率地工作。

（1）清扫活动的要点是：

建立清扫责任区（室内/外）；

执行例行扫除，清理脏污；

调查污染源，予以杜绝或隔离；

设备的清扫，重点放在设备的维修保养上，并结合设备的日常检查。把设备的清扫与检查、保养润滑结合起来；

清扫也是为了改善，所以当清扫地面发现有飞屑和油水泄漏时，查明原因并采取措施加以改进；

建立清扫基准，作为规范。

（2）清扫的作用主要表现在：

通过彻底地清扫，清除脏污，保持现场干净、整洁、明亮，从而稳定产品质量，减少工业伤害；

有利于及时发现和处理现场异常，减少和避免设备故障和质量损失。

### 4. 清洁（seiketsu）

它是指对经过整理、整顿和清扫以后的现场状态进行保持。清洁，不是单纯从字面上来理解，而是对前三项活动的坚持与深入，从而消除发生安全事故的根源，创造一个良好的工作环境，使员工能愉快地工作。

清洁活动的要点是：

车间或作业现场，而且要做到清洁卫生，保证员工身体健康，增强员工劳动热情；

不仅物品要清洁，而且整个工作环境要清洁，进一步消除混浊的空气、粉尘、噪声和污染源；

不仅物品、环境要清洁，而且员工本身也要做到清洁，如工作服要清洁，仪表要整洁，及时理发、剃须、修指甲、清洁个人卫生等；

员工不仅做到形体上的清洁，而且要做到精神上的"清洁"，待人要讲礼貌，要尊重别人。

领导以身作则，并通过各种途径，坚持不懈地强化5S意识；

推行制度化、透明化管理，用制度来引导和监督约束。

### 5. 素养（shitsuke）

它是指养成良好的工作习惯和行为规范。素养即教养。努力提高人员的素质，养成严格遵守规章制度的习惯和作风，这是5S活动的核心。没有人员素质的提高，各项活动也不能顺利开展，开展了也坚持不了。所以，抓5S活动，要始终着眼于提高人的素质。5S活动始于素养，也终于素养。

在开展5S活动中，要贯彻自我管理的原则。创造良好的工作环境，不能单靠添置设备来改善，也不要指望别人来代为办理，让现场人员坐享其成。应当充分依靠现场人员，由现场的当事者自己动手为自己创建一个整齐、清洁、方便和安全的工作环境。使我们在改造客观世界的同时，也改造自己的主观世界，产生"美"的意识，养成现代化大生产运作所要求的遵章守纪的风气和习惯。加上因为是自己动手创造的成果，也就容易保持和坚持下去。

# 5S 管理误区

误区一：5S＝大扫除。很多员工认为，5S 就是打扫卫生，清洁周围环境。在整理阶段，为了应付检查，有的员工在大扫除时把原本有用的比武题库、化验员读本等书也给扔了，他们说不扔没地方放。其实，整理整顿不是让你扔东西，而是让你清除不必需的，然后将有用的物品分类摆放、明确数量。5S 是持续改进的活动，在于员工素养的养成，营造整洁的现场，而大扫除是临时性活动。

误区二：5S＝企业形象工程。在推进过程中，企业除了张贴 5S 宣传画、标语口号外，有员工认为，企业今天要求整理资料柜，明天要求水杯、洗衣盆、电话、记录等都在指定的区域摆放，后天又要检查更衣柜，不仅自由没有了，一点儿个人隐私也没了。这不是面子工程是什么。

其实，文件资料等分类摆放，有助于有效减少查找时间，提高工作效率。检查更衣柜，按要求只放必需的便是。因为在以往的工作中，我们经常为找一样东西花费大量的时间，这也是一种浪费。

误区三：5S 检查＝检查评比。有的企业误认为推进 5S 就是定期对各部门现场进行5S 检查评比。没有其他有效的活动，光靠检查评比是很难持续提升 5S 水平的。5S 活动循序渐进地推进，必须在活动过程中注入具体的内容，而评比检查只是活动内容的一部分。5S 检查评比充其量只能帮助企业维持一定的清扫水平，期待通过检查评比来提升5S 活动水平是不够的。

误区四：5S 考核＝罚款。有的企业在对基层单位 5S 考核中，不合格者予以罚款，引起员工不满。笔者认为，企业在推进 5S 管理中，应多采用正向激励法。鼓励员工不断地提出合理化建议，采纳与否都给予反馈，并对好的建议者和好的执行者给予奖励。企业精细管理的核心是人，管理的根本目标是为了人、依靠人、发展人，管理的过程就是要激励和满足员工健康向上的积极追求，开发人的潜能。

误区五：5S 管理＝追求进度。有的企业在推行 5S 管理中违反了客观规律，光凭自己的主观意愿去办事情，尽管用心是好的，但结果必然碰壁。有的单位没有对员工进行很好的培训，就按照 5S 管理的要求，让员工去划线、摄像定位，等等。有的员工在管理人员的指导下，现场环境明显改观，但员工却不知其所以然，只是被动地接受，往往收不到理想的效果，其 5S 管理就成了"空中楼阁"。

误区六：5S 活动＝员工活动。这种认识混淆了全员参与和自发行动的含义，认为强调全员参与就是要员工自觉参与。其实 5S 是全员参与的活动，但不可以放任不管。企业领导如果决定在企业内推进 5S 活动，就要做好长期推进、坚持不懈的思想准备。要有效推进这项活动，持续保持从公司高层自上而下的强大推动力十分必要，同时也是 5S成功的关键。

（资料来源：https://jingyan.baidu.com/article/a501d80cd477e2ec630f5ee8.html）

由此可见，整理、整顿、清扫、清洁、素养，这五个项目并不是各自独立、互不相关的，它们之间是种相辅相成、缺一不可的关系。其中，整理是整顿的基础，整顿又是整理的巩固，清扫是对现场管理在整理、整顿后的深化，而通过清洁和素养，则是使整理、整顿、清扫的效果得以保持并形成规范、习惯的活动，完成由"形式化到行事化再到习惯化"和"行为到态度"过程，如图 5 – 9 所示。系统地开展 5S 活动，是实现企业安全文明生产运作、全面提高企业工作质量的一条有效途径。

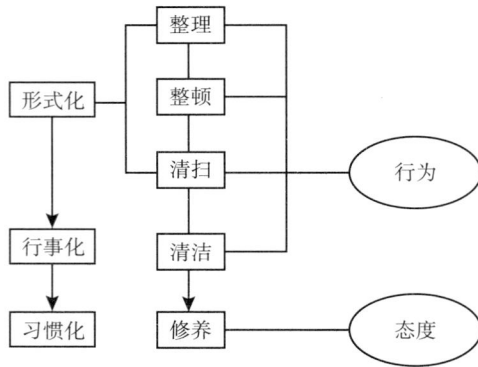

图 5 – 9　5S 推广机制

## 【本章小结】

本章介绍了生产运作设施概念，讨论了设施选址影响因素，提供了各类设施选址和布局方法方面内容，展示了系统布局的微观管理细节部分现场管理主要内容及其方法。上述内容是生产运作系统规划设计操作实施必经阶段，是供应链系统微观落地的重要组成部分，对后期生产运作操作细节有很大影响，直接反映到生产运作成本等绩效方面。

## 【推荐读物】

1. 胡正华等：《设施规划与设计》，科学出版社 2006 年版。
2. 黄杰：《图解现场管理一本通》，中国经济出版社 2011 年版。
3. 孙少雄、孙宝东：《服务业 5S 精益管理：品质改善利器》，机械工业出版社 2010 年版。
4. 潘艾华、阮喜珍：《主编生产运作管理实务》，武汉大学出版社 2009 年版。
5. 张鸿萍、孟宪华、申元月主编：《生产运作管理》，经济管理出版社 2011 年版。

## 【复习思考题】

1. 影响设施选址的因素有哪些？
2. 经济全球化对设施选址有何影响？

3. 常见设施布置类型有哪些？各有什么特点？

4. 设施（工厂）平面布置的原则是什么？

5. 服务设施平面布置有何特殊性？

6. 现场管理主要内容。

7. 谈谈 5S 含义及其主要内容。

8. 现场管理基本方法有哪些？

## 【本章案例】

### 纠结十余年，历城二中终于要搬迁了

2016 年 10 月 15 日凌晨，济南市历城二中官方微信发表《历城二中致学生家长的一封信》。信中称，按照规划，济南市历城区拟将历城二中迁建至唐冶新区，新学校将在年底开工建设，一年半后建成搬迁。

随后，在一条名为《济南市历城二中及稼轩学校唐冶新校区建设工程方案设计招标公告》中称，"历城二中占地 11.6 公顷，稼轩学校占地 9.3 公顷。"项目情况显示，该项目已批准建设，项目业主为济南市历城区唐冶新区管理委员会，建设资金来自政府投资。

其实，早在 2016 年年初，历城区政府信息公开网站中就曾发布《唐冶新区2015 年工作总结和 2016 年工作计划》。其中就提到，协同区教育局策划历城二中高中、初中整体搬迁工作。但据业内人士介绍，在 10 月 10 日，紧邻中学的齐鲁制药厂发生爆炸事件后，经过主题会议才正式确定了搬迁计划。

对于广大师生来说，如何保证搬迁后学校的教学质量，提升历城二中本身的教学品牌是必须考虑的问题。据悉，目前历城二中现校址附近有教职工宿舍，随着学校五十多年的发展，不论是硬件还是软件都颇具水平，其教育质量也受到了市民的肯定。为此，"整体搬迁"也就成了题中之意。

据了解，不少家长认为应当整体搬迁，也就是不论学生还是老师全部搬迁到新校区。"搬迁重点是这个学校的文化，要搬迁的话如果单纯学生过去而老师不过去，会影响到整个学校的发展，因此，整体搬迁是有必要的。"一位业内人士如是说，而在前几日召开的主题会议上，这一想法也得到了与会人员的认同。

此前，济南市环保局相关人士接受媒体采访时表示，历城二中与齐鲁制药十余年关于污染问题的争执一直是济南环保工作的热点和难点，更是城市发展与工业化带来的问题的一个样本。在目前技术有限的前提下，最好的解决办法是两家有一家搬走，但是难度都不小，需要群策群力来解决。

## 【问题与讨论】

1. 如果你作为历城二中的一位咨询师，为确定最佳选址方案，需要考虑哪些因素？

2. 你准备用哪些指标来评估选址方案，如何确定这些指标的重要性？

(资料来源：改编自：大众网，http://sd.dzwww.com/sdnews/201610/t20161016_15022394.htm)

# 第6章 生产运作工作系统设计

【引例】

## 加速快递路径优化，唯品会提升全国物流配送效率

如何评价一家电子商务网站的优劣，除了商品质量正品保证、价格实惠之外，商品配送物流速度、快递员送货的态度等因素越来越受到客户的重视。唯品会目前已拥有1亿会员，全国华北（天津）、华东（江苏）、华南（广东）、华中（湖北）、西南（四川）等五大物流中心分拨配送发货，每天发出的总订单量超过60万件。

据了解，在不断寻求正品、优质、低价与高效的电商消费体验的创新道路上，唯品会致力于提升1亿会员的用户体验，通过快递配送路径优化的研究，提升快递包裹配送的效率，使技术及方法优化从而使客户预约收件的成功率大大提升，让客户在准时、及时的收货要求下顺利完成在唯品会的消费体验。

唯品会技术中心目前正在研究开发的上千个技术项目中，对快递员路径优化与收货预约方案的探讨展开了深入的研究，利用GPS的定位功能、GIS的可视化环境对物流配送进行管理，从根本上改变传统物流的管理和分析模式，并借助GIS的空间信息分析与加工功能，为空间辅助决策提供可靠平台，从总体上提高"最后一公里"快递配送的运营效率。

唯品会希望从整体上提升国内商品配送的速度，从原来的5天左右送达提升到3天左右送达，再到次日达，甚至提升到即日达。这个过程中唯品会技术中心将通过物流大数据平台的创建、物流快递路径数据收集进行，将不遗余力地通过移动实时定位数据采集与处理、快递员与客户用户画像分析，结合用户的预约时间，设计能够帮助快递员决定配送顺序的快递配送调度模型，更进一步地研究干线物流上的配送优化，从点到面，从局部到整体把快递员配送路径、客户收货实时监控、满意度数据收集等信息呈现数据可视化展示，全方位管控物流配送领域的各个分支，保障快递配送的路径畅通无阻。

（资料来源：节选自：http://mt.sohu.com/20150925/n422096919.shtml）

【本章学习目标】

1. 了解工作设计的概念及其决策要素。

2. 了解工作设计的管理方法，比较工作扩大化、工作职务轮换、工作丰富化的异同。

3. 明确团队工作方式的内涵以及分类。

4. 了解工作研究的概念、基本内容和具体步骤。

5. 明确方法研究的概念、内容和原则。

6. 明确时间测定的步骤和三种主要方法。

7. 理解劳动生产率的内涵以及相应的计算公式。

8. 了解劳动定额的形式。

9. 明确工时定额的构成及不同生产运作类型的计算方法。

10. 明确劳动定额的制定方法。

## 6.1　工作系统设计概述

根据定义，生产运作经理的职责就是对为公司创造产品和提供服务的所有工作人员进行管理。那种认为在当今复杂的环境中，生产运作经理的工作只是一项挑战性工作的说法是一种没有充分表达实情的陈述。由于劳动者的文化和教育背景多种多样，再加上组织频繁地重组，因此现在对员工管理技能的要求比近几年的要求要高得多。对人员进行管理的目标是在不牺牲产品质量、服务和响应能力的前提下尽可能获得最高的生产率。生产或运营经理运用工作设计技术来安排工作，以使它对满足工人生理、心理两方面的需要都能有所帮助。

制订正确的生产运作战略、选择合适的产品和作业技术并进行周密的计划，对维持和提高企业的竞争优势是至关重要的。但一个作业系统运行的好坏，归根结底取决于控制、操作该系统的人，取决于员工对工作的热情和工作方法。泰罗曾说：高工资和低劳动成本相结合是可能的，这种可能性主要在于第一流的工人在有利的环境下所做的工作量和普通水准工人所做工作量之间的巨大差距。那么如何造成就"第一流的工人"？无论是制造业还是服务业，越来越多的企业从工作设计入手，应用工作研究的原理和方法，寻求更好的作业组织、作业程序和作业方法，从而不断提高生产效率以面对日益激烈的国际化竞争。

## 6.2　工作设计内容与方法

### 6.2.1　工作设计的基本概念

工作设计（job design）是设置生产系统中的工作岗位并规定各岗位的工作内容。其目的在于使工作分配一方面满足组织、技术的要求，另一方面满足员工个人生理、心理的需求。工作设计始于泰罗的科学管理思想：工作方法应当科学地研究，而不仅仅凭经验，管理人员应制定正确的工作方法和标准工作量；管理人员应该针对不同工作岗位选定合适的工作人员，培训他们使用合理先进的工作方法。从 20 世纪初至 50 年代，泰罗的思想和所创立的工作方法对美国企业，以及学习美国工业工程（industry engineering，IE）的企业的生产率的提高起了不可低估的重要作用。虽然管理环境的日新月异，使工作设计的内容日益完善，但其核心决策仍在于六个方面，如图 6 – 1 所示。

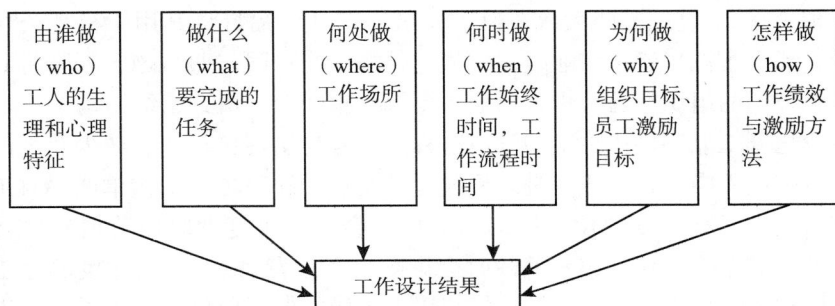

图 6 – 1　工作设计决策

目前上述决策正日益受到以下趋势的影响：

（1）每个岗位上的员工都要承担质量控制的责任，他们有权将存在质量隐患的整条生产线停下来，比如丰田生产线上的员工。

（2）员工受到多工种培训，具有多种工作技能，以适应多品种、小批量的生产要求。

（3）员工和团队参与工作设计和组织，这一点尤其体现在全面质量管理（TQM）的推进中。

（4）通信技术和计算机系统的应用，扩展了员工工作的内涵，提升了他们的工作能力，这对工作设计产生了越来越明显的影响。

（5）在制造业和服务业中，更多的重体力劳动正被自动化设备所代替。

（6）使员工真正认识其工作的意义，并对优秀员工进行奖赏以激励士气。

（7）员工流动性加大，组织会在更大范围内组合使用临时员工。

## 6.2.2　工作设计的方法

工作设计实践中的管理方法代表了不同时期的主流设计思想与方法，但他们并不是互相取代的关系，在当今的工作设计实践中，都不同程度地使用了这些方法。

### 1. 劳动分工与科学管理

1746 年亚当·斯密在《国富论》中提出劳动分工原理，将整体工作分解为许多可以由一个人单独完成的更小的组成部分。1911 年泰罗发表《科学原理》，在其中他阐述了"制度化管理理论"，强调专业化分工，把企业的经营过程分解为最简单、最基本的工序，这样工人只需要重复一种简单工作，熟练程度大大提高，同时对各个经营过程实施严格控制。专业化分工之所以能够提高劳动效率，在于通过分工使劳动者成为某一方面的专家，使处理某一问题的单位效率提高。为了能保持对专业化分工后的职能部门进行有效管理、协调和控制，企业的组织使用等级机制，其特点是多职能部门、多层次、严格的登记制度，从最高管理者到最基层的员工形成了一个等级森严的"金字塔"形的组织体系。劳动分工与科学管理理论在 20 世纪被两大汽车巨人发展，亨利·福特将其用于福特公司的汽车生产，形成了汽车流水作业线，使生产效率倍增；阿尔弗雷德·斯隆将其用于通用汽车公司的组织经营管理，形成了层层上报的金字塔式组织结构。

专业化分工能够加快员工的学习过程、更容易实现自动化、减少非生产性工作，在生产过程中的具体体现是装配线。其明显的缺陷是：工作单调、对工人的健康有所损害（如过度使用身体的某一部分会导致重复性肌肉劳损）、柔性差、稳健性差（如某个工作站出现故障时会影响整个运营系统），且过度的分工带来许多消极的影响，造成管理人员工作与工人工作的彻底分离，妨碍了工人创造性的发挥，培养了管理人员的官僚主义作风。

科学管理的基本原则如下：

①管理者必须用科学方法对工作任务进行全方位研究，确定最佳工作模式下的规则、程序。

②研究工作设计方法的目的是计算出"每日公平工作量"。

③科学、系统地招聘、培训和发展工人。

④管理者进行工作设计，工人按设计好的标准完成工作。

⑤管理部门和工人必须在双方共同达到最大成功的基础上进行密切合作。

科学管理的基本特征是详尽的分析和系统的考察。尽管没有特别的科学和理论依据，得出的结论似乎过于琐碎，不足挂齿；但它有自己的一套系统的方法：工作必需的作业通过系统的分析得出，科学管理的工作设计仍然是现代运营工作设计的基础。

## 2. 社会技术理论

在工作设计中应该把技术因素与人的行为、心理因素结合起来考虑，心理学可以帮助了解人、人与环境及任何管理系统的互动。任何一个生产运作系统都包括两个子系统：技术子系统和社会子系统。只强调其中的一个而忽略另一个，就有可能导致整个系统效率低下，应该把生产运作组织看作一个社会技术系统，既具有社会复杂性，又具有技术复杂性。人与机器、人与技术等的结合不仅决定着系统的经济效益，还决定着人对工作的满意程度。这在现代运营工作设计中，仍具有重要的意义。工作设计中应强调整个工作系统的工作方式，强调人机系统的协调，强调人与技术的统一。上海通用汽车公司特别注重人与先进的柔性生产线的统一，公司制造总监认为：国内大的合资汽车企业都可以把国外先进的生产线拿到国内来，如何把这些硬件通过软件系统，特别是通过操作它们的人来发挥更高的效率，使员工从知识结构、思维方式和工作态度上能够适用这种现代化生产，这是制造业需要面对的问题。

作为管理者，应该认识到人具有参加社会交往的需要，有被爱和受尊重的需要，认识到学习是人类天生的特性，也是创新的源头。人与人之间存在差异，学习方式不同，性格、爱好不同。管理者应培养人的天生资质，使人的潜在能力得以发挥。

被日本人尊称"品质之神"的戴明告诫管理者，员工表现差异的主要原因是系统造成的，管理者应首先分辨产生波动的系统原因，强行引入员工间的竞争只会导致冲突，系统不会得到改善。所以，面对复杂的社会技术系统，管理者不能采取过分简单的方法，应学会从不同的角度思考问题。

### 3. 人因工程学

人因工程学主要关心工作设计中生理方面的内容，考虑工作场所及作业区的环境因素对员工的身心影响。

工作场所的设计，应考虑到人体测量因素、神经学因素等，应充分认识到工作场所可能影响工作绩效，应考虑工作场所如何使员工消除疲劳，避免受到身心损害。

工作环境设计应当符合各国政府制定的劳动场所工作条件的职业健康安全法规，主要考虑工作温度、照明水平、噪声水平、工作地各种粉尘等，要测定环境因素，采取相应的劳动保护措施。近年来在写字楼中工作的人员越来越多，人因工程学的原则也应用到办公室类的工作中，主要关注办公设备的辐射、噪声及办公设备与桌椅、照明的合理设计与布置。

在现代生产运作系统工作设计中，运用人因工程学的原则与方法，对于保护员工的身心健康，提高员工生活质量，激发创造力，提高工作效率，提高运营系统的获利能力等具有重要意义。

### 4. 行为主义方法

员工最重要的心理因素之一是其工作动机，这直接影响着他将如何工作和工作的结果，因此在工作设计中必须认真考虑。当一个员工的工作内容和范围较狭窄，或工作的专业化程度很高时，如在流水作业的装配线上，由于员工本身无法控制速度，只能单调地重复操作，他很难从工作中获得满足感、成功感，而且与他人的沟通少、交流少，进一步升迁的机会也相对较少，因其掌握的技能太单一，久而久之员工就会对工作的态度变得比较淡漠，缺乏主动性、创新性，从而影响到工作的结果。这显然是专业分工带来的负面影响。但另一方面，亚当·斯密 1776 年提出的分工原理毕竟使高速度、低成本的生产运作方式成为可能，放弃它将是十分危险的。面对专业分工这把"双刃剑"，我们先用表 6-1 列出利弊对比，然后在工作设计中考虑一些方法来解决存在的问题。

表6-1　　　　　　　　　　专业化分工的利与弊

|  | 管理方面 | 工人方面 |
|---|---|---|
| 专业分工的好处 | 1. 员工培训简单；<br>2. 易于招到新员工；<br>3. 工作效率较高；<br>4. 员工容易替代，工资较低；<br>5. 工作过程容易控制 | 1. 对产品所承担的责任较少；<br>2. 不需要接受太多教育；<br>3. 比较容易学会干一项工作 |
| 专业分工的弊端 | 1. 质量控制较难，责任不易分清；<br>2. 生产线的柔性有限；<br>3. 员工不满导致潜在成本消耗 | 1. 工作单调易疲劳、厌烦；<br>2. 工作中难以产生满足感；<br>3. 学习机会少，水平不易有提高；<br>4. 对生产的控制权少，限制创造性 |

考虑到专业分工在生产运作中确实对许多员工产生了一定的不良影响，在工作设计中一般用三种方法来解决：一是工作扩大化；二是工作职务轮换；三是工作丰富化。

（1）工作扩大化（job enlargement）。

所谓工作扩大化，是指工作的横向扩大。即增加每个人工作任务的种类，使他们能够独立完成一项完整工作的大部分程序。通过工作扩大化，让员工看到他工作的意义，从而提高其工作的热情和积极性。如果顾客对他的工作满意而加以称赞，或是组织对他进行奖赏，员工会从工作中产生满足感和成功感，成为其努力工作的动力。同时，工作扩大化对员工无论是个人素质还是业务水平都提出了更多、更高的要求，这对员工加强自身多方面修养，从中获得精神满足也有积极的作用。

（2）工作职务轮换（job rotation）。

工作职务轮换是指允许员工定期轮换所作的工作，这种定期可以是小时、日或月、数月。通过职务轮换，可以给员工提供更丰富多样的工作内容，使员工很好地克服单一工种的枯燥、乏味，有利于工作热情的提高。当然，职务轮换的前提条件是员工具备多种工作技能，这可以通过"在岗培训"（on the job training）来实现。

定期岗位轮换的好处是：使员工保持工作兴趣；为员工提供发展的前景，确定个人优势与特长；增加对个人及他人工作成果的认识，丰富个人经历；使员工成为多面手。这种方法使员工具有更强的适应能力，能够迎接更大的挑战。员工从事一个新的工作，往往具有新鲜感，从而激励员工作出更多的努力。同时，工作轮换可使员工体验其部门的工作，便于理解其他部门的工作，更加主动地协作，对于员工间相互体谅、加强沟通、培养团队意识、提高整个系统的运作效率有很大帮助。日本企业广泛实行工作轮换，对管理人员的培养发挥了很大的作用。深圳华为公司实行职务轮换与专长培养制度，他们对中高级主管实行职务轮换政策，没有基层工作经验的人，不能担任科级以上干部。上海通用汽车公司的公关总监任剑琼认为：我们上海通用的许多管理人员都在不同岗位工作过，这叫角色换位，或者叫轮岗，公司提供机会让你成为一个全才。你在你的部门很出色，但是你不知道别的部门怎么运作的。如果你轮岗，你就会知道你的上游和下游在怎么做，他们的眼界就会开阔，他们考虑问题的出发点就会是全局化的，不会有什么扯皮。

（3）工作丰富化（job enrichment）。

工作丰富化是指工作的纵向扩展，将公司的使命与员工对工作的满意度联系起来，以员工为中心进行工作再设计，对工作内容和责任层次进行纵向深化，即给予员工更多的责任，更多参与决策和管理的机会。

工作丰富化的理论基础和概念本身都是由赫茨伯格（Frederick Herzberg）提出来的，是基于其内在激励—外在保健双因素理论：内在工作因素（如成就感、信任与赞赏、责任感、工作兴趣、发展前景、升迁机会等）是潜在的满意因素，外在工作因素（如企业政策、监督、人际关系、工资、工作条件、安全感）是潜在的不满意因素，满足感与不满足感不成对立面，而是两个范围。改进外在因素（如增加工资）可能降低不满足感，但不会产生满足感。唯一使员工感到满足的是工作本身的内在因素，因此可以通过鼓励员工参与对其工作的再设计，改善工作本身的内在因素，提高员工的满意度，进而提高生产率。

实现工作的丰富化需要赋予员工一定的工作自主权，增强其责任感；需要让员工及时了解工作目标及环境变化，了解团队成员的需求；需要为员工提供学习、培训的机会，满足员工成长和发展的需要。通过提高员工的责任心和决策的自主权，来提高其工作的成就感。注意外在的奖励应有助于内在激励，外在奖励如果使用不当，如将员工业绩排队、论功行赏，则会打击士气，产生冲突与不满，对团队造成伤害，团队绩效并不能提高。例如，一名一线的员工，可以让他负责若干台设备的操作，同时负责检验产品、决定何时保养设备等。工作丰富化可以提高员工的责任心，带给他成就感和满足感。当他通过学习、培训，掌握了丰富化的工作内容，他会感到取得了成就；当他从顾客或组织那里得到认可，他会感到满足；当他们已安排好几台设备的操作、制订好保养计划、确定了所需资源的计划时，他的责任心和信心会大大增强。

图 6-2 表示了一个典型的行为主义方法进行工作设计的模型（Hackman & Oldham，1975）[1]。为了获得工作的技能多样性、任务的同质性与重要性、工作的自主与反馈等核心特征，可以采取多种工作设计技术。

①组合工作任务，尽可能把独立的和不同的工作组合成一个整体。

②形成自然的工作单元，可以根据地理位置、产品、生产线、业务或目标顾客来划分工作单元。

③建立良好的客户关系，让员工与其内部顾客直接联系，而不是通过主管。这样可更好地了解顾客的需求与顾客的判定标准。

---

① 哈佛大学教授理查德·哈德曼（Richard Hackman）和伊利诺依大学教授格雷格·奥尔德汉姆（Greg Oldham）提出工作特征模型。

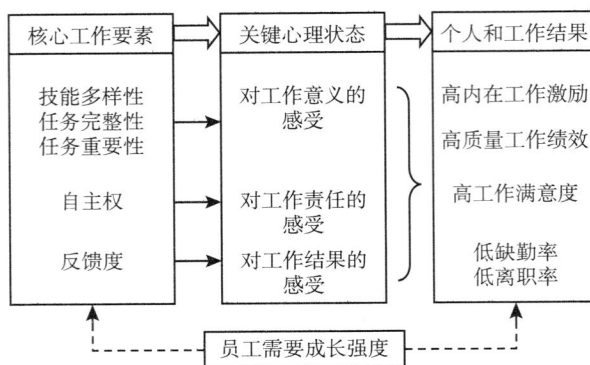

图 6 – 2　一个典型的行为主义工作设计模型

④纵向加载任务，将任务及附带的间接任务（如维修、工作进度计划与日常管理等）都分配给同一员工，提高工作单元的计划与控制能力。

⑤增加信息反馈渠道，尽可能向员工提供绩效信息的反馈，如成本、产量、质量、顾客抱怨等。

由于所设计的工作特征，员工就会具备良好的精神状态，从而产生较好的绩效与员工满意度，提高工作质量，降低员工的流动率。

## 5．授权

授权是在行为主义工作设计的基础上发展起来的。授权的基础是工作自主，并赋予工人改变工作本身及完成工作的方式的权力。管理者要求员工参与工作，授予员工设计自己工作的权力，有时还要求员工参与到运营系统的战略决策中来，并承担相应的责任。

授权并不是不需要领导，不是放任自流，不是"让每个人都当老板"。相反，真正的授权需要目标明确、指导性强的强势领导，授权模式更多地依赖权利的影响，而不是靠直接的命令。授权模式基于相互的尊重，通过有效的沟通技巧加强领导，同时又兼顾了员工个人的追求与自由的天性。员工得到了充分的尊重与理解，积极性与创造性才能充分地发挥出来。

授权式工作设计可以提高决策的质量与速度，增强灵活性，适合差异化、定制化的生产运作战略，能够照顾到顾客的不同需要，有利于与顾客建立长期的关系。可通过授权模式解决动态商业环境中的复杂问题与非程序化的问题。通过授权，借助于员工的灵活性与智慧对持续变化的、难以预测的环境作出及时的反应。授权对员工的素质要求较高，要想实现有效授权，必须建设一支对工作高度负责、充满主动精神的高素质员工队伍。通过授权激励他们克服一切困难，发挥其全部潜能，实现组织目标。表 6 – 2 比较了授权式与非授权式工作设计。

表 6 - 2                     授权式与非授权式工作设计的比较

| 影响因素 | 非授权式工作设计 | 授权式工作设计 |
|---|---|---|
| 基本生产运作战略 | 低成本、大批量 | 差异化，定制 |
| 与顾客间关系 | 交易关系，维持时间短 | 长期关系 |
| 技术 | 简单，程序化 | 复杂，非程序化 |
| 经营环境 | 可预测，意外情况少 | 难以预测，意外情况经常出现 |
| 员工类型 | 经理独裁专断；员工具有很低的发展要求，很差的社会交往能力 | 员工素质高，具有很高的发展要求，很强的社会交往能力 |

聪明的管理者通过合理分配决策权限，将授权作为一种自然而有效的方式来激励员工，员工参与到企业生产运作中就能产生无尽的创意，管理者就能够游刃有余地应对复杂局面。上海通用汽车公司制造系统就实现了充分的授权，授权有利于员工不断地改进其工作。在通用，员工能够体会到不断改进工作的乐趣。上海通用制造总监余秀慧说："既然让你做了，就授权给你，我不会过多地介入。这改变了传统的命令式管理方式。"管理很大程度上由他律变成了自律，即自主管理。余秀慧认为管理者的主要责任有两个：支持与指导。线上的工人在某种意义上就是管理者的"客户"。管理者通过支持、指导这些"客户"，使他们工作更安全，质量和效率更高，整体成本更低。授权就是给员工注入一种诱发创造性的激素，"这是激励创造性的体制，是一种不容易看到的东西，它能够使工人始终以一种充满热情的方式来重复他的工作，使他们能够在体力强度能支撑的情况下，依然愿意开动脑筋来改变这个流程，使工作更有创造性"。

普华永道的咨询顾问注意到：组织变革的许多重大举措与员工授权结合起来才会收到持久的效果。企业领导越是强有力，授权所取得的效益也就越大，对企业文化的影响也越深远。

## 6. 柔性作业

随着信息技术的不断发展和知识经济时代的来临，柔性化管理方式成为企业管理的重要趋势。柔性管理对立于刚性管理，刚性管理以规章制度为中心，凭借制度约束、纪律监督、奖惩规则等手段对企业员工进行管理，这是科学管理的泰罗管理模式。柔性管理则是以人为中心，依据企业的共同价值观和文化、精神氛围进行的人格化管理，他是在研究人的心理和行为规律的基础上，采用非强制性方式，在员工心目中产生一种潜在的说服力，从而把组织意志变为个人的自觉行动。

柔性管理的最大特点在于它主要不是依靠外力（如上级的发号施令），而是依靠人性解放、权力平等、民主管理，从内心深处来激发每个员工的内在潜力、主动性和创造精神，使他们能心情舒畅、不遗余力地为企业不断开拓新的优良业绩，成为企业在全球市场竞争中取得竞争优势的力量源泉。

柔性管理思想用于工作设计，设计柔性作业，实现柔性运营。柔性作业的设计原则如下：

①柔性作业的设计应有利于激发员工创造性，激发员工的隐性知识向显性知识转化。知识根据其存在形式，可分为显性知识和隐性知识，前者主要是指以专利、科学发明和特殊技术等形式存在的知识，后者则是员工的创造性知识、思想的体现。显性知识人所共知，而隐性知识只存在于员工的头脑中，难以掌握和控制。要让员工自觉、自愿地将自己的知识、思想奉献给企业，实现知识共享，需要靠柔性管理与柔性作业。

②柔性作业的设计应有利于适应瞬息万变的外部经营环境。知识经济时代是信息爆炸的时代，外部环境的易变性与复杂性一方面要求运营经理必须整合各类专业人员的智慧；另一方面又要求运营决策快速作出，作业快速运行。柔性作业的设计能提高企业的反应能力，使企业能够迅速捕捉市场机会。

③柔性作业的设计应有利于满足柔性生产的需要。在知识经济时代，人们的消费观念、消费习惯和审美情趣也处在不断地变化之中，这就要求满足顾客个性化需求，针对柔性化生产的需求进行柔性的工作设计。

④柔性作业的设计应适应网络化组织及分布式网络化信息系统的需求。科学管理时代的金字塔形结构的层级组织层次过多、传递信息的渠道单一而且过长，反应迟缓；各职能部门间相互隔离，信息流动受边界的限制，上下级之间的信息传递常常扭曲、失真。按照这一组织架构，在某一组织机构中有固定位置的人只能在该位置上执行固定的职能，管理模式是刚性的，不能适应面向顾客的企业运营战略的需求，必须建立网络化的组织管理模式，进行相应的柔性作业的设计。

柔性作业有三个重要的方面分别是技能柔性、时间柔性和地点柔性。

技能柔性指员工队伍的多技能化有利于柔性化运营系统，要求企业重视知识管理，重视对员工的培训，建立学习型组织。相应的，企业薪酬系统应重视员工技能，而不是单纯视输出数量的多少来决定薪酬的高低，因为多技能的员工可根据企业环境变化的需要调换到其他岗位，多技能的员工适应这一岗位未来的智能化与信息化的需求，多技能的员工在生产过程出现"瓶颈"现象时可以被转到生产过程的其他环节工作，保证生产顺利进行。由此看来，多技能员工具有的价值是单一技能的员工所无法比拟的。上海通用汽车公司柔性生产线上的工人必须要达到上海通用严格的上线生产标准，必须经过严格的培训，为适应柔性化生产，制造部门的工人至少必须掌握三个工位的工作内容。

时间柔性指员工的供应与工作的需求相互匹配。这类系统可能为每一位员工确定一个核心工作时间段，其他时间则由员工灵活支配。

地点柔性——远程作业指利用网络化信息系统提供的支持，许多工作可实行远程作业，建立"虚拟办公室"，在任何地点都可以工作。

### 6.2.3　团队工作方式

蚂蚁的世界一直为人类学与社会学学者所关注，有人发现：蚂蚁找到目标食物后，如果有两只蚂蚁，它们会分别走两条路线找回到巢穴，边走边释放出一种他们自己才能识别的激素做记号，先回到巢穴者会释放更重的气味，这样同伴就会走到最近的路线去搬运食物。蚂蚁搬食物往回走时，碰到下一只蚂蚁，会把食物交给它，自己再回头；碰到上游的蚂蚁时，将食物接过来，再交给下一只蚂蚁，形成连接紧密的过程链。它们在工作场合的合作能力特别强，不需要监督就可以形成一个很好的团队而有条不紊地完成工作任务。一个个单独的个体可以组成整体上高效运作的团队，同时又具备快速灵活的团队运营能力。蚁群效应给我们研究团队作业带来一些启示。

团队工作方式是指，与以往每个人只负责一项完整工作的一部分（如一道工序、一项业务的某一程序等）不同，由数人组成一个小组，共同负责并完成这项工作。在小组内，每个成员的工作任务、工作方法以及产出速度等都可以自行决定，在有些情况下，小组成员的收入与小组的产出挂钩，这样一种方式就称为团队工作方式。其基本思想是全员参与，从而调动每个人的积极性和创造性，使工作效果尽可能好。这里的工作效果系指效率、质量、成本等的综合结果。团队控制着许多与工作有关的活动：集成化产品设计与开发、任务分配、进度安排、质量测定与改善，甚至成员招募等。团队不同于群体性活动，如候车室里的顾客、旅行团等。团队工作方式模式日渐普及，如跨职能产品设计团队、质量改善团队、作业改善团队、项目团队、顾客（或供应商）团队等。

团队工作方式与传统的泰罗制工作分工方式的主要区别如表 6-3 所示。这种工作方式可以追溯到 20 世纪二三十年代。在现代管理学中，"团队工作方式"系指 80 年代后半期才开始大量研究、应用的一种人力资源管理方法。这种方法实际上是一种工作方法，即如何进行工作，因此在工作设计中有更直接的参考意义。

表 6-3　　　　　　　　泰罗制与团队式工作方式的对比

| 泰罗制工作方式 | 团队式工作方式 |
| --- | --- |
| 最大分工和简单工作 | 工作人员高素质、多技能 |
| 最少的智能工作内容 | 较多的智能工作内容 |
| 众多的从属关系 | 管理层次少、基层自主性强 |

团队工作方式也可以采取不同的形式，以下是 3 种常见的方式。

### 1. 解决问题式团队（problem-solving teams）

产品设计团队与质量改善团队都属于解决问题式的团队，这种团队实际上是一种非正式组织，成员可以来自跨职能的部门或一个部门内的不同班组。成员每周有一次或几次碰头，研究和解决例如质量问题、生产率提高问题、操作方法问题、设备、工具的小改造问题（工具、设备使用起来更方便）等，然后提出具体的建议，提交给管理决策部门。产品设计团队是为了快速响应顾客需求，实现最佳设计，不断推出新产品而组建的。质量改善团队成员定期会面，研究和解决运营系统的质量问题，提出具体建议，在部门内加以解决。

这种团队在20世纪70年代首先被日本企业广泛采用，对于提高日本企业的产品质量、改善生产系统、提高生产率起了极大的作用，同时，对于提高工作人员的积极性、改善职工之间、职工与经营者之间的关系也起了很大的作用。日本的QC小组就是这种团队的雏形，小组成员自愿加入小组，定期研究生产中遇到的质量问题，提出质量改善建议，供管理部门决策实施。

这种方式有很多优点，但也有其局限性。因为它只能建议，不能决策，又是一种非正式组织，所以，如果这样的团队所提出的建议和方案被采纳的比率很低，这种团队就会自生自灭。

## 2. 特定目标式团队（special-purpose teams）

这种团队是为了解决某个具体问题，达到一个具体目标而建立的，例如，一个新产品开发，一项新技术的引进和评价，劳资关系问题，等等。在这种团队中，其成员既有普通职工，又有与问题相关的经营管理人员。团队中的经营管理人员拥有决策权，也可以直接向最高决策层报告。因此，他们的工作结果、建议或方案可以得到实施，或者，他们本身就是在实施一个方案，即进行一项实际的工作。这种团队不是一个常设组织，也不是为了进行日常工作，而通常只是为了一项一次性的工作，实际上类似于一个项目组。这种团队的特点是，容易使一般职工与经营管理层沟通，使一般员工的意见直接反映到决策层。

## 3. 自我管理式团队（self-managing teams）

这种方式是最具完整意义的团队工作方式。在自我管理式团队中，由数人共同完成一项相对完整的工作，小组成员自己决定任务分配方式或任务轮换，自己承担管理责任，诸如制订工作进度计划（人员安排、轮休等）、采购计划甚至临时工雇用计划，决定团队工作方式等。浪潮通用软件公司的ERP分行业实施团队：金融组、电信组等，每一小组自行制订自己的业务开拓计划于ERP实施计划等，负责所属行业内的一切事物。在这种团队中，包括两个重要的新概念：

（1）员工授权（employee empowerment）。员工授权即把决策的权力和责任一层层下放，直至每一个普通员工。如上所述，以往任务分配方式、工作进度计划、人员雇用计划等是由不同层次、不同部门的管理人员来决定的，现在则将这些权力交给每一个团队成员，与此同时，相应的责任也由他们承担。

# 自我管理型团队的特征

（1）目标性。自我管理型团队的每个成员共同负责一个团队目标，并且坚信这一目标包含着重大的意义和价值。这个目标把团队成员紧紧地凝聚在一起，个人的目标被融入到团队的目标之中。在这种团队中，大家愿意为团队的目标的实现全力以赴。共同的目标是保证团队工作有效性的一个基本条件，是保证个人目标的前提，也是对团队工作考核的依据。

（2）技能性。自我管理型团队在形成和融合的过程中会形成一组有较好能力的人群，他们不仅有全面的专业技能，而且具有良好的人际交往能力，保证了沟通顺畅，更重要的是具有了发现和解决问题的能力，并有了决策的能力，这就更大地发挥了成员的自觉性和责任感。并且，团队成员还通过不断学习和培训，增强团队完成目标的能力和价值。

（3）依赖性。团队通常把整体目标分解成个人的目标，个人目标的实现往往要依靠其他团队成员目标的实现，这样就使团队成员产生强大的依赖感，促进了团队的协作，增强了凝聚力。

（4）自我管理性。自我管理型团队承担了很多以前由主管承担的工作，通常会对整个流程或者产品负责，包括完成目标的计划、组织、领导、控制等各个环节，完全由自己管理，并承担责任。通常他们的责任范围包括：计划和安排工作日程；给各成员分配工作任务；总体把握工作步调；作出操作层面的决策；对出现的问题自行采取措施；直接与顾客沟通等。甚至，完全的自我管理型团队可以自己挑选成员，并进行绩效评估。

（5）自我学习性。团队不断发展的过程就是不断学习的过程，团队成员通过不断学习和培训，弥补成员之间的技能差异，并不断提升，以使每个成员都达到自我管理的能力，整体提升团队的能力。

（6）自我领导性。对于自我管理型团队来说，已经模糊了领导者的概念，没有明确的领导者，每个成员都是领导者，有更多的自治和决策的权利，但在实际中，这一角色常常在团队融合过程中已经确定。

（7）自我负责性。由于组织对自我管理型团队的干预比较少，给予了其足够大的决策权和管理权，就要求团队对任务或目标的完成担负责任，并分解到每个成员身上。

（8）良好的沟通性。由于自我管理型团队没有上下级别，所有成员都在一个平等、开放的平台上沟通信息，通过沟通消除矛盾、冲突，使团队成员达成一致。特别是在解决问题和方法创新方面，自我管理型团队良好的沟通平台更具优势。

（资料来源：摘自 http：//baike. baidu. com/view/1210665. htm）

（2）组织重构（organizational restructuring）。在目前企业的组织重构与组织扁平化中，正在建立团队工作方式，削减中间管理层，赋予团队充分的自治，减少企业组织的层次，提高组织的灵活性与反应能力。这种组织重构实际上是权力交给每一个职工的必然结果。采取这种工作方式后，原先的班组长、工段长、部门负责人（科室主任、部门经理等）等中间管理层几乎就没有必要存在了，他们的角色由团队成员自行担当，因此整个企业组织的层次变少，变得"扁平"。

团队的重要组成因素如下：

①合作共事的目的要明确。

②相互依存，为达到目标，需要借鉴同事、上司的经验、能力、权限等。

③成员的合作意识，合作共事比独立工作更能有效地作出决策，每个人所做的工作是过程链上的一环。

④责任意识，作为组织内部单位负有责任，团队成员愿意承担相应的责任。

⑤参与意识，团队成员不仅要具有技术技能，还要具有社会技能，加强成员间非正式的、交互式的沟通，加强人际互动，培养积极主动的参与意识。

一个好的团队应具有：团队中充满创造精神与创新活动；尽管团队成员背景不同，但充满平等的气氛；时刻向优秀与高质量努力；不同性格的人良好组合；鼓励团队成员参与等特征。

团队工作方式具有许多优点：

- 可以提高生产率，做到群策群力；
- 可以提高激励水平与柔性；
- 可以提高质量水平并鼓励创新；
- 可以建立良好工作氛围，团队成员互相依靠，沟通得到加强；
- 便于在工作场所实施技术革新；
- 为员工提供发展机会，提高自身价值，增强员工对工作的满意度，使之作出更大的贡献。

如果团队没有具体的目标，就会具有很低的相互依存度，如果再采用大部分个人时间进行共同作业，那么成员出现不满情绪及忧郁的情绪，团队成员相处困难，团队中出现不健康的非正当的竞争，团队负责人必须注意改进团队的管理。

有效的团队需要整合团队成员的努力。团队管理中容易出现一些问题，如果得不到解决就会降低团队的效能。较普遍的问题有：将适合个人完成的工作交给团队处理；团队成员不能清晰理解团队的绩效目标，不能作出充分的承诺，不愿意承担责任；团队中的培训不够充分；因为团队中存在不同的意见，而确定了折中的解决方案；因为团队达成共识需要时间，而造成团队的决断力差，反应速度慢。

## 6.3  方法研究与时间测定

### 6.3.1  工作研究的内容与步骤

没有规矩，不成方圆。标准化管理是企业走入国际化的基础。标准化管理包括标准化作业与标准化制度两个层次。标准化作业包括方法的标准化与时间的标准化，一般通过工业工程的工作研究与分析方法进行。标准化制度，则是用制度化的方法把标准的工作与管理程序固定下来，使之系统化、制度化，如ISO9000。标准化作业是通过工作研究实现的，它是从泰罗等早期的效率工程师那里逐渐发展起来的一门工业工程技术，其目的是提高生产率。

工作研究是劳动过程优化方法的总称，是传统工业工程学的基础。它是在一定的生产技术和组织条件下，运用系统分析的方法，研究资源的合理运用，并制定作业标准和时间标准，以改进作业，寻求最佳经济效益的方法。工作研究分两个方面：方法研究与时间研究。

（1）方法研究。方法研究分三个层次：第一个层次是宏观的程序或者流程分析。研究分析一个完整的工艺程序，分析其有没有无价值的工作工程，程序是否合理。第二个层次是操作分析。操作分析是研究以人为主体的工作地中，人与人、人与机器之间的配合关系，做到合理安排，减少作业时间消耗，减轻强度。第三个层次是微观的动作。动作研究是研究人的身体使用方法，找出最经济的动作方法。

（2）时间测定。如果只有标准的工作方法，而没有标准的工作时间，生产系统也不是最佳的。时间研究与工作方法研究密切配合，通过利用方法研究建立标准的工作方法之后，利用时间研究来建立标准工作时间，才能得到最佳的工作系统。

工作研究的途径是通过方法研究制定标准作业，通过时间研究制定标准时间。方法研究和时间研究是相互联系的，方法研究是时间研究的基础和前提条件，而时间研究是选择和比较工作方法的依据。一方面，在确定了合理的工作方法后，才能建立起科学先进的劳动定额，另一方面，有了科学先进的劳动定额，才能培训员工掌握更好的工作方法。图6-3表述了工作研究的基本内容。

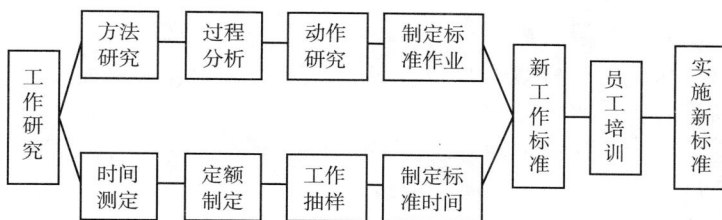

**图6-3 工作研究的基本内容**

工作研究以提高工作效率为目的，研究如何使工作程序更加合理，工作方法更加科学有效。通过工作研究，确定科学的工作程序和方法，制定先进合理的劳动定额，对提高企业生产效率、降低成本、充分利用人员、物料等资源有重要的意义。工作研究的目标在西方企业界有精练的描述：work smart, not hard[①]。

工作研究作为一种科学的管理技术，有一套分析和研究问题的方法，因而需要按一定的程序进行，其具体步骤如图6-4所示。

---

① "聪明地工作，而不是努力工作"意味着你的大部分努力都应该去完成那些有助于你实现目标的高度优先的任务。

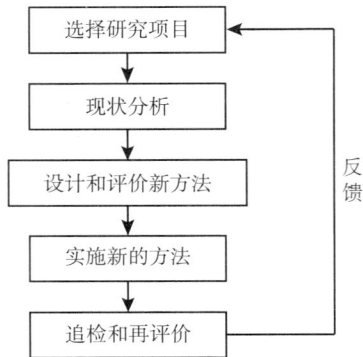

图6-4 工作研究的程序

（1）选择研究对象，确定研究目标。

管理者需要解决的问题有很多，在一定时期内只能把企业在生产运作中急需解决的问题作为重点。一般来说，工作研究的项目主要集中于系统的关键环节、薄弱环节，或带有普遍性的问题，或从实施角度易开展、易有效的方面。一般来说，从以下三方面进行考虑。

①经济因素。即研究经济价值较高的工作，如利润率高的产品项目、生产的瓶颈环节、质量低或不稳定等方面。

②技术因素。即研究时所应具备的各种知识、方法、技术，它直接影响到进行研究的可行性。

③人的因素。应选择能够合作的工作单位，取得成功后易于总结经验并获得推广。在确定了研究项目后，还应规定具体的研究目标。这些目标包括：

a. 减少作业所需的时间。

b. 节约生产中的物料消耗。

c. 提高产品质量的稳定性。

d. 增强职工的工作安全性，改善工作环境和条件。

e. 改善员工的操作方法，减少劳动疲劳。

f. 提高员工对工作的兴趣和积极性。

（2）记录现行方法，分析现状。

选定研究项目后，就需要对该项目目前现行操作的全过程进行全面、详尽的观察和记录。这一步极其重要。由于生产工序增多，操作复杂，一般来说，用文字记录显得冗长烦琐。现在有很多规范性很强的专用图表工具，能够帮助工作研究人员准确、迅速、方便地记录要研究的项目现状，为分析这些事实提供了标准的表达形式和语言基础。

在现行方法的全过程被记录下来后，就要从具体的事实和数据资料中逐项考察，寻求改善的新方法。工业工程不承认有"最佳"的方案，而只认为有"更佳"的方案。

## 工业工程

工业工程（industrial engineering，IE）起源于 20 世纪初的美国，它以现代工业化生产为背景，在发达国家得到了广泛应用。现代工业工程是以大规模工业生产及社会经济系统为研究对象，在制造工程学、管理科学和系统工程学等学科基础上逐步形成和发展起来的一门交叉的工程学科。它是将人、设备、物料、信息和环境等生产系统要素进行优化配置，对工业等生产过程进行系统规划与设计、评价与创新，从而提高工业生产率和社会经济效益专门化的综合技术，且内容日益广泛。

（资料来源：http：//baike. so. com/doc/1187005 - 1255674. html）

工作研究在考察每一工序时一般从六方面入手，不断提出问题，看每一步骤和每一动作是否必要，顺序是否合理，哪些可以去掉，哪些需要改变，这就是"5W1H"或"六何"分析法。"5W1H"分析法是对一个工序或一项操作从原因、对象、地点、时间、人员、方法六方面提出问题，进行考察（见表 6 - 4）。通过这样的提问，能够了解工作方法是否合理，有无改进的必要，从而为设计出更加合理的方法提供帮助。

表 6 - 4             "六何"分析表

| 六何 | 第一轮提问 | 第二轮提问 | 第三轮提问 | 结论 |
|------|-----------|-----------|-----------|------|
|      | 现状 | 为什么 | 能否改善 | 新方案 |
| 原因（why） | 干的必要性 | 理由是否充分 | 有无新的理由 | 新的理由 |
| 对象（what） | 干什么 | 为何要干它 | 有无更合适的工作 | 应该干什么 |
| 地点（where） | 何地干 | 为何在此干 | 有无更合适的地点 | 应在哪里干 |
| 时间（when） | 何时干 | 为何此时干 | 有无更合适的时间 | 应在何时干 |
| 人员（who） | 何人干 | 为何此人干 | 有无更合适的人选 | 应该何人干 |
| 方法（how） | 怎样干 | 为何这样干 | 有无更合适的方法 | 应该怎样干 |

（3）设计和评价新方案。

在对上述六个方面的问题进行逐个分析后，就应当设计出新方案，并进行试用评价，这是工作研究的核心部分。

在设计新方案时，可以在现在的工作方法上，通过取消、合并、重组、简化四种技术加以改进，这四项技术称为 ECRS（或四巧）技术。

①取消（elimination）。对所有研究的工序，首先考虑取消的可能性。如果不能全部取消，就考虑部分取消。如取消不必要的工序、不必要的搬运、不必要的检验等，消除必需的休息外的一切怠工和闲置时间等。

②合并（combination）。当生产过程被划分为许多工序后，工序之间生产能力不平衡或分工过细可能引发不必要的多次搬运、反复装卸或人浮于事、忙闲不均等现象。如果工作不能取消，则考虑能否对工序进行调整合并。包括对于多个方向突变的动作合并，形成一个方向的连续动作；实现工具的合并、控制的合并、动作的合并。

③重组（rearrangement）。对工作的先后顺序进行重新组合，使工作流程合理化，改善操作，提高效率。如前后工序的对换、手动改为脚动、调整设备位置等。

④简化（simplification）。在取消、合并、重组后再对工作进行深入研究，使方法和动作尽量简化，提高效率，降低成本。

以上四个技巧虽有一定顺序，但实际应用时，常反复研讨，寻求更优的方案。

上面所设计的工作方法可能有若干方案，必须从中评出相对最佳的方案来实施。评价即对新的工作方法进行技术经济分析，如经济价值分析，将改善后所降低的成本与改善方案所付出的费用（如研究费、调查费、设备、工具费用等）相比较，衡量得失利弊。同时，还需要进行一些诸如安全性、可靠性的分析，即考虑所采用工具设备的安全性、维护保养方式及可靠程度等。

（4）实施新的方案。

工作研究的成果实施可能比对工作的研究本身要难得多，原因大致由于一是不了解，二是不习惯，所以要采取各种有力的保证措施。如将实施方案更具体化、标准化，广泛宣传新方案的内容、意义，加强对员工的技术培训和现场指导。允许员工有熟悉和适应的过程，不能急于求成。但也要明确一点，在规定的适应期满后，必须坚决执行新方案。

（5）追检与再评价。

这一阶段工作的目的是为了发现新问题，反馈给下一次循环的起始阶段。第一，考察管理人员认真执行的情况如何；第二，观察实施新方法后的种种影响；第三，考察所制定的标准与实验完成情况之间有多大的差异，探讨原因及有无调整的必要。

### 6.3.2　方法研究

方法研究就是通过现行的工作系统进行科学的分析，在给定的制约条件下，开发出更有效、更经济的工作方法，以达到提高生产率和经济效率的目的。其具体目标主要有：使作业变得容易、安全并减轻劳动强度；降低成本、提高产量；提高产品质量；改进作业环境等。方法研究包括程序（生产过程）分析、作业分析与动作分析。程序分析是以整个工作系统为研究对象；作业分析与动作分析则缩小到以某个作业或操作动作为研究对象。显然，应先做好程序研究，然后做动作研究为宜。

## 1. 程序分析

程序分析是以产品（零件）制造过程为研究改进对象的一种分析技术。它主要是从经济有效的角度，通过加工对象从原材料投入到制成成品的整个生产过程的分析，探讨加工工艺（包括工序划分、运输路线、使用工具等）是否合理。此外，对加工对象所用的原材料、元器件也应进行价值分析，分析选用的原材料、元器件是否合适（是否有功能过剩或功能不足现象），有没有功能相同而价钱更低的代用品原材料、毛坯的大小形状是否适当，等等。程序分析可根据不同的目的采用适当的技术。例如，分析整个制造过程采用生产程序图；分析物料或产品的流动采用流动程序图；有关工厂布置及搬运的分析采用线图等。

（1）程序的调查方法和调查项目。

对程序的调查，要首先查阅资料，如实物样品、设计图、零部件图、使用说明书、工艺流程图、厂区和车间平面布置图等，并且听取有关人员介绍，在大体了解情况的基础上，再到现场调查。按工艺顺序跟踪被调查物的（工件）的移动，对每一个作业（工序）在观察的同时，要向作业者或班长了解作业的情况，在理解了作业内容的基础上，把调查结果记入分析表。为使调查了解的内容能满足分析的需要，事先要对各个作业分别拟订调查项目。

（2）作业程序图。

作业程序图（operation process chart）提供操作程序的全部概况及各制造程序（工序）间的相互关系。作业程序图只包括操作与检验，一般用于对产品生产过程的总体分析。目的是了解产品从原料开始到成品形成的整个生产过程这一系统。这个系统是由哪些生产环节、多少工序组成的，经过一个什么样的加工顺序，以便从全局出发来分析问题。

（3）流动程序图。

流动程序图（flow process chart）简称流程图，用于以零件为对象的局部分析，是总体分析的进一步具体化。它由操作、检验、迟延、储存及搬运构成，反映出零件从毛坯开始到成品制成为止的按工艺顺序流动的全部生产过程。它记录的内容很详尽，一般包括物品（工件）流动的数量、搬运的距离、消耗的时间、工艺方法、作业地点、作业人员、使用的机器设备、工夹具、容器等。

在现状调查分析基础上，着手提出改进方案。对流程分析考察的重点如下：

①所有活动的目的是什么？改进的可能性？

②各工序使用的工装是否合适？改进的可能性？

③工序划分是否适当？能否调整和合并？

④加工检验时间能否减少？

⑤停放次数、停放延迟时间是否过多？能否减少？

⑥运输路线和搬运方式是否合理？能否改进？运输距离是否过长？能否缩短？

经过上述全面综合考虑，新的流程方案将逐渐形成。新方案同样用图表加以反映，对改进处应配以必要的文字说明。为了评价新方案的效果，还需要将新旧方案予以对比。用表格形式反映新方案比旧方案的优越性。如节省加工、检验的时间，减少搬运、停放和迟延的次数和时间等。

## 2. 作业分析

工艺过程、运输过程及检验过程都是由许多基本组成部分组成的，这些基本的组成部分称为作业或工序。它是指由一个工人或一组工人在同一个工作地上完成一定（一个或同时几个）劳动对象的那部分工作活动。

作业分析主要是研究与分析其组成部分和影响作业时间的因素，重点在于改进操作方法，改掉多余的和笨拙的动作，协调人和机器的配合，以及工作中各操作工人的配合，以达到提高作业效率和减轻工人劳动强度的目的。

（1）作业的组成部分——作业要素。

为了使作业结构合理，减轻劳动强度，减少作业时间，研究时必须将一项作业细分为作业要素。作业要素是由一个或若干个劳动动作组成。作业要素根据其性质和作用可分为基本要素与辅助要素。这种分类的目的在于寻求要素机械化和自动化的可能性，同时要尽量在机动时间内做手动工作。例如，半自动、自动机床的操作工人利用该机床机动时间去操作另外的机床，实行多机床管理。任何作业都可以细分为许多要素，例如："车某工件外圆"工序可划分为：安装工件、开车、进刀、切削（走刀）、停车、退刀、检验（测量尺寸）、卸下零件并放在适当地方。

（2）影响作业要素时间消耗的因素。

影响作业要素时间消耗的因素主要有下列六类：

①与劳动对象有关的因素。如工件、原材料的性质、重量、尺寸、形状等。

②与机器设备有关的因素。如机器的功率、运转速度、最大负荷限度及其他性能等。

③与工艺装备有关的因素。工艺装备简称工装，是工具、夹具、量具和模具的总称。采用的工装是否合适，不仅影响产品（零件）的质量，而且对作业的效率影响很大。例如，可以使用粗锉的作业，不要用细锉，因为用粗锉效率高。

④与工作地组织有关的因素。这方面的因素包括机器设备的布置、原材料和工具的放置位置等。高效率的生产只有在工作地合理组织和布置的条件下方有实现的可能。

⑤与劳动条件有关的因素。劳动条件（工作环境）包括工作地的安全设施、照明、温度、湿度、噪声、清洁卫生等的状况。劳动条件的好坏不仅对工人身体和心理健康有重大影响，而且对作业要素时间消耗也有很大影响。

⑥与工人有关的因素。作业要素时间消耗与工人的技术熟练程度、经验、责任心、情绪等有关。

作业分析的任务就是分析并设计合理的作业结构，分析并改善各项影响作业要素时间消耗的因素，并使各项因素得到合理的配合，以达到缩短作业时间，提高劳动生产率的目的。

（3）作业分析使用的图表。

作业分析用图表主要有人—机程序图和双手工作程序图。人—机程序图（man-machine chart）用于记录作业者和机器在同一时间内的工作情况，以便分析寻求合理的操作方法，使人的操作和机器的运转协调配合，以充分发挥人和机器的效率。双手工作程序图将同一时间内左右手的工作和空闲情况分别记录下来，以便于分析改进操作方法，提高效率。

### 3. 动作分析

动作研究就是对生产过程中的每道工序、每个操作和动作进行分析研究，改进不合理、不经济的部分，取消多余、重复的部分，以提高操作效率，总结和推广先进的操作经验。在日常作业中，人们常会忽视那些貌似微小的无效的动作，但实际上一个多余或错误的动作不但会由于反复出现而影响生产效率，还会伴随于大规模生产中，使大量劳动徒劳无功。因此，动作研究的意义就在于延长人类创造财富的生命时间。

动作分析始于泰勒时代，泰勒通过选择最好的工人，把最好的工人的操作作为工作标准，用来训练其他的工人。吉布雷斯则采用电影胶片的分析方法，寻找最佳的动作方法。

吉布雷斯通过研究创立了动作的经济性原则，实现高效而又减少疲劳的作业动作。这些原则主要有三个方面：关于身体运用，关于作业区布置，关于工具、设备的设计。

（1）关于身体运用的原则。

①双手应同时开始并同时完成其动作。

②除规定的休息时间外，双手不应同时空闲。

③双臂的动作应该对称、反向并同时进行。

④手的动作应尽量以低的等级得到满意的结果。

⑤尽量利用物体的惯性、重力等，如需要用体力加以阻止时，应将其减少至最低限度。

⑥连续的曲线运动比突变的直线运动好。

⑦弹道运动比受限制或者受控制的运动轻快而自如。

⑧建立轻松自然的动作节奏可使动作流利自然。

（2）关于作业区布置的原则。

①工具、物料应放在固定位置，使作业者形成习惯，可用较短时间取到。

②工具、物料及装置应布置在作业者附近。

③运用各种方法使物料自动达到作业者身边。

④工具、物料应按最佳工作顺序排列。

⑤物料应尽量利用其重量坠送至工作地。

⑥应用适当的照明设备，使视觉舒适。

⑦工作台和座椅的高度应保证工作者坐立舒适。

⑧工作椅的样式和高度应使作业者保持良好的姿势。

（3）关于工具、设备的设计原则。

①尽量少用手工作业，用夹具或者脚踏代替。

②可能时，应将各种工具合并成一种多功能的工具。

③工具、物料应尽可能预先放在工作位置。

④手指分别工作时，应使各指负荷按照其本能予以分配。

⑤设计手柄时，应尽可能增大与手的接触面。

⑥机器上的杠杆、手轮及其他操作件的位置，应能使工作者极少变动姿势。

动作研究的方法可分为三种：目视动作分析、影片分析、既定时间分析（predetermined time standards，PTS）。

（1）目视动作分析。

目视动作分析是观测人员在利用眼睛观察作业者双手动作的同时，借助规定的动素符号按动作顺序如实记录，之后进行左右手动作分析，提出改善方案。

（2）影片分析。

影片分析法是借助摄影机或摄像机等手段，将操作者的动作拍摄下来进行分析。用这种方法取得的材料准确，分析精确度高，可能提出更好地改善方案，但成本较高。适用于产品寿命长、作业时间短，且具有高度重复性的手工操作。

（3）既定时间分析。

既定时间分析是将人们所从事的所有作业的动作要素进行分解，根据动作的性质与条件，经过详细的观察，制成基本动作的标准时间。当要确定某一项作业的实际时间标准时，就把作业分解成基本的动作要素，从基本动作的标准时间表中查出相应的时间值，累加起来，适当放宽后就得到标准的作业时间。

既定时间分析最先是1924年由美国的西格（A. B. Segur）提出的，他最先创立了动作时间分析法（motion time analysis，MTA）。1934年美国无线电公司的奎克（J. H. Quick）创立了工作因素法（work factor system，WF）。1948年美国西屋电器公司的梅纳德（H. B. Mannard）等人又提出了时间衡量（methods of time measurement，MTM）。由于WF法与MTM法是建立在对动作的性质与条件力求详细与极高精度的基础上的，因此掌握起来比较难，使用不方便，而且标准建立的周期比较长。1966年澳大利亚的海德博士（G. C. Heyde）在长期的研究基础上提出了模特排时法（modular arrangement of predetermined time standard，MOD）。既定时间分析的好处在于可以避免在直接时间测量中工人反应不正常的现象，不会引起工人的不安和对工作的干扰。

### 6.3.3　时间测定

时间测定就是以时间为尺度，对作业系统进行评价、设计和运作，并把作业分解为适当的作业要素，测定作业要素所需时间的方法，是进行工作研究、作业改善、标准时间设定和提高作业效率的重要管理方法。它是一个为了设置时间标准，对工作进行分析的过程。除了提供基准外，进行时间测定的目的还包括：用于工作排程与分配人力，测量、评估工作绩效，将实际工作情况与标准作业时间进行对比，寻找改善的方向。

标准绩效水平是指正常情况下合格工人工作一天所能达到的输出水平。基本时间是指一个合格工人按照标准绩效水平完成某一特定工作所需时间。标准时间是指特定环境下运营系统能够接受的完成工作的时间。

制定工作标准的关键是定义"正常"的工作速度、正常的技能发挥。例如，要建一条生产线，或者新开办一项事务性的业务，需要根据需求设计、生产运营能力雇用适当数量的人员。假定一天的生产量需达到 1 500 个，则必须根据一个人一天能做多少个来决定人员数量。但是，一个人一天能做到的数量是因人而异的，有人精力旺盛，动作敏捷，工作速度就快，还有一些人则相反。因此，必须寻找一个能够反映大多数人正常工作能力的标准。这种标准的建立，只凭观察一个人做一个产品的时间显然是不行的。必须观察若干人在一定的时间、作出的产品数量和质量，然后用统计学方法得出标准时间。此外，即使建立起了工作标准，在实际工作开始之后，也仍需不断地观察、统计，适时地进行修正。

时间测定是用时间定量表示作业的状态，在进行作业改善时，必须根据作业的动作时间对作业本身进行有针对性的修改，切不可不修改作业条件而擅自改动动作时间。也就是说，时间只是动作的影子，而动作是受作业条件制约的。

## 1. 时间测定

时间测定是用来记录某一特定工作时间的各个元素在特定环境下的工作时间和速度的作业测定技术。一项工作（通常是一人完成的）可以分解成多个活动。在时间研究中，研究人员用秒表观察和测量一个合格员工在正常发挥的条件下，进行各个活动所花费的时间，这通常需要对一项活动观察多次，然后取其平均值。从观察、测量所得到的数据中，可以计算为了达到需要的时间精度所需的样本数量。如果观察数目不够，则需进一步补充观察和测量。通过分析所记录的数据，得到完成该活动的基本时间。一般通过以下四个步骤得到基本时间：

①将工作分解为活动；

②观察、测量各活动的实际时间；

③对观察到的时间进行调整；

④将调整后的时间进行平均化，得到活动的基本时间如下。

$$基本时间 = 观测时间 \times (观测分值 / 标准分值)$$

一般来说，进行时间测定有三种方法。

（1）秒表测时法。

秒表测时法是在现场对生产运作作业直接进行观察、记录和分析研究的方法，根据观察目的和所要求的分析精度，可把秒表测时法做如图 6 - 5 所示的分类。

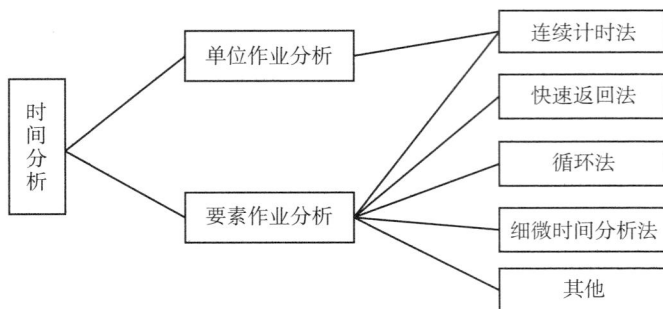

图 6 - 5　秒表测时法分类

　　单位作业分析用于作业重复次数少，重复周期长、动作非常不稳定的情况。由于开始测时前不易划分出要素作业，因此在观测时一边记录正在进行的单位作业名称，一边进行时间测定。单位作业分析一般用于时间在 10 ~ 100 分钟比较粗略的分析。具体观测方法采用连续计时法。

　　要素作业分析适用于动作比较稳定、重复一次的时间较短、重复次数较多的作业场合。测时前，先观察该作业，将它分解为要素作业，分解时注意每个要素作业都应有明确的开始和结束标志，且每个要素作业不应是不到 3 秒就可完成的动作，因为这种动作很难用秒表测量。分解好要素作业后，便可开始测试，方法主要有五种：

　　①连续计时法（连续法）。

　　连续计时法，顾名思义，此法就是在观测终止前秒表始终处于计时状态，随着作业的进行，读取作业测量点的时刻并记录下操作名称。测量点是作业的开始点或终止点，常以要素作业终止点或动作完成时刻作为测量点。若利用声或光的发出点作为测量点，利用录像、录音装备进行，则可提高测量的速度和精度。

　　②快速返回法（反复法）。

　　此方法是在各要素作业的测量点读取秒表读数后，立即使指针归零，于是整理数据时不用做减法而可直接得到各要素作业的时间。但在要素作业时间短、量多的情况下，误差十分明显，导致整个作业循环的时间值不易准确。

　　③循环法。

　　此法在循环周期短、细小动作连续出现，来不及看秒表并记录每一动作时间时使用。例如，有 A、B、C、D 四个要素作业，首先测量 10 次（A + B + C）的时间，再测量 10 次（B + C + D）的时间，这样依照循环顺序进行动作测量，求得平均值 a、b、c、d，并解如下联立方程，则可求得各要素作业的时间值。

　　设：

$$B + C + D = a$$
$$C + D + A = b$$
$$D + A + B = c$$
$$A + B + C = d$$

　　于是有：

$$3(A + B + C + D) = a + b + c + d$$

则有：
$$A = 1/3(a + b + c + d) - a$$
$$B = 1/3(a + b + c + d) - b$$
$$C = 1/3(a + b + c + d) - c$$
$$D = 1/3(a + b + c + d) - d$$

此方法的缺点在于：要素作业被平均化；观测次数多；计算较麻烦。

④细微时间分析法。

在大量生产运作的作业中，一个动作循环仅为 2～5 秒，速度极快，很难用上述方法测量，则观察者用录音机和秒表来进行。观察者向录音机发出单音作为信号，录在磁带上，观察后，慢速重放，换算出时间值。

⑤其他。

可利用两只秒表，交替使用快速返回法或利用录像和测量。

上述用秒表测试得到的实际数据，经过评定和必要的宽放，就可成为标准时间。

（2）标准要素法。

一个企业内可能有成百上千种工作需要制定工作标准，如果逐一用上述方法进行时间研究则会花费相当可观的时间和成本。在这种情况下，标准要素法就比较适用。这一方法的基本出发点在于：不同种类的工作实际上是有限的若干个作业单元的不同组合，对于工作单元所进行的时间研究和建立的工作标准，可应用于不同种类的工作中的作业单元，而这样的作业单元的标准一经测定即可存入数据库，需要时随时可用。

但是有时候同一个作业单元在具有不同特点的工作中所需的时间可能不同，如果将这些工作分类并赋予不同的系数，将这些系数也录入数据库，则极大地方便了企业各种工作正常工作时间的制定。当然，要获得真正的标准工作时间，还必须考虑宽放时间。

这种方法的好处在于，一方面能够大量减少时间研究的工作量，另一方面可以通过为作业单元建立的数据库制定新的生产线的工作标准，从而能够预先估计产品的成本、价格，并制订生产计划。同时当单元的工作方法改变时，也能够比较容易地决定新的正常时间。

（3）既定时间法。

既定时间标准设定法比标准要素法更进了一步，它是将构成工作单元的动作分解成若干个基本动作，对这些基本动作进行详细观察，然后做成基本动作的标准时间表。当要确定实际工作时间时，只要把工作任务分解成这些基本动作，从基本动作的标准时间表上查出各基本动作的标准时间，将其加合，就可以得到工作的正常时间，然后再加上宽放时间，就可以得到标准工作时间。

## 2. 标准时间计算过程

考虑到正常发挥的程度和允许变动的幅度，确定标准时间如下：

标准时间 = 基本时间 + 宽放时间 = 基本时间 ×（1 + 宽放率）

### 3. 时间测定中的主观判断和评价

在某些工作单元的测量中可能会测到一些偶然性的、不规则的动作，它们实际上不反映真正的操作要求。例如，失手掉工具、机器失灵等，这些动作和所花费的时间有可能使测出的时间不正确，因此必须在时间测定中排除这样的动作时间。哪些动作是规则的，哪些是不规则的，需要研究人员主观判断。

宽放时间应该多大，需要进行主观判断。通常宽放时间的范围是正常时间的10%～20%，这主要是考虑到人员的疲劳、动作迟缓等不易测量的因素。

被观测人员的工作速度不一定正好代表大多数人的正常工作速度。这时，研究人员必须判断，通过对他们的观测所获得的数据是否代表正常速度。因此，研究人员在研究过程中，还需要判断有无这样的情况发生。如果有，则需进一步判断其程度。

### 4. 时间测定的局限性

时间测定是制定工作标准中使用最多的一种方法。训练有素并具有一定经验的研究人员使用这种方法可以制定出切合实际的工作标准。但是，这种方法也具有局限性。首先，这种方法主要适用于工作周期较短、重复性很强、动作比较规律的工作，对于某些思考性质的工作就不太适用，如数学家求解问题、大学教授准备讲义、寻找汽车故障的原因等。对于某些非重复性的工作也是不适用的，如非常规设备检修。其次，秒表的使用有一定的技巧性，一个没有任何使用经验的人测定的时间值有时误差可能很大，基于这样的数据很可能会制定出不正确的时间标准。最后，时间研究中所包含的一些主观判断因素有时会遭到被观测者的反对。

## 6.4 劳动定额与定员

### 6.4.1 劳动生产率

劳动生产率是指劳动者在一定时期内创造的劳动成果与其相适应的劳动消耗量的比值，就是人们在生产中的劳动效率。劳动生产率水平可以用同一劳动在单位时间内生产某种产品的数量来表示，单位时间内生产的产品数量越多，劳动生产率就越高；也可以用生产单位产品所耗费的劳动时间来表示，生产运作单位产品所需要的劳动时间越少，劳动生产率就越高。提高劳动生产率不仅有助于节约活劳动消耗、降低产品成本，而且有助于提高企业的市场竞争力。所以，从古至今，国内外企业都把如何提高劳动生产率作为企业生产运作管理的重点之一。

企业的劳动生产率水平通常是用在单位时间内平均每个劳动者所生产的产品

数量来表示的。

$$劳动生产率 = 产品产量 / 劳动消耗量$$

根据不同目的和企业管理工作的需要，劳动生产率可以按不同的表现形式、不同的时间单位和不同的人员范围进行计算。

例如，按实物单位计算的劳动生产率，就是用吨、台、件等实物产量来计算劳动生产率，可以用每个工人在一定时间内平均生产几台汽车来表示汽车企业的劳动生产率。其计算公式是：

$$实物劳动生产率（实物单位 / 人） = 某种产品的实物产量 / 生产该种产品的工人平均人数$$

而"小时劳动生产率"是指工人在一个实际工作小时内所生产的产品数量。它的水平取决于工人的劳动积极性与熟练程度、采用新技术的情况、生产组织与操作方法，以及在一个工作小时内的停工时间等因素的影响。其计算公式为：

$$工人小时劳动生产率 = 产品产量 / 工人实际工作工时$$

还可以用"全员劳动生产率"表示以企业全体职工为范围计算的劳动生产率。全员劳动生产率水平除了受工人劳动生产率高低的影响外，还要受企业人员构成的影响。在工人劳动生产率一定的情况下，企业全体人员中非生产人员所占比重越大，全员劳动生产率就越低。全员劳动生产率的计算公式为：

$$全员劳动生产率 = 工业总产值（或总产量） / 全体职工平均人数$$

不论计算哪种劳动生产率，都必须要使计算劳动生产率公式中的分子和分母，即产品产量和劳动消耗量在时间和空间范围上保持一致。所谓在时间范围上保持一致，就是指在计算某时期的劳动生产率时，产量必须是该时期生产的产品产量，劳动消耗量必须是该时期所消耗的劳动量。例如，月产量只能与月劳动消耗量相比，年产量只能与年劳动消耗量相比。所谓在空间范围上保持一致，就是指计算某单位的劳动生产率时，产量必须是该单位的产品产量，劳动消耗必须是该单位的劳动消耗量。此外，在产品产量与劳动消耗量之间，还应保持直接的依存关系，即产量应该是这些劳动消耗量所生产的全部产量，而劳动消耗量则应该是这个产量所消耗的全部劳动量。只有这样，才能提高所计算的劳动生产率的准确程度。

劳动生产率的状况是由社会生产力的发展水平决定的。具体来说，决定劳动生产率高低的因素主要有：

（1）劳动者的平均熟练程度。劳动者的平均熟练程度越高，劳动生产率就越高。劳动者的平均熟练程度不仅指劳动实际操作技术，而且也包括劳动者接受新的生产技术手段，适应新的工艺流程的能力。

（2）科学技术的发展程度。科学技术越是发展，而且越是被广泛地运用于生产过程，劳动生产率也就越高。

（3）生产过程的组织和管理。主要包括生产过程中劳动者的分工、协作和劳动组合，以及与此相适应的工艺规程和经济管理方式。

（4）生产资料的规模和效能。主要指劳动工具有效使用的程度，对原材料和动力燃料等利用的程度。

（5）自然条件。主要包括与社会生产有关的地质状态、资源分布、矿产品位、气候条件和土壤肥沃程度等。

美国管理大师德鲁克先生对提高劳动生产率这一问题的观点有以下三方面：

（1）清晰的定义任务：每一个活动、项目都有一个目标，可解决"干什么"这一问题。

（2）专注于所定义的任务：即"专心致志地完成任务"。资源投入—产出的过程中，工作可分为有效工作和无效工作。"专注"是指增加有效工作的比重。日本很注重作业时间的研究，不论是对作业动作、机器排列方式的研究其目的都一样，就是增加有效工作的比重。可见专注任务是很有其研究广度和深度的。

（3）正确合理的评价任务：评价任务的尺度选择不当，就不能表明正确的价值观念，其后果是完成任务的人积极性消退，误导群体的认知观念。只有正确和合理的评价标准，才能具有很好的导向作用，激发群体的内在动力，从而提高工作效果和效率。

综上所述，提高劳动生产率，可以从以下几个方面考虑：

（1）应用先进的科学技术。这是提高劳动生产率的根本途径。企业劳动生产率的提高主要依靠在生产过程中采用新的工艺和设备，有计划、有步骤地采用先进技术；对企业原有的传统技术和工艺进行改造，对于那些已"超期服役"的机械设备加速进行更新；正确地组织和处理劳动者之间、劳动者与劳动手段之间、劳动者与劳动对象之间的关系，使三者之间最经济、最合理、最有效地结合起来，充分调动劳动者的积极性和创造性，达到用尽可能少的物化劳动和劳动消耗生产出尽可能多的优质产品。

（2）提高劳动者的文化技术水平，加强教育培训。现代科学技术的发展从根本上改善了生产条件，对劳动者的文化技术水平也就提出新的、更高的要求。从现代化大生产的特点看，评价劳动者的熟练程度的标准，主要不是看劳动者个人的劳动技能，而是看他们对机器设备，信息信号迅速反应和正确处理的能力。劳动者的文化技术水平和熟练程度不断提高，社会更合理地利用劳动时间，提高单位时间的产品产量，减少废品损失等，从而也就提高了劳动生产率水平。

（3）不断改善生产组织和劳动组织。生产组织指的是产品生产过程的组织，包括全厂和车间、工段、班组的生产组织和平面布置。劳动组织主要是指劳动者的分工与协作及其配备。生产组织和劳动组织的合理化，可以使劳动资料、劳动对象和劳动力得到科学的、有效的结合，对劳动生产率的提高有着重要作用。科学地组织劳动分工与协作，能够使各劳动集体之间成为协调的整体。

（4）实行科学管理。积极采用科学管理方法和手段也是提高劳动生产率的一个重要途径。当前在国内外企业管理中已采用的现代管理方法很多，其中对提高劳动生产率影响比较大的有目标管理和网络计划技术等。

## 6.4.2　劳动定额的形式

劳动定额是企业的基础定额之一，是产品生产过程中劳动消耗的一种数量标准，它是指在一定的生产技术和组织条件下，为生产一定量的产品或完成一定量的工作所规定的劳动消耗量的标准。劳动定额一般有两种形式：工时定额和产量定额。

工时定额又称标准工作时间，是指在标准工作条件下，每生产单位产品所需要消耗的工时数，是用时间表示的定额，一般以分钟为计算单位，它是劳动生产率指标。根据工时定额可以安排生产作业计划，进行成本核算，确定设备数量和人员编制，规划生产面积。因此工时定额是工艺规程中的重要组成部分。确定工时定额应根据本企业的生产技术条件，使大多数工人经过努力都能达到，部分先进工人可以超出，少数工人经过努力可以达到或接近平均先进水平。合理的时间定额能调动工人的积极性，促进工人技术水平的提高，从而不断提高劳动生产率。随着企业生产技术条件的不断改善，工时定额应定期进行修订，以保持定额的平均先进水平。

产量定额是指单位时间内应当完成的产品数量，是用生产量表示的定额。

这两种形式的定额互为倒数，表达同一个概念，但角度不同，适用的场合不尽相同。通常工时定额比较适合产品结构复杂、品种多、生产批量不大的企业，而产量定额多用于流水生产的制造企业。

## 6.4.3　工时定额

劳动时间的消耗，是生产劳动规律性的综合反映。所以在进行时间研究时，首先必须对工人在生产活动中消耗的工时进行分类和研究，确定哪些工时消耗是必需的，哪些工时消耗是非必需的，以便采取措施降低产品工时消耗，减少和消灭工时损失，不断提高生产效率。

生产过程中工人进行作业所消耗的一切时间都是由定额时间与非定额时间两部分构成的，如图 6-6 所示。

工时定额时间由基本时间、辅助时间、布置工地的时间、休息与生理需要时间和准备与结束时间组成。

（1）作业时间：指直接用于完成生产任务，实现工艺过程所消耗的时间，是劳动定额的主体部分。其中基本时间是直接改变生产对象的尺寸、形状、相对位置以及表面状态等工艺过程所消耗的时间，辅助时间是各种辅助动作所消耗的时间，例如机加工中的装卸工件、开停机床、改变切削量、测量工件尺寸等动作所消耗的时间。

$$基本时间 + 辅助时间 = 操作时间$$

```
                    ┌──────────┐
                    │ 全部工时 │
                    │   消耗   │
                    └────┬─────┘
           ┌─────────────┴─────────────┐
     ┌─────┴────┐                 ┌─────┴────┐
     │ 定额时间 │                 │ 非定额时间│
     └─────┬────┘                 └─────┬────┘
  ┌────┬───┼────┬────┐         ┌────────┼────────┐
┌─┴─┐┌─┴─┐┌┴──┐┌─┴──┐      ┌───┴───┐  ┌───┴───┐
│作业││准备││布置││休息与│     │非生产作│  │停工时间│
│时间││与结││工地││生理 │     │业时间 │  │       │
│    ││束时││时间││需要 │     └───┬───┘  └───┬───┘
│    ││间 ││    ││时间 │
└┬┬─┘└───┘└─┬─┘└─┬─┬─┘
```

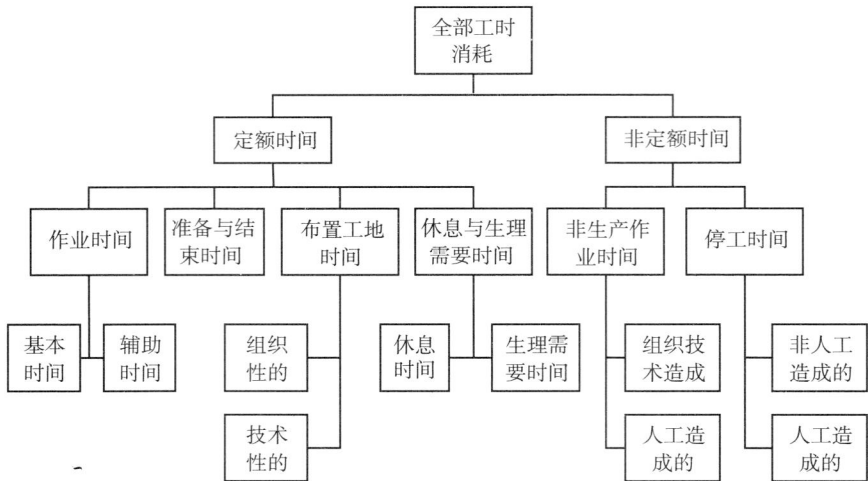

图 6 – 6　工时定额构成

（2）服务时间（布置工地的时间）：为正常操作服务所消耗的时间，称为服务时间，指在一个工作班内，工人用于照管工作地，使工作地保持正常工作状态和文明生产水平所消耗的时间，如保养设备、清扫机床、填写交接班记录等。计算方法为，一般按操作时间的 2% ～7% 进行计算。

（3）休息与生理需要时间：由于劳动过程中正常疲劳与生理需要所消耗的时间，如休息、饮水、上厕所等，与工人的工作环境、个人生理情况有关，一般按操作时间的 2% 进行计算。

（4）准备与结束时间：指每完成一项工作，在开始前的准备工作与加工完毕后的结束工作所消耗的时间，如了解任务、熟悉图纸、准备工具、交付验收等。

非定额时间主要是由下述时间组成的。

（1）非生产工作时间：指员工在工作班内从事本身生产任务以外的工作所消耗的时间，如开会、到仓库领料、修理与本职工作无关的工具等。

（2）停工时间：这是指工人在工作时间内，因某种原因未能从事生产活动，中断生产所损失的时间。其中，管理工作不善造成的损失时间指由于管理不当或企业外部原因使工人工作发生中断的时间，如发生停工待料、断电、机器待修、工作任务分配不当等造成的损失时间；工人责任造成的损失时间指由于工人违反劳动纪律而造成的损失时间，如迟到、早退、聊天、办私事等，这是完全不允许的时间损失。

生产运作类型不同，工时定额的时间组成也有所不同。大量生产运作类型，准备与结束时间可忽略不计；成批生产运作类型，准备与结束时间按批量分摊到单件定额中去；单位小批类型，准备与结束时间全部计入单件定额中。布置工地时间、休息与生理需要时间一般按计划作业时间的百分比计入单位产品的工时定额内。

各种生产运作类型单件工时定额的计算方法如下：

（1）大量生产运作类型的单件工时定额的计算公式为：

$$单件工时定额 = 作业时间 \times \left(1 + \begin{array}{c}布置工地时间和休息与生理需要\\时间对作业时间的宽放率\end{array}\right)$$

（2）成批生产运作类型的单件工时定额的计算公式为：

$$\begin{array}{c}单件工时\\定额\end{array} = \begin{array}{c}作业\\时间\end{array} \times \left(1 + \begin{array}{c}布置工地时间和休息与生理\\需要时间对作业时间的宽放率\end{array}\right) + \begin{array}{c}准备与结束\\时间/批量\end{array}$$

（3）单件生产运作类型的单件工时定额的计算公式为：

$$\begin{array}{c}单件工时\\定额\end{array} = \begin{array}{c}作业\\时间\end{array} \times \left(1 + \begin{array}{c}布置工地时间和休息与生理\\需要时间对作业时间的宽放率\end{array}\right) + \begin{array}{c}准备与结\\束时间\end{array}$$

可见，为了提高劳动生产率必须减少工时消耗，其中非定额时间是应当尽量减少或杜绝的；而定额时间中，除了由工艺决定的作业时间应保持之外，其余三种时间消耗都应通过工作研究和管理改善，以及学习曲线效应来减少。当然，工人不是机器，工作时间内还应注意必要的生理需要和休息时间。因此说，定额时间中存在着可由提高生产率而压缩的部分，但在一定的技术条件下它也是存在极限的，这是劳动定额客观存在、需要科学制定的依据。

### 6.4.4 劳动定额的制定方法

劳动定额的制定方法有很多，企业应根据自身的特点选择合适的方法，总的要求是做到全、快、准。"全"，是指凡是可能的工作都应该有劳动定额；"快"是指使用方法尽可能简便，迅速制定，在时间上能保证生产需要；"准"是指制定的定额先进合理，这是制定劳动定额的关键。

#### 1. 经验估工法

它是由具有丰富生产经验的人担任定额员，依照工作图纸和加工工艺要求，参考使用的加工设备的性能、原材料特性等生产条件，凭借经验确定定额数值。这种方法简便易行，工作量很小，定额员能够在审查了图纸和工艺资料以后的几秒钟内确定定额，能满足"快"的要求。但是，受估工人员的经验、能力和责任性的限制，有很大的主观随意性，同一件工作同一人估，基本生产条件不变，在不同的时间会估出不同的定额，它的准确性较差。为了提高估工的准确性，可以有许多措施，如一人估工，另一人审核，或两个人分别独立估工，对差别大的再用技术方法校正，等等。此方法最适合于单件小批量生产类型。使用这种方法一般不适宜与直接的操作工人讨论。

此外，为了提高经验估工的准确性，可以在经验的基础上嫁接科学方法。如概率估工法，它是目前在单项大工程中普遍采用的方法。在时间估计上采取三点估计法。

#### 2. 比较类推法

此法以现有的劳动定额为基础，根据相似性原理推算出其他相似工作的定额。操作方法如下：

（1）确定具有代表性的典型零件（或工作）。一般可根据零件尺寸大小、加工精度、加工的复杂程度、工件重量进行分类。

（2）制定典型零件（或工作）的劳动定额作为参考系。

（3）比较类推制定其他相似零件（或工作）的劳动定额。

这个方法也比较简单，但缺点是制定一套典型零件的定额标准资料需要很大的工作量，还需要经常地补充修正。在使用时如典型件选择不当，或对影响工时的因素考虑不周，都会使推出的定额不准。它最适合于制造同类型产品的企业。产品的系列化、标准化、通用化程度越高，产品的相似件越多，越能显示出这种方法的优点。

### 3. 统计分析法

它是根据过去同类产品（或零件、工作）的实际工时消耗的统计资料，结合当前生产技术与组织的变化情况来制定定额的一种方法。操作方法如下：

（1）分析历史统计资料的可靠性，剔除其中的异常数值，修正明显失真的统计数据。

（2）计算平均实做工时。

$$平均实做工时 = 实做工时数列之和 / 数列项数$$

（3）计算平均先进工时。所谓"平均先进"是大多数人经过努力都可以达到的定额水平，按照这个概念，可以有以下两个计算公式：

$$平均先进工时 = (平均实做工时 + 最快实做工时) / 2$$

$$平均先进工时 = 先进部分实做工时之和 / 先进部分项数$$

式中先进部分实做工时是指小于和等于平均实做工时的工时数值。

平均先进工时并不是一个十分严格的数值，在实际使用中可以根据具体情况作适当调整。

这个方法操作也比较简单，又有大量统计资料为依据，比较符合实际，工人更容易接受。但是，由于使用的都是实做工时的统计资料，资料中可能包含种种不合理因素，准确性有可能会差些。此外，当生产条件发生较大变化时，上述计算方法误差会很大，需要根据新的条件作修正。不过修正工作不是一件简单的事情。所以，此法比较适合于生产条件比较稳定、产品比较固定、统计资料比较完整的企业。

### 4. 工程技术计算法

现代化生产越来越依赖机器设备，加工所需要的时间主要取决于设备性能和加工量。选定了设备基本上确定了加工速度，选定了材料基本上确定了加工量，加工时间就很容易用以下公式算得：加工时间 = 加工量 / 加工速度。再考虑辅助作业时间、照管工作地时间、休息和生理需要时间、准备结束时间等，就可以得到非常准确的定额时间。

## 【本章小结】

合理地组织劳动，是保证企业正常生产的条件。社会化大生产运作要求既要有科学的劳动分工，又要有严密的协作。为保证生产顺利进行，必须把劳动者合理地组织起来，正确地处理它们之间的关系，以及他们与劳动工具、劳动对象之间的关系。本章阐述了劳动组织内容、作用，工作研究，工作设计，工作测量，劳动定额等内容。

工作设计就是设置生产运作系统中的工作岗位并规定各岗位的工作内容。其目的在于使工作分配一方面满足组织、技术的要求，另一方面满足员工个人生理、心理的需求。

工作测量是企业管理的一项基本工作，它是运用科学的方法来确定合格工人在规定的作业标准和工作时间内所应完成的工作量，以减少乃至消除工作活动中的无效作业时间，提高工作效率。

劳动生产率对一个企业的竞争力起着关键作用，劳动生产率领先于竞争对手，对企业是一种强大的竞争优势。生产率的提高除了采用先进的生产设备与工具外，与人有关的工作方法与工作时间标准的制定是关系到如何最大限度提高生产率的问题，因此企业必须重视工作方法研究，制定科学的工作时间标准。

劳动定额是企业管理的一项重要基础性工作。正确地制定和贯彻劳动定额，对于组织和推动企业生产运作的发展，具有多方面的重要作用。

## 【延伸阅读】

1. 泰罗与科学管理原理

泰罗（Frederick W. Taylor）是美国古典管理学家，科学管理的倡导者，被称为"科学管理之父"。

泰罗从钢铁厂的学徒开始，然后一直做车间管理员，再到总工程师。1881年开始在米德维尔钢铁厂进行劳动时间研究与工作方法研究，为他后来创建科学管理奠定了基础。泰罗 1991 年出版了著名的《科学管理原理》。科学管理原理的思想体现为以下四个原则：

（1）对工人操作的每一动作进行科学研究，用以代替老的单凭经验的方法。

（2）科学地挑选工人，并进行培训和教育，使之成长。

（3）与工人密切协作，以保证一切工作都按已发展起来的科学原则去办。

（4）资方（管理者）和工人之间在工作和职责上几乎是均匀的，资方把自己比工人更能胜任的那部分工作承揽下来。

2. 作业测定软件在西北航空的应用

由于油价不断创新高，西北航空公司（Northwest Airlines，NWA）正面临来自低成本运输工具竞争以及高人力成本方面的严峻挑战。这些挑战要求 NWA 进行业务模式重组，并在保持服务水平的同时降低成本。NWA 正依靠它的工业工程师们对流程改进进行设计和评价。而反过来，工业工程师则需要借助于时间研究来分析和评估流程改进的可能。可以解决这个问题的一个基本工具是加拿大 Quetech 公司开发的 WorkStudy＋。

NWA 其中一个应用 WorkStudy＋的项目是对前往墨西哥站顾客通过率的分析。NWA 原计划增加一趟飞往墨西哥的高端休闲度假航班。客服部主管希望航站能有足够多的售票站台来应对预计的顾客增长，以防顾客出现排长队、过长等待时间。在工程师看来，每个售票站台的通过能力是受处理过程约束的。NWA 如何才能在顾客排队队伍长度和等待时间方面保证一个可以接受的服务水平呢？

为应对这些挑战，工业工程师需要收集顾客的登记时间和到达率。顾客登记时间是指一个客服人员为一个顾客或一组顾客进行登记所需要的时间。顾客到达率是在飞机起飞前、各个不同的时间段内，顾客到达的人数。为了收集这些数据，需要用 PDA 和 WorkStudy＋做两个研究。"这个软件的使用使得我们可以在飞往一个目的地的航班上组织研究，而在返航时用笔记本电脑进行数据分析。这样一种能力大大增加了我们项目的周转时间。"NWA 的工业工程师维克多·佩拉佐利（Victor Perazzoli）如是说。

在收集并整理好数据之后，我们就得到了通过能力以及顾客的到达率。结果表明，这个地区的到达率与 NWA 其他国内地区的到达率有差异。一经确认后，工业工程师用 WorkStudy＋收集的数据建立一个模型计算所需的售票站台的数量，以保证要求的服务水平下的顾客等级、队伍长度和时间。接下来还有针对人员和航班安排方面的分析，为航空公司运营效率的提高作出适当建议。

（资料来源：www. quetech. com. ）

## 【复习思考题】

1. 工作扩大化与工作丰富化有何区别？
2. 为何要进行工作设计和工作研究？
3. 劳动定额有几种形式，分别起什么作用？
4. 试对你身边的某一工作流程进行优化。

## 【本章案例】

《孟子·离娄章句上》中有一句话，"不以规矩，不能成方圆"，讲述在任何有群体的地方都要有与之相对应的规定和规范。截至 2016 年，圆通已走过 16 个年头，已发展成为 26 万人的快递大军，领跑在中国快递行业的前列，如何管好、用好团队建设，企业标准化工作显得尤为突出。

为贯彻落实喻渭蛟董事长关于企业标准化工作的各项战略部署要求，推进企业标准化工作可持续化发展，特成立由标准化工作组组长负责全面统筹协调标准化建设工作，成立全网标准化成员小组，定期召开标准化工作推进会议，高效推进标准化工作。

自启动标准化工作以来，圆通已经建立了 700 余项标准、制度和流程，覆盖了管理、运营、服务和安全等多个领域，形成了较为完善的标准化体系，但圆通的标准化工作任重而道远，要狠抓标准化建设落地不放手。

标准化工作立足现实需求，结合未来几年的发展重点，形成了以"基础通用标准"为基础，"运营标准"为核心，以"管理标准""服务标准""安全标准"为支撑与保障的圆通特色标准化建设体系。

一直以来，圆通为创建标杆性快递企业标准而努力，大力推进加盟公司示范单位标准化实验，力争做到行业标准化领先。加盟公司的标准化体系覆盖了加盟公司的形象、操作、服务、组织架构等方面，以"样板公司"建设项目为抓手推出一批标准化的样板公司，从而在全网形成"向样板公司学习"的氛围，赶学帮超。

在标准化推进过程当中喻渭蛟董事长明确指出要切实用好流程管事这双手，实现流程抓手的规范化，抓好关键环节，抓出成效，做好内控，实现流程审批不拖、不欠，从而提升工作效率；切实做好企业管理制度迎"大考"的心理准备，树立管理者红线意识，明确管理中的问题，设立管理目标，健全管理处罚制度，实现制度管人的有效管控。标准化建设任重而道远，搞好搞活企业标准化建设，提升企业高质量管理具有重要意义。

通过实施标准化管理，把企业生产、管理全过程的各个要素和环节组织起来，使各项工作达到规范化、科学化、程序化，建立起生产、经营的最佳秩序。进而为客户提供标准化、高品质的服务，以不断提升公司的经济效益和品牌效益。

未来企业标准化建设将在喻渭蛟董事长的带领下，坚持"领先"核心价值观，深入推进标准化建设，打造圆通一流快递服务品牌，向国际化、争做百年企业目标而迈进。

## 【问题与讨论】

结合本案例并联系实际谈谈标准化管理的必要性。企业如何实现工作的标准化？

（资料来源：http://qoofan.com/read/WnBeKgEW8x.html）

# 第 7 章 生产运作计划

## 【引例】

### 乔安妮的管理计划表

乔安妮·张（Joanne Cheung）现任宝马总经销商高级服务顾问，她和她的团队在企业与需要服务和修理的顾客之间充当着桥梁的作用。在他们最现代化的车间里，有 16 个技术人员从事这项工作。乔安妮说："我们要组织完成三种工作：第一种是修理客户的汽车。客户通常都希望越快越好。第二种是常规的保养。一般不太着急，客户通常愿意等一段时间。第三种是对那些要卖给别人的宝马进行全面的检查。通常，我们会根据这些工作的类别，采取不同的处理方式。一方面，对国内的买主我们必须提供优质的服务，但在计划这些工作时会有一定程度的弹性；另一方面，为顾客提供的紧急维修服务，则要尽量与我们的时间安排相吻合。如果某位顾客在事先没有通知我们的情况下急切希望汽车赶快得到修理，我们会建议他尽早把车开到修理厂，然后尽量晚一些时间来提车。这样，我们就可以最大限度地赢得时间，以适应我们的日程安排。"

我们还提供另一些服务供顾客选择，我们可以在一个固定时间预约一些短暂的工作，并在客户等待的同时完成它们。通常情况是，我们让顾客把车停在这里，然后过一段时间来取车。为了最大限度地方便顾客，基于"先到先得"原则，我们提供 10 部车以备顾客借用。我们可以去客户家取车，也可以让客户在车修好后将其送回。我们有 4 位司机负责此项工作，一天能到顾客家中取车 12 次。

"在大多数情况下，我们一天能完成 50~80 项这样的工作，花费的时间从半小时到一天不等。为了便于在我们的流程中随时加入一项工作，所有的服务顾问都能够进入计算机计划系统。电脑屏幕上会显示出我们每日的工作能力、所有预定的工作量、剩余的工作能力、可借出的汽车数量等信息。我们通过这些信息与客户预约服务时间，然后在计算机中录入客户的详细资料。宝马对所有的主要工作都有'标准时间'规定。但是，你必须根据具体条件适当修订这些标准时间，这主要来自服务顾问的经验。"

"最常用的零部件我们都有库存，如果一旦需要仓库里没有的零件时，我们通常会在一天之内从宝马的零件销售商那里得到。每天晚上，我们的计划系统都会把第二天要做的工作以及所有需要的零件名称打印出来。负责零件的员工可以根据需要挑选出所有零件，第二天一早，技术人员的第一件事就是及时把这些零件领出去。"

"每天我们都要处理突发事件。技术人员也许会需要做额外的工作，客户也会提出额外的要求。技术人员有时会生病，这样我们的工作能力就会降低。遇到偶尔出现的缺少零部件的情况，我们需要与客户协调，重新预约时间。每天会有四五个客户没有按约前来，通常的原因是他们忘记了把车开来。这时，我们会再重新预约时间。在正常情况下，我们可以应对大部分不确定因素，因为我们技术人员都具备多种技能。如果需要，他们也愿意加班。此外，尽量满足客户的期望也很重要。如果偶尔不能为他们修好汽车的话，那么，当他们来试车或取车时，不应该让他们感到太意外。"

（资料来源：奈杰尔·斯莱克、阿利斯泰尔·布兰登·琼斯、罗伯特·约翰斯顿：《运营管理》（第 7 版），清华大学出版社 2015 年版）

## 【本章学习目标】

1. 正确认识生产运作计划体系的层次及关系。
2. 了解生产运作计划体系及其编制的原则。
3. 掌握生产运作计划指标决策。
4. 熟悉综合生产运作计划的主要内容及其方法。
5. 熟悉产品或服务出产（提供）进度的安排方式。

计划是管理的首要职能。没有计划，企业内的一切活动都会陷入混乱。生产运作计划是企业经营计划体系的重要组成部分，是组织和控制企业生产活动的依据。它根据市场调查和市场预测的结果，充分利用企业的现有资源和生产能力，实现均衡生产并合理地控制库存，确保按质、按量、按期交货。也就是说，企业的生产运作计划具体规定着企业在计划期内应生产或服务的品种（项目）、产量（数量）、质量、产值（收入）和期限等一系列的指标，以充分满足社会和用户的需求，并实现最佳经济效益。

# 7.1　生产运作计划概述

## 7.1.1　企业运作计划的层次和不同计划之间的关系

### 1. 计划的层次

按照计划来管理的生产经营活动叫作企业计划管理工作。在企业里有各种各样的计划，这些计划是分层次的。一般可以分成战略层计划、战术层计划与作业层计划三个层次，如图 7 - 1、表 7 - 1 所示。

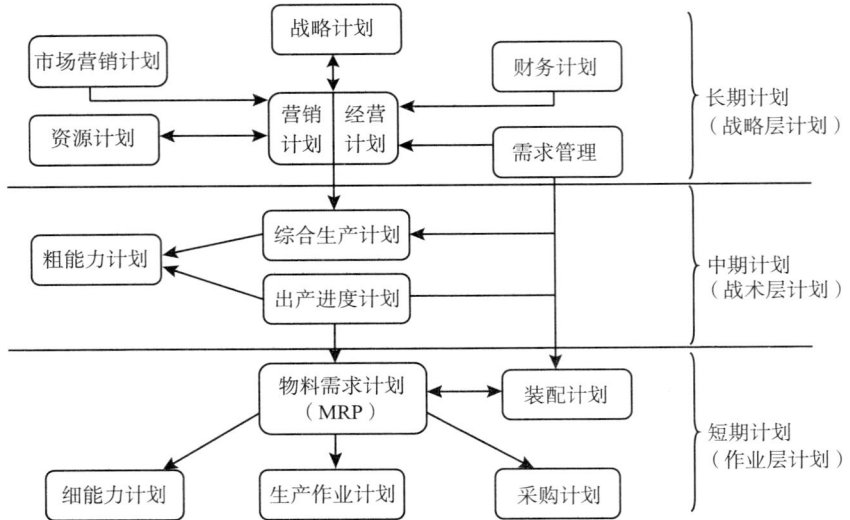

图 7 - 1　计划体系层次示意图

表 7 - 1　　　　　　　　　　　不同层次计划的特点

| 计划层次 | 战略层计划 | 战术层计划 | 作业层计划 |
|---|---|---|---|
| 计划期 | 长（5 年以上） | 中（1 年） | 短（月、旬、周） |
| 计划时间单位 | 粗（年） | 中（月、季） | 细（工作日、班次、小时、分） |
| 空间范围 | 企业、公司 | 工厂 | 车间、工段、班组 |
| 详细程度 | 高度综合 | 综合 | 详细 |
| 不确定性 | 高 | 中 | 低 |
| 管理层次 | 企业高层领导 | 中层、部门领导 | 低层、车间领导 |
| 特点 | 涉及资源获取 | 资源利用 | 日常活动处理 |

战略层计划涉及产品发展方向、生产发展规模、产品研发、技术发展水平、新生产设备的建造等。战术层计划是确定在现有资源条件下所从事的生产经营活动应该达到的目标，如产量、品种、产值和利润。作业层计划是确定日常的生产经营活动的安排。三个层次的计划有不同的特点，由表 7 - 1 中可以看出，从战略层到作业层，计划期越来越短，计划的时间单位越来越细，覆盖的空间范围越来越小，计划内容越来越详细，计划中的不确定性越来越小。

## 2. 企业各种计划之间的关系

企业战略层计划主要涉及企业长远战略目标和发展规划。长远发展规划是一种十分重要的计划，它关系到企业进货的发展方向和重大决策的取向。战略计划下面最主要的是经营计划，也称年度综合计划，再往下是各种职能计划。这些职能计划不是孤立的，它们之间的联系如图 7-2 所示。本章主要讨论的是生产运作计划（operations planning）。生产运作计划是实现企业经营目标的最重要的计划之一，是企业内部生产运作系统正常运行的关键，也是企业内部生产计划体系中的龙头计划，是编制物料需求计划、生产作业计划，指挥企业生产活动的依据。

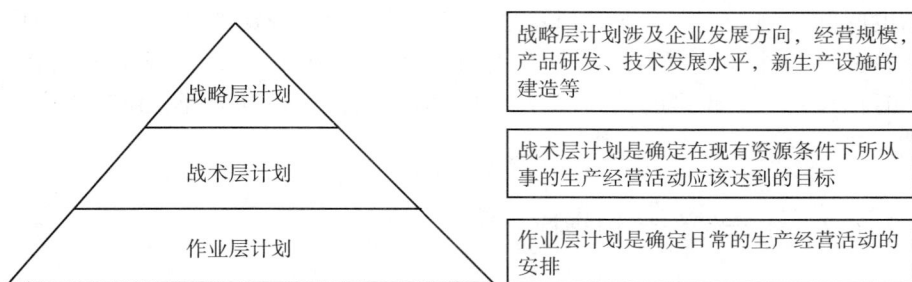

图7-2　企业生产计划体系结构图

（1）长期生产运作计划。长期生产运作计划是企业战略计划的重要组成部分，是由企业最高决策层制订的计划，计划期一般为三年到五年，或更长。长期生产计划没有明确的计划形式。它的主要内容包含在企业战略计划、经营计划、资源计划等计划中，其任务主要涉及产品决策、生产运作发展规模、技术发展水平、新生产设施的建造等。长期生产运作计划要与同时期的营销计划、市场预测、财务计划、资源计划等相协调。长期生产运作计划不是本章内容的重点，其相关内容在其他章节中有体现。

（2）中期生产运作计划。中期生产运作计划属战术性计划，其计划期一般为一年，故许多企业又称之为年度生产运作计划。它的主要任务是在正确预测市场需求的基础上，对企业在计划年度内的生产运作任务作出统筹安排，规定企业的品种、质量、数量和进度等指标。充分利用现有资源和生产运作能力，尽可能均衡地组织生产运作活动和合理地控制库存水平，尽可能满足市场需求和获取利润。换句话说，其目标就是如何充分利用生产运作能力，满足预测的用户需求，同时使生产率尽量均衡稳定，控制库存水平并使总生产运作成本尽可能低。

中期生产运作计划主要包括两种形式的计划：综合生产运作计划（有时亦称作综合计划）与产品出产进度计划（主生产运作计划）；这两种计划是本章重点讨论的内容。

综合生产运作计划又称生产运作大纲，它是对企业未来较长一段时间内资源和需求之间的平衡所作的概括性构想，是根据企业所拥有的生产能力和需求预测对企业未来较长一段时间内产出内容、产出量、劳动力水平和库存水平等问题所作出的决策、规划和初步安排。产品出产进度计划则要确定每一具体的最终产品在每一个具体时间段内的生产数量。它是综合生产计划的具体化。

（3）短期生产运作计划。短期生产运作计划属于作业层计划。其计划期长度在 6 个月以下，一般为月或跨月计划。它是年度生产计划的具体实施计划。短期生产计划所处理的问题基本上是有关企业内部日常的作业管理问题。短期生产运作计划的计划种类主要包括物料需求计划和生产作业计划。

物料需求计划是将产品出产进度计划（主生产计划）分解展开为构成产品的各种物料的需要数量和需要时间的计划，以及这些物料投入生产或提出采购申请的时间计划。生产作业计划就是把年度生产计划规定的任务，一项一项地具体分配到每个生产单位、每个工作中心和每个操作工人，规定他们在月、周、日以至每一个轮班的具体任务。其内容包括作业任务分配、作业排序、进度控制等。

## 7.1.2　生产运作计划指标

企业的生产运作计划的内容是通过一系列生产运作计划指标（indicators of operations planning）来反映的。就制造业而言，这些指标包括：产品品种、质量、产量、产值指标。这些指标有不同的内容和作用，其确定方法也有区别，它们从不同的角度反映对生产的要求。

### 1. 产品品种指标

产品品种指标是指企业在计划期内出产的产品名称、型号、规格和种类。生产什么产品，是否适销对路，事关企业的生存和发展，所以确定品种指标是编制生产计划的首要问题。

通常有如下几种确定产品品种指标的方法：

（1）产品生命周期分析法。

产品生命周期是指产品从试制、投入市场到最终被淘汰退出市场所经历的时间，可以划分为投入期、成长期、成熟期和衰退期四个阶段。根据生命周期分析法就是根据产品所处不同生命周期阶段，合理安排品种计划，并采取不同对策。

①投入期。新产品刚试制成功投放市场，由于市场认同需要一定的时间，所以销售量增加缓慢且不稳定。由于此时企业只能安排小批量生产，成本较高，所以只能处于亏本经营。这个阶段需要稳定质量、扩大宣传、合理定价，引导和创造市场需求，尽量缩短投入期。

②成长期。此阶段市场需求增加很快，企业应尽量提高生产能力，进行大批量生产，降低成本，扩大销量，搞好售后服务，争创名牌。

③成熟期。这一阶段产品销售量稳定，是企业获得利润最多的拳头产品，也是生产计划中的主要品种。为了尽可能延长成熟期，企业应不断进行技术创新，增加新功能，发展多系列，降低价格，改进服务，同时开始研制换代的新

产品。

④衰退期。产品濒于淘汰，生产计划中应出现更新换代的新品种。

（2）象限法。

按"市场引力"和"企业实力"两大类因素对各产品进行评价，确定对不同产品所应采取的不同策略，进而从全局出发，确定企业最佳的产品组合方案。象限法最初由美国波士顿咨询公司提出的，通用电气（GE）公司首先采用并取得了良好的经济效益，之后被推广应用，如图 7 - 3 所示。

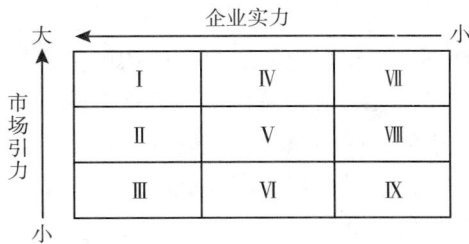

图 7 - 3　象限法示意图

把各种产品按各自市场引力和企业实力两种综合因素进行评分，根据市场引力得分和企业实力得分确定其所在象限位置，根据各产品在图中所处位置的不同确定该产品的发展方向，如图 7 - 3 所示。生产计划品种决策的重点，应放在 I 象限、IV象限、VII象限上，其中 I 象限的产品是企业的优势产品，IV象限、VII象限的产品是市场需求的产品，有发展前途，应予重视。对 II 象限、V 象限、VIII象限的产品，一般采用改进、维持或逐步撤退的对策。对于 III 象限、VI 象限、IX 象限的产品，采用停产、转产或淘汰的对策。

（3）收入盈亏顺序法。

收入盈亏顺序法是按各产品的销售收入和盈亏状况的统计和预测资料，对产品进行排队，根据各产品在销售收入盈利顺序图上的位置，确定对不同产品采取的策略，形成相应的产品组合方案。

### 2. 产品质量指标

产品质量指标是指企业在计划期内各种产品应当达到的质量标准，有国家标准、部标准、主管部门批准的企业标准和合同规定的技术要求等，企业不能自行随意修改。

质量指标水平制定得过高或过低，都会影响企业的经济效果。只有综合考虑质量与成本、销售额的关系，才能确定合理的产品质量指标。产品质量水平制定得越高，生产费用和管理费用就增加得越多，使产品成本升高。随着产品质量水平的提高，产品受到用户的欢迎，销售额增加；也可能适当提高价格，优质优价，亦导致销售额增加。但当产品质量水平提高到一定程度，成本进一步提高，若售价超出广大消费者购买力时，产品对用户的吸引力减小，销售额会随之下降。

产品质量指标通常分为两大类：一类是反映产品本身质量的指标，即反映产品技术性能的指标，取决于产品的内在质量与外在形态，如公差精度、表面光洁度、可靠性、标准化、操作安全、外观等。另一类反映工作质量指标，如合格率、返修率、废品率等。

产品质量指标关系企业的信誉和市场占有率，反映着企业的技术与管理水平的高低和工作业绩的大小。

### 3. 产品产量指标

产品产量指标是指企业在计划期内应当生产的可供销售的工业产品的实物数量与工业性劳务的数量。它表示企业最直接、最基本的生产成果，反映企业的生产发展速度和水平、向社会提供的使用价值的数量，是企业进行物资平衡、产销平衡、编制生产作业计划、组织日常生产活动的重要依据。

产品产量指标的确定有以下几种方法：

（1）盈亏平衡点法。

盈亏平衡分析的基本思想是根据产品的销售量、成本和利润三者的关系，分析各种拟订的产量指标对盈亏的影响，确定最佳产量指标。这一方法的关键在于盈亏平衡点的确定，即直角坐标上企业利润为零的那一点。

盈亏平衡点 $Q^*$ 的计算公式为：

$$Q^* = \frac{F}{W - C_V}$$

式中：$Q^*$ 为盈亏平衡点产量；$F$ 为固定费用总额；$W$ 为产品的单价；$C_V$ 为单位产品的变动成本。

当企业的目标利润为 $P$ 时，则计划产量为：

$$Q_P = \frac{F + P}{W - C_V}$$

式中：$Q_P$ 为目标利润时的产量。

若企业的产量指标等于或略高于盈亏平衡点的产量，一旦生产经营中出现意外，企业就会发生亏损。为了确保生产经营的安全，可以用经营安全率指标来预警控制。

经营安全率 =（销售量 - 盈亏平衡点产量）/销售量 × 100%

经营安全率在很大程度上能够反映企业经营状况的好坏，即经营风险的程度。经营安全率高，表示经营状况好，亏损的风险小；经营安全率低，表示亏损的风险大。只有企业安排的计划产量等于或大于经营安全时的销售量，才能确保企业真正盈利。

一般来说，经营安全率的参考标准如表 7 - 2 所示。

表 7 - 2                            经营安全率标准

| 经营安全率 | 经营状况 |
| --- | --- |
| 大于30% | 安全 |
| 25% ~30% | 比较安全 |
| 15% ~25% | 不太好 |
| 10% ~15% | 要警惕 |
| 小于10% | 危险 |

盈亏平衡点法简单易用，在计划的初始时期是十分有效的决策工具，能够迅速确定计划的经济可行性。其缺陷在于前提过于苛刻：

①实际生产中，收入曲线和成本曲线有时并不是直线。只有当具备以下条件时两者才是直线：销售价格不变；固定成本不变；单位变动成本不变；产品全部售出。

②把总成本分为固定成本和可变成本只是从短期来看的，长期来看都是可变的。

③一定范围内产量的增加能带来盈利的增加，但产量超过一定数量时，需考虑增加固定资产投入，扩大生产能力，于是盈亏平衡点发生变化（上升）。

（2）线性规划法。

线性规划是运筹学的一个分支，在生产计划和其他管理问题中有着广泛的应用。它是在一定的资源（人力、设备、物资、资金等）约束下，对产品品种统筹安排，确定产品产量的最优方案，以达到最佳经济效果的一种数学方法。

一般线性规划问题的标准型是：

$$\max Z = \sum_{j=1}^{n} C_j x_j \qquad 目标函数$$

$$\begin{cases} \sum_{i=1}^{n} a_{ij} x_j = b_i & (i = 1, 2, \cdots, m) \\ x_j \geqslant 0 & (j = 1, 2, \cdots, n) \end{cases} \qquad 约束函数$$

### 4. 产品产值指标

产值指标就是用货币表示的产量指标。为了进行商品交换和实行经济核算，有必要用货币单位计算产品产量，综合反映企业生产的总成果。产值指标不仅是计算企业全员劳动生产率和产值利税率等指标的重要依据，而且反映一定时期内不同企业，以及同一企业在不同时期的生产规模、生产水平和增长速度。

产值指标可分为：商品产值、总产值、净产值。

（1）商品产值。

商品产值是以价值形式表现的企业生产可供销售的产品产量和工业性劳务数量。它包括的内容可用下列公式表示：

商品产值 = 自备原材料生产的成品价值 + 外销半成品价值

　　　　+ 用订货者来料生产产品的加工价值 + 对外承做的工业性劳务价值

商品产值的计算，一般采用现行价格。产品的现行价格是产品在报告期内的实际出厂价格，它包括成本、税金和利润。出厂价格一般由企业根据市场需求情况决定，也可按供求双方的协议或合同来议定。

（2）总产值。

总产值是以价值形式表现的企业计划年度内应当完成的工作总量。总产值的计算一般采用不变价格，以消除各个时期价格变动的影响，保证不同时期总产值资料的可比性。总产值包括的内容可用下列公式表示：

总产值＝商品产值＋期末在制品、半成品、自制工具、模型的价值

－期初在制品、半成品、自制工具、模型的价值＋订货者来料的价值

总产值指标虽然受产品中转移价值比重大小的影响，不能正确反映企业生产成果，但是在计算企业生产发展速度和劳动生产率等指标时，还是要以总产值为依据。

（3）净产值。

净产值是从总产值中扣除各种物资消耗的价值以后的余额，它是企业在计划期内新创造的价值。一般按现行价格计算。利用这一指标来反映企业生产成果时，可以避免受转移价值的影响。但是，新创造的价值，仍要受价格的影响。它包括的内容可用下列公式表示：

净产值＝总产值－各种物资消耗的价值

或，

净产值＝工资＋税金＋利润＋其他属于国民收入初次分配性质的费用支出

### 7.1.3　生产运作计划的编制

1. 生产运作计划的编制原则

鉴于生产运作计划工作的重要性，在计划的编制过程中必须遵循正确的指导思想和原则。

（1）合理地利用生产运作能力原则。

企业的生产运作计划要体现对生产运作能力的充分利用，既不能低于生产运作能力而造成资源浪费，又不能由于生产运作能力不足而导致生产计划的最终落空。生产运作计划是编制物资供应计划、劳动工资计划和技术组织措施计划的重要依据；各种职能计划又是编制成本计划和财务计划的依据；成本计划和财务计划是编制经营计划的重要依据。

企业能否合理地利用生产运作能力，既有外部条件的制约，又受内部条件的限制。所谓外部条件是指企业的上级主管部门采取的措施，如组织全国或地区的生产能力配套；合理安排所属企业的生产规模；最大限度地支持企业对现有设备进行更新改造。对于企业内部而言，合理利用生产能力，首先，要做好市场分析预测，改进企业的计划工作、物资供应和厂外协作；其次，要对现有设备进行技

术革新和技术改造，提高设备集约性利用率；最后，减少工作时间内的设备停工，增加动用固定资产的数量，提高设备粗放性利用率。

（2）定性分析与定量分析相结合原则。

确定生产计划指标，必须通过定性分析、定量分析两者的结合实现对生产计划的优化，两者不可偏颇。首先要进行定性分析。诸如企业面临的经济形势、市场需求、资源供应情况，以及国家现行税收政策、财政政策、货币政策及其变化趋势等，这些方面对企业生产运作计划指标的确定有十分重要的影响，而这些影响仅靠定量分析是很难全面表达的。所以在确定生产计划指标时首先要进行定性分析，在理论上、原则上明确方针、目标。然后要通过定量分析方法，主要有盈亏平衡点法、线性规划法等，借助量化模型和计算机辅助手段，对生产运作计划进行优化，以获得较高的经济效益。

（3）综合平衡与优化原则。

生产运作计划的综合平衡原则是指生产运作计划工作是在全面性、连续性、科学性和严肃性基础上对产、供、销、人、财、物进行的综合平衡优化。全面性是指生产运作计划的内容要全面，执行和控制要全面。连续性是指现行的生产计划既是上一期生产运作计划的延续，又是下期计划的基础，也是编制生产运作作业计划的依据，因此编制生产运作计划既要立足于过去和现在，又要具有前瞻性，以保持各期计划的平衡衔接。科学性是指制定生产运作计划时使用的资料、数据要准确，以科学的态度保证指标的先进、合理、可行。严肃性是指生产运作计划一旦确定，不能轻易变动，否则会影响企业生产经营计划的平衡、打乱协作单位的生产秩序、影响职工的生产情绪，因此对生产运作计划的执行必须持严肃的态度。但是这并不否认计划的应变性。计划是在对未来预测的基础上制定的，而预测与实际不可能总是完全一致，人们的认识能力总有一定的局限性，所以计划人员在制订生产运作计划时要有应变理念，留有一定的余地，所制订的计划要具备适应市场环境变化的能力。

在遵循以上基本指导原则的基础上，还要动员职能部门对生产运作计划提出建设性意见，使计划的实施有坚实的现实条件基础。近年来，许多企业将生产运作计划指标体系与目标管理紧密结合，收到了较好的效果。

## 2. 生产运作计划的编制步骤

编制生产运作计划的主要步骤大致归纳如图 7-4 所示。

（1）收集资料，调查研究。

编制生产运作计划的主要依据有如下资料：

①国家与地区宏观经济和社会发展情况；

②企业长期战略、发展规划；

③国内外市场调查、市场预测资料；

④计划期产品的预计销售量、上期合同执行情况及成品库存量；

⑤上期生产运作计划完成情况；

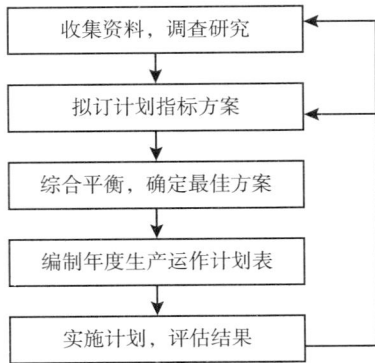

图 7 - 4　制订生产运作计划的一般步骤

⑥计划生产运作能力与产品工时、台时定额；

⑦新产品试制、新服务项目研发、物资供应、设备检修、外购件和外协件的保证程度等资料。

（2）拟订计划指标，进行方案优先。

根据市场需求和企业实际生产运作能力，在统筹安排的基础上，初步拟订生产运作计划指标和可行方案。其中就制造业企业而言包括：

①产品品种、质量、产量、产值和利润等指标，出产进度的合理安排；

②各产品品种的合理搭配；

③将生产指标分解为各个分厂或车间的指标等工作。

计划部门拟订的指标和方案应该是多个，通过定性和定量分析、评价，从中选择较优的可行方案。

（3）综合平衡，确定最佳方案。

对计划部门拟订的指标和方案，要从如下几方面进行综合平衡，使企业的生产运作能力和现有资源都得到充分的利用，以获得良好的经济效益。

①测算企业设备、设施、生产运作面积对生产任务的保证程度，保证生产运作任务与生产运作能力的平衡；

②测算劳动力的工种、数量、劳动生产率水平与生产任务是否适应，保证生产运作任务与劳动力的平衡；

③测算原材料、动力、燃料、工具、外协件等的供应数量、质量、品种规格、供应期限对生产运作任务的保证程度以及生产任务同物资消耗水平的适应程度，保证生产运作任务与物资供应的平衡；

④测算产品设计、工艺方案、工艺装备、设备维修、技术措施等与生产运作任务的适应和衔接程度，保证生产运作任务与生产运作技术准备的平衡；

⑤测算流动资金对生产运作任务的保证程度和合理性，保证生产运作任务与资金的平衡。

（4）统筹安排，确定生产运作指标，报请上级主管部门批准或备案。

经过反复核算和平衡，最后编制出产品产量（服务数量）计划和产值或收入计划表。

（5）实施计划，评价结果。

检查计划实施的结果是否达到预定目标。如果不理想，需要找出原因，采取整改措施，同时也需要思考是否应当重新修改计划。

### 3. 生产运作计划的编制方法——滚动计划法

编制计划常用的方法是滚动式计划法，这种方法可以用于编制各种计划。按编制滚动计划的方法，整个计划期被分为几个时间段，其中第一个时间段的计划为执行计划，后几个时间段的计划为预计计划。执行计划较具体，要求按计划实施，预计计划比较粗略。每经过一个时间段，根据执行计划的实施情况以及企业内、外条件的变化，对原来的预计计划作出调整与修改，原预计计划中的第一个时间段的计划相应地变成执行计划。

例如，2018 年编制 5 年计划，计划期为 2019 ~ 2023 年，共 5 年。若将 5 年分成 5 个时间段，则 2019 年的计划为执行计划，其余 4 年的计划均为预计计划。修订计划的间隔时间称为滚动期，它通常等于执行计划的计划期，如图 7 - 5 所示。

图 7 - 5　滚动式计划法示意图

滚动式计划方法可以使计划的严肃性和应变性都得到保证。因执行计划与编制计划的时间接近，内外条件不会发生很大变化，可以基本保证完成，体现了计划的严肃性；预计计划允许修改，体现了应变性。如果不是采用滚动式计划方法，第一期实施的结果出现偏差，以后各期计划如不作出调整，就会流于形式。滚动式计划方法还可以提高计划的连续性。逐年滚动，自然形成新的 5 年计划。

## 7.2　生产运作综合计划

### 7.2.1　制订生产运作综合计划所需的信息和来源

#### 1. 综合生产运作计划及其内容

生产运作综合计划，或称为综合生产运作计划（aggregate production planning），又称生产运作大纲，是一种中期的生产运作计划，一般是指产品或服务大类年度计划，它规定了某年度内企业生产或服务的主要经济指标，如服务项目、产品品种、数量、产值、收入等。

这里"综合"的含义就是把企业的主要产品或服务归为一类，视为一种产品或一类服务，例如，一家钢铁公司根据其全部转炉的公称容量，下达了明年的综合计划：炼钢500万吨。一家农用车制造厂根据其装配生产线的产能，下达了明年的综合计划：装配农用车30万辆。一所大学根据其师资和教育基础设施制订了明年的招生计划：录取4 000名新生。事实上，农用车是分为不同类型和规格的，新招入的学生也是分不同专业的。综合计划所指产品或服务在多数情况下是抽象的，实际中并不存在这样的抽象的产品和服务。综合计划在生产运作计划体系中起到承上启下的作用：一方面，落实生产运作能力计划方案；另一方面，是制订产品出产计划、物料需求计划和生产作业计划的前提。

综合生产运作计划的基本任务是产品品种或服务项目选择（或订单选择）、产量优化、进度安排，在本章7.1节生产运作计划概述中已经介绍过上述内容和方法。

### 2. 综合生产运作计划的信息和来源

综合生产计划作为中期战术层计划，是衔接长期战略层计划和短期作业层计划的纽带。它是根据企业所拥有的资源能力和需求预测对企业未来较长一段时期内的产出内容、产出率、劳动力水平、库存投资等问题所作的综合概括的决策。

综合生产计划的计划期一般为一年，根据产品的特点，也可能更长；计划单位一般为月或季。综合生产计划的决策焦点就是如何有效地利用企业所拥有的资源能力，最大限度地满足产品系列（产品门类）的预期需求，而不是每一个具体产品的预期需求。

综合生产计划的决策及制定必须在拥有与企业生产经营有关的多种信息基础之后才能进行，如表7-3所示。

表7-3　　　　　　　　制订制造业企业综合生产计划所需信息表

| 所需信息 | 信息来源 |
| --- | --- |
| 新产品开发情况 | 研发部门 |
| 主要产品和工艺改变（对投入资源的影响） | 研发技术生产部门 |
| 工作标准（人员标准和设备标准） | 人力资源管理和生产部门 |
| 成本数据与财务状况 | 财务部门 |
| 劳动力市场状况；现有人力情况；培训能力 | 人力资源管理部门 |
| 现有设备能力；劳动生产率；现有人员水平；新设备计划 | 生产和人力资源管理部门 |
| 市场需求预测；经济形势；竞争对手状况 | 市场营销部门 |
| 原材料供应情况；现有库存水平；供应商；承包商的能力；仓储能力 | 物料管理部门 |

## 7.2.2　制订综合生产运作计划的目标和决策

### 1. 综合生产计划的基本目标

综合生产计划的基本目标就是在给定的计划期内以最少的成本实现企业的资源能力和预期需求之间的平衡，最大限度满足客户需求，并获取最佳经济效益。具体而言，这些目标可概括为：成本最小或利润最大；顾客服务最大化（最大限度满足顾客需求）；最少库存投资；生产速率的稳定性（变动最小）；人员水平变动最少；设施、设备的充分利用。

以上六个目标存在一定的相悖性。例如，最大限度地提供顾客服务，要求快速、按时交货，这是可以通过增加库存，而不是减少库存来达到的。但是，可以把这些目标简单地归结为：用最小的成本，最大限度地满足需求。因此在制订综合生产运作计划时，需要权衡上述这些目标因素，进行适当的折中，并同时考虑一些非定量因素。

综合计划是一个多目标、多部门的决策，需要协调总体目标与部门目标的矛盾。

### 2. 综合生产计划的基本决策思路

为了实现综合生产运作计划的基本目标，并平衡之，在进行综合生产运作计划决策时，可以有多种方法和手段，但其基本思路可分为两种："稳妥应变型"和"积极进取型"。

（1）稳妥应变型。

稳妥应变型的基本思路是把预测的市场需求视为给定条件，而从企业供给方面寻求满足预测的市场需求的解决方案，通过有效地调整企业的生产能力，使得企业能够稳妥地应变市场需求的波动。因此这种做法也称为"调整供给的决策方式"或"调整能力的决策方式"。

在"稳妥应变型"思路下，常用的应变方法（或者说是调整生产运作能力的方法）有五种，分别是：

①通过聘用或解聘来改变劳动力数量。即当需求超过生产能力时，临时招聘一些工人，当需求低于生产能力时，临时解雇一些工人。这种手段应谨慎采用，而且在采用时，要考虑以下影响因素：工会对解雇工人的限制；高级技工的可获得性；招聘、培养的代价；解雇工人的直接和间接损失等。

②加班或部分开工。当正常工作时间不足以满足需求时，可考虑加班；反过来，正常工作时间的产量大于需求量时，可部分开工。这种方法职工比较容易接受，也容易实行，具有有利于企业维持稳定的职工队伍和增加职工收入等优点。但这种方法有时也是不可行的或是具有一定的缺点和局限性，如相关法律法规的限制、加班过多可能导致生产率降低、质量下降，甚至引起安全事故等。

③利用半时职工（兼职职工）。这种方法可以满足对非技术员工（特别在服务业）或对有特殊技能但又无须永久拥有的员工的需求，经常在饭店、零售商场、超级市场等服务组织中使用。

④利用库存调节。可在需求淡季增加库存水平以储备一些调节库存，以满足需求高峰时使用。这种方法主要是在制造业中使用，服务业通常不行。因为服务是不能储存的，特别是纯服务。

⑤外协（转包、外包）。这是用来弥补生产能力短期不足的一种常用方法。可利用其他企业提供服务、制作零部件，某些情况下，也可以让它们承包完成品。

以上几种方法都各有其优缺点，企业要根据实际灵活采用。

（2）积极进取型。

积极进取型的基本思路是主动出击，通过调节需求模式，影响和改变企业的市场需求，调节对资源能力的要求来达到有效地、低成本地满足需求的目的。在"积极进取型"思路下，常用的应变方法有三种，分别是：

①通过价格调整影响需求。在需求淡季，可通过各种促销活动、降低价格等方式刺激需求。例如，夏季削价出售冬季服装；冬季降价出售空调；航空货运业在需求淡季出售廉价飞机票等。这种方法对需求价格弹性系数比较大的产品或服务尤其有效。

②延迟交货。一定时期内，总有一些顾客对交货期要求不太严格，就可通过提供优惠的价格来推迟交货期。推迟交货的方法能否可行取决于顾客的态度，往往有失去顾客或丧失销售机会的危险，还可能带来补偿损失。

③导入互补品产品。设法使不同产品需求的"峰""谷"错开。这一方法的关键是找到合适的互补产品，既能够充分使用现有资源能力，又可以让不同需求的"峰""谷"错开，使产出保持均衡。如某引擎厂，通过生产拖拉机引擎和除草机引擎两种互补性产品，更好地利用生产能力。

通常情况下，基于稳妥应变型思路的候选方案主要由生产运作管理人员来审查合适与否，而基于积极进取型思路的方案主要由市场营销人员来考虑。实际工作中需要这两种基本思路的有机结合，也需要两个部门人员的密切合作，只有这样，才能使一个综合计划达到最优或次优。

## 3. 制订生产运作综合计划的基本策略

制订综合生产运作计划的基本策略主要指的是稳妥应变型决策思路下各种调整生产能力方法的组合使用。因为，积极进取型决策思路中各种方法的运用主要应归于营销职能之内，并且可以先假设在积极进取型思路可采取的各种调节需求模式的方法对需求的影响已经被计入需求量中。

稳妥应变型决策思路中，各种调整生产能力方法的组合使用主要与产出率、人力水平、库存成本等因素有关。那么在既定的需求量的前提下，如何对企业未来较长一段时期内的产出率、人力水平、库存成本等因素作出综合性的决策呢？一般有三种基本策略。

（1）追赶策略。就是在计划时间范围内调节生产速率或人员水平，以适应需求。这种策略的关键之处是不使用调节库存或部分开工。这种策略有多种应用方法，例如，聘用或解聘工人、加班加点、外协等。这种策略的优点是存货水平相对低。主要缺点是缺乏稳定性，特点是当订单数量减少时，工人会有意放慢速度，因为他们害怕订单一旦完成后就会失去工作。此外，容易造成劳资关系疏远、生产率和质量下降等问题。

（2）平衡策略。就是在计划期内保持生产速率和人员水平不变，通过库存的缓冲作用，提前或延迟交货来应对需求的波动。在制造业企业，稳定的生产速率主要靠保持人员稳定、使用调节库存来实现。当允许人员水平变动，但生产速率仍要求保持不变时，可使用加班、临时聘用或外包等方式来实现。这种方法的优点是产出均衡，人员水平稳定，但增加了库存投资，加班或部分开工也会引起额外费用。

（3）混合策略。即上述两种策略的混合使用。可以说，实际工作中最好的策略应该是将需求淡季时建立调节库存、人员水平幅度变动、加班、外协等几种方式结合使用，即采取一种混合策略。

混合策略的选择在制造业和服务业是不同的。比如，服务业通常情况下不能把库存调解作为策略来选择，转包可能会带来竞争等。因此，服务业更多倾向于员工的变化来调节能力和需求的矛盾。

无论选择什么策略，重要的是生产运作综合计划必须是要切合实际，能反映出它想要达到的目标，对有关的各职能部门有一定的约束力，能够反映未来一段时间内企业的经营方向，能够成为有效的管理工具。

## 7.2.3　制订生产运作综合计划的优化方法

制订综合生产运作计划的优化方法有很多，如经验法、试算法、线性规划法和计算机仿真等。经验法就是管理者根据过去的统计分析资料确定生产计划。试算法是通过计算不同生产计划的成本来选择较好的方案。线性规划法是通过建立线性规划模型，解决资源合理利用的有效方法。计算机仿真是由计算机控制的生产系统来实现。这些方法大致可分为非正规的方法（经验法、试算法）和正规的数学方法（线性规划法、计算机仿真）。前者在实践中较常用。后者虽然未广泛使用，但研究颇多。以下主要介绍编制综合计划的试算法。

### 1. 试算法

简单地说，试算法就是通过试算不同初选计划方案的成本，从而确定成本较优的综合计划方案。并且，对各种初选计划方案一般都以其总成本作为评价依据。

在具体应用中，试算法一般都是通过绘制简单的表格或图形来进行的。这样可以使计划者能够对预期需求和现有生产能力进行直观比较。

试算法的局限性在于不一定能得到最优解（除非把每一种可能的方案都考虑

到），但一定能得到可行且大体令人满意的结果。

试算法的一般步骤：

（1）决定每个时期的需求量；

（2）决定正常工作时、超时工作时以及实行转包时各自的产量；

（3）决定用工成本，聘用和暂时解雇成本及库存持有成本；

（4）考虑公司对职员和库存水平的政策；

（5）改进计划方案并核算其总成本。

例如，威克公司是屋顶材料的生产厂家，做了屋瓦需求的月预测。表 7-4、表 7-5 列示了 1~6 月的需求预测和成本信息情况。

表 7-4            威克公司 1~6 月需求预测表

| 月份 | 期望需求（件） | 生产日数（天） | 每日需求（件）（计算） |
|---|---|---|---|
| 1 | 900 | 22 | 41 |
| 2 | 700 | 18 | 39 |
| 3 | 800 | 21 | 38 |
| 4 | 1 200 | 21 | 57 |
| 5 | 1 500 | 22 | 68 |
| 6 | 1 100 | 20 | 55 |
| 合计 | 6 200 | 124 | |

表 7-5            威克公司成本信息表

| | |
|---|---|
| 库存持有成本 | 5 美元/单位/月 |
| 转包成本 | 10 美元/单位 |
| 平均报酬率 | 5 美元/小时（40 元/日） |
| 超时工作报酬率 | 7 美元/小时（8 小时以上） |
| 生产每单位产品的工时 | 1.6 小时/单位 |
| 提高生产率的成本（培训和新聘） | 10 美元/单位 |
| 降低生产率的成本（暂时解聘） | 6 美元/单位 |

解：（1）计算威克公司 1~6 月份平均需求。

$$平均需求 = \frac{总期望需求}{生产天数} = \frac{6\ 200}{124} = 50（件）$$

（2）设计综合计划方案。

计划 1：在 1~6 月维持一个固定的劳动力水平。

计划 2：保持一稳定的能满足最低需求（3 月份）的劳动力水平，通过转包来满足超过此水平的需求。

计划 3：通过新雇或暂时解雇一些员工以满足各月的实际需求。

（3）分析计算各计划方案的成本。

计划 1：在 1~6 月维持一个固定的劳动力水平。

假设：每天生产 50 单位产品，有稳定的劳动力，无超时工作或闲余时间，没有后备存货，没有转包。前 3 月存货，后 3 月逐步销尽存货。开始存货为 0，计划结束时存货也为 0。变动情况见表 7-6。

表 7-6　　　　　　　　　存货及库存变动情况表

| 月份 | 产量<br>（50 件/天） | 预测需求量<br>（件） | 月存货变动量<br>（件） | 期末库存<br>（件） | 平均库存<br>（件） |
|---|---|---|---|---|---|
| 1 | 1 100 | 900 | 200 | 200 | 100 |
| 2 | 900 | 700 | 200 | 400 | 300 |
| 3 | 1 050 | 800 | 250 | 650 | 525 |
| 4 | 1 050 | 1 200 | −150 | 500 | 575 |
| 5 | 1 100 | 1 500 | −400 | 100 | 300 |
| 6 | 1 000 | 1 100 | −100 | 0 | 50 |
| 合计 | | | | 1 850 | 1 850 |

每天所需求劳动力 $=50/(8/1.6)=10$（人）

计划方案 1 的总成本的计算，见表 7-7。

表 7-7　　　　　　　　　计划方案 1 的总成本

| 成本 | 计算 |
|---|---|
| 库存持有成本 | 9 250 美元（1 850 件×5 美元/件） |
| 正常工作报酬 | 49 600 美元（10 名工人×40 美元/工人×124 天） |
| 其他成本（超时、聘用、暂时解聘） | 0 |
| 总成本 | 58 850 美元 |

计划 2：保持一稳定的能满足最低需求（3 月份）的劳动力水平，通过转包来满足超过此水平的需求。

所需劳动力能满足最低需求水平（3 月份）的生产即可。每天生产 38 件的产品，则需要 7.6 个工人（可以考虑用 7 个全日制工人和 1 个非全日制工人）。每月其余需求由转包来实现。计划 2 没有库存持有成本。

公司完成量 $=38$ 件/天×124 天 $=4$ 712（件）

转包量 $=6$ 200 $-4$ 712 $=1$ 488（件）

计划方案 2 的总成本的计算见表 7-8。

**表 7 - 8**　　　　　　　　　　　　　计划方案 2 的总成本

| 成本 | 计算 |
|---|---|
| 职工工资 | 37 696 美元（7.6 人×40 美元/人天×124 天） |
| 转包 | 14 880 美元（1 488 件×10 美元/件） |
| 总成本 | 52 576 美元 |

计划 3：通过新雇或暂时解雇一些员工以满足各月的实际需求。

根据需要新雇或暂时解雇一些员工，使生产能力能满足各月的实际需求。表 7 - 9 列出了有关计算及计划 3 的总成本。

**表 7 - 9**　　　　　　　　　　　　　计划方案 3 的总成本　　　　　　　　单位：美元

| 月份 | 预测需求 | 基本生产成本<br>（需求量×1.6×5 美元） | 增产时额外成本<br>（新增雇员） | 减产时额外成本<br>（暂时裁员） | 总成本 |
|---|---|---|---|---|---|
| 1 | 900 | 7 200 | | | 7 200 |
| 2 | 700 | 5 600 | | 1 200（200×6） | 6 800 |
| 3 | 800 | 6 400 | 1 000（100×10） | | 7 400 |
| 4 | 1 200 | 9 600 | 4 000（400×10） | | 13 600 |
| 5 | 1 500 | 12 000 | 3 000（300×10） | | 15 000 |
| 6 | 1 100 | 8 800 | | 2 400（400×6） | 11 200 |
| | | 49 600 | 8 000 | 3 600 | 61 200 |

（4）结论。

三个计划方案的比较（见表 7 - 10）。

**表 7 - 10**　　　　　　　　　　　　　三个计划方案的比较　　　　　　　　单位：美元

| 成本 | 计划 1<br>（10 个工人） | 计划 2<br>（7.6 个工人加转包） | 计划 3<br>（根据需要增减工人） |
|---|---|---|---|
| 库存持有 | 9 250 | 0 | 0 |
| 工资 | 49 600 | 37 696 | 49 600 |
| 超时报酬 | 0 | 0 | 0 |
| 聘用 | 0 | 0 | 8 000 |
| 暂时解聘 | 0 | 0 | 3 600 |
| 转包 | 0 | 14 880 | 0 |
| 总成本 | 58 850 | 52 576 | 61 200 |

结论：计划 2 是成本最低的计划。

2. 线性规划法

这种方法的思路是在需求和生产运作能力既定的前提下，如何合理安排各种生产运作方式来达到总费用最低。

一般线性规划模型由决策变量、目标函数和约束条件三部分组成。

（1）决策变量。决策变量是指实际系统中有待确定的未知因素，也是指系统的可控因素。一般来说，这些因素对系统目标的实现和各项经济指标的完成起决定性作用，故称其为决策变量。如生产计划中产品的品种和数量等。

（2）目标函数。目标函数是系统目标的数学描述。线性规划的目标是利润最大、效率最高，或成本最低、消耗最低等。

（3）约束条件。约束条件是指实现系统目标和限制条件。包括系统内部和外部两个方面的限制条件。如订单约束、生产运作能力约束、原材料能源约束，库存水平约束等。此外，决策变量还必然满足非负约束。

线性规划方法尤其适用于辅助生产多品种的企业制订生产运作计划。

### 7.2.4　服务业的综合计划

服务业的综合计划需要考虑目标顾客的需求、设施的生产运作能力以及劳动力的生产运作能力。由于服务业中作业过程多数是劳动密集型的，劳动力水平对生产能力有重大影响。所以，与制造业的计划相比，服务业的综合计划是一个以时间为基础的服务员工需求计划。

与制造业相比，服务业综合计划有一些自身特点：

（1）服务能力与需求相匹配更重要。服务只在提供时发生，而且服务无法储存。饭店星期一早上空闲的座位不能储存下来以备星期六晚上顾客盈门时再去使用，空闲的服务能力是一种现实的浪费。此外，不能满足需求就降低了服务水平，使得需求发生转移，影响组织经营业绩。所以制订服务业的综合计划时应尽可能地使服务能力与需求相匹配。

（2）服务需求难以预测。有些时间需要得到即时服务，如消防、警务、急救等，而且这种需求的发生往往具有不确定性，难以预测，这使得合理利用运营能力变得困难。

（3）服务能力难以测量。一般的，服务能力是以劳动力数量和劳动效率测量的，但在实际中，由于劳动效率受顾客参与的影响，加之为适应市场需求的变化，组织所提供的服务种类也不断变化，所以实际中准确测量服务能力就很困难。这种困难性增加了计划的难度。现在很多组织为了适应市场需求的变化，通过培训员工，使员工成为多面手来提高劳动力的柔性，这不失为一种明智的选择。

另外，顾客自我服务，如自助餐，是一种解决服务能力与需求平衡的办法；但在有些方面行不通，如理发、镶牙等服务活动。

# 7.3　生产运作出产进度计划

## 7.3.1　从综合生产计划到出产进度计划

### 1. 从综合生产运作计划到出产进度计划概述

综合生产运作计划是对未来一段较长时间内企业的不同产品系列所做的概括性安排，它不是一种用来具体操作的实施计划，其计划时间单位一般为月、旬或季。在实际执行中，还需落实到具体的最终产品，需要对综合计划进行分解。而出产进度计划，也即主生产计划（master production schedule，MPS），正是把综合计划分解为具体可操作的实施计划。出产进度计划的基本任务就是要确定每一具体的最终产品在每一具体时间段（每周）内的生产数量。

出产进度计划说明在可用资源条件下，企业在一定时间内，生产什么（具体产品）、生产多少、什么时间生产。

通常出产进度计划是根据客户合同（订单）和市场预测，把经营计划或综合计划中的产品系列具体化，使之成为展开物料需求计划（MRP）的主要依据，起到了从综合计划向具体计划过渡的承上启下作用。

出产进度计划既是生产部门的工具，又是联系市场销售和生产制造的桥梁，使生产能力计划符合销售计划要求的顺序，并能适应不断变化的市场需求；同时，出产进度计划又能向销售部门提供生产和库存信息，提供可供销售量的信息，作为同客户洽商的依据，起了沟通内外的作用。

因此，在整个生产计划体系中，出产进度计划的地位十分重要。

例如，图7-6为某企业床垫的综合生产计划和产品出产计划。

综合生产计划

| 月 | 1 | 2 |
|---|---|---|
| 床垫产量 | 900 | 950 |

主生产计划

| | 1 | 2 | 3 | 4 | 5 | 6 | 7 | 8 |
|---|---|---|---|---|---|---|---|---|
| 型号327 | 200 | | | 400 | | 200 | 100 | |
| 型号538 | | 100 | 100 | | 150 | | 100 | |
| 型号749 | | | 100 | | | 200 | | 200 |

图7-6　综合计划和出产进度计划

出产进度计划制订首先从综合计划开始，将产品的所有需求（包括预测的、已承诺的订单）、库存状况、生产能力情况等相关信息输入出产进度计划中。出产进度计划方案的制订也是一个反复试算的过程。当一个方案制订出来以后，需要与所拥有的资源做对比（设备能力、人员、加班能力、外协能力等），如果超出了资源限度，就须修改原方案，直至得到符合资源约束条件的方案。如果经过反复试算和协调，资源条件仍不能满足计划要求，则需要增加资源，或者对综合计划作出修改。最终方案需要拿到管理决策机构去审批，然后作为物料需求计划（MRP）的输入（或前提条件）来制订物料需求计划。

### 2. 制订产品出产进度计划的基本要求

产品出产进度计划或主生产计划（MPS）的确定，是在综合生产运作计划中确定了年度生产计划指标后，还要按品种、规格、数量将全年的生产任务具体地分配到各季度、各月份，并且安排各个品种、规格产品的出产先后次序。合理地安排产品出产进度，可以进一步落实企业的全年生产任务，保证销售计划和订货合同所规定的品种、数量和交货期限；同时也是生产技术准备、物资供应与企业外协以及各生产环节之间衔接平衡的依据；另外，为企业组织均衡生产，充分利用物资资源，提高劳动生产率，降低成本，节约流动资金，提高经济效益创造了良好条件。

在编制产品出产进度计划时应遵循以下基本要求：

（1）各种产品的出产进度计划，要保证订货合同规定的品种、质量、数量和期限，成套地完成任务。

（2）合理搭配各种产品，确定各个时期产量的增长幅度，使企业和各车间在全年各季各月的生产能力均衡负荷，充分利用各种资源。

（3）使生产进度的安排同技术组织措施投入生产的时间相结合，使生产任务的实现有可靠保证。

（4）使原材料、外购件、外协件等的供应时间和数量与生产任务的安排协调一致，避免供应与生产脱节，影响生产正常进行。

### 3. 制订产品出产进度计划要注意的问题

出产进度计划是要确定每一具体的最终产品在每一具体时间段内的生产数量。其中的最终产品，是指企业最终完成的要出厂的产品，但实际上，这主要是对大多数"备货生产型"（make-to-stock）的企业而言。在这类企业中，虽然可能要用到多种原材料和零部件，但最终产品的种类一般较少，且大都是标准产品，这种产品的市场需求的可靠性也较高。因此，通常是将最终产品预先生产出来，放置于仓库，随时准备交货。

在另一些情况下，特别是随着市场需求的日益多样化，企业要生产的最终产品的"变型"是很多的。所谓变型产品，往往是若干标准模块的不同组合。例如，以汽车生产为例，传统的汽车生产是一种大批量备货生产类型，但在今天，一个汽车装配厂每天所生产的汽车可以说几乎没有几辆是一样的，因为顾客对汽车的车身颜色、驱动系统、音响、空调系统等不同部件可以自由选择，最终产品的装配要考虑到顾客的需求后来决定，车的基本型号也是由若干不同部件组合而成的。

因此，对于这类产品，一方面，对最终产品的需求是非常多样化和不稳定的，很难预测，因此保持最终产品的库存是一种很不经济的做法。而另一方面，由于构成最终产品的组合部件的种类较少，因此预测这些主要部件的需求要容易得多，也精确得多。所以，在这种情况下，通常只是持有主要部件和组件的库存，当最终产品的订货到达以后，才开始按订单生产。这种生产类型被称为"组装生产"（assemble-to-order）。这样，在这种生产类型中，若以要出厂的最终产品编制出产进度计划，由于最终产品的种类很多，该计划将大大复杂化，而且由于难以预测需求，计划的可靠性也难以保证。因此，在这种情况下，出产进度计划是以主要部件和组件为对象来制定的。

此外，许多采取"订货生产"类型（make-to-order）的企业，如特殊医疗器械、模具等生产企业，当最终产品和主要的部件、组件都是顾客订货的特殊产品时，这些最终产品和主要部件、组件的种类比它们所需的主要原材料和基本零件的数量可能要多得多。因此，类似于组装生产，在这种情况下，出产进度计划也可能是以主要原材料和基本零件为对象来制定。

## 7.3.2  不同生产类型产品出产进度的方法

不同生产类型的制造业企业产品出产进度的安排是不同的，表现在方法、安排的重点，以及所考虑的具体因素方面，都各具特点。

### 1. 大量大批生产出产进度安排

大量大批生产的特点是品种少，每种产品的产量大，因此安排产品出产的主要内容是决定各种产品的产量在各季各月的分配问题，常用的分配方法有三种：

（1）均衡分配法。将全年的生产计划平均地分配到各季、各月。这种方法适用于产品需求稳定的情况。

（2）均匀递增分配法。将全年计划产量均匀递增地安排到全年各季、各月。此方法适用于对该产品需求的不断增加，且企业劳动生产率稳步提高的情况。

（3）抛物线型递增分配法。将全年计划产量按照年初增长较快，之后增长较慢的方法在各季、各月内分配。此方法适用于新产品投入生产的情况。

### 2. 成批生产出产进度安排

成批生产企业的特点是产品品种较多，各种产品产量大小不一。产品出产进度安排的主要问题是组织不同时期（季、月）产品品种的合理搭配，减少每季（月）生产的品种数目，增大每种产品的生产批量，同时使设备、劳动力负荷比较均衡，以合理利用人力、物力，提高经济效益。具体安排方法如下：

（1）首先安排企业的"主流产品"。在满足合同交货期的前提下，"细水长流"，在全年做比较均衡的安排，保持生产的稳定性。

（2）对于产量较少的产品和同类型、同系列的产品，采用"集中轮番"的安排方式，尽可能扩大批量，在较短时间内完成全年任务，简化管理。

（3）新老产品交替有一定交叉时间。在交叉时间内，新产品产量要逐渐增加，老产品产量逐渐减少，避免齐上齐下，出现较大生产波动。

（4）尖端产品与一般产品、复杂产品与简单产品、大型产品与小型产品等，均应合理搭配，使各工种、设备及生产面积得到均衡负荷。

（5）考虑物资供应期限，保证生产技术准备、技术组织措施项目的安排与产品出产进度安排衔接配合。

可见，成批生产企业安排出产进度比较复杂，存在不少交叉和矛盾，计划部门可以拟订几个不同方案进行分析比较，最后确定最佳方案。

3. 单件小批生产出产进度安排

单件小批生产的特点是产品品种很多，但每种产品的产量很少，而且不重复或很少重复生产。因此在安排出产进度时，首先要考虑保证订货合同规定的产品出产日期和数量，同时兼顾其他，如同类产品的集中安排，新产品和需要关键设备加工的产品按季分摊等，以提高企业生产的经济效益。具体安排时应遵循以下原则：

首先安排已明确的生产任务，对尚未明确的任务粗略分配至各季、各月，随着各项订货的逐步落实，通过季、月度计划对原初步安排进行调整。

其次考虑生产技术准备工作进度和负荷的均衡，保证订货按期投入生产。

最后做好生产能力的核算，保证设备、人员和生产能力均衡。

综上可见，产品年度生产任务的安排是一项极为复杂的工作，而市场经济条件下环境的多变性又对产品进度安排提出了更高的要求。随着计算机技术的日益普及，生产管理和订货管理的工作质量和工作效率大大提高，企业产品进度安排会日趋科学化。

## 鸡肉沙拉三明治的生产流程和计划安排

当消费者把便利和快捷置于消遣和价格之上时，预先包装的三明治就在全世界范围内盛行起来。现在，以鸡肉沙拉三明治为例，来考察一下其生产过程中的日程安排情况。

根据需求预测，不易腐败的原料可以在使用前一周进行预订，而易腐原料则在当天或者一两天前进行预订。西红柿、黄瓜和生菜有三天的保鲜期，所以，可以在加工前三天准备好。库存严格按照先入先出法进行管理。如果今天是星期三，那么，就要加工后三天进库的蔬菜。早晨从当地面包房运来的面包以及刚到的新鲜鸡肉，可以直接用来制作三明治。昨天（星期二）被宰杀的鸡需要加工、准备，然后运往三明治生产工厂。到了中午，工厂会收到当晚的成品电子订单。从下午2点到晚上10点，三明治生产线将停产进行维修和彻底的清洁。与此同时，生产计划组在忙于进行晚上生产的计划，那些距离工厂最远的客户的需求会被首先列入生产安排。到了晚上10点，工厂准备开工。三明治在流水线上被制作出来——首先，手工把面包放在传送带上，由机器自动涂抹黄油；其次，按照三明治"设计"规定，将各种配料按层铺放；最后，在铺好的配料上加上一片面包，由机器切成两个三角形，再由机器进行包装、密封。这时就应该是星期四凌晨了。凌晨2点，第一辆速冻货车已经准备出发，把三明治配送到客户手中。整个生产过程会持续到星期四下午2点，然后，又要对生产线进行维护和卫生清洁。最后一批三明治会在星期四下午4点之前配送出去，届时，工厂里不会有成品库存。

（资料来源：奈杰尔·斯莱克、阿利斯泰尔·布兰登·琼斯、罗伯特·约翰斯顿：《运营管理》（第7版），清华大学出版社2015年版）

## 【本章小结】

生产运作计划是企业经营计划的重要组成部分，是组织和控制企业生产运作活动的依据。它根据市场调查和市场预测的结果，充分利用企业的现有资源和生产运作能力，实现均衡生产运作并合理地控制库存，确保按质、按量、按期交货。生产运作计划是一个复杂的系统，围绕生产能力计划、中期年度生产计划、物料需求计划、短期生产作业计划这条主线，还有需求预测、库存管理、生产运作控制等多种相关的计划和管理。因此，生产运作计划的编制不但需要丰富的生产运作管理经验，还必须熟练运用各种有效的计划、调度方法，掌握生产运作计划的全局。在美国许多企业要求生产运作计划人员必须通过美国生产与库存控制协会（APICS）的资格考试，足见对生产运作计划人员素质的要求之高。

## 【延伸阅读】

### 主生产计划员的中午两个小时

星期三上午，11：50，C电器设备公司的主生产计划员朱女士正准备去吃午饭，电话铃响了，是公司主管销售的副总裁："朱女士，你好。我刚刚接到我们浙江的销售代表的电话，他说，如果我们能够比D公司交货更快，就可以和一家大公司做成A3系统的一笔大生意。""这是一个好消息，"朱女士回答，"一套A3系统可以卖一百万哪。""是的，"副总裁说道，"这将是一个重要的新客户，一直由D公司控制着。如果我们这第一步走出去了，以后的生意会接踵而来的。"朱女士知道，副总裁打电话给她绝不仅仅是告诉她这个好消息。"如果我们能够比 D 公司交货更快"才是打电话的原因。作为主生产计划员，她意识到副总裁下面还有话说，她全神贯注地听着。"你知道，朱女士，交货是销售中的大问题。D 公司已经把他们的交货期从原来的 5 周缩短到 4 周。"副总裁停顿了一下，也许是让朱女士做好思想准备。然后接着说，"如果我们要做成这笔生意，我们就必须做得比 D 公司更好。我们可以在 3 周之内向这家公司提供一套 A3 系统吗？"朱女士在今天上午刚刚检查过 A3 系统的主生产计划，她知道，最近几周生产线都已经排满了，而且，A3 系统的累计提前期是 6 周。看来必须修改计划。"是 3 周以后发货吗？"朱女士问道。"恐怕不行，3 周就要到达客户的码头。"副总裁回答。朱女士和副总裁都清楚，A3 系统太大，不能空运。"那我来处理这件事吧。"朱女士说，"两小时之后我给您回电话。我需要检查主生产计划，还需要和有关人员讨论。"副总裁去吃午饭了。

　　朱女士继续工作、解决问题。她要重新检查 A3 系统的主生产计划，有几套 A3 系统正处于不同的生产阶段，它们是为其他客户做的。她需要考虑当前可用的能力和物料；她要尽最大的努力，使销售代表能够赢得这个重要的新客户；她还必须让其他老客户保持满意。尽一切可能把所有这些事情做好，这是她的工作。

　　下午 1：50，朱女士给销售副总裁打了电话："您可以通知您的销售代表，从现在开始 3 周，一套 A3 系统可以到达客户的码头……""太好了！朱女士。您是怎么解决的呀？"副总裁高兴地问道。"事情是这样，我们有一套 A2 系统正在生产过程中。我请您的助手给这套 A2 系统的客户代表打了电话，请他和客户联系，能否推迟 2 周交货。我们答应这家客户，如果他们同意推迟 2 周交货，我们将为他们延长产品保修期。他们同意了，我们的财务部门也批准了。我可以修改计划，利用现有的物料和能力把 A2 系统升级为 A3 系统，就可以按时交货了。但是还有一个问题，如果能解决，那就可以为您浙江的销售代表开绿灯了。""什么问题？"副总裁有点担心。"您的广东销售代表有一份 A3 系统的单子正在生产过程中，如果我们按刚说的那样来改变计划，这份订单就得推迟 3～4 天，您看可以吗？"球又回到了副总裁手里。他清楚，对原有计划的任何即使是精心的修改也往往要付出一些代价。"好吧，我来处理。"副总裁说。

　　问题终于解决了。朱女士看看表，2：15，她感到了饥饿。

## 【问题与讨论】

　　1. 通过朱女士对生产计划进行调整的事例，请说明在生产计划制订和调整过程中，需要考虑的因素和注意的问题。

　　2. 为了有效应对临时生产计划调整，你对该公司的生产计划制订有何建议？

　　　　（资料来源：大学网，http://www.unjs.com/fanwenwang/gzih/20100711112532_242772.html）

## 【复习思考题】

　　1. 试说明生产计划体系的层次关系。

2. 举例说明综合生产运作计划及其内容。

3. 追赶策略与平衡策略的优缺点分别有哪些？

4. 企业调整生产运作能力的策略有哪些？

5. 企业影响需求的方法有哪些？

6. 为什么编制生产运作计划要定量分析、定性分析相结合？

7. 不同生产类型条件下，安排产品出产进度各有何特点？

## 【本章案例1】

### 南海机器厂

王厂长所创立的南海机器厂于1982年开张，虽然前两年很艰苦，但是企业却稳定发展，到1995年，销售额已超过2 500万元。南海机器厂生产各种小金属配件，供给当地的其他制造业厂家，其中50%的订货是同一品种，订货量为1~500件不等，平均订货量是35件。

工厂采取工艺专业化的生产组织方式，拥有32台机器，价值为350万元。工厂的人员都受过良好训练，每人能操作几种不同的机器。工厂付给工人的工资带有激励性质，从每小时7元至12元不等。工厂目前实行单班制，每周工作5天。决定工厂生产能力的主要因素是设备能力，一般要超额完成任务只有加班加点。

工厂的一个瓶颈加工中心有4台机器，运行时每台需要一名工人看管，每个工人每小时的工资是10元。由于这些机器的利用率很高，王厂长给每台机器配备一名固定工人。在这样的专业化程度下，生产率较高，但是这些工人的工作却比较单调。根据对未来销售趋势和经济状况的预测，王厂长认为将来该类型的加工还会增加，如果仍是单班制、全年工作时间算作2 000小时的话，共需4~10台机器，下表是王厂长对未来几年该类加工需求概率分布的直观估计。

| 需求量（个） | 800 | 1 200 | 1 600 | 2 000 |
|---|---|---|---|---|
| 概率 | 0.10 | 0.25 | 0.50 | 0.15 |

王厂长现在必须决定为了未来的发展购买几台新机器，因为向机器供应商购买机器需要提前6个月订货。购买和安装一台机器的费用为31 000元，设备折旧使用直线折旧法，虽然每台机器的经济寿命为10年，但是按计划8年内提完折旧。所得税税率为33%，资金利率是14%。加工中心最经济的运行方式是使用正常工作时间，每个产品的标准加工时间为10小时，这意味着在单班制正常工作的情况下，每台机器全年可以加工200个产品，除直接劳动成本以外，每个产品的材料消耗和其他间接费用为120元。如果正常工作时间内的设备生产能力不

足，王厂长就必须决定如何最好地安排生产。

第一种可能的方案是加班，加班报酬为平时的 1.5 倍，但是每周加班时间最多不能超过 15 小时，因为工人虽然愿意加一点班以增加收入，但不愿加班太多，厂长同时也顾虑，如果加班变成经常性的，可能会影响到生产率，比如说，加工每个产品的时间会从 10 小时变成 11 小时。

第二种方案是外协加工，可以把部分工作承包给其他同行来做，价格是：批量 100 件以下时每件 310 元，批量更大时每件 295 元。可供选择的同行生产能力足够大，可以吸收任何王厂长想让他们承包的量。

第三种方案是在自己工厂的生产能力饱和后，不再争取或接受订货。但这种做法不仅会使工厂失去眼前利益（该加工中心生产出来的产品每件售价 350 元），而且可能使一部分顾客以后再不向南海机器厂订货。

最后一种方案是实行两班或三班制来缓解工厂的生产能力不足状况。但这样一来，必须再聘用二班三班的领班，而且寻找合适的人选也不是一件容易的事，生产率还可能不高，生产质量也不好控制，另外还要支付倒班津贴。最后，王厂长还考虑，需要的时候扩大招工，但以后需求一旦减少时又该怎么办呢？

如果王厂长购买的机器之能力超过明年的需求，他又会遇到一系列不同的问题。如果机器得不到充分利用，有可能改变每台机器安排一个固定工人的现行做法，随时安排他们到工厂的其他环节去。但工厂的其他环节吸收这些劳动力的能力也是有一定限度的。如果需求大减，一些新招收并经过训练的工人就必须裁减。对于过剩的设备能力，则有两种解决办法，一种是卖掉多余的机器，另一种是使机器闲置，期待以后需求增加。

【问题与讨论】

1. 为南海机器厂制订一个生产能力计划。该厂的瓶颈加工中心如果购入机器，应购入多少？说明并论证你的方案。

2. 对于你所建议的机器购买数量，如需求超出生产能力你打算如何做？是选择上述四种方案中的一种还是另有其他方案？无论选择什么方案，说明你的理由及论证过程。

3. 如果生产能力超出需求，你打算采取什么措施？说明你的理由。

（资料来源：刘丽文：《生产运作管理案例集》，清华大学出版社 2001 年版）

【本章案例 2】

In－Line Industries（ILI）公司的综合计划

In－Line Industries（ILI）公司生产娱乐型直排轮滑鞋。需求是季节性的，高峰期在夏季，另外在 12 月也有个小的需求高峰。公司现在生产一种新型轮滑鞋，由于在装饰方面有所改进，比较受顾客欢迎。ILI 公司预测明年对该型号的轮滑鞋的需求预测如下表所示。

**新型轮滑鞋需求预测表**　　　　　　　　单位：双

| 月份 | 需求 | 月份 | 需求 |
|------|------|------|------|
| 1 | 300 | 7 | 1 400 |
| 2 | 550 | 8 | 1 000 |
| 3 | 900 | 9 | 600 |
| 4 | 1 500 | 10 | 400 |
| 5 | 2 500 | 11 | 700 |
| 6 | 3 000 | 12 | 1 800 |

　　每双轮滑鞋的制造成本是 80 美元，其中包括物料成本和直接劳动力成本。每月的库存持有成本按制造成本的 20% 计算。对于这种产品如果缺货，顾客将购买另外型号的轮滑鞋。因此脱销成本是边际利润，这里假设为 80 美元。每月正常的产能为 1 000 双。然而，改变产能要付出管理成本，这一成本为每双 1 美元。公司可以安排加班，成本为每双 10 美元。

## 【问题与讨论】

　　1. 试分别基于平准化战略和追逐需求战略制订公司的综合计划。

　　2. 说明不同战略的财务影响，并指出不同战略对运营管理产生的影响。

　　（资料来源：威廉·J. 史蒂文森（William J. Stevenson）、张群、张杰、马风才：《运营管理》（12 版），机械工业出版社 2016 年版，第 282 页）

# 第8章 库存管理与物料需求计划

【引例】

## 零库存！江积的雷克萨斯营销变革

不压库，销量能增长吗？这听起来像是质疑一件天经地义的事情。这几年，厂家和经销商因为压库打得昏天黑地，结论是倾向于：库还是要压，但应该少压一点。然而，雷克萨斯却给出了一个"另类"的答案。2016年4月，雷克萨斯单月销量超过了捷豹路虎，跻身中国市场豪华车品牌4强的行列，库存远低于其他品牌，价格也属最稳定之列。多款新车上市，定价具有竞争力，重塑品牌形象，固然是雷克萨斯业绩出色的重要原因，但更重要的或许是一种隐性的原因——在雷克萨斯营销体系内正在发生一场以"零库存"为目标的变革。

雷克萨斯中国执行副总经理江积哲也先生提到，保证经销商的收益，调动经销商的积极性是很重要的部分。在整个中国汽车厂商中，江积哲也是唯一一个把经销商收益列为自己考评标准KPI的企业高管。雷克萨斯的经营哲学和理念并不是先把大量产品压给经销商，迫使经销商降价卖车，之后再以返利形式补贴经销商承受的损失。如果经销商要靠返利才能生存下去的话，这种经营模式是异常的。

关于供需，雷克萨斯有着不同于其他厂家的方式。只有提供与客户所需相对应的数量才能满足市场需求，一旦过多，就说明供需出了问题。合理的供需是中国市场取得良好销售成绩的前提。雷克萨斯的设想是每个月向工厂下两次订单，然后做到每周下一次甚至是每天都会下一次订单，这样的话客户得到的完全是定制车型。其实现在在日本国内就是每天下订单，这给经销商带来一个巨大的好处就是没有库存，中国的经销商拥有巨大的库存压力，一旦能做到这一点的话，他们的库存压力就会减少到零，库存利息也会减少到零，会对经销商收益产生巨大影响。

（资料来源：根据 http://auto.sohu.com/20160601/n452355521.shtml 整理）

## 【本章学习目标】

1. 定义库存并对库存进行分类。
2. 了解库存的利弊及降低库存的策略。

3. 理解独立需求库存控制系统。

4. 掌握独立需求库存的基本模型。

5. 掌握物料需求计划（MRP）基本原理及其计算过程。

6. 认识制造资源计划（MRPⅡ）基本原理和功能。

7. 了解企业资源计划（ERP）功能。

8. 了解企业资源计划（ERP）实施组织常见问题处理方法。

库存管理是企业管理中的一个古老的课题，但又一直是探索的前沿，几乎每一个社会经济组织，不管是营利的还是非营利的，都在生产、使用、储存和分配库存。库存的大量发生，使得每一个组织每年要花大量的人力、资金、设施、费用去计划和控制库存，这种看似必要的活动，实质上可能潜藏着巨大的浪费。多数企业都面临资金短缺的问题，而库存往往是占用资金最大的项目。因此，如何在保证均衡生产和满足顾客需求的前提下尽可能降低库存，就成为企业管理的一个重点。从财务角度看，存货周期律是企业生产运作效率的重要指标，对企业的资产收益率起着决定作用。企业资产收益率的提高，可以通过降低成本、提高销售利润的途径来实现，也可以通过加快资产周转率薄利多销来实现，而加快存货的周转率是加快资产周转率的关键。

物料需求计划是20世纪60年代发展起来的一种计算物料需求量和需求时间的系统，是对构成产品的各种物料的需求量与需求时间所做的计划，它是企业生产计划管理体系中作业层次的计划。这里的"物料"泛指原材料、在产品、外购件以及产成品。物料需求计划极大地提高了制造业生产计划的准确性和可靠性，真正起到了指导生产实际的作用。

## 8.1 库存管理的基本问题

### 8.1.1 库存的概念

一般来说，库存是指为了满足未来需要销售或使用而暂时闲置的资源。资源的闲置就是库存，与这种资源是否放在仓库中没有关系，与资源是否处于运动状态也没有关系。汽车运输的货物处于运动状态，但这些货物是为了未来需要而暂时闲置的，就是一种在途库存。实际上人、财、物、信息等各方面的资源都有库存问题，如专门人才的储备就是人力资源的库存，计算机硬盘储存的大量信息是信息的库存。

库存在历史上曾被当作财富的象征。衡量一个商人的财富，是看他存有多少担粮食、多少头牛、多少匹布和多少两黄金白银。直到20世纪科学管理运动兴起以后，企业管理者才摒弃了一味生产存货的观点，开始重视存货的流动性，并最终将存货周转率作为衡量企业效率的重要指标。

库存周转率可用下式表示：

$$库存周转率 = 年销售额/年平均库存值$$

还可细分为以下三种：

$$成品库存周转率 = 年销售额/成品平均库存值$$

$$在制品库存周转率 = 生产产值/在制品平均库存值$$

$$原材料库存周转率 = 原材料消耗额/原材料平均库存值$$

（注意：上面各式分子分母数值均应指相同时间段内的数值）

库存周转率越快表明库存管理的效率越高，反之，库存周转慢意味着库存占用资金大、保管等费用发生多。库存周转率对企业经营中至关重要的资金周转率指标也有极大的影响作用。但是库存周转率在许多国家由于各方面条件的限制呈现出很大的不同，很多北美制造业企业一年为 6~7 次，而一些日本企业 1 年可达 40 次之多，我国有的企业却一年仅周转 2~3 次。

### 8.1.2　库存的分类

从不同的角度对库存可以有多种不同的分类，简单介绍如下：

#### 1. 按其在生产和配送过程中所处的状态划分

按其在生产和配送过程中所处的状态划分，库存可分为原材料库存、在制品库存和成品库存。如图 8 - 1 所示，三种库存可以放在一条供应链上的不同位置。

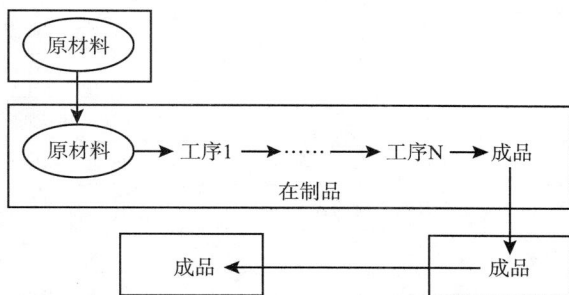

图 8 - 1　三种库存在一条供应链中的不同位置

#### 2. 按库存的作用划分

按库存的作用划分，库存可分为周转库存、安全库存、调节库存和在途库存。

周转库存：当生产或订货是以每次一定批量，而不是以每次一件的方式进行时，这种由批量周期性形成的库存就称为周转库存。成批生产或订货一是为了获得规模经济，二是为了享受数量折扣。由于周转库存的大小与订货的频率有关，所以如何在订货成本与库存成本之间作出选择是决策时主要考虑的因素。

安全库存：又称缓冲库存，是生产者为了应付需求的不确定性和供应的不确定性，防止缺货造成的损失而设置的一定数量水平的库存。例如供货商未能按时供货、生产过程中意外停电停水等。安全库存的数量除受需求和供应的不确定性影响外，还与企业希望达到的顾客服务水平有关，这些是安全库存决策时主要考虑的因素。

调节库存：是为了调节需求或供应的不均衡、生产速度与供应速度的不均衡、各个生产阶段的产出不均衡而设置的一定数量的库存。比如空调、电扇的生产商为保持生产能力的均衡在淡季生产一定数量的产品置于调节库存，以备旺季（夏天）的需求。有些季节性较强的原材料，或供应商供应能力不均衡时，也需要设置调节库存。

在途库存：是处于相邻两个工作地之间或是相邻两级销售组织之间的库存，包括处在运输过程中的库存，以及停放在两地之间的库存。在途库存的大小取决于运输时间和运输批量。

在具体的库存管理实践中，针对上述四种库存，为达到降低的目的，常采取以下基本策略和具体措施方案，如表 8-1 所示。

表 8-1　　　　　　　　　降低库存的策略和措施

| 库存类型 | 基本策略 | 具体措施 |
|---|---|---|
| 周转库存 | 减小批量 | 降低订货费用 |
| | | 缩短作业交替时间 |
| | | 利用相似性扩大生产批量 |
| 安全库存 | 订货时间尽量接近需求时间 | 改善需求预测工作 |
| | | 缩短生产周期与订货周期 |
| | 订货量尽量接近于需求量 | 减少供应的不稳定性 |
| | | 增加设备与人员的柔性 |
| 调节库存 | 使生产速度与需求变化场合 | 尽量拉平需求波动 |
| 在途库存 | 缩短生产—配送周期 | 标准品库存前置 |
| | | 慎重选择供应商与运输商 |
| | | 减小批量 |

### 3. 按用户对库存的需求特征划分

按用户对库存的需求特征划分，库存可分为独立需求库存和相关需求库存。来自用户的对企业产品和服务的需求称为独立需求。其最显著的特点是：需求是随机的，企业自身不能控制而由市场决定，与企业对其他库存产品所做的生产决策没有关系。正是由于独立需求的对象和数量的不确定性，它的测定只能通过预测的方法粗略地估计。相关需求也称非独立需求，它与其他需求有内在的相关性，可以根据对最终产品的独立需求精确地计算出来，是一种确定性的需求。例如，某汽车制造厂年产汽车 30 万辆，这是独立需求所确定的。一旦 30 万辆的生产任务确定之后，构成该型号汽车的原材料的数量和需求时间则可精确地计算得到。

### 8.1.3　库存的利弊分析

一般来说，库存设置主要基于三个目的：预防不确定的、随机的需求变动；保持生产的连续性、稳定性；以经济批量订货。但是持有库存会发生费用，还会带来其他一些管理上的问题，因此库存的作用及其弊端之间有一个折中、平衡的问题。

**1. 库存的作用**

归纳起来，库存的作用主要表现在如下方面：

（1）缩短顾客订货提前期。当厂商维持一定数量水平的成品库存时，顾客就能够及时得到所需的物品，于是缩短了客户的订货提前期，改善了客户服务质量，有利于争取更多的顾客。

（2）保持生产的均衡性。激烈的市场竞争中外部需求变化多端，而企业一方面要满足客户的需求；另一方面又要保持内部组织生产的均衡性。库存将外部需求和内部生产相连接，像水库一样起着稳定作用。

（3）节省订货费用。订货费是指订货过程中为处理每份订单和发运每批订货而产生的费用，这种费用与订货批量的大小无关。所以如果通过持有一定量的库存而增大订货批量，就可以减少订货次数，从而分摊订货费用。

（4）提高人员与设备的利用率。持有一定量的库存可以从三方面提高人员与设备的利用率：减少作业更换时间，这种作业不增加任何附加价值；防止某个环节由于零部件供应缺货导致生产中断；当需求波动或季节性变动时，使生产均衡化。

**2. 库存的代价**

库存具有上述几方面的重要作用，但是企业管理改进的方向是不断降低库存，而不是增加库存，因为库存是要付出代价的。

（1）占用大量资金、场地。企业的资金是有限的，而仓库里的库存却是一堆堆静止不动的资金，不但不能给企业带来效益，而还要占用大量存储空间，发生很大费用，包括占用资金的利息，储藏保管费、保险费、库存物品价值损失费等。

（2）掩盖企业经营、生产运作管理中存在的问题。库存可能被用来掩盖产品、零部件的质量问题。一般来说，当废品率或返修率较高时，企业会将加大生产批量、增加在制品或成品库存当作权宜之计；库存可能被用来掩盖工人的缺勤问题、技能训练差的问题、操作不规范的问题、劳动纪律松弛和现场管理混乱的问题；库存可能使用来掩盖供应商或外协厂家的原材料质量问题、外协件质量问题、交货不及时问题；库存可能被用来掩盖和弥补作业计划安排不当、生产控制制度不健全、需求预测不准、产品配套性差等问题。

此外，如产品设计不当问题、工程改动问题、生产过程组织不适应等问题，都可以在库存这里找到安全的"靠垫"。总之，是生产管理不善，最终导致库存水平居高不下。

## 8.2 独立需求库存模式与控制系统

在库存管理中，区分需求是独立需求还是相关需求很重要。独立需求（independent demand）受生产运作以外的市场条件的影响，并因此而独立于生产运作。产成品库存以及供替换的零部件通常具有独立需求。

库存周期的管理就是通过库存周期控制模型，在保证生产连续性的同时，达到了存货的经济性。根据库存是单周期需求，还是多周期需求，把库存分为单周期库存和多周期库存两类。对单周期需求物品的库存控制称为单周期库存管理，对多周期物品的库存控制称为多周期库存管理。

所谓单周期需求，是指仅仅发生在短时间内，或存较少的需求，也叫一次性订货量。单周期需求在工业企业中一般有下面两种情况：是偶尔发生的某种物品的需求，如圣诞贺卡是经常发生的某种生命周期短的物品不定量的需求，如易腐物品或其他生命周期短并已过时的商品，如期刊、日报等。所谓多周期需求，是指在足够长的时间内，对某种存货重复、连续的需求，致使其库存需求必须不断补充。多周期需求在工业企业中普遍存在。

库存控制系统包括输入、输出、约束和运行机制四个方面，如图8-2所示。库存控制系统的输入、输出是各种资源。输入是为了保证系统的输出（对需求的供给），而没有资源的转化形式。约束条件指资金、空间等的约束，运行机制包括控制哪些参数以及如何控制。对于独立需求库存控制系统，输出端是不可控的，而输入端，即库存系统向外发出订货的提前期亦为随机变量，可以控制的一般是订货点（即何时发出订货）以及订货量（一次订多少）这两个参数，库存控制系统正是通过控制订货点和订货量来满足外界需求并使总体库存费用最低。

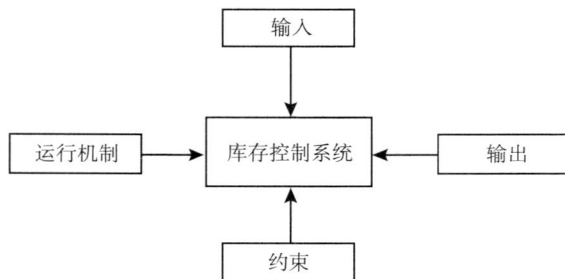

```
            ┌──────┐
            │ 输入 │
            └──────┘
                │
                ▼
┌────────┐  ┌──────────┐  ┌──────┐
│运行机制│─▶│库存控制系统│◀─│ 输出 │
└────────┘  └──────────┘  └──────┘
                ▲
                │
            ┌──────┐
            │ 约束 │
            └──────┘
```

图8-2　库存控制系统

任何库存控制系统都要回答两个基本问题：什么时候再订货？下次订货的数量是多少？在库存管理中，针对上面两个问题，对独立需求库存的控制可分为两大类：一是定量控制系统，通过观察库存是否达到重新订货点来实现；二是定期控制系统，通过周期性的观测实现对库存的补充。

## 8.2.1　单周期库存模型

对于单周期需求来说，库存控制的关键在于确定订货批量。订货量就等于预测的需求量。由于预测误差的存在，根据预测确定的订货量和实际需求量不可能一致。如果需求量大于订货量，就会失去潜在的销售机会，导致机会损失——即订货的机会（欠储）成本。另外，假如需求量小于订货量，所有未销售出去的物品将可能以低于成本的价格出售，甚至可能报废还要另外支付一笔处理费。这种由于供过于求导致的费用称为陈旧（超储）成本。显然，最理想的情况是订货量恰恰等于需求量。

为了确定最佳订货量，需要考虑各种由订货引起的费用。由于只发出一次订货和只发生一次订购费用，所以订货费用为一种沉没成本，它与决策无关。库存费用也可视为一种沉没成本，因为单周期物品的现实需求无法准确预计，而且只通过一次订货满足。所以即使有库存，其费用的变化也不会很大。因此，只有机会成本和陈旧成本对最佳订货量的确定起决定性的作用。确定最佳订货量可采用期望损失最小法、期望利润最大法或边际分析法。

### 1. 期望损失最小法

期望损失最小法就是比较不同订货量下的期望损失，取期望损失最小的订货量作为最佳订货量。

$$期望损失 = 超储损失之和 + 缺货损失之和$$

已知库存物品的单位成本为 $C$，单位售价为 $P$。若在预定的时间内卖不出去，则单价只能降为 $S(S < C)$ 卖出，单位超储损失为 $C_0 = C - S$；若需求超过存货，则单位缺货损失（机会损失）$C_u = P - C$。

设订货量为 $Q$ 时的期望损失为 $EL(Q)$，则取使 $EL(Q)$ 最小的 $Q$ 作为最佳订货量。

$$E_L(Q) = \sum_{d > Q} C_u(d - Q)P(d) + \sum_{d < Q} C_0(Q - d)p(d) \qquad (8-1)$$

式（8-1）中，$p(d)$ 为需求量为 $d$ 时的概率。

例：依据过去的销售记录，顾客在夏季对某便利店微风扇的需求分布率如表8-2所示。

表 8 - 2                                    某商店微风扇的需求分布率

| 需求 d（台） | 0 | 5 | 10 | 15 | 20 | 25 |
|---|---|---|---|---|---|---|
| 概率 p(d) | 0.05 | 0.15 | 0.20 | 0.25 | 0.20 | 0.15 |

已知，每台微风扇的进价为 C = 50 元，售价 P = 80 元。若在夏季卖不出去，则每台微风扇只能按 S = 30 元在秋季卖出去。求该商店应该进多少微风扇为好。

解：设该商店买进微风扇的数量为 Q，则：

当实际需求 d < Q 时，将有部分微风扇卖不出去，每台超储损失为：

$C_0 = C - S = 50 - 30 = 20$（元）

当实际需求 d > Q 时，将有机会损失，每台欠储损失为 $C_u = P - C = 80 - 50 = 30$（元）

当 Q = 15 时，则：

$$E_L(Q) = [30 \times (20 - 15) \times 0.2 + 30 \times (25 - 15) \times 0.15] + [20 \times (15 - 0)$$
$$\times 0.05 + 20 \times (15 - 5) \times 0.15 + 20 \times (15 - 10) \times 0.2]$$
$$= 140 （元）$$

当 Q 取其他值时，可按同样方法算出 $E_L(Q)$，结果如表 8 - 3 所示。由表可以得出最佳订货量为 15 台。

表 8 - 3                                    期望损失计算表

| 订货量 Q | 实际需求 d | | | | | | 期望损失 $E_L(Q)$（元） |
|---|---|---|---|---|---|---|---|
| | 0 | 5 | 10 | 15 | 20 | 25 | |
| | P(D = d) | | | | | | |
| | 0.05 | 0.15 | 0.20 | 0.25 | 0.20 | 0.15 | |
| 0 | 0 | 150 | 300 | 450 | 600 | 750 | 427.5 |
| 5 | 100 | 0 | 150 | 300 | 450 | 600 | 290.0 |
| 10 | 200 | 100 | 0 | 150 | 300 | 450 | 190.0 |
| 15 | 300 | 200 | 100 | 0 | 150 | 300 | 140.0 |
| 20 | 400 | 300 | 200 | 100 | 0 | 150 | 152.5 |
| 25 | 500 | 400 | 300 | 200 | 100 | 0 | 215.0 |

## 2. 期望利润最大法

期望利润最大法就是比较不同订货量下的期望利润，取期望利润最大的订货量作为最佳货量。

期望利润 = 需求量小于订货量的期望利润 + 需求量大于订货量的期望利润

设订货量为 Q 时的期望利润为 $E_p(Q)$，则：

$$E_p(Q) = \sum_{d < Q} \left[ C_u d - C_0(Q - d) \right] + \sum_{d > Q} C_u Q_p(d) \qquad (8-2)$$

例：已知数据同上例，求最佳订货量。

解：当 Q = 15 时，

$$E_p(15) = \left[ 30 \times 0 - 20 \times (15 - 0) \right] \times 0.05 + \left[ 30 \times 5 - 20 \times (15 - 5) \right] \times 0.15$$
$$+ \left[ 30 \times 10 - 20 \times (15 - 10) \right] \times 0.2 + (30 \times 15) \times 0.25 + (30 \times 15)$$
$$\times 0.2 + (30 \times 15) \times 0.15 = 287.5$$

当 Q 取其他值时，可按同样方法算出 $E_p(Q)$，结果如表 8-4 所示。由表可以得出最佳订货量为 15 台，与期望损失最小法得出的结果相同。

表 8-4　　　　　　　　　　　　期望利润计算表

| 订货量 Q | 实际需求 d | | | | | | 期望利润 $E_p(Q)$（元） |
|---|---|---|---|---|---|---|---|
| | 0 | 5 | 10 | 15 | 20 | 25 | |
| | P(D = d) | | | | | | |
| | 0.05 | 0.15 | 0.20 | 0.25 | 0.20 | 0.15 | |
| 0 | 0 | 0 | 0 | 0 | 0 | 0 | 0 |
| 5 | −100 | 150 | 150 | 150 | 150 | 150 | 137.5 |
| 10 | −200 | 50 | 300 | 300 | 300 | 300 | 237.5 |
| 15 | −300 | −50 | 200 | 450 | 450 | 450 | 287.5 |
| 20 | −400 | −150 | 100 | 350 | 600 | 600 | 275.0 |
| 25 | −500 | −250 | 0 | 250 | 500 | 750 | 212.5 |

### 3. 边际分析法

假定原计划订货量为 D，考虑追加一个单位订货的情况。追加 1 个单位的订货，使得期望损失变化，如果 Q 为最佳订货量，则无论增加或减少都应使损失加大。

则临界缺货概率为：

$$P(D^*) = \frac{C_0}{C_0 + C_u}$$

当实际需求大于订货量 D 的概率 P(D) 等于 $P(D^*)$ 时，D 就是最佳的订货量。若不存在一个 D，使得 P(D) = $P(D^*)$ 成立，则满足条件 P(D) > $P(D^*)$ 且 P(D) − $P(D^*)$ 最小的 D 就是 $D^*$。确定了 $D^*$，然后再根据经验分布就可以找出最佳订货量。

例：某批发商准备订购一批圣诞树供圣诞节期间销售。该批发商对包括订货费在内的每棵圣诞树要支付 2 美元，树的售价为 6 美元。未售出的树只能按 1 美元出售。节日期间圣诞树需求量的概率分布如表 8-5 所示（批发商的订货量必须是 10 的倍数）。试求该批发商的最佳订货量。

表8－5 圣诞树需求量的概率分布

| 需求 d（台） | 10 | 20 | 30 | 40 | 50 | 60 |
|---|---|---|---|---|---|---|
| 概率 | 0.10 | 0.10 | 0.20 | 0.35 | 0.15 | 0.10 |
| P（d） | 1.00 | 0.90 | 0.80 | 0.60 | 0.25 | 0.10 |

$$P(D^*) = \frac{C_0}{C_0 + C_u} = \frac{2-1}{(2-1)+(6-2)} = 0.20$$

查表可知，实际需求大于50棵的概率为0.25，再结合求 $D^*$ 的条件可以求出最佳订货量为50棵。

## 8.2.2 多周期库存模型

下面将要讨论多周期条件下的独立需求库存的基本模型：经济订购批量模型、经济生产批量模型、价格折扣模型。

### 1. 与库存有关的费用

与库存有关的费用分为两种，一种随库存量的增加而增加，另一种随库存量的增加而减少，正是由于这两种费用的相互作用，才有最佳经济批量。

（1）随库存量增加而增加的费用。

①资金成本。生产和存储，库存物资占用了资金，虽造成机会损失，但却是维持库存物资本身所必需的花费。

②仓储空间费用。要维持库存必须建造仓库、配备设备，还有供暖、照明、修理、保管等开支。

③物资变质和陈旧。在闲置过程中，物资会发生变质或陈旧，如金属生锈、药品过期等，会造成一定的损失。

④税收和保险。两者显然与数量成正比。

如果仅有以上与库存数量正相关的费用发生，显然我们会追求库存越少越好。但是由于同时存在着以下随库存量增加而减少的费用，使得库存物资既不能太多，也不能太少。

（2）随库存量增加而减少的费用。

①订货费。订货费与发出订单活动和收货活动有关，包括评判要价、谈判、准备订单、通信联系、收货检查等，它一般与订货次数有关，而与一次订多少无关。如果大批量订货，则分摊到每项物资上的订货费就少。

②生产管理费。指企业自己制造库存物资的费用，包括两类：一是设备调整准备费，如组织或调整生产线的有关费用，它和组织生产的次数有关，而和每次生产的数量无关；二是生产管理费，加工批量大，则每件物资分摊的管理工作量就少。

③缺货损失费。当库存不足时会造成销售机会的损失、停工待料损失、延期交货的额外支出、对需方的损失赔偿等。当不允许缺货时，缺货费用作无穷大处理。

库存总费用则是上述费用之和，模型进行优化的目标是使库存总费用最小。

### 2. 经济订货批量

（1）基本经济订货批量问题。

订货批量是指花费一次订货费用所采购某种产品的数量。经济订购批量（economic order quantity，EOQ）就是从库存总费用最小的原则出发确定的订货批量。经济订货批量模型最早是由惠理斯（F. H. Wharris）提出的。该模型有如下假设条件：

①外部对库存系统的需求率已知，需求率均匀且为常量，年需求率以 D 表示，单位时间需求率以 d 表示；

②一次订货无最大最小限制；

③采购、运输均无价格折扣；

④订货提前期已知，且为常量；

⑤订货费与订货批量无关；

⑥维持库存费是库存量的线性函数；

⑦不允许缺货；

⑧补充率为无限大，全部订货一次交付；

⑨采用固定量系统。

在以上假设条件下，库存量的变化如图 8 - 3 所示。从图 8 - 3 可以看出，系统的最大库存量为 Q，最小库存量为 0，不存在缺货。库存按数值为 D 的固定需求率减少。当库存量降低到订货点 RL 时，就按固定订货量 Q 发出订货。经过一固定的订货提前期 LT，新的一批订货 Q 到达（订货刚好在库存变为 0 时到达），库存量立刻达到 Q。显然，平均库存量为 Q/2。

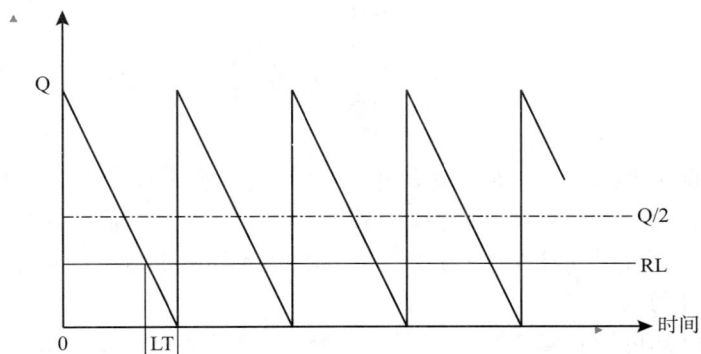

图 8 - 3　经济订货批量假设下的库存量变化

在 EOQ 模型的假设条件下：

$$C_T = C_H + C_R + C_P = H(Q/2) + S(D/Q) + PD \qquad (8-3)$$

式中：$C_T$ 为年库存总费用；$C_H$ 为年维持库存费；$C_R$ 为年补充订货费；$C_P$ 为年购买费（加工费）；S 为一次订货费或调整准备费；H 为单位库存维持费，P 为单价；D 为年需求量。

年维持库存费 $C_H$ 随订货批量 Q 增加而增加，是 Q 的线性函数；年订货费 $C_R$ 与 Q 的变化成反比，随 Q 增加而下降，不计年采购费用 $C_P$，总费用 $C_T$ 曲线为 $C_H$ 曲线与 $C_R$ 曲线的叠加。$C_T$ 曲线最低点对应的订货批量就是最佳订货批量，如图 8-4 所示。

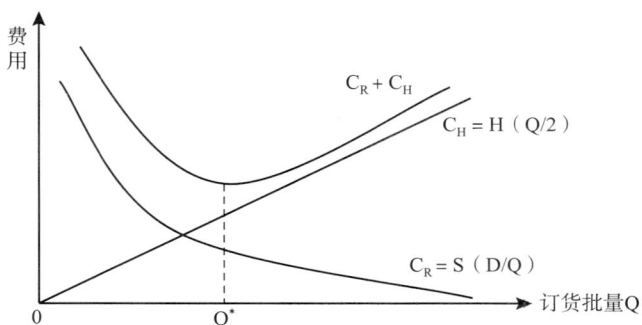

图 8-4　年费用曲线

$$Q^* = EOQ = \sqrt{\frac{2DS}{H}} \qquad (8-4)$$

式中，$Q^*$ 为最佳订货批量或称经济订货批量。

订货点 RL 可按下式计算：

$$RL = D \times LT \qquad (8-5)$$

在最佳订货批量下，

$$C_R + C_H = S(D/Q^*) + H(Q^*/2)$$

$$= \frac{DS}{\sqrt{\frac{2DS}{H}}} + \frac{H}{2}\sqrt{\frac{2DS}{H}} = \sqrt{2DSH} \qquad (8-6)$$

例：根据生产的需要，某企业每年以 20 元的单价购入一种零件 4 000 件。每次订货费用为 40 元，资金年利息率为 6%，单位维持库存费按所库存物价值的 4% 计算。若每次订货的提前期为 2 周，试求经济订货批量、最低年总成本、年订购次数和订购点。

解：由已知可知 p = 20 元/件，D = 4 000 件/年，S = 40 元，LT = 2 周。H 则由两部分组成，一是资金利息，二是仓储费用，即：

H = 20 × 6% + 20 × 4% = 2 元/(件·年)

因此，$EOQ = \sqrt{\dfrac{2DS}{H}} = \sqrt{\dfrac{2 \times 4\,000 \times 40}{2}} = 400$（件）

最低年总费用为：

$C_T = P \times D + (D/EOQ) \times S + (EOQ/2) \times H$

　　　$= 4\,000 \times 20 + (4\,000/400) \times 40 + (400/2) \times 2 = 80\,800$（元）

年订货次数 $n = D/EOQ = 4\,000/400 = 10$（次）

订货点 $RL = (D/52) \times LT = 4\,000/52 \times 2 = 153.8$（件）

注意：上面的 EOQ 模型是针对单一物资而言的，如果对于多项物资，则可通过对每项物资独立使用 EOQ 模型来整体优化。

（2）有数量折扣的经济订货批量问题。

前面讨论 EOQ 模型时的一个基本假设是设有数量折扣，而现实生活中，"量大从优"却是商家经常给予的价格优惠，以刺激需求诱发购买行为。如图 8 – 5 所示有两种数量折扣的情况，当采购批量小于 $Q_1$ 时，单件为 $P_1$；当采购批量大于或等于 $Q_1$ 而小于 $Q_2$ 时，单价为 $P_2$；当采购批量大于或等于 $Q_2$ 时，单价为 $P_3$。同时有 $P_3 < P_2 < P_1$。

如果订货量大于供应商规定的折扣数量，如图 8 – 5 的 $Q_1$ 或 $Q_2$，则购买者自然愿意接受优惠的价格。但是当订货量小于这一限量时，购买方是否应该增大订货量而争取数量折扣则应该仔细考虑。因为购货厂家在争取数量折扣时，虽然可以使库存的单位成本下降，订货费用减少，运输费用降低，缺货损失减少，抵御涨价的能力增强，但同时库存量加大，库存管理费用上升，流动资金周转减慢，库存货品还可能陈旧、老化。综合考虑可见，问题的关键在于增加订货后是否有净收益，若接受折扣所产生的总费用小于订购 EOQ 经济批量所产生的总费用，则应增加订货量而争取数量折旧。

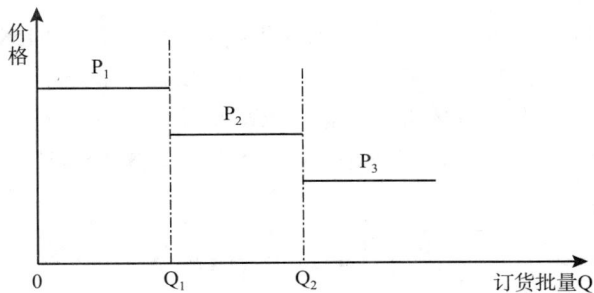

图 8 – 5　有数量折扣的价格曲线

有数量折扣的经济批量模型的假设与 EOQ 模型假设区别仅有一点，即允许有价格折扣，这时物资单价不是固定的，而库存保管费用与物资单价有关，于是导致不同价格水平下库存总费用不同。图 8 – 6 所示模型中 $P_1$、$P_2$、$P_3$（$P_3 < P_2 < P_1$）分别是三种不同订货数量界限下的价格，年订货费与价格折扣无关，于是总费用曲线是一条不连续的曲线，最经济的订货批量仍然是总费用曲线上最低点所

对应的数量。

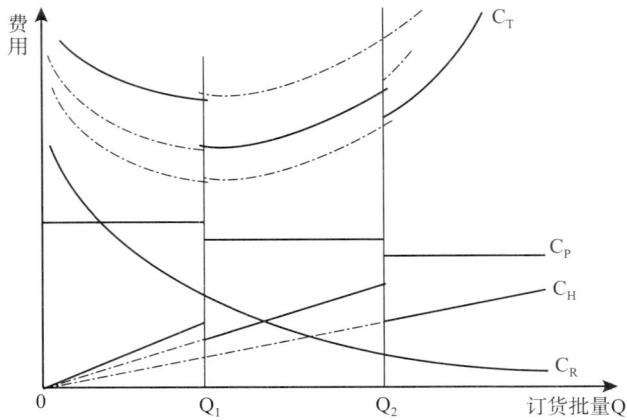

图 8 - 6　有两个折扣点的价格折扣模型的费用

求有数量折扣的经济批量可按如下步骤进行：

第一步：取最低价格代入基本 EOQ 公式求出最佳经济批量 $Q^*$，若 $Q^*$ 落在 TC 曲线上则可行，即得到最优订货批量。否则转第二步。

第二步：取次低价格代入基本 EOQ 公式求出 $Q^*$，若 $Q^*$ 可行，计算订货量为 $Q^*$ 时的总费用 TC 以及所有大于 $Q^*$ 的数量折扣点（TC 曲线中断点）所对应的总费用，取其中最小者对应的数量作为最优订货批量，停止。

第三步：若第二步中求得的 $Q^*$ 不可行，则重复第二步直至找到一个可行的 EOQ 为止。

例：某公司每年要购入 3 600 台电子零件。供应商的条件是：①订货量大于等于 125 台时，单价 32.50 元；②订货量小于 125 台时，单价 35.00 元。每次订货的费用为 10.00 元；单位产品的年库存维持费用为单价的 15%。试求最优订货量。

解：这是一个典型的数量折扣问题，求解步骤如下：

第一步，当 $C = 32.50$ 时，$H = 32.50 \times 15\% = 4.88$，$S = 10.00$，$D = 3\ 600$，则：

$$EOQ(32.50) = \sqrt{\frac{2 \times 3\ 600 \times 10}{4.88}} = 121.47\ （台）$$

因为只有当订货量大于等于 125 台时，才可能享受单价为 32.50 元的优惠价格，也就是说，121.47 台是不可行的（即 121.47 所对应的点不在曲线 $C_T$ 的实线上）。

第二步，求次低的单价 $C = 35.00$ 元时的情况。此时：

$H = 35.00 \times 15\% = 5.25$，$S = 10.00$，$D = 3\ 600$

$$EOQ(35.00) = \sqrt{\frac{2 \times 3\ 600 \times 10}{5.25}} = 117.11\ （台）$$

当单价为 35.00 元时，经济订货批量取 117 台时，这与供应商的条件是不矛盾的，因而 117 台为可行的订货量。在这里，订货量大于 117 台的数量折扣点只有一个，即 125 台。因此应该分别计算订货量为 117 台和 125 台时的总成本 $C_T$（117）和 $C_T$（125）。

$C_T$（117）=（117/2）× 5.25 +（3 600/117）× 10.00 + 3 600 × 35.00 = 126 614.82（元）

$C_T$（125）=（125/2）× 4.88 +（3 600/125）× 10.00 + 3 600 × 32.50 = 117 593.00（元）

由于 $C_T$（125）< $C_T$（117），所以最优订货批量应为 125 台。

### 3. 经济订货周期

EOQ 假设整批订货在一定时刻同时到达，补充率为无限大。这种假设不符合企业生产过程的实际。一般来说，在进行某种产品生产时，成品是逐渐生产出来的。也就是说，当生产率大于需求率时，库存是逐渐增加的，不是一瞬间上去的。要使库存不致无限增加，当库存达到一定量时，应该停止生产一段时间。由于生产系统调整准备时间的存在，在补充成品库存的生产中，也有一个一次生产多少的最经济的问题，这就是经济生产批量问题。经济生产批量（economic production lot，EPL）模型，又称经济生产量（economic production quantity，EPQ）模型，其假设条件除与经济订货批量模型第 8 条假设不一样之外，其余都相同。

图 8-7 描述了在经济生产批量模型下库存量随时间变化的过程。生产在库存为 0 时开始进行，经过生产时间 $t_p$ 结束，由于生产率 q 大于需求率 d，库存将以（q-d）的速率上升。经过时间 $t_p$，库存达到 $I_{max}$。生产停止后，库存按需求率 d 下降。当库存减少到 0 时，又开始了新一轮生产。Q 是在 $t_p$ 时间内的生产量，Q 又是一个补充周期 T 内消耗的量。

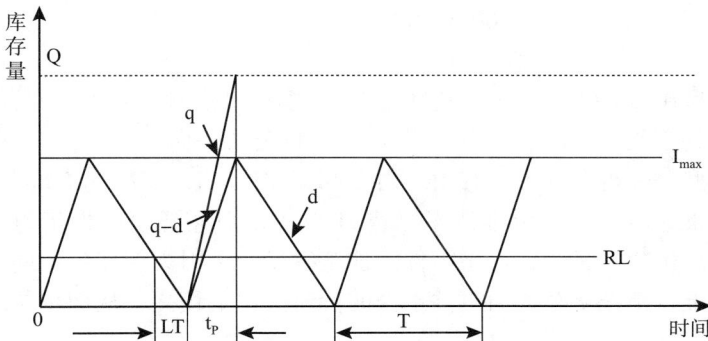

图 8-7　经济生产批量模型假设下的库存量变化

图 8-7 中，q 为生产率（单位时间产量）；d 为需求率（单位时间出库量），d < q；$t_p$ 为生产时间；$I_{max}$ 为最大库存量；Q 为生产批量；RL 为订货点；LT 为生

产提前期。

在 EPL 模型的假设条件下，$C_p$ 与订货批量大小无关，为常量。与 EOQ 模型不同的是，由于补充率不是无限大，这里平均库存量不是 $Q/2$，而是 $I_{max}/2$。于是：

$$C_T = C_H + C_R + C_P = H(I_{max}/2) + S(D/Q) + pD$$

问题现在归结为求 $I_{max}$。由图 8-7 可以看出：

$$I_{max} = t_p(q - d)$$

由 $Q = qt_p$，可以得出 $t_p = Q/q$。所以：

$$C_T = H(1 - d/q)Q/2 + S(D/Q) + pD \qquad (8-7)$$

式（8-7）与式（8-3）比较，可以得出：

$$EPL = \sqrt{\frac{2DS}{H\left(1 - \dfrac{d}{q}\right)}} \qquad (8-8)$$

例：根据预测，市场每年对某公司生产的产品的需求量为 9 000 台，一年按 300 个工作日计算。生产率为每天 50 台，生产提前期为 4 天。单位产品的生产成本为 60 元，单位产品的年维修库存费为 30 元，每次生产的生产准备费用为 40 元。试求经济生产批量 EPL、年生产次数、订货点和最低年总费用。

解：这是一个典型的 EPL 问题，将各变量取相应的单位，代入相应的公式即可求解。

$$d = D/N = 9\ 000/300 = 30 \text{（台/日）}$$

$$EPL = \sqrt{\frac{2DS}{H(1 - d/q)}} = \sqrt{\frac{2 \times 9\ 000 \times 40}{30 \times (1 - 30/50)}} = \sqrt{60\ 000} \approx 245 \text{（台）}$$

年生产次数 $n = D/EPL = 9\ 000/245 = 36.7$（次）

订货点 $RL = d \cdot LT = 30 \times 4 = 120$（台）

最低年库存费用 $C_T = H(1 - d/q)Q/2 + S(D/Q) + pQ$

$$= 30 \times (1 - 30/50) \times (245/2) + 40 \times (9\ 000/245)$$
$$+ 60 \times 9\ 000$$
$$\approx 542\ 939 \text{（元）}$$

EPL 模型比 EOQ 模型更具一般性，EOQ 模型可以看作 EPL 模型的一个特例。当生产率 q 趋于无限大时，EPL 公式就同 EOQ 公式一样。

EPL 模型对分析问题十分有用。由 EPL 公式可知，一次生产准备费 S 越大，则经济生产批量越大；单位维持库存费 H 越大，则经济生产批量越小。在机械行业，毛坯的生产批量通常大于零件的加工批量，是因为毛坯生产的准备工作比零件加工的准备工作复杂，而零件本身的价值又比毛坯高，从而单位维持库存费较高。

## 8.2.3 定量订货控制系统

定量订货库存控制也称订货点控制，如图 8-8 所示。

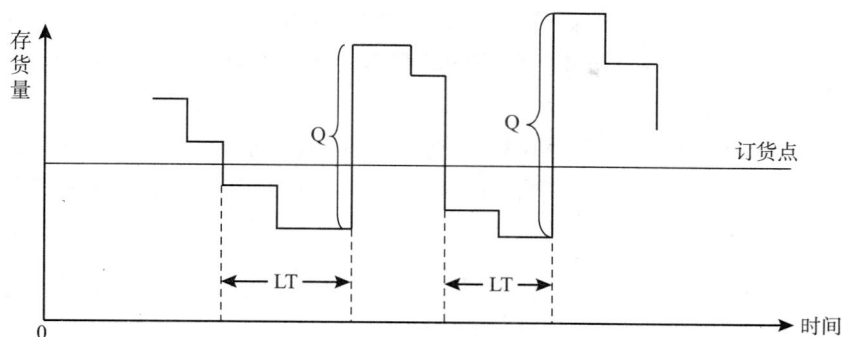

**图 8-8　订货点控制**

图中 Q 是每次的订货量，LT 为订货提前期，是从发出订货至到货的时间分隔，包括订货准备时间、发出订单、供方生产、产品发运、产品到货验收、入库等过程，一般是随机变量。定量订货就是预先设定一个重新订货点，在日常生产活动中连续不断地监视库存水平，当库存量下降到订货点时就发出订货通知。每次按相同的订货批量 Q 补充库存。这种控制方法虽然工作量较大，但对库存量控制得比较严密，一般适用于重要物资的库存控制，有时为了减少工作量，可采用双仓控制（two-bin system），即将同一种物资分放两仓，一仓用完即发出订货。

### 8.2.4　定期订货控制系统

针对定量订货费用较大、工作量较大的缺陷，定期订货控制系统按照预先确定的时间间隔，周期性地检查库存量，随后发出订货，将库存补充到目标水平，如图 8-9 所示。

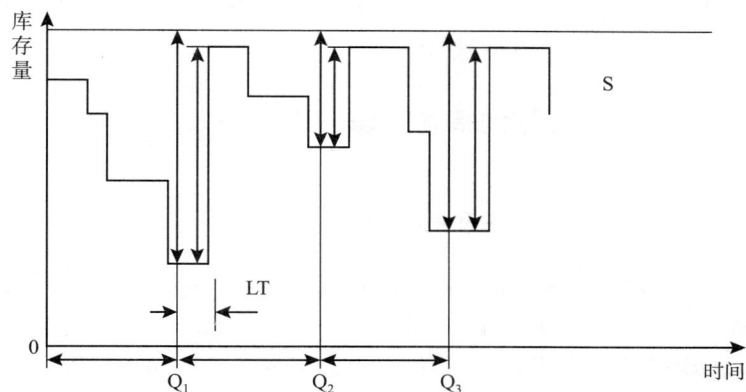

**图 8-9　定期订货控制系统**

图中的 $Q_1$、$Q_2$、$Q_3$ 是各次的订货量，T 是库存检查周期，LT 仍为订货提前期。定期订货控制系统没有订货点，每次只按预定的周期检查库存，依据目标库存和现有库存状况，计算出需要补充的数量 Q，然后按订货提前期发出订货，使库存达到目标水平。

定量订货控制系统与定期订货控制系统的基本区别在于定量订货系统是"事件驱动"，而定期订货系统是"时间驱动"。表 8-6 列出了两系统的区别因素。

表 8-6 两种系统的特征因素比较表

| 因素 | 定量订货系统 | 定期订货系统 |
| --- | --- | --- |
| 订购量 | 每次订购固定批量 Q | 每次订购量 $Q_i$ 不同 |
| 何时订购 | 当库存量降至订购点 | 固定周期 T |
| 库存记录 | 每次出库都需记录 | 只在 T 后时刻 |
| 库存量大小 | 较定期订货模型小 | |
| 工作量 | 较定期订货模型大 | |
| 适合物资类型 | 较昂贵、关键、重要的物资 | |

资料来源：理查德·B. 蔡斯等：《生产与运作管理：制造与服务》（第 8 版），机械工业出版社 1999 年版。

# 8.3 相关需求库存与物料需求计划

物料需求计划是 20 世纪 60 年代发展起来的一种计算物料需求量和需求时间的系统，是对构成产品的各种物料的需求量与需求时间所做的计划，它是企业生产计划管理体系中作业层次的计划。这里的"物料"泛指原材料、在产品、外购件以及产成品。物料需求计划极大地提高了制造业生产计划的准确性和可靠性，真正起到了指导生产实际的作用。

## 8.3.1 物料需求计划的基本原理

### 1. 相关需求库存与物料需求计划的基本思想

MRP 是英文 material requirements planning 的缩写。MRP 系统与传统的库存管理方法不同，它不是直接反映市场环境的独立需求关系，而是表现为伴随着产品生产的相关需求关系。20 世纪 20 年代以来，在生产计划和库存管理方面一直流行的是订货点法，随着新产品、新材料的不断涌现，以及企业由大量生产转入多品种小批量的生产，早期在大量生产中行之有效的许多生产管理方法在多品种小批量生产中已经不适应了。订货点法无法预测未来需求的变化，不能按照各种物料真正需要的时间来确定订货日期，不得不靠较大数量的安全库存来适应市场的变化。于是，生产管理学家开始探索怎样才能在规定的时间、规定的地点、按照规定的数量得到真正需要的物料，1975 年美国的约瑟夫·奥里奇提出了 MRP 的思想，即根据生产计划实现准时制生产，并减少库存。

物质资料的生产是将原材料转化为产品的过程。对于加工装配式生产来说，如果确定了产品出产数量和出产时间，就可按产品的结构确定产品的所有零件和部件的数量，并可按各种零件和部件的生产周期，反推出它们的出产时间和投入时间。物料在转化的过程中，需要不同的制造资源（机器设备、场地、工具、工艺装备、人力和资金等），有了各种物料的投入出产时间和数量，就可以确定对这些制造资源的需要数量和需要时间，这样就可以围绕物料的转化过程，来组织制造资源，实现按需要准时生产。

按照 MRP 的基本思想，从产品销售到原材料采购，从自制零件的加工到外协零件的供应，从工具和工艺装备的准备到设备维修，从人员的安排到资金的筹措与运用，都要围绕 MRP 的基本思想进行，从而形成一整套新的方法体系，它涉及企业的每一个部门，每一项活动。因此，我们说，MRP 是一种新的生产方式。

具体来说，MRP 是以计算机辅助生产计划、作业计划和库存控制为中心的系统，它能根据产品构成表和库存状态自动地编制出组成产品的零部件与物料的需要量，并按交货期制定出零部件的生产进度和原材料、外购件的供货日程。情况发生变化时，还可以根据紧急情况调整生产的优先顺序，重新编制出符合新情况的生产作业计划。MRP 的处理过程如图 8-10 所示。

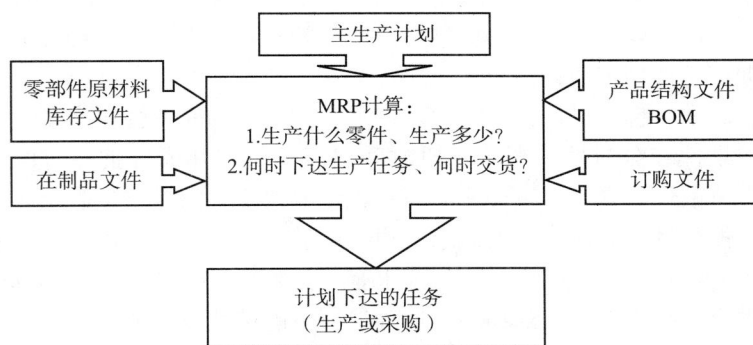

图 8-10　MRP 的处理过程

### 2. 物料需求计划中的几个基本概念

（1）独立需求与相关需求。

企业所有系统的目的都是为了满足顾客的需求。一个产品及其零部件各有不同的需求来源。某些需求取决于其他的需求，而另一些需求则来自顾客的指定。事实上，从某种意义上来说，第一种需求也间接地受到顾客需求的影响。因此，可以将产品或零件的需求分为独立需求与相关需求。

独立需求。指某种库存项目的需求与其他库存需求是无关的，即此种需求不会受到其他产品或需求的影响。如纸张的需求量是根据市场预测或订货合同确定的，该种需求是由企业外部因素确定的，属独立需求。

相关需求。指某种库存项目的需求与其他库存项目需求直接相关，即一个需求项目的变化会导致另一个需求项目的变化，这种相互影响的需求项目就是相关需求。

需求项目之间的相互影响有两种方式：一种是纵向相关，即当一种产品是由其他零部件组成时，对这种产品的需求就必然会导致对它组成部件的需求，例如照相机与闪光灯之间的相关性；另一种相关性是横向相关，即一种需求的变化会引起另一种需求的变化，如照相机的需求量增加会引起胶卷的需求量的增加。

对独立需求和相关需求的认识，是 MRP 的重要原理之一，是库存理论的一大进步，生产中的库存控制主要对象就是相关需求。两者的关系是：当独立需求——企业的最终产品确定以后，对零部件的需求可根据产品与零部件的关系计算出来。产品的需求量决定了部件的数量，部件的数量决定组件的数量，组件的数量决定了零件的数量，这是一种纵向的从属关系。另外，还有横向的从属关系，如随产品出厂的备件、附件等，这些数量较少，是次要的。

MRP 系统是专门为装配型产品生产所设计的生产计划与控制系统，它的基本工作原理是满足相关需求。MRP 中的物料指的是构成产品的所有物品，包括零部件、外购件、标准件以及生产零部件所需的毛坯和原材料等，这些物料的需求属于相关需求，其特点是：

首先，需要量与需要时间明确并且是已知的。产品中各种物料的需求取决于产品的需求量。因为单位产品所需的零部件种类与数量在产品设计中已经确定。所以当产品生产计划确定下来以后，构成产品的物料的需要量也随之确定，并可以直接根据产品计划定额计算出来。

其次，需求呈现批量性且分时段。产品装配生产的间断性决定了对产品零部件需求的成批性和分时性，即每一段时间出产一批，开成分批分时段出产的特点，呈现出离散性。它们的生产或采购的批量要按实际的需求量确定。

最后，保证供应。对物料的需求是根据产品生产计划确定的，并且必须保证产品生产所需全部物料的供应。这就要求企业必须按生产计划的时间和数量的要求，保证供应产品所需要全部物料。这种保证不能单纯依靠加大库存量或储备保险储备量，而是要靠周密的计划和控制。

（2）时间分段。

所谓时间分段是指生产计划的最小时间单元。在传统的多品种批量生产类型的库存控制中，往往以月份为计划期长度，并且只计划产品的产出量，不计划零件库存的出库时间，即库存状态记录没有时间坐标。MRP 要实现准时生产，需要建立库存的时间坐标，所以要有时间分段。

按时间分段计算物料需求是 MRP 的另一重要原理。时间分段通常以工厂日历为依据。工厂日历是扣除节假日和厂休日以后的日历。分段长度可以是天、周、月等，按生产周期的长度和计划控制精度确定，时间分段越短，计划精度越高，但计算时间也会成倍增加，管理难度也增大。目前大多数企业取周为时间分段。

下面通过表 8 - 7 来说明 MRP 是如何利用时间分段作库存计划与控制的。

表 8 - 7 物料需求计划表

| 记录项目 | 时间分段（周） | | | | | | | | |
|---|---|---|---|---|---|---|---|---|---|
| | 0 | 1 | 2 | 3 | 4 | 5 | 6 | 7 | 8 |
| 需求量 | | 30 件 | | 10 件 | 40 件 | | | 45 件 | 35 件 |
| 期初库存量 | 50 件 | 50 件 | 20 件 | 20 件 | 10 件 | | | 30 件 | 15 件 |
| 计划入库 | | | | | 30 件 | | 30 件 | 30 件 | 30 件 |
| 计划订单下达 | | | 30 件 | | 30 件 | 30 件 | 30 件 | | |

表 8 - 7 的零件订货（生产）批量为 30 件，订货提前期为两周。在时间分段的第 1、第 3、第 4、第 7、第 8 周有需求，期初库存量为 50 件。由于第 1、第 3 周的需求量总共只有 40 件，小于库存数，所以在第 1 周不下达订单。到第 4 周初只有 10 件库存，而需求是 40 件，所以要提前两周，在第 2 周下达订单，一批 30 件，到第 4 周入库，加上库存 10 件，正好满足需求，这时库存为 0。由于第 7 周的需求为 45 件，订一批不够，所以在第 4、第 5 周两周连续各下达订单，在第 6、第 7 周各入库一批零件，并在第 7 周发出 45 件。到第 8 周有库存 15 件，不能满足 35 件需求，所以在第 6 周下达订单，第 8 周入库。由此可见，MRP 的零件计划完全根据产品需求的数量与时间计算，基本上达到准时生产的要求。为零件确定订购批量是为使零件生产计划更规范、更便于管理。

### 3. MRP 适应相关需求的功能设置

为适应相关需求的特点，MRP 系统应具有以下的计划与控制功能：

（1）向生产和供应部门提供准确和完整的物料清单，包括它们的需要期限；

（2）充分利用库存来控制进货量和进货时间，在保证满足生产需要的前提下把库存保持在最低水平；

（3）按照产品的生产进度要求，并根据零部件的工艺路线和定额工时，提出对各生产周期内有关生产单位的生产能力需要量计划；

（4）对物料项目做合理的顺序安排，列出每个周期应优先处理的项目，以保证生产活动始终按产品的生产进度的要求进行；

（5）动态跟踪生产计划的实施，保证物料需求计划的灵活性。

### 4. MRP 的工作目标

结合相关需求的特点和改善企业生产经营需要，人们对 MRP 系统提出了以下的目标：

（1）最大限度地保证订货任务的按期完成；

（2）提高库存管理水平，最大限度降低库存量（包括中间库存和在制品库存），减少库存占用的资金；

（3）提高计划的实用性，实现均衡生产；

（4）集成管理职能，提高管理效率。

MRP 系统的基本指导思想是，在需要的时候，向需要的部门，按需要的数量，提供所需要的物料，既要防止物料供应无法满足生产的需求，也要防止物料过早过多的出产和进货，以免造成库存积压。

### 8.3.2　物料需求计划系统的基本组成

物料需求计划的制订需要依据产品的出产计划、产品的零部件组成和各种物料的库存量等的数据资料。因此，MRP 系统应包括对这些部分的管理功能，以及生成和输出 MRP 计划与其他计划和其他各种报表的功能。图 8-11 表示基本 MRP 系统的组成。

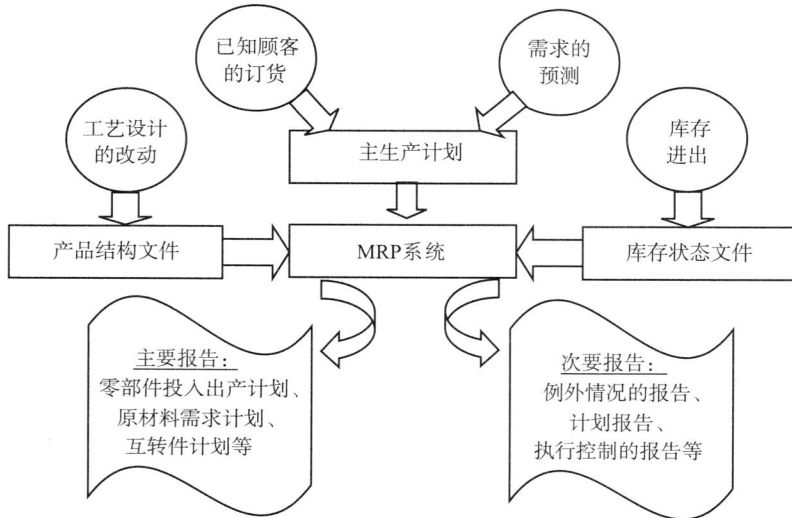

图 8-11　MRP 系统的基本组成

### 8.3.3　MRP 的输入

基本 MRP 系统由 3 个子系统组成：主生产计划、产品结构文件和库存状态文件。

#### 1. 主生产计划

主生产计划是 MRP 的系统的主要输入，是 MRP 的驱动力量。主生产计划中所列的是最终产品项。它可以是完整的产品，也可以是零部件，总之，是企业向外界提供的东西。

主生产计划中规定的出产数量可以是总需要量，也可以是净需要量。如果是总需要量，需要扣除现在库存量，才能得到需要生产的数量；若是净需要量，则说明已扣除现在库存量，可按此计算对下层元件的总需要量。一般来说，在主生产计划中旬出的为净需要量，即需要生产的数量。于是，由顾客订货或预测得出的总需要量不能直接列入主生产计划，而要扣除现在库存量，算出净需要量。

表 8 - 8 是一个主生产计划的一部分。表示产品 A 的计划出产量为：第 5 周 10 台，第 8 周 15 台；产品 B 的计划产量为：第 4 周 13 台，第 7 周 12 台；配件 C，计 1 ~ 9 周每周出产 10 件。

**表 8 - 8　　　　　　　　　　　主生产计划**

|  | 1 周 | 2 周 | 3 周 | 4 周 | 5 周 | 6 周 | 7 周 | 8 周 | 9 周 |
|---|---|---|---|---|---|---|---|---|---|
| 产品 A（台） |  |  |  |  | 10 |  |  | 15 |  |
| 产品 B（台） |  |  |  | 13 |  |  | 12 |  |  |
| 配件 C（件） | 10 | 10 | 10 | 10 | 10 | 10 | 10 | 10 | 10 |

主生产计划的计划期，一定要比最长的产品生产周期长。否则，得到的零部件投入出产计划不可行。主生产计划的滚动期应同 MRP 的运行周期一致。如果 MRP 每周运行一次，则产品出产计划每周更新一次。

另外可以把主生产计划从时间上分成两部分，近期为确定性计划，远期为尝试性计划。这是由于近期需要的产品项目都有确定的顾客订货，而远期需要的产品，只有部分是顾客订货，而另一部分是预测。确定性计划以周为计划的时间单位，尝试性计划可以以月为计划的时间单位。没有尝试性计划往往会失去顾客，因为很多顾客订货较迟，而交货又要求比较急。随着时间的推移，预测的订货将逐步落实到具体顾客身上。

### 2. 产品结构文件

产品结构文件（产品结构树）又称为物料清单文件（bill of materials，BOM），它不只是所有零部件的清单，还反映了产品项目的结构层次以及制成最终产品的各个阶段的先后顺序，如图 8 - 12 所示。

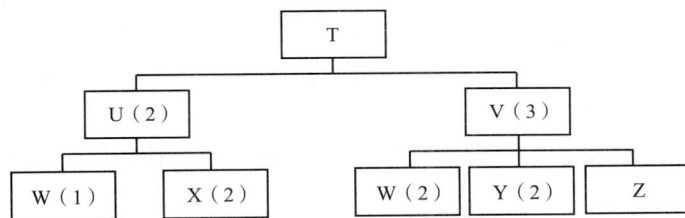

图 8 - 12　T 产品结构图

产品结构文件由零部件名称、相互组合关系和构成产品所需的零部件数量三部分组成。产品结构文件要求每一零部件只出现在同一层次上，如果同一零部件在不同层次上出现，就取其最低层次号作为该零部件的层次号，把其调整到同一个层次上，以方便计算。

### 3. 库存状态文件

产品结构文件是相对稳定的，库存状态文件却处于不断变动之中。MRP 每运行一次，它就发生一次大的变化。MRP 系统关于订什么、订多少、何时发出订货等重要信息，都存储在库存状态文件中。

这里的库存主要指的是半成品库和毛坯库等中间库存，MRP 系统把库存控制作为生产作业计划工作的一个有机组成部分。在确定物料需要量时，它要把物料的库存量计算进来，根据它的剩余或短缺情况计算生产量或采购量。MRP 系统要求其库存管理子系统建立和维护好物料出入库和结存量的数据资料。这种数据资料可分为两类：一类是固定数据，又称主数据，包括物料的代码、名称、材质、单价、供应来源（自制或外购）、供应提前期、批量政策、保险储备、库存类别（按资金占用量划分的 ABC 分类）等。这类数据说明物料的基本特征，在一定时期内不会变动。另一类是变动数据，它们有物料的现有库存量、最小储备量、最大储备量、预留库存量、预计到货量等。这些数据随时间推移而变动，需要经常加以维护，即要根据最近的出入库数字和报废报失等情况，即时进行账目更新，保持物账一致。

库存数据的准确性对 MRP 系统的成功运行有着极为重要的作用。它的准确度是衡量 MRP 系统实施绩效的一项重要指标。因此，必须建立专门的管理制度并严格执行制度，做好数据的记录和维护更新工作。

## 8.3.4　MRP 的计算方法

### 1. 物料需求计划的计算项目

物料需求计划包含两种基本的决策变量：数量和时间期限。具体地说，物料需求计划中共有 6 个计划项目。

总需要量。总需要量或称毛需要量，它是指为满足其母项物料的需求而要求该物料提供的数量。这种需要量是分时间周期（周）提出的。总需要量来自该项物料的直接母项，而不是按最终成品对它的需要量。零层物料，即产品的总需要量就是主生产计划的产品产量。

计划到货量。这是已经投产或已经订购，预计可在计划周期内到货入库的物料数量。

可用库存量。即在满足总需要量后尚有剩余可供下个周期使用的存货量。习惯上用周期末的库存量代表。

净需要量。当可用库存量不够满足该期总需要量时，其短缺部分就转为净需要量。

计划订货量。即向生产部门或供应部门下达的订货任务量。一般来说，净需要量就是计划订货量。但在实际生产或供应时，需考虑它们的经济性和计划节奏性等因素对净需要量加以调整。

计划投入量。它是指投入生产或提出采购的数量。它在数量上一般等于计划订货量，只是将时间从订货量的交货时间反推一个提前期，以得到投入的时间。

### 2. 批量调整

MRP 计划中每项物料的订货量都是为了满足其母项物料的需要，即要保证物料之间的相关关系。这个特点对批量选择提出了必要的基本条件或基本假设。归结起来，相关性需求的批量确定方法应遵循下列假设：在计划期内，各时间周期的物料需要量已知，而且必须满足；订货批量可以而且只能覆盖一个或几个周期的需要量。不能把一个周期内的需要量拆开，再分成几批去订货；满足当期需求的批量直接发送用户，不入库储存，因此不发生保管成本。

在实际工作中常用的批量规则主要有：

固定订货量法。这种方法为物料的订货规定一个固定的订货批量，每次订购或生产这种物料时都按这个批量订货。其数量可凭经验以及某些生产条件决定，如考虑生产设备的可利用能力、工模具的寿命、仓库的可用面积等。固定批量又常取成最小批量，即规定成物料的最小订货批量；若净需要量小于该最小批量时则将批量增加到最小批量，以保证订货的经济性；若净需要量超过最小批量，则按净需要量订货，以保证计划的需求。

直接批量法。它直接将净需要量定为计划订货量。这是最简单的一种批量确定方法，且能大大降低库存保管成本。但它会由于订货频繁而造成较大的订购成本或生产成本，这是它的缺点。

另外还有固定订货间隔期法等。

### 3. 物料需求计划的运行程序

物料需求计划的计算过程是按产品结构层次，由上而下，逐层进行的。计算从分周期地读入主生产计划产品产量开始，它们是最终成品的总需求量。然后查询该产品的库存量和在制品量，计算出它的净需要量。若计算结果大于零，即存在净需要量，需根据批量规则调整成计划订货量，而可用库存量则转为零。若计算出的净需要量为负数，即库存量大于总需要量，这时取净需要量为零，同时按前公式修正可用库存量。该库存量即为下个时间周期的期初库存量。该项订货量的交货时间就是主生产计划中对该产品的需要时间。它的投入时间，用提前期从交货时间反推得到。最后计算它的子项物料总需要量。这时，需查询该产品物料单，找出它的子项物料和单台份需要数，将它们与产品的投入量（即计划订货量）相乘，算出每项子项物料满足该产品订货量的总需要量。算完一个时间周期的需求计划，将时间推进一个周期，按上述循环计算出下一时间周期内的各项需要量。整个计划期的时间需求计划都计算完后，转入下一项产品的需求计算，直至该层级所有产品都计算完为止。该层物料计算完后，转入下一层物料的计算，按同样的循环一层层地计算下去，直至全部的物料都计算完毕为止。

在零层以下的各层计算中，有两点必须注意。一是要注意是否有同一物料在几个层级上都存在。对这种物料，在没有到达最低层级时只计算总需要量，把计算结果暂存起来，只是当达到最低层级时才计算它们的全部需要量。二是应把所有最终成品的通用零部件合并起来，将它们的总需要量汇总成全部产品对该物料的总需要量，以后按汇总的总需要量计算其余的计算项目。

### 8.3.5　MRP 的输出[①]

MRP 系统可以提供多种不同内容与形式的输出，其中主要的是各种生产和库存控制用的计划和报告。现将主要输出列举如下：

（1）零部件投入出产计划。零部件投入出产计划规定了每个零件和部件的投入数量和投入时间、出产数量和出产时间。

如果一个零件要经过几个车间加工，则要将零部件投入出产计划分解成"分车间零部件投入出产计划"。分车间零部件投入出产计划规定了每个车间一定时间内投入零件的种类、数量及时间，出产零件的种类、数量及时间。

（2）原材料需求计划。规定了每个零件所需的原材料的种类、需要数量及需要时间，并按原材料品种、型号、规格汇总，以便供应部门组织供料。

（3）互转件计划。规定了互转零件的种类、数量、转出车间和转出时间、转入车间和转入时间。

（4）库存状态记录。提供各种零部件、外购件及原材料的库存状态数据，随时供查询。

（5）工艺装备机器设备需求计划。提供每种零件不同工序所需的工艺装备和机器设备的编号、种类、数量及需要时间。

（6）计划将要发出的订货。

（7）已发出订货的调整。包括改变交货期、取消和暂停某些订货等。

（8）零部件完工情况统计，外购件及原材料到货情况统计。

（9）对生产及库存费用进行预算的报告。

（10）交货期模拟报告。

例如，某企业生产 A 产品，该产品由部件 B 和 D 组成，其中部件 B 需要 2 个，部件 D 需要 1 个；部件 B 又由 2 个 D 和 1 个 C 组成。A 产品除整体销售外，还出售零部件。为了制订 A 产品的 MRP，我们要做如下工作。

（1）预测需求。产品需求分为两部分：一部分是顾客订货，属于已知的确定

---

① 　陈荣秋、马士华：《生产与运作管理》，高等教育出版社 1999 年版。

性需求；另一部分是临时购买，属于未知的随机需求。需求预测主要是针对后面一种需求而言。设需求预测结果如表 8 – 9 所示。

表 8 – 9　　　　　　　　　　　　　需求预测表　　　　　　　　　　　　单位：件

| 月份 | 产品 A | | 部件 B | | 部件 D | |
|---|---|---|---|---|---|---|
| | 已知需求 | 随机需求 | 已知需求 | 随机需求 | 已知需求 | 随机需求 |
| 3 | 1 000 | 350 | 400 | 80 | 250 | 100 |
| 4 | 800 | 350 | 350 | 80 | 400 | 100 |
| 5 | 500 | 350 | 450 | 80 | 300 | 100 |
| 6 | 700 | 350 | 450 | 80 | 350 | 100 |

（2）确定产品出产进度。根据上面的预测，可以进一步确定出产进度。由于需求预测是以月为单位作出的，而出产进度要以周为单位安排，假定每月的需求在该月的第一周一次发生，并据此安排出产进度，表 8 – 10 给出了 3 月、4 月两月的出产进度安排。

表 8 – 10　　　　　　　　　　　　产品出产进度表　　　　　　　　　　　单位：件

| | 周 | | | | | | | | |
|---|---|---|---|---|---|---|---|---|---|
| | 9 | 10 | 11 | 12 | 13 | 14 | 15 | 16 | 17 |
| 产品 A | 1 350 | | | | 1 150 | | | | 850 |
| 部件 B | 480 | | | | 430 | | | | 530 |
| 部件 D | 350 | | | | 500 | | | | 400 |

（3）确定产品结构（见图 8 – 13）。

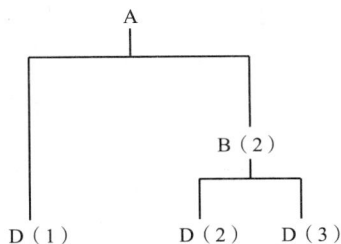

图 8 – 13　产品结构图

（4）确定库存状态文件。

库存记录给出产品 A 及其部件的库存状况和交货期，如下所示：

| 项目现有库存交货期（LT，周） | | |
|---|---|---|
| A | 75 | 1 |
| B | 80 | 1 |
| C | 200 | 2 |
| D | 175 | 2 |

（5）根据上述资料，运行 MRP 程序，得到 MRP 图表（见表 8－11）。

表 8－11 中 LT 代表交货期；总需求是对产品或部件的全部需求量；净需求为总需求减去现有库存；计划收货量是指按 MRP 规定到期应收到或交付的产品、部件数量；计划订货量是指按 MRP 规定到时应发出订货或生产指令时的订货或生产数量。

**表 8－11** 　　　　　　　　　　　**物料需求计划** 　　　　　　　　单位：件

| | | 周 | | | | |
|---|---|---|---|---|---|---|
| | | 5 | 6 | 7 | 8 | 9 |
| A<br>LT＝1 | 总需求量 | | | | | 1 350 |
| | 现有库存 | | | | | 75 |
| | 净需求 | | | | | 1 275 |
| | 计划收货量 | | | | | 1 275 |
| | 计划到货量 | | | | 1 275 | |
| B<br>LT＝1 | 总需求量 | | | | 2 550 | 480 |
| | 现有库存 | | | | 80 | 0 |
| | 净需求 | | | | 2 470 | 480 |
| | 计划收货量 | | | | 2 470 | 480 |
| | 计划到货量 | | | 2 470 | 480 | |
| C<br>LT＝2 | 总需求量 | | | 2 470 | 480 | |
| | 现有库存 | | | 200 | 0 | |
| | 净需求 | | | 2 270 | 480 | |
| | 计划收货量 | | | 2 270 | 480 | |
| | 计划到货量 | 2 270 | 480 | | | |
| D<br>LT＝2 | 总需求量 | | | 4 940 | 1 275 | 350 |
| | 现有库存 | | | 175 | 960 | 0 |
| | 净需求 | | | 4 765 | 0 | 350 |
| | 计划收货量 | | | 4 765 | 2 235 | 350 |
| | 计划到货量 | 4 765 | 2 235 | 350 | 2 235 | |

有时，可以按照实际需求的多少来组织订货与生产，如在示例中所作的；有时则必须按一定的批量进行生产或订货，这时，每次生产或订货的数量必须是批

量的整数倍。前一种方法称为按需求生产，后一种方法称为按批量生产。

### 8.3.6　闭环 MRP

MRP 可以将产品出产计划变成零部件投入出产计划和外购件、原材料的需求计划。但是，仅仅知道各种物料的需要量和需要时间是不够的，如果不具备足够的生产能力，计划将会落空。考虑生产能力，从内部必然涉及车间层的管理，从外部必然涉及采购。这就要求从 MRP 发展到闭环 MRP。

闭环 MRP 是在初期 MRP 的基础上，引入资源计划与保证、安排生产、执行监控与反馈功能，具有双重含义：一方面，闭环 MRP 不单纯考虑物料需求计划，还将与之有关的能力需求、车间作业计划和采购等方面考虑进去，使整个问题形成闭环；另一方面，从控制论的观点，计划制订与实施后，需要取得反馈信息，以便修改计划与实行控制，这样又形成闭环。

有了上述的闭环系统，才能把计划的稳定性、灵活性和适用性统一起来，成为一个完整的生产计划与控制系统。其中生产能力平衡计划的工作原理如下：

#### 1.　粗能力平衡计划

该计划在进行 MRP 计算之前进行，对进行主生产计划的生产能力进行初步的分析，判断实施主生产计划的可能性，确定基本的主生产计划或重新进行修订。这时对生产能力粗平衡的能力计量单位是产品，只是对关键工作中心进行月度或季度范围内的生产任务与能力平衡，是比较粗线条的。

#### 2.　能力需求计划

经过粗能力平衡后的主生产计划，基本上可以认为从较长时间范围看是有能力完成的。但是对于多品种小批量生产的企业来说，生产的品种、数量每个月各不相同，生产能力需求变化大，年总量核算平衡时，每个生产周期，每个工作中心不可能全都平衡，所以还要按较短的时间周期（如周等）、更小的能力范围（各个工作中心）进行详细的核算和平衡，称为能力需求计划，具体处理过程如图 8-14 所示。

#### 3.　生产活动控制

通过能力需求计划，各工作中心能力与负荷需求基本平衡，为组织生产活动、派工打下了基础。生产活动控制就是对生产的输入输出信息、作业的安排进行控制。一是运用排序的理论和方法编制设备或加工中心的作业顺序和作业完工期；二是监视每个工作中心的活动，及时反馈实际生产情况的信息，采取相应的对策进行控制。

闭环 MRP 由于具有计划—执行—反馈的结构，已经具备了对生产作业计划和实施的控制功能，处于向 MRP Ⅱ 过渡的状态。

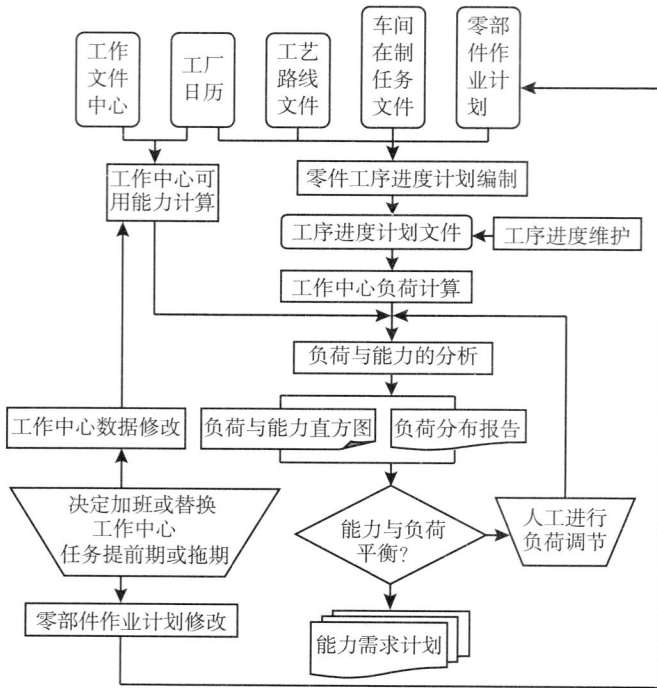

图 8-14 能力需求计划具体处理过程

# 8.4 制造资源计划与企业资源计划

20世纪80年代发展起来的制造资源计划（manufacturing resource planning, MRPⅡ）不仅包括物料，而且涉及生产能力和一切制造资源，是涵盖整个制造资源的信息系统。

企业资源计划（enterprise resource planning, ERP）最初是一种基于企业内部供应链的管理思想，是由制造资源计划（MRPⅡ）发展而来的，是将制造业企业的制造流程看作是一个密切相关的"供应链"，从供应商、制造工厂、分销网络到客户。ERP系统的基本目标是将"供应链"有效运转并运用计算机软、硬件手段尽力缩短这个"供应链"，提高其运转效率，为企业产品质量、市场需求和客户满意提供保障，最终提高企业市场竞争能力。

## 8.4.1 从 MRP 到 MRPⅡ

MRP主要面对的是制造业的"产供销"信息集成管理。众所周知，制造业的基本流程是从供应方购买原材料，经过加工或装配，制造出产品，销售给需求方。MRP就是从产品的结构或物料清单出发，实现了物料信息的集成一个上窄下宽的锥状产品结构：其顶层是出厂产品，是属于企业销售部门的业务；底层是采购的原材料和配套件,是企业物资供应部门的业务;介于其间的是制造件,是生产部门的业务。MRP 是一种保证既不出现短缺又不积压库存的计划方法,解决了制造业所关心的缺件与超储的矛盾。MRP 解决了企业的物料信息,是管理信息的一大进步。但 MRP 对于企业的重要业务——资金管理却无能为力。为了实现对企业资金信息的管理,MRPⅡ应运而生。

MRPⅡ并不是一种与 MRP 完全不同的新技术,而是在 MRP 基础上发展起来的一种新的生产方式。在成功地实施了闭环 MRP 后,人们开始思考:既然库存记录足够精确,为什么不可以根据它来计算费用?既然 MRP 得到的是真正需要制造和采购的零部件及原材料,为什么不根据它来作采购方面的预算呢?既然生产计划已被分解为确定要实现的零部件的投入产出计划,为什么不可以把它转化为货币单位,使经营计划与生产计划保持一致呢?把生产活动与财务活动联系在一起,是从闭环 MRP 向 MRPⅡ迈出的关键一步。于是在闭环 MRP 的基础上,围绕物料需求计划的分析思想,企业对财务管理、采购管理、库存管理、设备管理等方面提出了全面规划、整体安排的要求,将它们与原来的物料需求计划、能力需求计划相连接,构成了 MRPⅡ的总体结构,如图 8－15 所示。

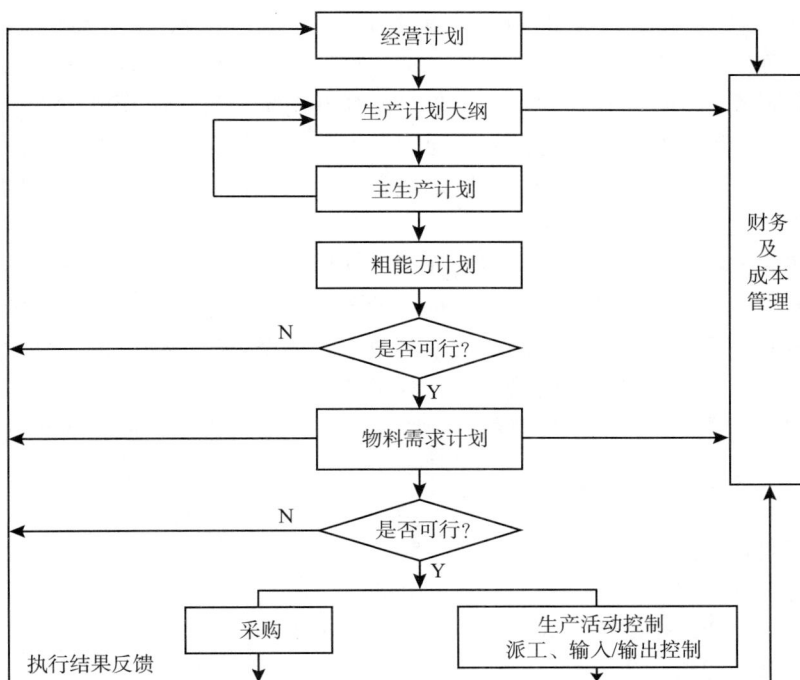

图 8－15　MRPⅡ示意图

MRPⅡ是 MRP 的进一步延伸。它运用管理会计的概念,用货币形式说明了执行企业"物料计划"带来的效益,实现了物料信息同资金信息的集成。衡量企业经营效益首先要计算产品成本,产品成本的实际发生过程,还要以 MRP 系统的产品结构为基础，从最底层采购件的材料费开始，逐层向上将每一件物料的材料费、人工费和制造费累积，得出每一层零部件甚至最终产品的成本。再进一步结合市场营销，分析各类产品的获利性。MRPⅡ把传统的账务处理同发生账务的事务结合起来，不仅说明账务的资金现状，而且说明事务的来龙去脉，例如，将体现债务债权关系的应付账、应收账同采购业务和销售业务集成起来，同供应商或客户的业绩或信誉集成起来，同销售和生产计划集成起来等，按照物料位置数量或价值变化，定义事务处理，使与生产相关的财务信息直接由生产活动生成。在定义事务处理相关的会计科目之间，按设定的借贷关系，自动转账登录，保证了"资金流（财务账）"同"物流（实物账）"的同步和一致，改变了资金信息滞后和物料信息的状况，便于实时作出决策。

## 8.4.2 MRPⅡ的特点与效益

管理的基本哲理是对企业的资源进行计划、组织、领导、控制以实现企业的目标。MRPⅡ系统包含的制造资源范围较广，是对企业的物料、人员、设备、资金、信息、技术、能源、市场、空间、时间等制造经营资源的统称。MRPⅡ系统以生产计划为主线，对企业的制造资源进行计划、组织、领导、控制，使企业的物流、信息流、资金流成为畅通无阻、清澈见底的动态反馈系统，进而为客户提供满意的服务，获取企业竞争力。此外，MRPⅡ系统还融合了准时生产、全面质量管理、电子数据交换等先进的管理思想和方法，支持企业多个服务网点、多级仓库的跨时空区域管理，控制企业跨国经营中的产、供、销、人、财、物等管理资源的一体化。

MRPⅡ系统能够提出一个完整而详尽的计划，使企业内部各部分的活动协调一致，形成一个整体。各部门共享数据，消除了重复工作和不一致性，密切了各部门之间的关系，提高了整个企业的管理效率。使企业生产经营的管理水平和效率得到提高，由原来对产品的管理进入到以零件为对象的管理，实现了对企业制造资源的准确计算，避免了库存的盲目性，做到了准时生产，取得显著的经济效果。根据对美国成功实施MRPⅡ的企业调查，有如下统计结果：

| | |
|---|---|
| 库存减少 | 25% ~30% |
| 库存周转率提高 | 50% |
| 准时交货率提高 | 55% |
| 装配车间劳动生产率提高 | 20% ~40% |
| 采购资金节约 | 5% |
| 降低成品库存 | 30% ~40% |
| 缩短生产周期 | 10% ~15% |
| 提高生产率 | 10% ~15% |
| 突击加工减少 | 25% |

MRPⅡ是企业管理史上的一个里程碑，是管理思想与信息技术相结合的产

物，预示着信息技术将在管理中发挥越来越大的作用。

MRP Ⅱ 比 MRP 更加功能强大和完善。但随着企业多元化、跨地区和全球化的发展，MRP Ⅱ 也渐渐不能满足新形势的需求。20 世纪 90 年代初，美国加特纳公司（Gartner Group Inc.）提出 ERP 的概念，根据计算机技术的发展和供需链管理推论出制造业在信息时代管理信息系统化的发展趋势和变革。这一推论现在早已成为现实。20 世纪 90 年代以来，随着网络通信技术的发展与普及，许多跨国企业已迈向更高的管理信息系统层次——ERP 管理。

### 8.4.3　ERP 对 MRP Ⅱ 的超越

ERP 和 MRP、MRP Ⅱ 是一脉相承的，但 ERP 的功能更强大，适应性更强，应用更广泛。ERP 采用了计算机和网络通信技术的最新成就，实现了面向供需链的管理，不仅适用于制造业，而且适用于各行各业。

ERP 是在 MRP Ⅱ 的基础上发展起来的，目前是最先进、最科学的管理信息系统。它不仅扩充了企业的人力资源、产品研制、服务等信息，实现了企业内部全部信息的集成，而且包括供应商和客户资源的信息，实现了企业内部资源和与企业相关的外部资源的信息集成。ERP 把管理信息系统拓展到企业外部，使其突破 MRP Ⅱ 的制造业范围，扩展到金融、商业以至教育等诸多行业，走向全产业和全社会。

ERP 在 MRP Ⅱ 的基础上，主要扩展了以下方面的功能：

（1）决策支持。提供高层领导信息系统，支持专家系统与人工智能或基于规则的决策支持系统；针对行业和企业特殊需要进行裁剪，提供有效的解决方案。

（2）市场与销售管理。市场分析、开拓与客户关系和供应商管理；销售分析、多维数据查询、联机分析处理和实时决策支持；MRP Ⅱ 与 CRP（客户关系管理）同步运算，各地销售人员对企业的远程访问和模拟操作；售后现场服务和维修支持，备品备件管理。

（3）组织与流程管理。满足敏捷制造和虚拟企业的需要；适应企业的业务流程重组（BRP）和组织机构变革。

（4）生产经营保障。质量管理、实验室管理和设备维修管理等；运输管理和地区仓库管理。

（5）项目与投资管理。企业投融资和资本运作管理；股东财富增长分析。

（6）协同管理。支持集团化和跨地区、跨国界运行；多语种实时切换，多币制、多税制。

（7）工厂实时管理。

（8）人力资源与知识管理。

（9）法规、条例与标准管理。

### 8.4.4 ERP 系统与 MRP II 的区别

ERP 是在 MRP II 基础上进一步发展起来的企业管理信息系统，为了进一步理解 ERP 系统的概念及其主要功能，需要弄清 ERP 与 MRP II 之间的区别。

#### 1. 在资源管理范围方面的差别

MRP II 主要侧重对企业内部人、财、物等资源的管理，ERP 系统提出了供应链（supply chain）的概念，即把客户需求和企业内部的制造活动以及供应商的制造资源整合在一起，并对供应链上的所有环节进行有效管理，这些环节包括订单、采购、库存、计划、生产制造、质量控制、运输、分销、服务与维护、财务管理、人事管理、实验室管理、项目管理、配方管理等。

#### 2. 在生产方式管理方面的差别

MRP II 系统把企业归类为几种典型的生产方式来进行管理，如重复制造、批量生产、按订单生产、按订单装配、按库存生产等，针对每一种类型都有一套管理标准。而在 20 世纪 80 年代末 90 年代初期，企业为了紧跟市场的变化，多品种、小批量生产以及看板式生产成为企业主要采用的生产方式，而 ERP 则能很好地支持和管理这种混合型制造环境，满足了企业多元化经营需求。

#### 3. 在管理功能方面的差别

ERP 除了 MRP II 系统的制造、分销、财务管理功能外，还增加了支持各个环节之间的运输管理和仓库管理；支持生产保障体系的质量管理、实验室管理、设备维修和备品备件管理；支持对工作流（业务处理流程）的管理。

#### 4. 在事务处理控制方面的差别

MRP II 是通过计划的及时滚动来控制整个生产过程，它的实时性较差，一般只有实现事中控制。而 ERP 系统支持在线分析处理 OLAP（online analytical processing）、售后服务及质量反馈，强调企业的事前控制能力，它可以将设计、制造、销售、运输等通过集成来并行地进行各种相关的作业，为企业提供了对质量、适应变化、客户满意、效绩等关键问题的实时分析能力。在 MRP II 中，财务系统只是一个信息的归结者，它的功能是将供、产、销中的数量信息转变为价值信息，是物流的价值反映。而 ERP 系统则将财务计划功能和价值控制功能集成到整个供应链上，如在生产计划系统中，除了保留原有的主生产计划、物料需求计划和能力计划外还扩展了销售执行计划 SOP 和利润计划。

#### 5. 在跨国（或地区）经营事务处理方面的差别

现代企业的发展，使得企业内部各个组织单元之间、企业与外部的业务单元之间的协调变得越来越多和越来越重要，ERP 系统运用完善的组织架构，从而可以支持跨国经营的多国家地区、多工厂、多语种、多币制应用需求。

### 6. 在计算机信息处理技术方面的差别

随着 IT 技术的飞速发展，网络通信技术的应用，使得 ERP 系统的以实现对整个供应链信息进行集成管理。ERP 系统应用客户/服务器（C/S）体系结构和分布式数据处理技术，支持 Internet/Intranet/Extranet、电子商务（E – businesses-commerce）、电子数据交换 EDI，此外，还能实现在不同平台上的互操作。

## 8.4.5　ERP 选型[①]

ERP 选型的对象包括 ERP 软件产品和实施商，ERP 从 20 世纪 60 年代的"产供销"系统起步，历经 MRP、MRP Ⅱ、ERP 多个阶段的演化，其出现、演化、发展、升华前后跨越 60 多年，截至目前国际、国内已经有上千种 ERP 软件。相对于 ERP 软件产品，ERP 实施商也同样存在数量多、经验积累差异大、擅长行业有向的现状。正确的选型应从充分发挥企业自身主观能动性、科学地选择 ERP 软件、合理选择实施商三个方面着手。

### 1. 充分发挥主观能动性

（1）提高企业自身素质。

ERP 项目选型的过程，就是做决策的过程，所以选型组人员素质是 ERP 项目选型关键，大部分企业正是因为缺乏合适的选型团队，才会导致项目选型不当，进而影响项目后期进展效果。

（2）充分做好知识储备。

很多企业 ERP 选型不当，结果导致 ERP 项目不畅或者未达到预期目标，原因在于企业 ERP 选型前没做充分准备，就匆忙去看 ERP 供应商的产品演示和介绍，结果感觉一个比一个先进，一个比一个功能齐全，导致不知所措，选型最终沦为被供应商主导。

### 2. 科学地选择 ERP 软件

（1）选择技术完善的软件。

ERP 虽然主要服务于业务、服务于管理，但它作为软件的本质并没有改变，所以在选择 ERP 时，软件本身的技术水平也是关键之处，管理方法和软件技术两者是相辅相成。有的企业认为：软件的开发工具都是相同的，技术人员水平也不会相差悬殊，那么决定软件产品价值的主要因素就是先进的管理理念。所以，在 ERP 选型时，偏重于软件"管理思想"的对比，而轻视软件技术的分析，这

---

① http：//www. themanage. cn/201011/388580. html。

就走入一个误区，其实管理思想好，不见得软件就好用，所以选择 ERP 时要从先进性、可扩展性及开放性、可靠性、安全性、实用性、集成性、实时性、可移植性几个方面进行考察。

（2）选择适合自己的软件。

"没有最好的 ERP，只有最适合的 ERP"，这句话已得到 ERP 行业的公认，所以在选择 ERP 软件时既要注意综合评估自身需求和自身条件，选择适合的 ERP 产品；又要注意选择 ERP 并非多多益善，因为选择越多的 ERP 厂商会得到越多的意见，其实效果往往适得其反。大量的 ERP 厂商只会让企业游移不定，太多的 ERP 概念炒作只会让企业混淆视听，所以在 ERP 选型前就要进行市场调研，筛选几家符合企业自身行业需求的优良 ERP 软件进行深入调查。

### 3. 合理选择实施商

同 ERP 软件相同，目前在国际及国内可进行 ERP 实施的供应商也有上千家，选择合适的实施商至少需要从经验、实施水平和职业素养三个方面着手。

选择实施商的过程，归根结底是选择咨询顾问的过程，在选择了合适的实施商后，更重要的是要通过充分的技术监督和考核手段让实施商提供最杰出的顾问团队。有的企业换了好几家实施商，项目的效果都不尽如人意，关键就在于一直把眼光放在实施商的选择上，却没有更深入地去控制实施商提供的顾问团队水平。

### 8.4.6　ERP 实施的运作流程及其关键点[①]

ERP 是指建立在信息技术基础上，以系统化的管理思想，为企业决策层及员工提供决策运行手段的管理平台。ERP 不仅仅是一个软件，更重要的是一个管理思想，它实现了企业内部资源和企业相关的外部资源的整合。通过软件把企业的人、财、物、产、供、销及相应的物流、信息流、资金流、管理流、增值流等紧密地集成起来，实现资源优化和共享。

### 1. ERP 实施的运作流程

ERP 是一个集组织模型、企业规范和信息技术、实施方法于一体的综合管理应用体系。所以在考虑实施 ERP 之前应该考虑各方面的因素，要进行有效的规划。在实施的过程中要根据实施 ERP 的条件和要求转变思想，进行各方面必要的改革。

一个典型的 ERP 实施进程主要包括以下几个阶段：

（1）项目的前期工作。

这个阶段也就是软件安装之前的阶段，它非常重要，关系到项目的成败，但

---

① 制造业信息化门户网，http：//www.e-works.net.cn。

往往为实际操作所忽视。这个阶段的工作主要包括：

①领导层培训及 ERP 原理的培训。主要的培训对象是企业高层领导及今后 ERP 项目组人员，使他们掌握 ERP 的基本原理和管理思想。

②企业诊断。由企业的高层领导和今后各项目组人员用 ERP 的思想对企业现行管理的业务流程和存在的问题进行评议和诊断，找出问题，寻求解决方案，用书面形式明确预期目标，并规定评价实现目标的标准。

③需求分析，确定目标。企业在准备应用 ERP 系统之前，还需要理智地进行立项分析。

④软件选型。在选型过程中，首先对企业本身的需求进行细致的分析和充分的调研，然后要弄清软件的管理思想和功能是否满足企业的需求。

（2）实施准备阶段。

这一阶段主要是对数据和各种参数进行准备和设置，要建立的项目组织和所需的一些静态数据可以在选定软件之前就着手准备和设置，在这个准备阶段中，要具体做这样几项工作：

①项目组织。包括领导小组、项目实施小组、业务组，每一层的组长都是上层的成员。

②数据准备。在运行 ERP 系统之前，要准备和录入一系列基础数据，这些数据主要包括一些产品、工艺、库存等信息，还包括了一些参数的设置，如系统安装调试所需信息、财务信息、需求信息，等等。

③系统安装调试。在人员、基础数据已经准备好的基础上，就可以将系统安装到企业中来了，并进行一系列的调试活动。

④软件原型测试。这是对软件功能的原型测试（prototyping），也称计算机模拟（computer pilot）。由于 ERP 系统是信息集成系统，所以在测试时，应当是全系统的测试，各个部门的人员都应该同时参与。

（3）模拟运行。

这一阶段的目标和相关的任务是：模拟运行及用户化、制定工作准则与工作规程和验收。

（4）切换运行。

在这个阶段，所有最终用户必须在自己的工作岗位上使用终端或客户机操作，处于真正应用状态，而不是集中于机房。如果手工管理与系统还有短时并行，可作为一种应用模拟看待（live pilot），但时间不宜过长。

（5）新系统运行。

一个新系统被应用到企业后，实施的工作其实并没有完全结束，而是将转入到业绩评价和下一步的后期支持阶段，通过对系统实施的结果作出自我评价，以判断是否达到了最初的目标，从而在此基础上制定下一步的工作方向。

## 2. 成功实施 ERP 的关键

（1）分析需求，确定目标。

　　企业在准备应用 ERP 系统之前，需要理智地进行立项分析，然后将分析的结果写成需求分析和投资效益分析正式书面报告，从而作出是否上 ERP 项目的正确决策。

　　（2）领导重视，全员参与。

　　领导者决定企业的经营目标，实施 ERP 是为了配合企业经营目标的实现，因此作为企业经营目标的决策者当然应该对此给予足够的重视。职工对新的管理思想与方法的学习热情高，对改革有信心是成功实施 ERP 的关键条件之一。

　　（3）供应商与咨询商服务、支持到位。

　　ERP 不是一个简单的软件应用问题，而是代表着先进的业务流程和管理思想。其实施是一个复杂的工程，是 IT 技术创新和管理创新的有机融合。这需要 ERP 供应商和企业长期共同努力，甚至需要第三方专业咨询服务商的参与才能够真正完全实现 ERP 应用，达到预期目标。

　　（4）加强培训，提高认识。

　　培训是成功实施 ERP 系统的重要因素，通过培训可以使用户的各级管理人员不仅要明确什么是 ERP，而且要明确实施 ERP 后各个岗位的人员如何进行新的工作方式。

　　（5）完善企业信息的基础工作。

　　为了提高系统的运行效率，企业对相应的数据应进行合理编码，这样有利于系统的信息跟踪与查询。

　　（6）建立与 ERP 管理思想相一致的企业文化。

　　实施 ERP 这种管理系统软件，必然要带来企业文化的变革。在引入 ERP 美国式的企业文化时还要注意吸取中华民族自身的优秀文化，在兼收并蓄的基础上进行融合，最终形成中国特色的企业文化。

## 【本章小结】

　　通过本章学习，了解到库存的重要性。必要的库存数量是防止供应中断，交货期延误，保证生产连续和稳定的重要条件，它有利于提高供货的弹性，适应需求变动、减少产销矛盾。但过多的库存掩盖生产中的各种问题，如计划脱节、管理不到位、废次品和在制品过多等问题。因此，在一定的生产技术和经营管理水平下，加强库存控制，使库存保持在经济合理的水平上就显得尤为重要。

　　库存控制系统的主要控制因素有两个，即时间和数量。库存控制是通过订货的时间和订的数量实现库存控制的。库存控制就是要解决何时订货和每次订多少货这两个基本问题。使库存水平不但在时间上，而且在数量上都经济合理。在订货数量一定的条件下，订货时间过迟，将造成物资供应脱节，生产停顿；订货时间过早，将使物资储存时间过长，储存费用和损失增大。在订货时间一定的条件下，订货数量过少，会使物资供应脱节，生产停顿；订货数量过多，会使储存成本上升和储存损耗增大。选择合适的库存模型和库存制度使库存水平在时间和数量上经济合理，是库存理论研究的主要内容。库存控制的基本模型有单周期库存基本模型和多周期库存基本模型。

同时还需要了解广泛应用于制造业的物料需求计划（MRP）、制造资源计划（MRPⅡ）和企业资源计划（ERP）。物料需求计划是为组装细项的批量生产而制订生产计划和时间进度安排的技术。作为物料需求计划精细化系统性管理升级的替代者，制造资源计划是一种适用于多品种、多级制造装配系统的、具有代表性的管理思想、管理规范和管理技术。它通过对企业的制造资源进行科学、周密的计划和严格的控制，保证其得到最充分、有效的利用，达到企业生产经营的最佳效益。

## 【延伸阅读】

### 小故事来说明什么是 ERP

一天中午，丈夫在外给家里打电话：

"亲爱的老婆，晚上我想带几个同事回家吃饭可以吗？"（订货意向）

妻子："当然可以，来几个人，几点来，想吃什么菜？"

丈夫："6 个人，我们 7 点左右回来，准备些酒、烤鸭、番茄炒蛋、凉菜、蛋花汤……你看可以吗？"（商务沟通）

妻子："没问题，我会准备好的。"（订单确认）

妻子记录下需要做的菜单（MPS 计划），具体要准备的东西：鸭、酒、番茄、鸡蛋、调料……（BOM 物料清单），发现需要：1 只鸭蛋，5 瓶酒，4 个鸡蛋……（BOM 展开），炒蛋需要 6 个鸡蛋，蛋花汤需要 4 个鸡蛋（共用物料）。打开冰箱一看（库房），只剩下 2 个鸡蛋（缺料）。来到市场。

妻子："请问鸡蛋怎么卖？"（采购询价）小贩："1 个 1 元，半打 5 元，1 打 9.5 元。"

妻子："我只需要 8 个，但这次买 1 打。"（经济批量采购）

妻子："这有一个坏的，换一个。"（采购验收、退料、换料）

回到家中，准备洗菜、切菜、炒菜……（工艺线路）

厨房中有燃气灶、微波炉、电饭煲……（工作中心）

妻子发现拔鸭毛最费时间（瓶颈工序，关键工艺路线），用微波炉自己做烤鸭可能来不及（产能不足），于是到楼下的餐厅里买现成的（外协）。

下午 4 点，接到儿子的电话："妈妈，晚上几个同学想来家里吃饭，你帮忙准备一下。"（紧急订单）

"好的，你们想吃什么，爸爸晚上也有客人，你愿意和他们一起吃吗？""菜你看着办吧，但一定要有番茄炒鸡蛋，我们不和大人一起吃，6 点半左右回来。"（不能并单处理）

"好的，肯定让你们满意。"（订单确定）

"鸡蛋又不够了，打电话叫小店送来。"（紧急采购）

6点半，一切准备就绪，可烤鸭还没送来，急忙打电话询问："我是李太太，怎么订的烤鸭还不送来？"（采购委外单跟催）

"不好意思，送货的人已经走了，可能是堵车吧，马上就会到的。"门铃响了。"李太太，这是您要的烤鸭。请在单上签一个字。"（验收、入库、转应付账款）

6点45分，女儿的电话："妈妈，我想现在带几个朋友回家吃饭可以吗？"（呵呵，又是紧急订购意向，要求现货）

"不行呀，女儿，今天妈已经需要准备两桌饭了，时间实在是来不及，真的非常抱歉，下次早点说，一定给你们准备好。"（这就是ERP的使用局限，要有稳定的外部环境，要有一个起码的提前期）

送走了所有客人，疲惫的妻子坐在沙发上对丈夫说："亲爱的，现在咱们家请客的频率非常高，应该要买些厨房用品了（设备采购），最好能再雇个小保姆"。（连人力资源系统也有缺口了）

丈夫："家里你做主，需要什么你就去办吧。"（通过审核）

妻子："还有，最近家里花销太大，用你的私房钱来补贴一下，好吗？"（最后就是应收货款的催要）

（资料来源：http：//wenku.baidu.com/view/b38f878a84868762caaed5fc.html）

## 【复习思考题】

1. 库存在生产过程中起着怎样的作用？
2. 什么是最能反映库存本质的分类标准？
3. EOQ模型有哪些假设条件？它如何在生产实际中应用？
4. 为满足相关性需求物料的计划与控制需要，MRP系统中应设置哪些功能？
5. 说明MRP系统的基本组成，以及它们之间的关系。
6. 闭环MRP系统包括哪些子系统，它们之间具有什么联系？
7. 简要说明MRP Ⅱ系统如何发展了基本MRP系统的功能，并讨论在制造企业建立MRP系统的迫切性和必要性。
8. 简述ERP与MRP、MRP Ⅱ的区别与联系。

## 【本章案例】

### 台湾雀巢与家乐福的供应商管理库存系统

雀巢公司为世界最大的食品公司，建立于1867年，总部位于瑞士威伟市（Vevey），行销全球超过81个国家和地区，200多家子公司，超过500座工厂，员工总数全球约有22万名，主要产品涵盖婴幼儿食品、营养品类、饮料类、冷冻食品及厨房调理食品类、糖果类、宠物食品类等。台湾雀巢成立于1983年，为岛内最大的外商食品公司，产品种类包括奶粉乳制品、咖啡、即溶饮品、巧克力及糖果与宠物食品等。台湾雀巢的销售渠道主要包括零售商店、专业经销商以及非专业经销商（如餐饮业者）等。

家乐福公司为世界第二大的连锁零售集团，成立于 1959 年，全球有 9 061 家店，24 万名员工。台湾家乐福拥有 23 家连锁店。

雀巢与家乐福公司在全球均为流通业的龙头企业，积极致力于 ECR 方面的推动工作。台湾雀巢在 2000 年 10 月积极开始与家乐福公司合作，制定建立供应商管理库存系统的计划，目标是要提高商品的供货率，降低家乐福库存持有天数，缩短订货前置期以及降低双方物流作业的成本。

就雀巢与家乐福既有的关系而言，只是单纯的买卖关系，唯一特别的是家乐福对雀巢来说是一个重要的客户，所以专门有对应的业务人员。买卖方式是家乐福具有决定权，决定向雀巢订货的产品与数量。在系统方面，双方各自有独立的内部 ERP 系统，彼此不兼容，在推动 VMI 计划的同时，家乐福以 EDI 的方式与雀巢进行信息交换。

雀巢与家乐福计划在一年内建立一套 VMI 系统并运行。具体而言，分为系统与合作模式建立阶段以及实际实施与提高阶段，第一个阶段约占半年的时间，包括确立双方投入资源、建立评估指标、分析并讨论系统的要求、确立系统运作方式以及系统设置。第二个阶段为后续的半年，以先导测试方式不断修正使系统与运作方式趋于稳定，并根据评估指标不断发现并解决问题，直至不需人工介入为止。

在人力投入方面，雀巢与家乐福双方分别设有专人负责，其他包括如物流、业务或采购、信息等部门则是以协助的方式参与，并逐步转变物流对物流、业务对采购以及信息对信息的团队运作方式。经费的投入上，在家乐福方面主要是在 EDI 系统建置的花费，雀巢方面除了 EDI 建置外，还引进了一套 VMI 的系统，花费约 250 万新台币。

计划目标除了建立一套可行的 VMI 运作模式及系统之外，具体而言还要达到：雀巢对家乐福物流中心产品到货率达 90%，家乐福物流中心对零售店面产品到货率达 95%，家乐福物流中心库存持有天数下降至预计标准，以及家乐福对雀巢建议性订单的修改率下降至 10% 等。另外雀巢也期望将新建立的模式扩展至其他渠道上，特别是对其占有重大销售比率的渠道，以加强掌控能力并获得更大规模的效益。相对的，家乐福也会持续与更多的主要供应商进行相关的合作。

在系统建置方面，对于数据传输部分，雀巢与家乐福公司双方采用 EDI 增值网络的方式，而在雀巢公司的 VMI 管理系统部分，则是采取外购产品的方式来建立。考虑家乐福的推荐、法国及其他国家雀巢公司的建议以及对系统的具体要求等，雀巢选用 Infule 的 EWR 的产品。整个 VMI 运作方式分为五个步骤，这套 VMI 运作系统实施后，库存管理效益逐步提高。雀巢对家乐福物流中心产品到货率由原来的 80% 左右提升至 95%（超越目标值），家乐福物流中心对零售店面产品到货率也由 70% 左右提升至 90% 左右，而且仍在继续改善中，库存天数由原来的25天左右下降至目标值以下，在订单修改率方面也由60%～70%的修改率下降至现在的10%以下。此外，对雀巢来说最大的收获是改善了与家乐福合作的关系上，过去与家乐福是单向的买卖关系，顾客要什么就给他什么，甚至是尽可能地推销产品，彼此都忽略了真正的市场需求，导致卖得好的商品经常缺货，而不畅销的商品却有很高的库存量。经过这次合作增进了双方的相互了解，并致力于共同解决问题，有利于供应链效率的根本改进。雀巢也开始将VMI系统推广到其他销售渠道。

台湾雀巢与家乐福的VMI计划的实施表明，在供应链管理环境下的物流更加具有实效性和成效性。企业通过供应链管理环境下的物流来建立新的企业管理模式，克服了传统物流的缺陷，更适应企业发展，更能为企业降低成本、创造利润。作为一种新的集成化管理方法和模式，供应链管理对传统的物流管理产生了深刻的影响，引起了多方面的变革。

## 【问题与讨论】

1. 台湾雀巢和家乐福的VMI计划是如何实施的？
2. 台湾雀巢和家乐福为什么要实施VMI计划？

（资料来源：http：//course. hzu. edu. cn/wlx/n15c41. shtml）

# 第9章 作业计划与控制

## 【引例】

### 福泉供电局优化作业亲情服务获用户赞许

近日，福泉供电局在停电施工中优化作业时间措施，为操办喜事的客户减少停电时间，有效地满足用户用电需要又确保计划停电作业的严谨实施，获得客户点赞。

2016年10月21日，牛场供电所通过短信发布计划停电。

叮铃铃，叮铃铃，生产专职旁的电话响起，还没有待接听，用户就忍不知喊了起来：

"你们是牛场供电所的吧，发短信说要对我们这里停电，是不是真的？"

"请问您家住在什么地方？"

"我姓黄，我家住在狮子桥，停电这天我们家里正在给儿子办理婚事，家里有很多客人，你们能不能不停呀？"

"哦，具体的情况我核实好后再与您联系，黄先生"

………

"黄先生，您好，我们核实了确实是要在这个时间对你们所在的区域停电检修。"

"你们能不能考虑下不要停，等我家事情办完了改时间再停？"

"您的情况特殊，我们稍后再回复您。"

获知用户用电需求后，牛场供电所立即让这次停电协调人把计划检修工作资料拿出来分析，并和施工单位协商。

经过与电力调度中心、输电、变电、施工方等部门沟通协调，确定调整现场施工人员、材料等，将停电时间再次压缩，减少对该户的停电。明确后，供电所人员再次与用户沟通，将优化后的停电时间告知用户，用户得知时间已经压缩在早上且不到2小时，一直在表示感谢。

为了确保作业时间可控，供电所人员早早地就来到施工现场，督促施工单位做好安全措施和多班组、多人员同步作业，最终实现了对该户的停电影响由原来的4小时降低至不到2小时。

（资料来源：新华网，http://www.gs.xinhuanet.com/news/2016-10/28/c_1119807001.htm）

**【本章学习目标】**

1. 了解作业资源调配管理基本原理。
2. 掌握制造业生产作业计划与控制方法。
3. 熟悉服务业作业计划与随机服务系统等方面内容和方法。
4. 了解作业调度组织与实施。

# 9.1 作业资源调配及作业计划主要内容

## 9.1.1 作业资源构成与调配基本原理

无论制造业企业还是服务业企业为顾客提供产品或服务均离不开作业环节，作业作为生产运作管理基本环节承担着将具体待转化资源转化为不同产品或服务操作功能，是价值生成基础环节。在此过程中，人力资源、时间资源、物料资源、设备资源、信息资源、知识资源等根据产品或服务要求，在空间、时间、数量、结构等方面独立或交叉组合运用，使得待转化资源高效优质地转化为不同产品或服务。因此科学地筹措、调配作业资源具有资源决定性意义，可以说是价值生成的"临门一脚或最后一米"。

## 9.1.2 作业资源特征与调配策略

### 1. 资源特征

（1）资源互补性。作业活动各种资源就完成作业而言往往可以互相替代的，例如时间与设备数量、时间与人力资源数量、物料与财务资源、知识与时间、信息与时间、知识与人力资源等。

（2）资源关联性。作业活动各种资源往往非独立，一种资源变化会直接影响其他资源，例如人力资源质量与知识、人力资源质量与设备等。

（3）资源弹性。作业活动各种资源数量和状态往往是可以变化的，例如人员加班弹性与数量关系，人员加班与设备数量、资源沉没状态成本计算。

### 2. 调配策略

作业活动实施主体一般集中在车间班组或服务一线，因此，所涉及资源具体而清晰。作业活动的实质是科学经济运用转化资源，将待转化资源加工成相应产品，具体资源状况、加工过程、控制目标不同，对资源运用策略和方法不同。其中一些资源状态微观短期内是常量或沉没成本，也有一些弹性或可变成本，因此资源运用组合策略和可变资源优化策略对作业计划与控制活动具体安排尤其重要。

在现实环境和条件下，企业一般是在满足顾客时间数量、要求的前提下，往往以某一资源优化运用切入安排作业活动具体环节。例如，以关键设备利用率或设备综合利用率为切入点，也可以以稀缺或高价值人力资源为切入点。如果可以对多资源优化的话，一般考虑可优化资源比价关系，选择总效果最好的切入点或首选切入点，就可互换资源关键财务成本方面进行比较，然后选择。

### 9.1.3　作业计划与控制的主要内容与依据

#### 1. 作业计划与控制内容

作业计划（scheduling）作为指导企业日常生产运作活动的执行性计划，有着丰富的工作内容。其主要工作内容包括生产运作能力的细致核算与平衡或作业资源最优化的调配，生产运作作业准备的检查，期量标准的制定与修改，作业顺序的安排，日常生产派工等内容。

作业控制（controlling）是作业计划贯彻执行且达成目标的必要措施，是对作业计划执行过程各个阶段或局部目标达成情况不断监测，并与计划安排要求比对，及时发现偏差，采取可行措施促使目标达成的管理过程与活动。

#### 2. 生产作业计划与控制的主要依据

（1）企业年、季度生产运作计划和各项订货合同或订单；

（2）产品设计或服务要求及工艺文件；

（3）现有生产运作能力（可用的作业资源）及利用情况；

（4）作业期量标准的贯彻情况；

（5）人力资源状况、劳动定额及其完成情况；

（6）原材料、外购件、工具的库存及配套服务系统支持情况等。

由于企业的生产运作类型、产品品种及结构、采用的生产运作技术和组织方法等的不同，生产运作作业计划的编制及控制方法也有很大区别。最具有代表性的是大量流水线生产运作作业计划与控制（planning and controlling of assembly line）、成批生产运作作业计划与控制（planning and controlling of batch production）和单件小批生产运作作业计划与控制（planning and controlling of single piece and small batch）。

# 9.2 制造业流水线生产作业计划与控制

## 9.2.1 流水线生产作业计划的期量标准

期量标准也叫做作业计划标准。期量标准就是经过科学分析和计算机确定的，为加工制造产品而规定的期限和数量方面的标准数据。它是编制生产作业计划的重要依据。

期量标准实质上是科学地规定了生产过程各个环节之间在生产数量和生产期限上的内在联系。科学合理的期量标准，可以正确迅速地编制生产作业计划，对于保证生产过程的连续性、配套性，保证按时出产产品；对于建立正常的生产秩序和工作秩序；对于充分而合理地利用各种资源，提高企业的生产效益都具有非常重要的作用。

期量标准随产品品种、生产类型、生产组织形式而有所差别，在大量流水线生产条件下，期量标准一般包括节拍、节奏、流水线标准作业指示图表、在制品占用量定额。

### 1. 节拍、节奏

具体见 4.2.3 流水线生产过程组织内容所述。

### 2. 流水线标准作业指示图表

大量流水线生产中，每个工作地都按一定的节拍重复地完成规定的加工任务。为确保流水线按规定的节拍高效率地进行，就必须对每个工作地详细规定它的工作制度，编制作业指示图表，协调整个流水线的生产。正确制定流水线作业指示图表对提高生产效率、设备利用率、减少在制品起着重要作用。它还是简化生产作业计划、提高生产作业计划质量的工具。

流水线作业指示图表是根据流水线的节拍和工序时间定额来制定的。流水线作业指示图表的编制随流水线的工序同期化程度不同而不同。下面分别介绍连续流水线和间断流水线作业指示图表的编制。

（1）连续流水线作业指示图表的编制。连续流水线的工序同期化程度很高，各个工序的节拍基本等于流水线的节拍，因此工作地的负荷率高。这时，就不存在利用个别设备不工作的时间去兼管其他设备的问题。因此，连续流水线的作业指示图表比较简单，只要规定每条流水线在轮班内的工作中断次数、中断时刻和中断时间即可。连续流水线作业指示图表如表 9-1 所示。

**表 9 – 1**　　　　　　　　　连续流水线作业指示图表

| 流水线特点 | 小时 | | | | 中间休息 | | | | 一班总计 | | |
|---|---|---|---|---|---|---|---|---|---|---|---|
| | 1 | 2 | 3 | 4 | | 5 | 6 | 7 | 间断次数 | 间断时间（分） | 工作时间 |
| 装配简单产品 | | | ■ | | | | | ■ | 2 | 20 | 460 |
| 装配复杂产品 | | | ■ | | | | | ■ | 2 | 30 | 450 |
| 机加工（使用耐用期长的工具） | | | ■ | ■ | | | | ■ ■ | 4 | 40 | 440 |
| 机加工（使用耐用期短的工具） | | ■ | ■ | ■ | | | ■ | ■ ■ | 6 | 60 | 420 |
| 热处理 | | ■ | ■ | ■ | | | ■ | ■ ■ | 6 | 60 | 420 |

注：■表示单次间断时间。

（2）间断流水线作业指示图表的编制。间断流水线由于各工序的生产率不一致。因而在生产中可能发生零部件等待工作地，或者工作地等待零部件进行加工的情况。因此间断流水线作业指示图表的编制比较复杂，其关键是确定流水线的看管期，在此基础上确定看管期各工作地产量及负荷、看管期内各工作地工作时间长度、工作地工作起止时间、每个工作地的工人数量及劳动组织形式等。

在间断流水线中，各工作地的生产效率不同，为了保证工作的工作负荷相对均衡，就必须考虑为负荷较小的工人安排多制备看管，从而使每道工序在工人所看管设备的范围内巡回一次的时间内能生产相同数量的产品。这段时间就是间断流水线的看管期。

在编制流水线作业指示图表时，首先要确定看管期的长短。因为看管期的长短对其他经济指标有直接的影响，看管期长可以减少工人在工作地间往返的次数，便于实施多机床管理，有利于提高劳动效率，降低疲劳程度，但是在制品占用数量较多，会占用较多的流动资金；看管期短则正好相反。所以应当根据制品的特点及工人看管的设备之间的距离来确定合理的看管期。看管期一般应大于一个小时，小于一个轮班，而且最好是轮班的约数。间断流水线作业指示图表如表 9 – 2 所示。

表 9 – 2　　　　　　　　　　　间断流水线作业指示图表

| 流水线产品名称 | | | | 班次 | 日产量 | 节拍 | 运输批量 | 节奏 | 看管周期 | | | | | | | | 看管周期产量 | |
|---|---|---|---|---|---|---|---|---|---|---|---|---|---|---|---|---|---|---|
| ××零件 | | | | 2 | 300件 | 2分 | 1件 | 2分 | 120分 | | | | | | | | 60件 | |
| 工序号 | 工时定额 | 工作地号 | 工人号 | 劳动组织 | 10分 | 20分 | 30分 | 40分 | 50分 | 60分 | 70分 | 80分 | 90分 | 100分 | 110分 | 120分 | 看管周期产量 | |
| | | | | | 每个看管周期（2小时）标准工作进度 | | | | | | | | | | | | 看管周期产量 | |
| 1 | 4 | 01 | 01 | 多机床看管 | ■ | ■ | ■ | ■ | ■ | ■ | ■ | ■ | ■ | ■ | ■ | ■ | 30件 | |
| | | 02 | 01 | | ■ | ■ | ■ | ■ | ■ | ■ | ■ | ■ | ■ | ■ | ■ | ■ | 30件 | |
| 2 | 2 | 03 | 02 | | ▲ | ▲ | ▲ | ▲ | ▲ | ▲ | ▲ | ▲ | ▲ | ▲ | ▲ | ▲ | 60件 | |
| 3 | 3 | 04 | 03 | 兼管06工作地 | ★ | ★ | ★ | ★ | ★ | ★ | ★ | ★ | ★ | ★ | ★ | ★ | 40件 | |
| | | 05 | 04 | | ☆ | ☆ | ☆ | ☆ | ☆ | ☆ | ☆ | | | | | | 20件 | |
| 4 | 1 | 06 | 04 | | | | | | | | | ☆ | ☆ | | ☆ | ☆ | 60件 | |
| 5 | 2.5 | 07 | 05 | 兼管09工作地 | ◎ | ◎ | ◎ | ◎ | ◎ | ◎ | ◎ | ◎ | ◎ | ◎ | ◎ | ◎ | 48件 | |
| | | 08 | 06 | | ● | ● | ● | | | | | | | | | | 12件 | |
| 6 | 1.5 | 09 | 06 | | | | | ● | ● | ● | ● | ● | ● | ● | ● | ● | 60件 | |
| 7 | 1.8 | 10 | 07 | | ◇ | | | | | | | | | | | | 60件 | |

注：表中各种符号（■、▲、★、☆、◎、●、◇）表示不同工人的持续工作的时间。

### 3. 在制品定额

在制品定额，是指在一定的技术组织条件下，为保证生产正常地连续进行，生产过程各个环节所需占用的最低限度的在制品数量。在制品是指生产过程中（从原材料投入到产品入库为止）尚未完工的所有零件、组件、部件、产品的总称。

由于生产类型不同，在制品定额的制定方法也不一样。在大量流水生产中，在制品占用量按存放地点可分为流水线内部在制品定额和流水线之间在制品定额；按性质和用途可分为工艺在制品、运输在制品、周转在制品和保险在制品。

（1）流水线内部在制品定额的制定。

工艺在制品。工艺在制品是指正在各工作地上加工、装配和检验的在制品。工艺在制品定额的确定，取决于流水线的工序数（m）、第 i 道工序的工作地数（Si）和第 i 道工序每个工作地同时加工的零件数（gi）。在连续流水工艺在制品数量是相对稳定的，而在间断流水线上，由于存在周围在制品，就不必要重复计算运输在制品的占用量。

运输在制品。运输在制品是指处于流水线内部运输过程中或在运输装置中等待运输的在制品。它取决于运送方式、运输批量的大小等因素。

周转在制品。在间断流水线中，由于前后两道工序生产效率不同或作业起止时间不同，因而同一时间内相邻工序的产量不同。这种在制品周而复始地生成与消耗，因而被称作周转在制品。周转在制品有两个非常明显的特点，一是由于前后两道工序的生产效率不同而产生，二是周转在制品的数量始终在零和最大值之间周期性地来回变化。需要说明的是，周转在制品只存在于间断流水线中，连续流水线不存在周转在制品。

保险在制品。保险在制品有两种：一是为整条流水线设置的保险在制品，二是为关键工序和容易发生故障的工序设置的专用保险在制品。为整条流水线设置的保险在制品通常集中在流水线尾，如果出现废品或设备出现故障，就用这类保险在制品以保证生产正常进行。当这类在制品不足时，就用加班的办法来补足；为工序设置的专用保险在制品通常旋转在工作地，当某工序实际工作效率与流水线节拍不一致或产生废品或设备临时出现故障时，就动用这类保险在制品。确定保险在制品占用量的大小主要是根据经验和以往的统计资料，同时要参考生产周期、在制品价值、工艺复杂性、设备可靠程度、设备调整时间、工人技术水平等因素。

（2）流水线之间在制品定额的制定。

流水线之间的在制品有运输在制品、周转在制品和保险在制品三种。在前后流水线生产效率不同时，在制品只包括周围在制品和保险在制品；在前后流水线的生产效率一致时，在制品则包括运输在制品和保险在制品两种。

运输在制品。流水线之间运输在制品占用量的计算方法与流水线内运输在制品占用量的计算方法基本相同，在此不再详述。

周转在制品。流水线之间的周转在制品，从性质上来说主要是用于协调前后流水线的工作，它实际上是由于前后相邻流水线生产效率或工作制度不同而设置的。如果只考虑前后流水线的生产效率这一个因素，周围在制品就取在制品积存量的最大值。如果在计算周转在制品时，同时考虑生产效率、工作班次、工作的起止时间等因素，其计算将会复杂得多，在此不再详述。

保险在制品。流水线之间的保险在制品，是在考虑到前流水线可能因故交货延期时，为保证后流水线正常生产而设置的库存在制品。

## 9.2.2 流水线生产作业计划的编制

生产作业计划的编制通常是由企业内部的各管理层次分别负责进行的。一般的编制方法是，先把企业年（季）度生产计划中明确的生产任务分配到车间，然后由车间进一步把生产任务分配到工段、班组和工作地。

### 1. 流水线生产厂级生产作业计划的编制

厂级生产作业计划是由厂级生产管理部门分别为各车间编制的。它是根据企业年（季）度生产计划，编制各车间的月、旬、周、日的生产作业计划，包括出产的品种、数量（投入量、产出量）、日期（投入期、产出期）和进度（投入进度和产出进度）。为各车间分配生产任务必须与生产能力相平衡，并且使各车间的任务在时间上和空间上相互衔接，保证按时、按量、配套地完成生产任务。编制厂级生产作业计划要正确选择计划单位并确定各车间的生产作业任务。

（1）计划单位的选择。计划单位是编制生产作业计划时规定生产任务所用的计算单位，它反映了生产作业计划的详细程度及各级分工关系。在流水线生产中，编制厂级生产作业计划可供选择的计划单位主要有产品、部件、零件组、零件四种。

选择计划单位。实际是厂级对生产管到什么程度的问题。一般来说，计划编制的集中程度高，有利于各生产环节的衔接配合，但厂部的计划工作量较大，不利于根据车间的生产实际情况调整生产安排。而且，在一个企业中可以同时存在几种计划单位。不同的产品可以采用不同的计划单位；同一种产品的不同生产阶段，也可以采用不同的计划单位；同一种产品的不同零件可以采用不同的计划单位。如关键件、主要件采用零件计划单位，而一般件则采用产品计划单位。如车间的生产类型，各种产品的产量及生产稳定性，产品结构的复杂程度和工艺特点等。

（2）确定车间生产任务的方法。安排车间生产任务的主要依据是企业生产计划中明确的生产任务。企业生产计划制定出以后，就要根据企业的生产计划，编制车间的作业计划，为每个车间正确地规定每一种制品（部件、零件）的数量和期限要求。安排车间生产任务的方法随车间的生产类型和生产组织形式而不同。如果各车间是按对象原则组织，每个车间都分别独立平行地完成一定的生产任务，彼此之间没有依次提供半成品的关系，那么车间生产任务的确定就比较简单，只要将计划期的生产任务根据各车间的产品专业分工、生产能力及其他生产技术条件直接分配给各车间即可。如果车间是按工艺原则组织，各车间彼此之间有集资提供半成品的关系，安排车间生产任务就较为复杂。制订生产任务时就需考虑各车间生产能力的平衡和在产品品种、数量、期限上的衔接，需要在综合平衡的基础上逐个安排各个车间的作业计划。具体的安排方法主要有两种：在制品定额法和订货点法。

在制品定额法。在制品定额法是以预先制定的在制品数量标准，即以在制品、半成品定额为主要依据，制订车间任务的方法。在大批量生产企业中，产品的品种较少，产量比较大，各车间的工艺、分工协作关系及生产要求比较稳定，因而各生产环节所占用的在制品经常保持一个稳定的数量，将其制定为标准即在制品定额。用此定额作为检查在制品结存量是否合理的标准，就可以保证生产能按照定额水平进行，从而保证各生产环节之间的衔接与配合，使生产过程顺利地进行。

订货点法。订货点法一般适用于标准件的生产。由于市场需求的不确定性，标准件在不同时期的生产任务波动比较大。但是由于标准件的加工劳动量一般较小，生产工艺较为简单，设备调整的工作量也不大，所以，为了提高劳动生产率，取得规模生产效益，可以采取集中生产的办法。为此，需要规定一个发出开始生产指令的数量界限，即"订货点"。一般情况下，订货点法以月度计划为依据，主要用于编制旬（周）的生产作业计划。根据已接到的订单、市场需求信息、以住市场销售统计资料、实际库存和生产能力分品种编制作业计划，然后把任务分配到各车间，由各车间据此再编制本车间的作业计划。订货点的计算方法和相关内容参见后面的经济批量法。

### 2. 流水线生产车间生产作业计划的编制

车间内部生产作业计划的编制，是由车间负责计划和调度工作的职能组分工进行编制的，其主要形成是车间生产作业计划日历安排、工段（班、组）生产作业计划的编制、工段（班、组）内部生产作业计划等。

在大量流水线生产条件下，每个工作地的加工对象基本固定，一条流水线可以完成零件的全部或大部分加工任务。因此，车间内部生产作业计划主要就是工段的月度生产作业计划，企业给车间下达的计划所规定的产品品种、数量和进度，略加分解就可以确定出工段的产品品种、数量和进度。比如，厂级生产作业计划采用的计划单位是零件，那么对其略加修改就可作为车间内部的生产作业计划，不必再做计算；如采用的计划单位是部件或零件组，则首先要分解，然后再以零件为单位将任务分配到各流水线（工段）。

### 3. 流水线生产作业计划的实施与控制

虽然车间作业计划规定了内部各生产单位的作业任务，但在生产活动开始之前还必须进行一系列的准备工作，即进行日常生产派工。日常生产派工就是在生产过程开始之前，根据工段和班组的生产作业计划、上期生产完成情况及工作地实际情况为每个工作地分派生产任务，并做好作业准备以使生产过程顺利开始的活动。日常生产派工是作为计划实施的前提，也是生产作业控制的开始，通过生产派工把生产任务分解落实到各个工作地，成为工作地进行日常生产活动的依据。

在日常生产派工工作中，由于大量大批生产的工段（班组）中的工作地和工人担负的工序数目比较少，而且是固定重复的，因而工作地的作业安排就可以标准化，通过编制标准作业指示图表来实现。标准作业批示图表就是把工段（班组）所加工的各种制品的投入和产出顺序、期限、数量等全部制成标准固定下来。实际上就是把派工工作标准化。根据作业指示图表，就可以指导各工作地的日常生活，而不必要每天或每个轮班为工作地分派生产任务了。同时，以标准作业指示图表为依据，可以有计划地做好生产前的各项准备工作，保证生产按计划进行。当月计划任务有变化时，派工工作只需对日工作量适应的调整就可以了。

（1）流水线生产作业控制的重点。

无论是生产计划还是生产作业计划都是预告制定的，虽然制订计划时已充分考虑了各种条件和因素，但计划在实施过程中由于各种原因，往往造成实施情况与计划要求偏离。而生产作业控制就是生产作业计划执行过程中，对有关产品（零部件）的数量和生产进度进行的控制。造成计划出现偏差的原因是多方面的，或者是产品设计有缺陷、工艺方案不成熟，或者是随机因素的影响，甚至企业环境的动态性都会对实际生产发生影响，这些都使得实际生产难以按计划进行。当实际情况与计划发生偏离，就要采取措施。要么使实际进度符合计划要求，要么修改计划使之适应新的情况。

大量生产的基本特点是在工作地上连续生产相同的产品，重复加工一、二道工序，专业化程度比较高，多采用流水线生产。因此，大量生产中作业计划所要解决的主要矛盾，就是如何保证整个生产过程及其各个环节按规定的节拍进行生产。

大量生产企业，生产任务稳定，品种比较单一，各生产环节之间的分工联系也比较固定。在这种条件下，可以利用在制品定额与在制品结存量进行比较，就能及时知道各生产环节之间可能发生的脱节，或者是过多占用在制品的情况。因此，只要通过计划能经常控制和掌握在制品定额水平，就能保证生产协调、均衡地进行。

（2）流水线生产作业控制的要素。

控制标准。标准就是生产计划和生产作业计划及其依据的各种标准。没有标准就无法衡量实际情况是否发生偏离。生产计划规定的产品出产期，MRP 系统生成的零部件投入生产计划，通过排序方法得出的车间生产作业计划，都是实际生产控制的标准。

控制信息。要取得使生产进度与计划偏离的信息。控制离不开信息，只有取得实际生产进度偏离计划的信息，才知道两者不一致。计算机辅助生产管理信息系统能有效地提供实际生产与计划偏离的信息。通过生产作业统计模块，每天都可以取得各个零部件的实际加工进度和每台机床的信息。

控制措施。即对将要产生或已经产生的偏离作出纠偏措施。纠正偏差是通过调度来实行的。

（3）流水生产进度控制内容。

生产进度控制，是指从生产前准备到制成品入库，从时间和数量上对作业进度进行控制，检查分析已经发生或可能发生的脱离作业计划的偏差，从而采取措施加以解决，保证生产均衡进行的活动。生产进度控制包括投入进度控制和出产进度控制两方面的内容。

投入进度控制，是指按计划要求控制产品开始投入的日期、数量和品种。投入进度控制是预先性控制，投入不及时或数量不足，必然造成生产忙闲不均，产品不能按期交货，甚至生产中断；投入过多，又会造在积压、浪费、等待加工等，降低经营效果。

出产进度控制，是对产品（零、部件）出产的日期、生产提前期、出产的均衡性和成套性的控制。它是保证生产过程中各个环节之间的衔接、各零部件生产的配套、实现均衡生产、按时按量完成生产计划的有效手段。

投入出产进度控制主要是从生产实际进度与计划进度的偏离中，观察生产运行状态。偏离不大，可以不管；偏离超过一定范围，就要调查原因，采取适当的措施加以调节。在大量生产条件下，投入出产进度控制的方法和形式主要有：

投入出产进度表。投入出产进度表既是作业核算表，也是控制投入出产进度的控制表，投入出产进度控制表，也是逐日产量比较表、日程进度表。其特点是数字明确，逐日比较，反映每天的生产波动。编制此表，要求每天统计、上报确切的数字。在大量生产条件下，投入与出产的控制往往是分不开的。计划与实际、投入与出产均反映在同一张投入出产日历进度表内。它既是计划表，又是作业核算表和投入生产进度控制表。均衡率是反映投入生产进度状况的一个重要指标。

产量进度线。大量生产条件下，还可采用产量进度线的方式来观察、控制。如图 9－1 所示，虚线是计划进度线，表示计划累进出产量。实线是实进度线，表示实际累进产量。每天延长线条，比较长短，掌握生产进度。产量进度线不要求准确的数字，只是概括地掌握生产进度。其特点是直观形象，一目了然。

| 产量 | 20 | 30 | 40 | 50 | 60 | 70 | 80 | 90 | 100 | 110 | 120 | 130 | 140 | 150 |
|------|----|----|----|----|----|----|----|----|-----|-----|-----|-----|-----|-----|
| 计划 | - - - - - - - - - - - - - - - - - - - - - - - - - |||||||||||| | |
| 实际 | ———————————————————— ||||||||| | | | |

图 9－1　产量进度线

生产进度坐标图。大量生产条件下，是产量是相对稳定的，因而可以根据作业计划的要求，确定一条日产量的稳定线。每天实际产量的波动情况就可以反映出来，如图 9－2 所示。

生产进度坐标图中，横坐标是日历时间，纵坐标是产量。坐标图主要用以反映每天的产量波动。当产量波动不大时，可以不管，当产量波动超出一定的范围，就要调查原因，加以调整。

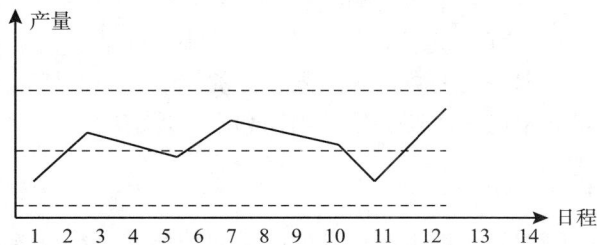

图 9－2　生产进度坐标图

大量生产条件下，除对生产进度进行控制外，还需要控制在制品的占用量。在制品占用量的控制方法通常是采用轮班任务报告单，结合生产原始凭证或台账来进行控制。也就是说，把各工作地每一轮班的实际占用量与标准的在制品定额进行比较，发现偏差及时采取措施加以纠正，使在制品占用量始终保持在合理的水平上。

### 4. 流水生产作业计划的动态调整

企业生产运作活动是和供应商和市场需求有着密切联系。当企业制订出生产计划并正处于执行过程中时，供应商或者市场需求已经发生某种变化，如果没有采取相应措施的话，实际的生产量就可能与市场需求不一致了。企业计划部门就必须根据新的市场信息和当前在品库存量修改生产计划。这是非常重要的，否则，就会造成生产数量在一个较长时间内的波动。为了尽量避免这一情况出现，企业应改善信息传递渠道，注意直接从市场上获得信息，减少信息延迟时间，使企业及时针对市场变化作出计划调整，以保证生产与市场需求的协调共振。

## 9.3　制造业中小批量生产作业计划与控制

### 9.3.1　成批生产作业计划的期量标准

成批生产类型的生产过程及生产组织形式与大批量流水线生产有很大差异，一般都采用通用设备，按工艺专业化做机群式布置，所以它的生产作业计划及其控制与流水线生产有很大的不同。在成批生产类型中，生产过程组织与管理追求的目标是尽可能提高设备利用率，控制在制品数量在资金的占用，缩短生产周期以提高交货速度，提高零部件的配套率。

成批生产与大量流水生产相比，生产组织与管理要复杂得多。在成批生产中，有的产品市场需求较为稳定和均衡，有的产品则需求变化很大。对于前一种情况，可以按一定的批量和生产间隔期组织多品种产品的周期性轮番生产，而对于后一种情况则需按照订货组织生产。但不管是哪一种情况，编制作业计划、组织成批生产都必须依据一定的数量和期限方面的标准，即期量标准。最常用的期量标准主要是批量和生产间隔期、生产周期和生产提前期。

### 1. 批量和在制品定额

批量和生产间隔期是成批生产特有的两个期量标准。在成批生产中，产品的体积往往较大，结构复杂，产品品种多，所以不能像大量流水线生产那样按运送批量来进行投料，必须确定一个合理的生产批量，以此来组织生产。生产间隔期是与批量有着最为密切关系的一个期量标准，它与批量成正比关系。

批量。批量是指同一种产品（或零部件）一次产出或投入的数量，或指花费一次准备结束时间所生产同种产品的数量。

在成批生产的企业中，按批量来组织生产是一个非常重要的特征。批量的大小对其生产效益有着直接影响。在生产计划制定出来以后，产品的年生产任务已基本明确。在这种情况下，生产采用的批量越大，则生产组织的轮番次数就越少，生产过程相对稳定，产品品种更换的次数就相应减少。花费在调整设备和工艺装备等准备结束工作上的时间和费用较少，有利于提高劳动生产率和设备利用率。但批量大，每批产品的生产周期比较长，生产中占用在制品数量及占用的生产面积和仓库面积就会增加，也会增加流动资金占用量和在制品库存保管费用等。而如果批量小，生产中在制品占用数量就可以减少，与在制品数量有关的各项费用支出就可以相应减少。但批量小，生产中产品更换的次数就会增加，准备结束工作的工作量会增大，而使准备结束工作费用增加，在组织管理不力的情况下会降低劳动生产率。因此，为提高成批生产的经济效益，必须用科学的方法来确定产品的生产批量。由于批量和生产间隔期存在着密切的相互关系。因此，在确定批量的同时，必须考虑到生产间隔期，把两者结合在一起来确定。具体来讲，确定批量的方法，主要有以量定期法和以期定量法两种。

（1）以量定期法。这种方法的基本思路是先从经济角度出发确定批量，然后推算生产间隔期并进行修正后，再对批量进行调整，求得一个与生产间隔相互配合的最佳数值作为标准批量。常用的确定初始批量的方法有：

①最小批量法。它是以保证设备的合理利用和提高生产率为主要目标的一种批量计算法。这种方法的主要着眼点就是把设备的调整时间控制在允许的范围内，其计算公式是：

$$Q_{min} = T/kt$$

式中：$Q_{min}$ 为最小批量；T 为更换品种时对设备工装进行调整的时间；k 为设备调整允许损失系数；t 为单件工艺工序时间。

设备调整允许损失系数，一般取 0.02 和 0.12 之间的数值（主要根据经验确定），参见表9-3。这种方法在确定批量时，通过选取不同的 k 值，既考虑了零部件价值对流动资金的影响，也考虑了不同生产类型对设备利用率的约束。

表9-3　　　　　　　　　　设备调整允许损失系数表

| 零部件价值 | 生产类型 | | |
|---|---|---|---|
| | 大批 | 中批 | 小批 |
| 低 | 0.02 | 0.03 | 0.05 |
| 中 | 0.03 | 0.05 | 0.08 |
| 高 | 0.05 | 0.08 | 0.12 |

②经济批量法。它是以最佳经济效果为目标的一种批量计算方法。批量大小对生产费用的影响主要有两方面：设备调整费和库存保管费。批量大，设备的调整费用就小，而存货费就会增加。反之，批量小，设备的调整费用就大，而存货费用就会减少。费用和批量的关系可以用图9-3表示。

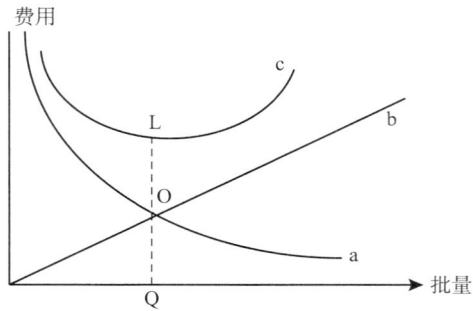

图 9 - 3 经济批量模式图

图 9 - 3 中 a 线为调整费用曲线，b 线为存货费用曲线，c 线为上述两种费用之和。当两种费用之和最小时，所对应的批量就是经济批量（Q）。

$$Q = \sqrt{2NA/Ci}$$

式中：Q 为批量；A 为一次设备调整费用；N 为年产量；C 为单位产品成本；i 为年存货保管费用率。

用上述公式计算的经济批量，需在一定的假设条件下才能成立。比如产品的需求是连续而均匀的，边生产边供应，始终按成批轮番方式组织生产等。

一般来说，在用上述公式计算了经济批量后，还要根据其他因素进行调整，以利于简化生产管理，协调生产环节的活动，降低其他费用的开支。修正批量需要考虑的因素主要有：

批量大小应尽量使同一批制品在各个主要工序的加工时间不少于一个或半个轮班的产量，使同一批制品在各车间的批量相等，或成简单倍数的关系；

● 批量大小尽可能与工具使用寿命期间内的产量相等，或是它的简单倍数；

● 批量大小应考虑各生产单位的工艺顺序，一般毛坯批量应大于零件加工批量，零件加工批量应大于装配批量，它们相互间最好成整数倍比关系；

● 批量大小应和装具、夹具等工装数相适应；

● 批量大小应和零部件占用面积与生产面积相适应。

（2）以期定量法。它是根据标准的生产间隔期来确定批量的一种方法。当产品的年产量确定以后，生产间隔期和批量关系可用以下公式表示：

$$Q = R \times q$$

式中，Q 为批量，R 为生产间隔期，q 为平均日产量。

这种方法只要有了标准的生产间隔期，批量很快就可确定，特别是在产量任务变更的情况下，这种方法的优越性就更为明显。

## 2. 生产间隔期

生产间隔期是指相邻两批同种产品投入（或产出）的时间间隔。生产间隔期是批量的时间表现，按生产间隔期来组织生产，有利于加强成批生产的成套性和均衡性，有利于提高设备利用率和劳动生产率，有利于建立良好的生产秩序，提高经济效益。

　　确定生产间隔期首选要确定产品在装配车间的生产间隔期。确定的根据是每种产品的全年计划产量、单位产品价值、产品的生产周期、产品的体积和企业和生产面积、生产组织形式、生产稳定程度等因素，把各种产品的装配生产间隔期规定为日、周、旬、月、季等几种；在此基础上确定产品的零部件和毛坯的生产间隔期。根据零部件和毛坯的价值、体积、工艺技术的复杂程度、生产周期等，把零部件和毛坯分成若干类后，对每类零部件和毛坯分别确定生产间隔期，比如按 1 日、3 日、6 日、8 日、1/2 月、1 月、1 季等。一般来说，确定产品（或零部件、毛坯）的生产间隔期时，凡是价值大、体积大、工艺技术复杂、生产周期长的产品（或零部件、毛坯），生产间隔期可短一些，反之，可长一些。各类零部件、毛坯在各车间的生产间隔期，应与该种产品的装配生产间隔期相等，或成简单倍数的关系。

### 3. 生产周期

　　生产周期是指某种产品从原材料投入生产过程开始，一直到成品出产为止的全部日历时间。生产周期是编制生产作业计划以及确定产品和零部件在各工艺阶段生产进度的主要依据，是成批生产企业中一项重要期量标准。缩短生产周期能更好地保证产品的交货期，提高劳动生产率，减少在制品占用量，加速流动资金周转，降低产品成本，提高生产的经济效益。

　　生产过程组织的一个重要内容是时间组织，所追求的目标就是提高时间利用率，缩短产品的生产周期。而产品生产周期的长短，取决于多方面的因素，如生产制备的先进程度、工艺技术水平、生产组织与管理水平、劳动组织设计以及计划管理工作水平等。从生产组织和计划管理工作来看，可以通过确定合理的批量，尽可能采用平行移动方式或平行顺序移动方式，减少产品加工过程的等待时间，加强工序之间协调配合等方面来缩短产品的生产周期。

### 4. 生产提前期

　　生产提前期是指产品（毛坯、零件）在各生产环节出产（或投入）的时间，比成品出产的时间所要提前的时间。每一种产品在每一个生产环节都有投入和出产之分，因而提前期也分为投入提前期和出产提前期。

　　生产提前期是成批生产企业编制生产作业计划不可缺少的期量标准。生产提前期和生产周期有着密切的关系，它是在各生产环节生产周期确定的基础上制定的。正确的制定生产提前期，对组织各个生产环节的生产活动在时间的紧密衔接，缩短生产周期，减少在制品占有量，提高企业生产活动的经济效果有着重要作用。

### 5. 在制品定额

　　在制品定额是成批生产企业在编制作业计划时所依据的一个期量标准。在成批生产的条件下，在制品定额可分车间内部和车间之间半成品两种情况制定：

车间内部的在制品占用量的制定。在定期成批轮番生产条件下，在制品定额是按照产品的生产周期、生产间隔期和批量等标准，用图表法来确定

车间之间库存半成品占用量的制定。车间之间的在制品也称为半成品，是为了保证前后车间生产衔接而形成的，其中还包括保险储备量，一般是根据过去的统计资料而确定的。

## 9.3.2 成批生产作业计划的编制

成批生产类型由于是多品种轮番生产，零件数量又十分大，各生产环节所结存的在制品品种和数量经常不一样，很难掌握在制品的变动情况，因而不能采用在制品定额法，作业计划的难度比较大。但由于成批生产中主要产品的期量标准是比较固定的，可以根据这些标准数据来安排各生产环节的生产任务。在成批生产企业中，作业计划分厂级作业计划和车间作业计划二级计划。

### 1. 厂级作业计划的内容

在成批生产条件下，厂级作业计划一般只以产品作为计划单位，如果产品结构比较简单，工艺不是很复杂，厂部计划部门的计划和协调能力又很强，也可作部件计划。在明确了期量标准后，可据此确定客车间的投入和产出任务以及投入产出的时间，形成产品的进度计划，这也就是厂部计划的主要内容。实际上，在成批生产企业中，厂级计划部门都是依据订单来安排月度计划，当订单涉及的品种数量比较多时，要为每种产品的各生产阶段都作出进度计划很困难，这时的厂部计划主要下达月度的生产总量和具体的产品品种规格，并根据订单的交货要求下达产品的出产日期、毛坯的投入出产期和机加工的投入出产期，选择产品单位作为计划单位。部件和零件的作业计划由车间考虑。

在成批生产企业中，累计编号法是编制生产作业计划常用的一种方法。累计编号法是根据最终产品的平均日产量将生产提前期转化为提前量，并由此确定各生产单位应该达到的投入和产出累计号数的一种计划方法。它适用于市场需求相对稳定，周期性成批轮番生产的产品。采用这种方法，必须对产品进行累计编号。所谓累计编号，是从这种产品年初或开始出产的第一件产品起，按照成品出产的先后顺序，依次把号数累计上去，为每一件产品编上一个号码。用这种累计编号可以表明车间出产各种产品的任务数量。

### 2. 车间作业计划

在成批生产尤其是品种较多的情况下，车间接到的生产任务是一个计划期的总生产量，车间要进一步细分任务，分批生产。在车间作业计划中，既要考虑生产能力的平衡、生产的成套性、设备利用率的提高，又要尽量缩短生产周期、减少在制品资金占用量，所以计划难度很大。大多数企业都是凭经验安排计划。

（1）车间安排工段（班组）生产任务和方法。对于按对象原则组织起来的工段（班组），如果生产任务和生产能力相适应，就可以按原有的分工，由车间计划组把各个工段（班组）分别承担的任务直接分配下去。实际工作中，一些零件的加工往往需要别的工段（班组）的零部件在有关工段（班组）之间流转，做到在品种、数量、期限和协作工序方面紧密衔接。

对于按工艺原则组织起来的工段（班组），车间就要按照工艺过程的反顺序，根据不同生产类型和生产的稳定程度，选择使用上面介绍的累计编号法或后面介绍的生产周期法，在进行设备负荷核算和考虑生产技术准备工作情况下，分配工段（班组）的生产任务。

（2）工段（班组）安排工作地（工人）生产任务的方法。在成批生产的工段（班组）中，每一个工作地和每一个工人要轮番生产好多种零部件，轮番执行好多种工序。为了使各道工序能够相互衔接地进行，为了使机器设备能够有充分的负荷，就必须安排零部件工序进度和机床负荷进度计划。由于编制这种计划的工作量很大，所以在品种较多的情况下，往往编制某些关键零部件的加工进度和某些关键设备的负荷进度，以保证关键零部件的生产及关键设备的负荷。

### 9.3.3　成批生产作业控制

在成批生产中，生产过程和采用的工艺比较复杂，再加上许多不确定因素的影响，作业计划在执行过程中很容易出现偏差，造成计划出现偏差的原因主要有加工时间的估计不是很准确、加工路线的多样性、随机因素的影响等。

#### 1. 投入出产进度控制

成批生产的投入进度控制比大量大批生产复杂。因为要生产的品种多，又要满足订货的期限要求。所以，既要控制投入的品种、批量和成套性，又要控制投入提前期。控制的方法主要是利用进度计划、配套计划表、加工路线单、生产周期综合进度表、派工指令等来分配任务。成批生产条件下产出进度控制的主要任务是保证产品成套地按批量产出同一种产品，可以参照大量生产条件下的几种控制方式，通过比较在规定时间内应该达到的数量和实际达到的数量来控制成批生产的进度。此外，还可以用配套进度表的形式来控制成套产品的进度和数量。

#### 2. 工序进度控制

工序进度控制是在成批和单件小批生产条件下，对产品（零、部件）在生产过程中经过的每道加工序进度的控制。因为在这些类型的生产上，影响生产正常进行的因素很多，为使生产尽可能按计划进行，对那些周期长、工序多的产品（零、部件），除控制投入和产出进度外，还必须控制工序进度。工序进度控制采用的工具主要有：

（1）单工序工票。它以工序为单位，一序一票。在进行工序进度控制时，一般是把单工序工票和台账结合起来进行控制。每一工序完工后，就在台账上对该工序进行登记，直到最后完成。只要控制工票，就可随时控制工序加工进度。单工序工票的优点是周转时间短，使用灵活。缺点是工作量大，增加了统计工作量。通常在加工批量相对较大的情况下，使用这种派工单比较适宜。

（2）加工路线单。加工路线单是以零件为单位，综合地发布指令，指导生产工人按规定的工艺路线进行加工。在使用这种工具时，要在加工路线单上标明加工对象所要经过的全部工序，并随加工对象一起转移。

生产管理部门对工序进度的控制，首先要为需投入生产的零件开列加工路线单，作为派工指令下达给第一道工序，并按工艺路线的顺序转入下道工序，直到零件制成交库，收回路线单。加工路线单既是生产作业指令，也是领料、检验和入库的凭证，又是作业核算与统计的凭证，所以是掌握生产顺序加工和控制的一种好工具。因此，作为生产作业控制的重要工具，加工路线单在成批和单件生产企业中得到广泛应用。但是，加工路线单流经的工艺路线较长，可能会因中间交接环节多而损失或丢失。所以，在实际工作中，可根据实际情况单独使用或分段使用，或与工票结合使用，提高其使用效率。

（3）看板。它是日本丰田汽车公司在实施准时生产制时采用的重要工具。详细内容参见第 12 章。

### 9.3.4 成批生产在制品占用量的控制

加强在制品管理，控制在制品占用量，对于提高企业的生产效益有着重要的经济意义。

在制品占用量的控制是对生产过程各个环节的在制品实物和账目进行控制。在成批和单件生产条件下，对在制品的控制既要控制车间内各工序之间流转的在制品，又要控制跨车间协作工序间流转的在制品。对车间内在制品占用量可采用工票或加工路线单来控制，并通过在制品台账来掌握在制品占用量的变化情况，发现偏差，使在制品占用量被控制在允许范围之内；对跨车间协作工序间在制品的控制，一般采取由主要工序车间归口管理的方法，避免无人负责的现象。为了有效地控制在制品，必须注意做好以下几方面的工作：

首先，建立和健全在制品管理制度。在制品的收发领用，要有入库单、领料单等原始凭证，要计量、签署、登账，严格实行按计划限额收发在制品制度。

其次，对在制品要正确及时进行记账核对。在工作地之间、工段之间、工段与车间内部仓库之间、车间之间、制造车间与中间库之间，在制品的收发数量必须及时记账，及时结清账存，要建立定期的对账制度，做到账实相符和账账相符。

再其次，合理地存放和保管在制品，充分发挥库存保管的作用。对在制品应按其价值、占用流动资金的大小等进行分类管理（参见其他章节所介绍的 ABC

重点管理法)。对于"一类"在制品,给予重点管理;对"二类"在制品,给予普通管理;至于"三类"在制品,给予一般管理即可。如此分类管理,对合理组织生产,控制生产资金,降低生产成本很有好处。

最后,做好在制品的清点、盘存工作。生产过程中的在制品不断流动变化,为了确实掌握它们的数量,除了要经常记账核对以外,还要做好清点、盘存工作。

### 9.3.5　单件小批生产作业计划与控制

#### 1. 单件小批生产作业计划的期量标准

在所有的生产类型中,单件小批生产是最为复杂的。单件小批一般是根据用户要求按订货组织生产的,生产的特点是产品品种多,每种产品只生产单件或数量很少。因此,单件小批生产企业的生产作业计划所要解决的主要问题是控制好产品的生产流程,按订货要求的交货期准时交货。生产周期、生产提前期是单件小批生产最基本的期量标准。

#### 2. 单件小批生产作业计划的编制

在单件小批生产中,由于是订货生产,产品品种很多而每种产品的产量很少,生产的稳定性和重复性很差。所以,生产过程中结存的在制品种类很多而占用量又很难确定,不可能制定出在制品占用量标准。编制单件小批生产的作业计划,既不能采用在制品定额法,也不能采用累计编号法。该类企业在编制作业计划时,各种产品的数量任务完全取决于订货的数量,不需要再进行任何计算。唯一的问题便是生产的产品在各车间产出和投入的时间能够互相衔接起来。并最后保证交货期限。解决这类问题,一般采用生产周期图表来组织协调和确定各车间的生产任务,其步骤如下:

(1) 为每一项订货产品编制一份生产周期进度图表。编制产品的生产周期图表是从装配开始按反工艺顺序进行的。首先要编制装配系统图,表明各种零部件装配成产品的各项工作顺序;其次是计算部件装配和总装配各道工序的装配时间,计算机加工、毛坯制造的主要零件各道工序的加工制造时间;然后以交货期为限制条件,确定毛坯制造、零件加工、组装、部装等工艺阶段的投入提前期和产出提前期;最后绘制出产品生产周期图表。

(2) 编制各种产品投入产出综合进度计划。即根据各种产品的生产周期图表已初步规定出的投入出产期限,协调各种产品的生产进度和品种的合理搭配,并进行车间生产能力与任务的平衡。最后编制出各种产品综合进度计划,如表 9-4 所示。

(3) 编制各车间投入与产出计划任务表。能编制综合进度计划后,将各种产品在各加工阶段的投入与产出任务摘录出来,再加上上月结转和临时承接的任务,就可编制车间的投入与产出计划任务表,如表 9-5 所示。

表9－4 产品投入产出综合进度计划

| 序号 | 订货号 | 产品 | 订货货位 | 数量（件） | 1月 | | | 2月 | | | 3月 | | | 4月 | | |
|---|---|---|---|---|---|---|---|---|---|---|---|---|---|---|---|---|
| | | | | | 上 | 中 | 下 | 上 | 中 | 下 | 上 | 中 | 下 | 上 | 中 | 下 |
| 11 | 7721 | A | ×× | 10 | ■ | ■ | ● | ▲ | ▲ | ▲ | ▲ | ● | ◆ | | | |
| 12 | 7725 | B | ×× | 8 | | ■ | ■ | ● | ▲ | ▲ | ▲ | ▲ | ▲ | ● | | ◆ |
| 13 | 7810 | C | ×× | 1 | | | ■ | ● | ▲ | ▲ | ▲ | ● | ◆ | ◆ | | |
| 14 | 7814 | D | ×× | 1 | | | | ■ | ● | ▲ | ● | ◆ | ◆ | ◆ | | |

注：■表示毛坯准备；▲表示机械加工；◆表示装配；●表示保险期。

表9－5 机械加工车间3月份投入产出进度计划表

| 序号 | 订货号 | 产品代号 | 计量单位 | 数量（件） | 投入期 | 出产期 |
|---|---|---|---|---|---|---|
| 1 | 8921 | A | 台 | 10 | 2月1日 | 3月1日 |
| 2 | 7835 | B | 件 | 8 | 2月21日 | 3月11日 |
| 3 | 3456 | C | 套 | 4 | 3月1日 | 4月1日 |
| 4 | 8934 | D | 台 | 6 | 3月2日 | 4月21日 |

生产周期法采用传统的甘特图形，一旦图形编制就绪，遇到干扰时不易调整，故要求计划人员有丰富的实践经验和熟练技巧。

### 3. 单件小批生产作业控制

单件小批生产面临更多的品种和交货期的要求，用户订货的随机性更强，因而生产过程和采用的工艺较之大量大批和成批生产更为复杂，不确定因素更多，作业控制更加困难。

在单件小批生产条件下，进度控制的主要任务是根据生产周期综合进度表，控制各项订货的出产期限和成套产品的出产量以及加工进度，保证按期交货。主要方法是按订货规定的日期，把主要工艺阶段的实际进度同计划进度进行比较，一般用甘特图网络计划技术图形工具解决，相关内容见有关项目管理书籍。

### 9.3.6 作业排序[①]

在制订编制成批生产作业计划与单件小批量生产作业计划过程中，由于生产多种产品，对生产设备的需求会发生冲突。因此，需要解决各个生产层次中生产任务的加工顺序问题，这里既包括哪个生产任务先投产，哪个生产任务后投入，还包括在同一设备上不同工件的加工顺序。这一过程称为作业排序。作业计划（scheduling）与作业排序（sequencing）是两个不同的概念。排序是确定工件在

---

① 李环祖：《生产计划与控制》，中国科学技术出版社2008年版。

设备上的加工顺序，而作业计划不仅包括确定工件的加工顺序，还包括确定设备加工每个工件的开始时间和结束时间。当确定出加工顺序后，通常都是按照最早可能开始（结束）时间来编制作业计划。因此，人们经常将这两个概念不加区别地使用。给出一个加工顺序并不十分困难，问题的难点在于不同的作业排序的结果差别很大。因此，排序的目标是，如何在尽可能满足各种约束条件下，给出一个令人满意的排序方案。

### 1. 作业排序的分类

（1）基本形式的作业排序。在制造业和服务业中，两种基本形式的作业排序是：劳动力排序，主要是确定人员何时工作；生产作业排序，主要是将不同的工件安排在不同的设备上，或安排不同的人员做不同的工作。

（2）按设备的数量。分为单台设备排序问题与多台设备排序问题。对于多台设备排序问题，可进一步按照工件加工路线的特征，分为单件车间（job-shop）排序问题和流水车间（flow-shop）排序问题。前者的基本特征是加工路线不同，而后者的基本特征是所有的工件的加工路线相同。

（3）按工件到达车间的情况。分为静态排序与动态排序问题。当进行排序时，所有的工件都已经到达，可以一次对它们进行排序，称为静态排序问题；若工件是陆续到达，要随时安排加工顺序，称为动态排序问题。后者又可按照工件到达时间是确定性的还是随机性的，分为确定性动态排序问题和随机性动态排序问题。

（4）按排序目标函数的性质。分为单目标排序问题和多目标排序问题。按照目标的不同又可划分为不同的排序问题，如使平均流程时间最短的排序问题、使总流程时间最短的排序问题、使平均误期时间最短的排序问题、使最大平均误期时间最短的排序问题等。

### 2. 影响生产作业排序的因素

（1）生产任务的到达方式。在实际生产过程中，尤其是在单件小生产条件下，反映生产任务的订单到达方式有两种：一种是成批到达（称为静态到达）；另一种是在一段时间段内按某种统计分布规律到达（称为动态到达）。静态到达并不意味着用户们同时提出订单，只是计划人员将一段时间内的订单汇总，一起安排生产作业计划。而在动态到达情况下，生产任务随到随安排，这就要求对生产作业计划不断进行修改，反映这些追加的生产任务。

（2）车间中的设备种类和数量。设备数量的多少明显地影响作业排序的过程。如果只有一台设备，作业排序问题将非常简单。而当设备数量及种类增多，各种生产任务将由多台设备加工才能得以完成，则问题变得较为复杂，很可能找不到有效的排序方法。

（3）车间中的人员数量。在进行生产任务的排序时，不仅是将生产任务分配给设备，同时也分配给相应设备的操作人员。对于特定的生产操作人员数量少于设备数量的情况，尤其是服务系统，生产操作人员成为排序时必须考虑的关键资源。

（4）生产任务在车间的流动模式。在批件小批量生产条件下，生产任务在车间内的流动路线是多种多样的。如果流动路线相同，称为流水车间或定流车间。与流水车间相对应的另一个极端是流动路线均不一样的情形，工件是按照某种概率分布从一台设备流向满足加工需要的设备中的某一台设备，称它为单件车间或随机路线车间，这类排队服务系统在医院中是常见的。在现实生产中，更多是介于两者之间的混合式加工车间。

（5）作业计划的评价标准。作业排序是编制生产作业计划的核心工作之一，其具体排序方法的选择与作业计划的评价标准密切相关。作业计划评价标准有三类：任务完成的程度、设备利用的程度以及达到企业整体目标的程度。由于可操作性的缘故，通常对作业计划的评价集中在任务完成的程度方面，常见的有：

①总流程时间最短。总流程时间是指一批工件从进入某一车间或工艺阶段开始，到这一批工件加工完，全部退出该车间或工艺阶段为止的全部完工时间。如果这批工件完全相同，总流程时间同一这批工件的生产周期或加工周期相同；如果不同，则总流程时间与这批工件实际生产周期或加工周期（等待时间与加工时间之和）中最长的相同。

②平均流程时间最短。平均流程时间是指这批工件实际生产周期或加工周期的平均值。

③最大延迟或最大误期最短。延迟是指工件的实际完成时间与预定的交货期之间的差额。这里既包括实际完成时间比预定的交货期晚，即通常意义下的延误，也包括实际完成时间比预定的交货期早的情况。提前完成生产任务并非一定是件好事，因为这意味着库存量的增加及生产资金提前被占用。误期是指通常意义下的延误。最大延迟（Lmax）与最大误期（Tmax）的关系为 Tmax = max(0, Lmax)。

④平均延迟或平均最短。指延迟或误期的平均值。

⑤平均在制品占用量最小。是为了尽量减少在制品的资金占用，以缩短交货期限。

⑥总调整时间最小。在加工一批不同工件时，每加工一个工件，设备需要调整一次，该批工件的调整之和称为总调整时间。

除了上述标准之外，还有延期罚款最小、生产费用最小、总利润最大、设备利用率最大等。由于实际生产过程中各种不确定因素的作用，使得实际标准具有不确定性，可用具有平均值和偏差的统计分布来表示。需要注意的是这些标准彼此之间并不完全独立，例如，使平均流程时间 F 最短意味着在制品占用量减少。

### 3. 作业排序的优先调度规则

作业排序是管理科学中的一个重要的理论研究领域，许多研究工作者提出了优化作业排序的算法。由于作业排序问题大都属于 NP 难题，所谓 NP 难题是指就算法复杂性而言，目前尚未找到多项式求解方法的一类问题。对于这类问题通常采用近似算法或启发式算法进行求解。因此，目前大多数排序算法均采用优先高度规则（优先安排哪一个任务的规则）解决生产任务与设备需求之间的冲突。

（1）FCFS（first come first served）规则：优先选择排队等待的任务中最早进入的任务。

（2）SPT（shortest processing time）规则：优先选择加工时间最短的任务。该规则能有效地缩短任务的流程时间，同时，有利于提高设备的利用率，减少在制品占用量。

（3）EDD（earliest due date）规则：优先选择完工期限最早的任务，尽可能保证交货的规则。

（4）SST（shortest slack time）规则：优先选择松弛时间短的工件。松弛时间是指在不影响交货的条件下任务的机动时间。该规则与 EDD 规则类似，但更能反映任务的紧迫程度。

$$ST = DD - CD - \sum Li$$

式中，ST 为松弛时间；DD 为交货期；CD 为当前日期；Li 为剩余工序的加工时间（不含等待时间）。

（5）MWKR（most work remaining）规则：优先选择余下加工时间最长的。

（6）SCR（smallest critical ratio）规则：优先选择关键比最小的任务。关键比为任务允许停留时间和任务剩余工序加工时间之比。

$$CR = (DD - CD)\,CR = (DD - CD)\Big/ \sum Li$$

式中，CR 为关键比。

（7）LWKR（least work remaining）规则：优先选择余下加工时间最短的任务。

（8）MOPNR（most operations remaining）规则：优先选择余下工序最多的任务。

（9）RANDOM 规则随机地挑选任务。

优先调度规则可以分为局部优先规则和全局优先规则两类。局部优先规则决定任务的优先分配顺序仅以单个设备前队列中的任务所代表的信息为依据，例如 SPT、EDD、FCFS 等规则。全局优先规则决定任务的优先分配顺序不仅考虑正在排序的设备的情况，还要考虑其他设备的有关信息，例如 SCR、MWKR、LWKR 以及 MOPNR 等规则。

迄今为止，人们已提出了 100 多个优先顺序规则，不同的规则有不同的特点。在具体排序中，应结合排序方案的评价标准进行选择。有时，仅采用单一规则还不能完全确定加工顺序，需要采用优先规则的组合进行排序。例如，SPT + MWRK + RANDOM，含义是首先选用 SPT 规则选择下一个待加工的任务；若同时有多个任务被选中，则采用 MWRK 规则再次选择；若仍有多个任务被选中，最后采用 RANDOM 规则随机选择一个作为下一个待加工的任务。

# 9.4　服务业作业计划

服务业作业计划与制造业作业计划有共同点，但服务动作也有其自身特点，因此需要专门讨论如何更好地协调服务供给与需求来提高服务能力使用率。

## 9.4.1　服务业运作的特点

服务业提供的是无形的产品，而且不能预先产出，也无法用库存来调节顾客的随机性需求。为了达到满意的服务水平，其人员、设施以及各种物质性准备都要在需求到达之前完成，而当实际需求高于这种能力储备时，服务水平立刻下降（如排队等待时间加长、拥挤甚至取消服务）。

另一个特殊的地方在于与顾客的接触程度。对于服务业来说，顾客需要在动作过程中接受服务，其本身往往就是投入的一部分。例如，在医院、教育机构、百货商店、娱乐中心等，顾客在提供服务的大多数过程中都是介入的，这就对动作过程的设计提出了不同的要求。也有一些企业，在其组织内的某些层次与顾客接触较多，而在其他层次较少，有明显的"前台"和"后台"之分。例如，邮局、银行、保险公司、航空公司等，在这种情况下，还需要分别考虑对前台和后台采取不同的动作管理方式。

第三个特殊的地方是对顾客需求的响应时间。对服务业来说，必须在顾客到来后的几分钟内作出响应。由于顾客是随机到达的，因此服务业想要保持需求和能力的一致，难度很大。而且，在不同的日子里、一日内不同的时间段里，顾客到达时间很可能不同，这就使得短时间内的需求也有很大的不确定性。

此外，还有市场容量和流通、运输的可利用性。由于服务的不可运输性，服务水平的提高有赖于对最终市场的接近与分散程度，设施必须靠近顾客群，从而一个设施只能服务于有限的区域范围，这导致了服务企业在选址、布局等有不同的要求。

## 9.4.2　需求管理与服务能力计划

### 1. 需求管理策略

由于服务的产生和消费是同时进行的。如果服务需求相对于服务能力不足，结果将导致服务人员和设备闲置。由于服务需求的波动性，给在动态环境中管理服务业的经理人员提出了很大的挑战。通过调节需求，可以降低服务单周期性的变化。虽然顾客到来的时间间隔总是随机的，但平均到达率在长期中将会是稳定的。

（1）划分需求。对某种服务的需求很少来自单一来源。例如，航空顾客分为工作日顾客和周末旅游顾客。需求经常可划分为随机需求和计划需求。又如，银行可以预期它的商务客户每天在大概的时间光顾，而个人客户则是随机光顾的。由此可以对计划需求进行控制。比如，作一个分析表格，对计划中的客户到来的时间和人数作一个统计，再根据本单位的工作人员配置情况作调整。

（2）提供价格诱因。使用价格诱因可以刺激低谷期的需求和分流高峰期的需求。有很多差别定价的做法，如长途电话的周末和夜间收费低；电影院的日场或在下午 6 点以前实行降价；位于旅游观光点的宾馆在非旅游季节的房价；公共事业公司在高峰需求的定价；等等。

（3）促进非高峰期的需求。寻找需求的不同来源会导致对高峰期服务能力创造性地利用。例如，在旅游淡季将宾馆用于招待商务人员或作为公司职员的休息场所。采用促进非高峰期需求的策略有利于提高服务设施在其他时间的充分利用。例如，百货商店鼓励顾客"提前购物以避免商场的圣诞节购物高峰"。

（4）开发互补性服务。很多饭店已经认识到增加一个酒吧来提供互补性服务的好处。在饭店最繁忙时刻，把顾客引入酒吧既可以为饭店带来利润，又可以缓解顾客等待的心情。开发互补性服务是扩展市场的一种自然方法。

（5）使用预订系统及处理超额预订问题。预订等于预先提供了潜在服务。当预订作出之后，顾客的服务需求就会被转移到同一组织内相同设施的其他适宜服务时间或转移到其他服务设施上。预订服务还可以通过减少等候时间和保证随时提供服务来使顾客收益。然而，当顾客未能履行其预订时，问题就出现了。通常，顾客不会因其未履行预订而承担经济责任。比如，有些乘客为防止意外而向航空预定了好几个班次的机票。面对由于未履行预订而出现的空座问题，航空公司采取了一种未履行预订的策略。接受数量超过飞机可利用座位总数的预订，航空公司可以防范出现大量未履行预订的风险。如果航空公司接受太多的预订就有可能使已预订机票的乘客无法坐上飞机。对于这个问题，美国联邦航空管理局作出规定，要求航空公司赔偿由于超额预订而未能乘机的乘客，并且要为他们提供下班飞机的座位。同样，许多宾馆也要为因为超额预订而未能入住的客人免费提供附近宾馆相同档次的房间。一个好的超额预订策略应该既能最大限度地降低由服务空闲产生的机会成本，又能最大限度地降低由于未能提供预订而带来的成本。因此，采用超额预订策略要对一线员工进行培训，以应付那些未能获得预订服务的客人。

## 2. 供给管理策略

对许多服务企业来说，用户的风俗和生活习惯使服务的波动具有某种不确定性。因此，需要考虑调节服务供给来与需求匹配。

（1）应用每日工作班次计划。通过仔细制订全天的工作班次计划，可以使服务供给水平接近于需求。工作班次对于许多面临需求的服务组织来说是一个重要的人员安排问题，例如电话公司、医院、银行和警察局。该方法首先要对每小时的需求进行预测，然后将这种预测转化成每小时对服务人员的需求。时间间隔可以少于 1 小时。例如，快餐业可以将时间定为 15 分钟以便在整个就餐时间对工作进行计划。下一步是制定工作时间或班次的计划，以便尽可能适应人员安排需求。最后，要将特定服务人员分配到不同的工作时间或班次中去。

（2）休息时间有限制的每周工作班次计划。制订班次计划以适应每日需求仅仅是问题的一部分。公共服务组织，例如警察局、救火和医院的紧急救护部门，都必须在一周的每一天和每天 24 小时随时提供服务。对于这些组织来说，典型的员工每周工作 5 天，连续休息两天，但这两天不一定是周六和周日。这个问题可以用一个线性模型来准确表述。

（3）提高顾客的参与程度。自我服务的快餐业最好地解释了提高顾客参与程度的策略。顾客（现在是合作生产者）不仅要从有限的菜单中直接点菜，而且要在饭后清洁餐桌。顾客期望得到更快的服务和更便宜的食物来补偿这种付出。服务提供者也能够在多方面受益。需要加以监督和付给工资的员工减少了。但是更重要的是，顾客作为合作生产者恰好在需要的时间提供了人力。这样，服务能力就不是固定不变的，而是更直接地随需求而变化。但是，也要注意，由于服务经理不能完全控制劳动力的质量，因此会存在一些自助服务的弊端。

（4）创造可调整的能力。一部分服务能力可通过设计成为可变化的。比如航空公司为了适应乘客组合的变化，会常规性地调整一等舱和二等舱的配比。

（5）共享能力。服务传递系统经常需要在设备和设施上进行大量投资。在闲置时，可能会找到这些服务能力的其他用途。航空公司以这种方式运作多年了。比如，在一些小型的机场里，航空共享相同的入口、跑道、箱包处理设施以及地面服务人员。

（6）交叉培训员工。一些系统由几种作业构成，多面手能创造出灵活的能力来满足高峰需求。

（7）雇用临时工。当业务高峰时持续而且是可以预测的时候，比如就餐时间或银行的发薪日，雇用临时工能补充正式员工的不足。在服务业雇用临时工来适应服务的变化，如同制造业采用库存调节生产一样。

## 3. 随机服务系统

尽管采取上述措施能够改变和处理需求的不均匀性，但每当服务的现有需求超过提供该项服务的现有能力时，排队就会发生。一般来说，顾客的到达时间和服务时间都是随机变量，这是排队现象的根本原因。

（1）一般排队系统的基本组成部分。

①输入过程。其特征有：顾客源的组成是有限的或无限的；顾客单个到来或成批到来；到达的间隔时间是确定的或随机的；顾客的到来是相互独立或有关联的；顾客相继到达时间分布和所含参数（如期望值、方差等）都与时间无关或有关。

顾客的到达规律服从参数为 λ 的泊松过程，服务时间服从参数为 μ 的负指数分布。

λ 为平均到达率，表示单位时间平均到达的顾客数。

μ 为平均服务率，表示单位时间能被服务完的顾客数（期望值），而 $1/\mu$ 就表示一个顾客的平均服务时间。在排队论中"平均"就指概率论中的期望，这是一种习惯用法。

这两个参数都需要实测的数据经过统计学检验来确定，$\lambda/\mu$ 有着重要意义，它是相同时间内顾客到达的期望值与能被服务的期望值之比，这个比值是刻画服务效率和服务机构利用程度的重要标志。

②排队规则。其特征是对排队等候的顾客进行服务的次序有下列规则：先到先服务，后到后服务，有优先权的服务（如医院对于病情严重的患者给予优先治疗），随机服务等；还有具体排队（如在候诊室）和抽象排队（如预约排队）。排队的列数还分单列和多列。

排队规则中最常用的优先法则是先来先服务。这种方法对所有的顾客一视同仁，因而对于排队等待服务的顾客来说是公平的。该法则是指队列中的顾客接受服务的次序以他们的到达顺序为根据，而与其他特征无关。由于这一方法只根据顾客在队伍中的位置来决定下一位接受服务的顾客，除此之外，不需要任何其他信息，因而是一种静态的规则。唯一缺点是它忽视了要求短时间服务的顾客。

（2）排队模型[①]。

大致上，排队列根据模型特征可以分为四种，如表 9－6 所示。

表 9－6　　　　　　　　　　　　四种队列特征

| 模型 | 1 | 2 | 3 | 4 |
|---|---|---|---|---|
| 分布 | 单通道 | 单通道 | 多通道 | 单通道 |
| 服务阶段 | 单一 | 单一 | 单一 | 单一 |
| 顾客源 | 无限 | 无限 | 无限 | 无限 |
| 达到人数分布 | 泊松 | 泊松 | 泊松 | 泊松 |
| 排队规则 | 先来先服务 | 先来先服务 | 先来先服务 | 先来先服务 |
| 服务时间分布 | 指数 | 指数 | 指数 | 指数 |
| 队列长度 | 无限 | 无限 | 无限 | 无限 |
| 典型例子 | 银行出纳员服务系统；大桥收费系统 | 自行洗车系统 | 汽车销售公司零件柜台系统 | 工厂故障机器的维修服务 |

（3）关于排队问题的几条建议[②]。

为顾客确定一个可接受的等待时间。根据顾客愿意等待的时间范围，来确定

---

　　① 四种队列模型的求解可参见：申元月、张鸿萍：《生产运作管理》，山东人民出版社 2005 年版，第 237～238 页。

　　② 理查德·B. 蔡斯等（Richard B. chase et al.）：《运营管理（第 9 版）》，机械工业出版社 2003 年版。

动作目标。

在顾客等待过程中应尽可能分散他们的注意力。通过播放音乐、录像或其他娱乐形式使顾客暂时淡忘其正在等待。比如北京城乡超市因为有顾客反映排队时间过长不得不放弃购物，管理层采取了播放滑稽录像的方式来分散顾客的注意力，取得了很好的效果。

及时告诉顾客他们所期望了解的情况。当顾客等待时间比通常情况要长时，必须告诉他们要等待这么长时间，以及服务系统将如何缓解这种情况。

对顾客进行分类。如果一级顾客所需服务很快就可完成，就将他们分为一队，这样他们就不必等那些较慢的顾客了。

决不能让顾客看到雇员并未在工作。如果雇员本应该为顾客提供服务，但却没能做到，顾客将会感到扫兴。

对服务人员进行培训，使他们的服务态度更为友好。问候一下顾客或提供其他一些特别的关照可以在很大程度上消除长时间等待的负面影响（如微笑）。

鼓励顾客在非高峰期到达。设法告诉顾客他们在哪些时间不必排队等待，同时也要告诉他们哪些时间是顾客到达的高峰期，这有助于使工作负荷均衡化。

对于消除排队有一个长期的计划，制订可以改善顾客服务的计划。

### 4. 基于作业资源情况收益最大化的管理

自从限制解除，允许航空公司可以自行定价以来，一种被称为收益管理的收入最大化的新方法出现了。收益管理实际上是一个很复杂的系统，它包括了多种管理策略。

收益管理开始是由航空公司开发，目的是以最大利益方式分配一趟航班的座位，以达到固定能力来匹配各细分市场的潜在需求。尽管航空公司率先开发了收益管理，但其他服务受到限制的服务企业（如旅馆、汽车出租公司、海运公司）也正在采用这种方法。

收益管理适用于具有如下特征的服务企业：

（1）相对固定的能力。在设施上大量投资的服务企业，可以说是受能力限制的。一旦一趟航班的所有座位都已售出，乘客的进一步需求就只能通过下一趟航班来满足了。相比之下，在同一个城市里由多个场所的连锁汽车旅馆就具有一定的灵活性，因为在一个旅馆找房间的旅客可以转到同一家公司的另一个旅馆去找。

（2）细分市场能力。要使收益管理有效，服务企业必须能将市场分为针对不同类型的顾客。通过要求持打折机票的旅客必须周六晚乘机，航空公司可以辨别出对时间敏感的旅客和对价格敏感的乘客。对于使用收益管理的企业来说。开发各种价格敏感性服务是一种主要的挑战。

（3）易逝的存货。对于受服务限制的，可以将每个房间或座位看成是待售的单位。对于航空公司来说，未售出的座位的收入就永远失去了。考虑到飞机座位过时失效的特性，在一个至少有一个空座的航班上为一个顾客提供免费服务，航空公司毫无损失。

（4）事先售出产品。服务企业采用预定系统售出自己的服务能力（在使用前）时，要面对一种不确定性：是接受提前的打折预定，还是等待出高价的顾客来买？在这个问题上，可以根据一周中某一特定日期和一年中某一特定季节的房间预定记录画出一个需求控制图。由于需求的某些变化是可预见的，因此可以围绕预期预定累计量曲线画出一个可以接受的范围。如果需求高于预期，则停止提供折扣而只接受标准价预定。如果预定数量降到可接受范围以下，也可以接受打折预定。

（5）波动需求。通过需求预测，收益管理可以使管理者在低需求期提高服务能力的使用率，在高需求期增加收入。通过控制折扣价的可获性，管理者可以将限制性服务的总收入最大化。在实践中，收益管理的实施是通过打开或关闭某些预定部分实现的，如果需要的话甚至会以小时为基础作出这样的变化。

（6）低边际销售成本和高边际能力改变成本。销售额外的单元库存的成本必须要低。例如为飞机提供零售商品的费用可以忽略。然而，由于一些必要的总体设施投资，增加能力的边际成本很大。

## 9.5  作业调度组织与实施

### 9.5.1  生产调度工作的主要内容和机构设置

生产调度是以生产作业计划为依据，具体组织执行生产作业计划的一项管理职能，它是所有生产类型的企业都不可缺少的一项重要工作，尤其是在单件小批生产企业中，加强企业的生产调度工作，对于及时了解、掌握生产进度，控制在制品占用量是非常重要的。

#### 1. 生产调度工作的主要内容

检查、督促和协助有关部门做好生产技术准备；

合理调配劳动力，督促检查原材料等生产所需物资的供应情况和厂内运输工作；

检查各生产环节的在制品占用和生产进度情况，及时反映生产中存在的问题，积极采取措施加以解决；

对各生产环节和生产单位轮班、日、周等计划的完成情况、统计资料和其他生产信息进行分析研究，并采取相应的措施；

检查生产设备的运转状况。

## 2. 生产调度工作的机构设置

要做好生产调度工作，需要建立一个全厂统一的、具有权威性的生产调度系统。厂部、车间、工段（班组）以及其他有关生产部门都要建立生产调度组织。厂部由负责生产的厂级领导或总调度长主管，由生产科执行这方面业务；车间在车间主任领导下设车间调度组；工段一般可由工段长兼任；在劳动、工具、机修、供应、运输等部门也要设立专业性质的调度组织。这样，就可形成一个上下贯穿、左右协调、集中统一的生产调度系统，把全厂的生产调度工作抓起来。

全厂调度工作的业务归厂部生产计划部门负责，各个生产环节要服从它的指挥。生产计划部门要协调各生产环节的工作，做好日常生产调度工作。为了做好工作，厂部可按业务类别设置调度人员。例如，分别按生产、设备、材料、劳动、运输等部门指定专人负责调度工作，也可以按车间设置调度人员，或按产品设置调度人员等，以便调度人员各司其职，做好各自工作。

车间调度组和工段（班组）调度员，在上级调度机构领导下，做好本职位范围内的生产调度工作，解决好本单位范围内生产协调、进度衔接等问题。

厂部调度人员的分工，一般有以下两种形式：一是按车间、部门分工，即每个调度员负责联系一个或几个车间。厂部对车间所有的调度指示，全由负责该车间的调度员下达，可以避免对车间进行多头指挥。这种分工方式对于按对象专业化原则组织的车间比较合适，但是对于多品种中小批量生产企业，产品不是封闭在一个车间内加工，需要经过多个车间，不利于调度员掌握产品生产的全过程，增加了相互间交接协调的工作量。二是按产品分工，即每个调度员负责一种或几种产品的调度工作。这种分工方式有利于调度员掌握产品生产的全部过程，有利于组织产品生产过程的衔接和产品零部件生产的成套性。但是在多品种生产类型每个车间都生产多种产品时，这种分工方式容易造成多个调度员对一个车间提出各自的要求形成多头指挥的情况。

以上两种分工方式各有优点和缺点。在具体应用时，要根据企业生产品种的多少和调度人员对产品和车间生产情况熟悉的程度，扬长避短进行组织分工。

## 9.5.2  生产调节工作制度

为了做好生产调度工作，需要建立和健全调度工作制度，采取有效的调度方法和手段。重要的调度工作制度有：

### 1. 生产调度会议制度

建立生产调度会议制度主要为解决当前生产中的关键问题和急需解决的问题。调度会议一般分厂部、车间两级。厂部调度会议由生产副厂长主持，生产调度科长召集，有关科室和车间负责人参加。车间调度会由车间主任主持，生产调度组长召集，各职能组长和班长参加。调度会议本身应当迅速和高效率。因此，在调度会上不应当再去对情况作一一了解，因为了解工作要靠日常作业核算和会前的调查研究，而应将重点放在处理和解决问题方面。会议要检查上次调度会议的执行情况、生产进度和各方面活动不协调问题是否解决，并根据新的情况再作新的决议。

### 2. 调度值班制度

为了能对生产不间断地进行监督，应建立调度值班制度。每个工作班组和车间（分厂）都设值班调度员，以便能及时发现并随时处理生产中临时发生的问题。值班调度要作好交接班工作和记好调度日志，以保证各班之间调度工作的连续性和衔接性。

### 3. 调度报告制度

通过建立调度报告制度，企业各级领导可以按时收到调度机构逐级汇总上报的调度报告。调度报告以生产日报、旬报、月报的形式反映生产作业计划的执行情况及存在的问题和处理意见。据此，各级领导可以比较全面和系统地掌握生产的进展情况。

另外，为了提高生产调度工作的效率，有条件的企业可以为生产调度系统配备各种先进的调度技术装备。比如，专用的调度电话网和无线电话机、工业闭路电视、电传打字机和无线电传真机等远距离文件传送设备以及自动记录仪、电子计算机和各种电子信息处理设备组成的电子自动记录系统等。

## 【本章小结】

生产作业计划控制是生产运作系统运行管理最基层的管理活动，它将中高层计划落实到具体岗位、设备、人员，并通过控制手段维持计划真正实现。本章从介绍现代企业的生产过程及其时间组织基本知识入手，首先阐述流水线组织设计，进而比较全面介绍用于流水、成批、单件小批生产类型作业管理的期量标准、计划与控制方法，最后阐述服务业作业计划与随机服务系统等方面内容和方法。

## 【延伸阅读】

1. 陈志祥：《生产运作管理教程》，清华大学出版社 2010 年版。
2. 申元月、张鸿萍：《生产运作管理》，山东人民出版社 2005 年版。
3. 李环祖：《生产计划与控制》，中国科学技术出版社 2008 年版。

## 【复习思考题】

1. 谈谈生产运作作业环节主要资源类别及其特征。
2. 谈谈作业资源调配基本策略。
3. 什么是生产作业计划？

4. 如何选择作业计划单位？

5. 流水生产作业计划期量标准有哪些？

6. 成批生产作业计划期量标准有哪些？如何确定？

7. 单件小批生产作业计划期量标准有哪些？

8. 常见排序规则有哪些？各有什么特征？

9. 举例说明服务需求管理策略应用。

10. 设计排队系统应注意哪些因素？

## 【本章案例1】

### 王裁缝的难题

王裁缝是某服装厂的退休工人，因技术水平高，经常被人请去做技术指导。时间一长，经不起别人劝说，就自己开了家小服装店。虽然生意十分火暴，但也令王裁缝非常烦恼。原因是来的人太多，他自己根本干不出来。以下是他一天的顾客情况。其中，任务 A、任务 B、任务 C、任务 D、任务 E 是他给顾客所要求内容的编号。分别对应于普通西装、礼服、裙子、高级西装、西装短裤等；时间（天）是他干每一件活儿的工作时间；交货期是顾客要求的时间。

| 序号 | 任务 | 时间（天） | 交货期（天） |
|---|---|---|---|
| 1 | A | 3 | 5 |
| 2 | B | 4 | 6 |
| 3 | C | 2 | 7 |
| 4 | D | 6 | 9 |
| 5 | E | 1 | 2 |

按照正常的工作时间，王裁缝根本不可能按期完成这些工作，以下是他老伴为他作出的几种选择：

| 选择方式 | 准则 | 总加工时间（天） | 平均加工时间（天） | 平均延迟时间（天） |
|---|---|---|---|---|
| 1 | FCFS | 50 | 10 | 4.6 |
| 2 | SOT | 36 | 7.2 | 2.4 |
| 3 | EDD | 39 | 7.8 | 2.4 |
| 4 | LCFS | 46 | 9.2 | 4.0 |
| 5 | STR | 43 | 8.6 | 3.2 |

其中，准则中字母的含义如下：

FCFS—first come first served。

SOT—shortest operating time。

EDD—earliest due date。

LCFS—last come first served。

STR—slack time remaining。

除此以外，他老伴还反复叮嘱他对一些老邻居（D）和街道主任（E）的活一定要提前做（preferred customer order，PCO）。这使王裁缝在为难的情况下，又加了几分气愤。

## 【问题与讨论】

1. 你认为，王裁缝到底应该怎样选择更合适？
2. 你能为王裁缝提出更好的建议吗？

## 【本章案例 2】

### 美国航空再次缩小经济舱座位间距，最多缩短 2 英寸

中新网 5 月 4 日电，据美国中文网报道，尽管客机座位之间距离狭窄是乘客投诉最多的问题，美国航空公司（American Airlines）决定再次压缩波音 737 新客机经济舱座位之间距离，最多缩短 2 英寸。

据《今日美国》报道，经济舱座位更为密集的波音 737 MAX 客机将于今年晚些时候服役。

根据有线电视新闻网（CNN）的报道，联合航空也打算作出同样的改变，但联航拒绝评论那一报道。

美国航空公司要作出的改变是，波音 737 MAX 经济舱多数座位两排之间的距离将从 31 英寸缩短到 30 英寸，但有三排将从 31 英寸缩短到 29 英寸，包括最后两排和靠近前面的一排。

美国航空告诉 CNN 说，缩短座位之间距离的计划也将延伸到现有的波音 737 - 800 机型上，但公司还没有最后作出决定。

CNN 记者乔恩·奥斯特罗尔（Jon Ostrower）写道，这次改变之后，美国航空将成为座位空间同美国精神航空（Spirit Airlines）和边疆航空（Frontier Airlines）等超低价公司一样拥挤的大公司。超低价航空公司的座位之间距离最小为 28 英寸。

CNN 对比了美国其他大航空公司座位之间的距离。达美（Delta）和联合航空的平均座位之间距离为 30 ~ 31 英寸。阿拉斯加航空（Alaska Airlines）、捷蓝航空（JetBlue）和西南航空（Southwest）座位之间距离为 31 ~ 33 英寸。

了解内情的人士说，美国航空波音 737 新客机的卫生间面积也将缩小。

总的来说，美国航空波音 737 MAX 客机将有 170 个座位，波音 737 - 800 上将有 160 个座位。但 737MAX 将保持 16 个头等舱座位并保持其特别宽敞的空间。

就在一名乘客被拖下联航客机，美国大航空公司如何对待乘客的问题在上个星期受到关注之后，美国航空公布座位改变的消息。

联航和其他大航空公司主管星期二（2 日）到国会山受到盘问，议员们说如果航空公司不能主动作出改进，他们就要对乘客服务要求提出立法。

美国航空提出缩小座位距离的设想之后，行业观察家将继续关注其他航空公司是否照着做。从历史上看，大航空公司都是看竞争对手作出的改变在乘客中反应如何，最终多数都采用类似做法。

例如，美国航空在 2008 年率先对顾客收取托运行李费，曾经引起顾客反对。但到了今天，西南航空是唯一一家不收取这项费用的大公司。

（资料来源：http：//news. 163. com/17/0504/10/CJJAN89H00018AOQ. html）

## 【问题与讨论】

1. 美国航空公司此举对现场作业带来什么问题？
2. 美国航空公司如何解决此举带来的问题？

# 第10章 质量管理

【引例】

## 放弃质量无异自废武功

2016 年 10 月韩国三星电子宣布因可能存在电池以外的"其他技术问题",在全球范围内停止生产、销售盖乐世 Note7 型手机,并对已出售的该款手机进行召回。自 2016 年 8 月初上市以来,三星 Note7 手机不断出现起火爆炸的情况,在经历了爆炸、召回、换机、再爆炸、停产停售和二次召回的一系列"虐心"过程后,三星手机爆炸事件终于开始进入具体的调查和反思阶段。

三星的手机品控去哪儿了? 路透社评论认为,问题在于三星为了扩大市场份额,赶在苹果公司推出 iPhone7 之前,匆忙推出新机型。有韩国行业专家曾查看相关监管机构的文件,并与三星的工程师进行了沟通,认定三星为 Note7 增加了"太多复杂的创新功能,以至于最后自己都无法控制"。他们同时也在仔细研究三星的供应链,以确定匆忙上市是否导致了技术问题或偷工减料。

既要控制成本,又要保持领先于对手的扩张速度,还要保证产品的安全、环保性能,这在一些企业看来,似乎是一个"不可能三角",后者也往往最容易被"牺牲"。无论是德国大众在部分柴油车上安装专门应对尾气排放检测的软件,还是日本高田公司篡改安全气囊的测试数据,在经济利益的驱动下,"金字招牌"竟然成了部分企业弄虚作假、欺瞒消费者的幌子,由此带来的"多输"结果,相信是谁都不想看到的。

回顾优秀企业的发展历程,不难发现,创始之初,都是以过硬的产品质量、贴心的售后服务换得消费者口碑。随着规模的扩大,外包项目的增加,除了需要应对拼抢市场份额的竞争,跨国公司还面临着各环节协调效率低下,全产业链把控不严的风险。这是企业在规模扩大之后的新挑战。毕竟,移动互联时代,类似产品间的质量比较,已变得空前立体和全面。企业如果放松了对产品质量的把关,无异于是"自废武功"。

1995 年,乔布斯曾对媒体说:"毁灭苹果的不是增长,而是他们变得非常贪婪。他们并没有沿着初始愿景的原始轨道走下去,即将某件产品打造成家用电器,并让尽可能多的人使用,而是去追逐利润。"企业求利无可厚非,但搞不清

"本"是什么，迟早会迷失方向，终被市场所抛弃。这或许是三星手机爆炸事件，带给我们的一点启示。

（资料来源：中国质量新闻网，http：//www.cqn.com.cn/qt/content/2016 – 10/22/content_3515935.htm，原刊于《人民日报》2016 年 10 月 21 日 05 版）

## 【本章学习目标】

1. 理解全面质量管理的思想和工作方法。
2. 掌握常用的质量管理工具。
3. 了解 ISO9000 系列标准的内容。
4. 熟悉 TQM 的 PDCA 工作法。
5. 了解 6σ 质量改善。

质量是企业的生命线，是企业赖以生存和发展的保证，是企业获取竞争能力的行动准则，是打开国际、国内市场的通行证。企业的产品能不能卖得出去，即企业的输出能不能被顾客接受，首先取决于其质量，因此质量是竞争中居首位的因素，是企业参与市场竞争并赢得顾客的必备条件。以质量开拓市场，以质量占领市场，已成为现代企业获取竞争能力的行动准则。不论是在强手如林的国际市场，还是在竞争激烈的国内市场，没有质量上的优势，企业就难以在市场竞争中求得生存，更谈不上发展。提高产品质量水平，更好地满足社会和市场需求，是企业生存和发展的迫切需求。

# 10.1 质量概念与质量管理的演变

## 10.1.1 质量与质量管理

1994 年，美国著名质量管理专家朱兰（J. M. Juran）在美国质量管理学年会的报告中指出：20 世纪以"生产力的世纪"载入史册，21 世纪将是"质量的世纪"。朱兰作出上述论断依据的是下列科学背景：（1）近年来，由于科技的迅猛发展，产品的不合格品率迅速降低，如电子产品的不合格率由过去的百分之一、千分之一降低到百万分之一，乃至十亿分之一。（2）生产水平由过去的 3σ 质量水平演进为 6σ 质量水平。在均值偏移 1.5σ 的条件下，后者的不合格率仅为前者的 1/20 000，这就是超严格质量要求。各种产品都有其相应的超严格质量要求，不可一概而论。我国加入世界贸易组织（WTO），成为其正式成员后，国际上的质量竞争日益激烈，人们越来越清楚地认识到采用价廉质次的营销策略已难以取胜，能够制胜的最重要法宝就是产品和服务的优良质量。

### 1. 质量

质量是质量管理的对象，要顺利开展质量管理工作，首先要对质量有全面、正确的理解。美国质量管理专家克劳斯比从生产者的角度将质量概括为"产品符合规定要求的程度"；国际标准 ISO8402 - 1986 将质量定义为"产品或服务满足明确或隐含需要能力的特性和特征总和"；世界著名质量管理专家朱兰则从用户的角度出发，认为"质量就是适用性（fitness for use）"。现代质量管理认为，定义质量必须以用户的观点为主，因此朱兰博士的"适用性"成为最著名也是最流行的权威定义。

所谓适用性，就是产品或服务满足顾客要求的程度。为了使"适用性"这个比较抽象的概念具体化，美国质量管理专家戴维·戈文（David Garvin）教授将适用性的概念具体为 8 方面的含义，即：

（1）性能。产品主要功能达到的技术水平和等级，如钟表的走时准确度、电视机的图像清晰度等。

（2）附加功能。为使顾客更加方便、舒适等所增加的产品功能，如音响遥控器、照相机的自动卷片功能等。

（3）可靠性。产品完成规定功能的准确性和概率。如电视机平均无故障工作时间、机床的精度稳定期限等。

（4）一致性。产品符合产品说明书的程度。如汽车百公里耗油是否不超过说明书规定数量、饮料中的天然固形物含量是否达到标识等。

（5）耐久性。产品或服务达到规定寿命的概率。如电冰箱达到规定无故障运行小时的概率。

（6）维护性。产品是否容易修理和维护。

（7）美学性。产品外观是否具有吸引力和艺术性。

（8）感觉性。产品是否使人产生美好联想，如服装面料的手感、广告用语使人产生的联想等。

美国著名作业管理专家理查德·施恩伯格认为上面 8 个方面的质量含义偏重于制造企业和产品。对于服务业来说，还应补充以下内容：

（1）价值。服务是否最大限度地满足了顾客的希望，使他觉得物有所值。

（2）响应速度。对于服务业来说时间是尤为重要的质量性能和要求。有资料显示，超市出口处的顾客等待时间超过 5 分钟，该超市的服务质量水平就会在顾客心中大打折扣。

（3）人性。不仅仅是对顾客笑脸相迎，还包括对顾客的谦逊、尊重、信任、理解、体谅和与顾客的有效沟通，这是服务质量中最难把握的但却是非常重要的。

（4）安全性。无任何风险、危险和疑虑。

（5）资格。具有必备的能力和知识，提供一流的服务。如导游的服务质量在很大程度上决定于导游人员的外语能力和知识素养。

产品质量虽然需要根据质量标准来衡量，但有时用户使用要求并不能完全在质量标准中反映出来，因此企业不能仅仅满足于达到现行质量标准，而应该根据用户的要求不断提高产品或服务的质量，更好地体现"适用性"。用户对"适用性"的评价因素很多，对于制造业和服务业来说又各有不同，如表 10 – 1 所示。而且，用户对质量的评价因素往往会随时间的变化而变化，这些都对生产与运作管理提出了更高的要求。

表 10 – 1　　　　　　　　　　用户对质量的评价因素表

| 行业 | 质量评价因素 |
| --- | --- |
| 服务业/制造业 | **硬件**<br>● 饭店布局、餐桌款式、灯光效果<br>● 牙医所用设备的新旧程度等<br>● 产品的外观<br>● 产品安装、使用的难易程度等 |
| | **产品或服务支持**<br>● 银行业务中数据查询速度<br>● 对直接或间接应承担责任的态度等<br>● 付款手续的繁简及改正错误的难易程度<br>● 广告的可信度等 |
| | **心理影响**<br>● 宾馆服务员的服务态度<br>● 顾客投诉办公室中的工作人员热情程度<br>● 产品销售人员对所售产品的了解程度<br>● 品牌的信誉等更新的挑战 |

### 2. 质量管理

根据 ISO8402 – 1994 的定义，质量管理是指"确定质量方针、目标和职责，并通过质量体系中的质量策划、质量控制、质量保证和质量改进来使其实现的所有管理职能的全部活动"。从这个定义可以看到质量管理是一个组织管理职能的重要组成部分，必须由一个组织的最高管理者来推动，各级管理者各尽其责，全体员工积极参与。具体来说包括：

（1）制定质量方针和目标。质量方针是指公司最高层领导人正式颁布的总的质量宗旨和目标，如产品质量要达到的水平、对企业质量管理活动的要求、售后服务的总原则等。质量方针是企业开展质量工作的指南。质量目标是企业按照质量方针所提出的一定时间内质量方面达到的预期成果，如废品率下降水平、故障成本在产品成本中所占比重等。

（2）建立质量体系。质量体系是指为实施质量管理所需的组织结构、程序、过程和资源。质量体系的意义不仅在于建立组织结构，更重要的是在于明确组织机构的职责范围和工作方式；不仅在于使企业各方面的质量工作有效地开展，更重要的是在于使这些工作相互协调，形成一个有机的整体，实现企业整体质量的完善。建立质量体系时，应形成必要的体系文件，如质量手册、管理性程序文件、技术性程序文件、质量计划、质量记录等。

（3）开展质量控制和质量保证活动。质量控制是指根据质量标准，监视质量环节的工作，使其在受控状态下运行，从而及时排除和解决所产生的问题，为满足质量要求采取相应的作业技术和活动。

质量保证是指为使人们确信某实体能满足质量要求，在质量体系中实施并根据需要进行证实的有计划和有系统的活动。这意味着企业必须就是否具有满足质量要求的能力提供充分必要的依据，接受第三方权威机构的客观、公正评价。质量保证包括两个含义：一是指企业为用户所做的一种质量担保，即让用户确信企业产品或服务的质量满足其规定的要求，因此它是一种企业取得用户信任的手段；二是企业为确保本企业产品或服务的质量满足规定的要求所进行的活动，因此它是一种管理手段。

（4）质量改进。

质量改进是为本组织及其顾客提供增值效益，在整个组织范围内所采取的旨在提高活动和过程的效益和效率的各种措施。质量改进是无止境的，只要不断地寻找问题，积极地改进，就可以提高企业的质量水平，增强企业的竞争力。

## 10.1.2　质量管理的历史演进

质量管理是一门科学，随着整个社会生产的发展而发展，也同科学技术的进步、管理科学的发展密切相关。考察质量管理的发展过程，有助于我们有效地利用各种质量管理的思想和方法。一般来说，我们把质量管理的发展过程划分为三个阶段。

### 1. 质量检验阶段（20 世纪 20～30 年代）

20 世纪初，资本主义生产力的迅猛发展使得生产过程日益庞杂，生产组织日臻完善，整个生产过程分工细化。许多美国企业根据泰罗的管理模式，纷纷设立检验部门，使得检验与生产分离开来，将原始的"操作者的质量管理"发展成为分工明确、独立实施的新型的质量管理，标志着质量管理步入了一个成熟的发展阶段，即"质量检验管理阶段"。

这一阶段的中心内容是通过事后把关保证不合格品不流入下道工序或送到用户手中，至今在企业中仍不可缺少，但是就生产过程而言，毫无预防不合格品的作用；而在生产终端，不合格品即使检出也无法挽回。而且在产量大幅增长或产品需要进行破坏性试验的情况下，根本难以全数检验。为了解决这些矛盾，质量管理方法做了相应的改进，进入统计质量控制阶段。

### 2. 统计质量控制阶段（20 世纪 40～50 年代）

早在 20 世纪 20 年代，美国贝尔实验室工程师休哈特就首先提出了"控制与预防缺陷"的概念，并与他人合作取得累累硕果，是最早把数理统计方法引入质量管理的先驱。可惜由于 30 年代资本主义经济危机，这些成果只好束之高阁。

"二战"期间军需品的生产任务重、时间紧，事后检验立刻显现出其弱点，检验部门成为最薄弱的一环，这时休哈特等人的研究成果被重视起来，得到迅速的推广和应用。

这一阶段的手段是利用数理统计原理，预防产生废品并检验产品的质量，在方式上由专职检验人员转过来的专业质量控制工程师和技术人员承担，这标志着事后检验的观念转变为预防质量事故的发生即事先加以预防的概念，质量管理工作前进了一大步。

但是统计质量控制主要保证生产过程中的产品质量，而不能提高产品本身的质量。随着科技的发展，对质量提出了更高的要求，加上市场竞争日趋激烈，促使各个企业把改善产品的经济性和技术服务作为提高产品质量的重要内容，于是自 20 世纪 60 年代初起进入全面质量管理阶段。

### 3. 全面质量管理阶段（20 世纪 60 年代至今）

最早提出全面质量管理（total quality control，TQC）概念的，是美国的费根堡姆（Armand V. Feigenbaum），他指出："全面质量管理是为了能够在最经济的水平上，并考虑到充分满足顾客要求的条件下进行生产和提供服务，把企业各部门研制质量、维持质量和提高质量的活动构成一体的一种有效体系"。费根堡姆之所以提出上述思想，主要源于如下原因：

（1）20 世纪 50 年代以来科学技术飞速发展，出现了许多大型产品和复杂的系统工程，质量要求大大提高，特别是对安全性、可靠性的要求越来越高。这就要求用系统的观点，从全局来控制产品质量形成的各个环节、各个阶段。

（2）行为科学在质量管理中得到应用。重视人的因素，从社会学、心理学的角度研究社会环境、人的相互关系以及个人利益对提高工效和产品质量的影响，发挥人的能动作用，调动人的积极性，于是在质量管理中出现了"自我控制""QC 小组"等活动。

（3）全球性"保护消费者利益"运动的不断深入，促使各国政府出台相应法律要求企业对所提供产品的质量承担法律责任和经济责任。这表明制造商提供的产品不仅要求性能符合质量标准，而且还要保证产品售后运行效果良好，安全可靠。于是质量管理中提出了质量保证和质量责任问题，要求企业建立全过程的质量保证系统对企业的产品质量实行全面的管理。全面质量管理由于符合生产发展和质量管理发展的客观要求，很快在世界各地得到推行和发展。经过多年实践，全面质量管理理论已经比较完善，在实践中也取得了较大成功。

## 10.2　全面质量管理与 ISO9000

### 10.2.1　全面质量管理

1996 年日本科学技术联盟作为日本全国性质量组织，从整个国际范围的形势发展考虑，为了适应企业所处环境的变化和提高企业的经营管理水平，认为要赋予 TQC 更广泛的内涵。于是从 1996 年 4 月起，将 TQC 改称为 TQM（total quality management），在我国仍称为全面质量管理。

#### 1. 全面质量管理的内涵

国际标准 ISO8402-1994 中关于 TQM 的定义非常简洁：一个组织以质量为中心，以全员参加为基础，目的在于通过让顾客满意和本组织所有成员及社会受益而达到长期成功的管理途径。

全面质量管理是一个具有丰富内涵的理论，贵在一个"全"字，体现为以下四方面的特点：

（1）全过程的质量管理。即将质量管理活动贯穿产品质量产生、形成和实现的全过程，全面落实预防为主的方针，涉及产品市场调查、设计试验、工艺制订、工装准备、物资供应、生产制造以及售后服务等所有环节。这个全过程可由米兰的"质量螺旋上升过程图"来表达。

（2）全面质量的管理。全面质量即不仅是产品质量，而且还包括与产品质量有关的工序质量和各项工作质量。要从抓好产品质量的保证入手，用优质的工作质量来保证产品质量，以求优质、经济地及时交货，服务周到，一切使用户满意。

（3）全员参加的质量管理。产品质量是企业活动的各个环节、各个部门全部工作的综合反映。企业中任何一个环节、任何一个人的工作质量都会不同程度地、直接或间接地影响产品质量。因此，必须将企业内所有人员的积极性和创造性充分调动起来，不断提高各级员工的素质，人人关心质量，才能生产出用户满意的产品。QC 小组、全员把关、质量教育是全员参加质量管理的根本途径。

（4）是全社会推动的质量管理。要将全面质量管理深入持久地开展下去，仅仅是企业内部的重视是不够的，需要从质量立法、认证、监督等方面进行宏观控制引导。一方面，一个完整的产品，往往是由许多企业共同协作来完成的，仅靠企业内部的质量管理无法保证产品质量；另一方面，来自全社会宏观质量活动所创造的社会环境可以激发企业提高产品质量的积极性和认识的必要性。所以说，全面质量管理的开展要求全社会推动。

## 2. 全面质量管理的指导思想

全面质量管理是一种由顾客的需要和期望驱动的管理哲学。TQM 是以质量为中心，建立在全员参与基础上的一种管理方法，其目的在于长期获得顾客满意、组织成员和社会的利益最大化。具体来说，TQM 的基本指导思想为：

（1）强调质量第一。TQM 要求在生产过程中把质量管理放在第一位，贯彻"质量第一"的思想。要求全体员工，尤其是领导层要有强烈的质量意识；要求企业在确定经营目标时，首先根据用户的需求，科学确定质量目标，并安排人力、物力、财力予以保证。

（2）以顾客为中心。全面质量管理注重顾客价值，其主导思想就是"顾客的满意和认同是长期赢得市场，创造价值的关键"。为此，全面质量管理要求必须把以顾客为中心的思想贯穿到企业业务流程的管理中，从市场调查、产品设计、试制、生产、检验、仓储、销售，到售后服务的各个环节都应该牢固树立"顾客第一"的思想。

（3）预防为主。在企业的质量管理中，要认真贯彻预防为主的原则，凡事要防患于未然。重视产品设计，在设计上加以改进，消除隐患。对生产过程进行控制，尽量把不合格品消灭在发生之前，同时对产品质量信息及时反馈并认真处理。

（4）强调用事实和数据说话。在质量管理工作中要具有科学的工作作风，在研究问题时不能满足于一知半解和表面现象，要对问题做到心中有"数"，运用各种统计方法和工具进行分析，找出问题并解决问题。

（5）不断改进。TQM 是一种永远不能满足的承诺，用一句广告语概括就是"没有最好，只有更好"。在这种观念的指导下，企业应持续不断地改进产品或服务的质量和可靠性，确保企业获取对手难以模仿的竞争优势。

（6）以人为本。TQM 要求在质量管理的各项活动中，把重视人的作用、调动人的主观能动性和创造性、发动全员参与作为根本的管理理念，在企业内部形成一种人人重视质量的企业文化氛围。

## 3. 全面质量管理的基本工作程序——PDCA 循环

PDCA 循环是全面质量管理工作的基本程序，最早是由美国质量管理专家戴明提出来的，所以又称"戴明环"。PDCA 四个英文字母在 PDCA 循环中所代表的含义如下：

P（Plan）——计划阶段。计划阶段的任务是制定质量目标、根据目标制订质量计划。计划内容包括质量目标计划、质量指标计划、质量实施计划。计划阶段有四个步骤：①分析现状，找出存在的问题；②找出问题的原因或影响因素；③找出问题主要的因素；④制订措施和计划。

D（Do）——计划实施阶段。计划实施阶段是质量管理的关键，要保证计划能很好贯彻执行，必须做到五个到位：人员到位、组织到位、措施到位、监督到位和激励到位。

C（Check）——检查阶段。把计划执行的结果与计划对比，评价结果，找出问题。

A（Action）——处置阶段。处置阶段一方面要总结成功的经验并把它标准化以便今后参考；另一方面把没有解决的问题纳入下一阶段的计划中。

戴明环的四个阶段是由八个步骤组成的，其关系如表 10 - 2 所示。将表 10 - 2 制成图 10 - 1 则更为形象。

表 10 - 2　　　　　　　　　　　PDCA 循环工作步骤表

| 阶段 | 步骤 | 备注 |
|---|---|---|
| 计划阶段（P） | ①分析现状，找出问题<br>②找出造成问题的原因<br>③找出其中的主要原因<br>④针对主要原因，制订措施计划 | 本阶段要明确五个"什么"一个"如何"即"5W1H"<br>①为何订此计划（why）<br>②计划的目标是什么（what）<br>③何处执行此计划（where）<br>④何时执行此计划（when）<br>⑤何人执行此计划（who）<br>⑥如何执行计划（How） |
| 执行阶段（D） | ⑤按措施计划执行 | |
| 检查阶段（C） | ⑥检查执行情况 | 排列图，直方图，控制图 |
| 处理阶段（A） | ⑦对检查结果按标准处理<br>⑧不能作标准化处理的，转入下一轮循环，或作标准化动态更新处理 | 制定或修改相关规章制度 |

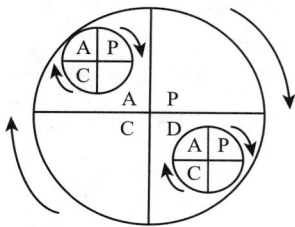

PDCA循环特点之一：
（大环带小环）

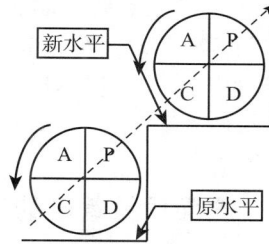

PDCA循环特点之二：
（阶梯式上升）

图 10 - 1　PCDA 循环

资料来源：http://wiki.mbalib.com/wiki/PDCA.

之所以称其为 PDCA 循环，是因为这四个过程不是运行一次就完结，而是要周而复始地进行。一个循环完了，解决了一部分问题，可能还有其他问题尚未解决，或者又出现了新的问题，进行下一个循环。PDCA 循环有如下三个特点：

（1）大环带小环。如图把整个企业的工作作为一个大的 PDCA 循环，那么各部门、小组还有各自小的 PDCA 循环，就像一个行星体系一样，大环带动小环，一级带一级，有机地构成一个运转的体系。如图 10-1 所示。

（2）阶梯式上升。PDCA 循环不是在同一水平上循环，而是每转一圈都有新的计划和目标，犹如爬楼梯一样逐步上升，使质量水平不断提高。坚持 PDCA 循环，就会使质量管理持续取得更新的成果。

（3）科学管理方法的综合应用。PDCA 循环应以 QC 七种工具为主的统计处理方法以及工业工程（IE）中工作研究的方法，作为进行工作和发现、解决问题的工具，一切凭数据说话。

### 4. 全面质量管理的体系结构与哲学思想

全面质量管理的概念形成与发展是日本企业在美国的戴明等质量管理专家的推动下不断开展起来的，并形成了具有日本文化特色的管理模式。它有三大要素：一是价值观；二是工具；三是管理职能。

在这个体系结构中，最核心的东西是价值观。因为质量管理的工具与智能管理基本上都具有一定的通用性与普遍性的管理内容，并不具有文化背景，但是全面质量管理的价值观则是起源于日本的一种具有日本企业文化特征的，特别是日本企业的哲学思想的质量管理思想。

在全面质量管理的思想背后蕴藏着三个具有东方文化色彩的哲学思想：人本主义、集体主义和完美主义。

人本主义体现在日本式的企业与西方企业在质量管理的重点不同，西方企业更侧重于技术与方法的运用，比如统计工具、质量控制技术等，用"硬系统方法"去解决质量问题；而日本企业的全面质量管理更多体现在人与组织的"软系统方法"的运用。

集体主义的质量管理哲学思想体现在如"全员参加""质管圈（即质量管理小组活动）""提案建议"等集体性的质量改善活动上。

完美主义的质量管理哲学思想体现在日本企业经常使用的"零缺陷"、"三不原则"（不接收、不制造、不放过）、"持续改善"等思想中。

## 10.2.2 全面质量管理的工作重点

全面质量管理是一个内容与工作范畴广泛的系统化的质量管理概念，其工作内容涉及企业各个方面与各个部门。从生产运作的角度，开展全面质量管理主要应抓好以下几个环节。

### 1. 设计过程质量管理

日本有家公司曾做过调查统计，该公司用户索赔与意见中，属于设计问题的约占 70%，剩下的 30% 才是制造装运等其他责任问题。由此我们可以看出产品设计质量对产品质量管理的重要性。有的学者提出一个新概念："质量是设计出来的"，这个概念反映了设计质量是企业产品与服务质量的源头的思想。

那么，如何提高产品设计质量呢？下面几个环节是值得注意的：

（1）做好市场调查，分析用户质量需求。通过市场调查分析，收集用户对产品质量的要求、产品使用效果的情况、生产过程中出现的质量问题。在分析论证的基础上，制定质量目标。

（2）从顾客侧与企业侧双向考虑产品的设计。一般来说，产品的设计要从两方面需求考虑：一方面是用户的质量、功能需求；另一方面制造系统的可制造性需求。从满足消费者需要的角度出发，产品设计应尽可能地逼近用户的要求，这是设计过程的向外逼近过程。另外，产品设计也要满足制造系统的可制造性要求，因为如果设计的产品无法加工出来，再精美的设计也是徒劳的，因此产品设计就要向内逼近制造要求。采用双向逼近思想进行产品设计，对于老产品的技术改进，推荐采用价值工程方法，而新产品设计推荐采用 QFD（质量、功能配置）方法。

（3）认真做好设计评审工作。设计审核的目的在于早期发现设计过程的不合理性，降低质量风险和质量成本，提高产品可制造性。设计评审是在企业内部进行的有组织、有计划的活动。评审一定要由企业内部各主要部门人员参加，包括技术、生产、销售、财务、质管等部门的人员，从技术、经济的角度进行全面鉴定。通过评审的设计才能进行试制生产，没有通过评审则需要修改后再评审。

（4）新产品的试制与鉴定。试制是设计的验证，鉴定是从设计转入制造过程的重要环节。通过试制检验产品设计的合理性、可行性，发现不合理的设计。有的时候需要反复实验多次，并且在试制过程中可能要对原来的设计方案进行修改，最后对试制产品进行鉴定，以确定是否正式批量生产。

## 2. 供应质量管理

传统的质量管理观念比较注重企业内部的质量改善，但是对于外部的质量改善重视不够。随着企业合作范围的扩大和供应链结构的复杂性增加，越来越多的企业意识到，仅依靠企业内部的质量改善显然不够。特别是加工装配型企业，如汽车制造企业，一个产品的质量主要是取决于零件的质量。因此，搞好供应质量管理是全面质量管理的一个很重要的工作内容。广州五羊—本田摩托公司就是非常重视供应商质量管理的典范。一辆摩托车零件供应商有好几百家，摩托车产品的质量在很大程度上取决于外协件的质量。为了严格控制外协件的质量，在选择供应商方面，五羊—本田有一套严格做法，每选择一个供应商，都要进行严格的调查，经过试用合格的供应商才能作为企业长期的合作供货伙伴。一旦被选为五羊—本田的供货商，五羊—本田就同其建立真诚的合作关系，采用有效的激励措施提高供应商的积极性，使其不断提高产品的质量。另外，五羊—本田将自己的先进的质量管理思想与方法延伸到供应商，与外协厂一起为提高产品质量而努力。许多供应商都以能够成为五羊—本田的供应商而自豪。相反，一些企业由于对供应商的质量控制不力，导致企业产品质量出现问题，最终影响企业产品的质量与市场声誉，严重的使企业失去市场。

### 3. 制造过程的质量管理

制造过程质量管理的任务是：建立一个能稳定生产合格产品的生产系统，搞好每一个生产环节的质量管理，严格执行技术标准，保证产品质量和减少不合格产品的发生。

制造过程的质量管理由生产技术准备阶段、生产制造阶段的质量管理组成。制造过程质量管理的核心是实施工序质量控制，利用现代数理统计方法对制造过程进行现场监督与控制。

制造过程质量管理的关键点包括：

（1）提高员工的质量意识，提高员工的质量管理水平，包括技术水平。只有高素质的员工才能制造出高质量的产品。松下有一句名言"造物先造人"。这句话充分说明在生产过程中，人员素质对于制造质量的重要性。只有员工具有自觉自律的质量改善意识，才能提高产品质量。"质量始于教育，终于教育"，不断的教育与培训对于提高员工的质量素质非常重要。

（2）使员工形成"零缺陷"的观念。日本企业的质量管理的最大特点就是给员工灌输零缺陷的意识，做事情要至善至美，只有这种追求完美的思想得到贯彻与落实，全面质量管理才能深入人心。

（3）培养"危机意识"。企业要在员工中培养一种危机意识，让员工清楚当自己生产出废品时，不仅会给顾客造成损失，更严重的是企业将失去顾客而没有了市场，员工终有一天可能因此而失去工作。

### 4. 售后服务过程的质量管理

现代企业质量管理不再是局限于企业内部的生产制造过程的工序制造控制，它延伸到产品使用的过程，重视售后服务质量。

服务质量管理的主要目标是用户满意度，通过提高用户的满意度来赢得消费者。服务质量管理内容包括服务的态度、服务的工作完好度（如维修是否及时、一次性维修成功率）、是否提供导购服务、顾客投诉处理与顾客访问等。

要搞好售后服务质量管理，建立一个及时的顾客反馈信息系统非常必要。海尔集团的售后服务就非常注意这一点。每一次的海尔的售后服务完成以后，海尔售后服务中心就会通过电话向顾客询问有关服务的质量与服务满足情况。

## 10.2.3　ISO9000 系列标准

### 1. ISO9000 系列标准的产业与发展

科技的发展使产品结构日趋复杂，其中相当一部分还具有高安全性、高可靠性和高价值的特征，如电站锅炉、核裂变装置等。这时用户很难凭自己的能力和经验来判断产品的合格程度，如果使用了有缺陷的产品，可能会造成巨大的损失和伤害。于是在产品质量形成过程中加强管理和实施监督，建立相应的质量体系并实行第三者客观的认证制度就成为企业提高信誉、获取信任的客观要求。同时，国际贸易的迅速发展，产品超越国界必然带来了与之有直接关系的国际产品质量保证和产品责任问题，于是要求在产品质量方面具有共同的语言、统一的认识和共同遵守的规范。在这样的背景下，国际标准化组织（International Standard Organization，ISO）于 1979 年建立了质量保证技术委员会，专门研究国际质量保证领域内的标准化问题和负责制定质量体系的国际标准。经过多年的努力，在总结世界各国质量管理和质量保证经验的基础上，于 1986 年 6 月 15 日正式颁布了 ISO8402《质量管理和质量保证术语》标准，于 1987 年 3 月 ISO 正式公布了 ISO9000 系列标准。它标志着质量体系走向规范化、系列化和程序化的世界高度。经验表明，采用 ISO9000 系列标准是走向世界的通行证。

2000 年 12 月 15 日，ISO/TC176 正式发布了新版本的 ISO9000 族标准，统称为 2000 版 ISO9000 族标准。该标准的修订充分考虑了 1987 版和 1994 版标准以及现有其他管理体系标准的使用经验，因此，它将使质量管理体系更加适合组织的需要，可以更适应组织开展其商业活动的需要。

2000 版标准更加强调了顾客满意及监视和测量的重要性，促进了质量管理原则在各类组织中的应用，满足了使用者对标准应更通俗易懂的要求，强调了质量管理体系要求标准和指南标准的一致性。2000 版标准反映了当今世界科学技术和经济贸易的发展状况，以及"变革"和"创新"21 世纪企业经营的主题。

### 2. ISO9000 系列标准的组成

2000 版 ISO9000 族标准包括以下一组密切相关的质量管理体系核心标准：

ISO9000《质量管理体系基础和术语》，表述质量管理体系基础知识，并规定质量管理体系术语。

ISO9001《质量管理体系要求》，规定质量管理体系要求，用于证实组织具有提供满足顾客要求和适用法规要求的产品的能力，目的在于增进顾客满意。

ISO9004《质量管理体系业绩改进指南》，提供考虑质量管理体系的有效性和效率两方面的指南。该标准的目的是促进组织业绩改进和使顾客及其他相关方满意。

ISO19011《质量和（或）环境管理体系审核指南》，提供审核质量和环境管理体系的指南。

### 3. ISO9000 与 TQM 的关系

从本质上讲，ISO9000 与 TQM 有着共同的理论基础——质量管理学，因此首先两者具有一致性：

（1）遵循的原理是相同的。在全面质量管理理论中，描述产品质量的产生、形成和实现运动的规律是"米兰质量螺旋形上升曲线"。而 ISO9000 系列标准中明确提出"质量体系建立所依据的原理是质量环"。质量环实际上就是以米兰质量螺旋形上升曲线为依据，原理是相同的。

（2）基本要求是一致的。全面质量管理的基本特征——全过程、全面质量、全员参加、全面综合运用各种方法在 ISO9000 中同样被贯彻。

（3）指导思想是相同的。TQM 与 ISO9000 都同样贯彻以下思想、系统管理、为用户服务、预防为主、过程控制、质量与经济相统一、用事实与数据说话，等等。

可见 TQM 与 ISO9000 在理论上是一致的，在采用方法上是相通的，在具体做法上也是相近的。但两者之间仍存在一些不同：

（1）ISO9000 与 TOM 都指全过程控制，但 ISO9000 强调文件化，而 TQM 更重视方法和工具。可以说，ISO9000 告诉人们必须"做到"什么，TQM 则更强调"怎么去做"。

（2）ISO9000 是通用的标准化的程序，而 TQM 没有规范化。

（3）ISO9000 可进行国际通用的认证，而 TQM 不能。

尽管有上述细微的不同，但 TQM 与 ISO9000 是可以相互结合，相互促进的。推行 ISO9000 系列标准可以促进全面质量管理的发展，使之规范化，同时 ISO9000 系列标准也从全面质量管理中吸取先进的管理思想和技术，不断完善系列标准。

## 10.3 常用质量管理工具和方法

### 10.3.1 质量管理常用工具

1. 检查表法

利用统计表对数据进行整理和初步分析原因的一种工具，方法简单，实用有效。表 10-3 是其中的一种格式。

表 10-3　　　　　　　　　统计分析表

| 项目 | 统计 | 频数 | 排序 |
| --- | --- | --- | --- |
| A | ≡ | 3 | 3 |
| B | ≡ | 13 | 1 |
| C | ‖ | 2 | 4 |
| D | ‖ | 7 | 2 |

2. 分布图法

这一方法就是将收集到的数据按不同目的加以分类，将性质相同，在同一生产条件下收集的数据归在一起，于是数据反映的事实暴露得更明显、突出，便于找到问题原因。分层可以根据实际情况按多种方式进行，如按时间分、按操作人员分、按原材料分，按设备分、按不同检测手段分等。分层主要是为了分清责任，找出原因。数据分层法常与统计分析表结合使用。

### 3. 排列图法

排列图又称帕累托图，这是找出主要问题的一种有效图表方法。TQM 的经验之谈是：将主要问题解决一半，比彻底解决次要问题对提高质量更为有效。

根据下面的资料绘制帕累托图，并指出造成缺陷的主要原因（见表 10 - 4、图 10 - 2）。

**表 10 - 4** 　　　　　　　　　　　**产品缺陷原因次数分布表**

| 缺陷原因 | 发生次数 | 累计频数 | 频率（%） | 累计频率（%） |
|---|---|---|---|---|
| 变形 | 104 | 104 | 52 | 52 |
| 刮花 | 42 | 146 | 21 | 73 |
| 针眼 | 20 | 166 | 10 | 83 |
| 裂缝 | 10 | 176 | 5 | 88 |
| 斑点 | 6 | 182 | 3 | 91 |
| 有沟 | 4 | 186 | 2 | 93 |
| 其他 | 14 | 200 | 7 | 100 |
| 合计 | 200 | — | 100 | — |

由以上给定的资料，按下面步骤绘制：

第一步：画一个直角坐标系；

第二步：绘制条形图；

第三步：描绘出累积频数分布折线图。

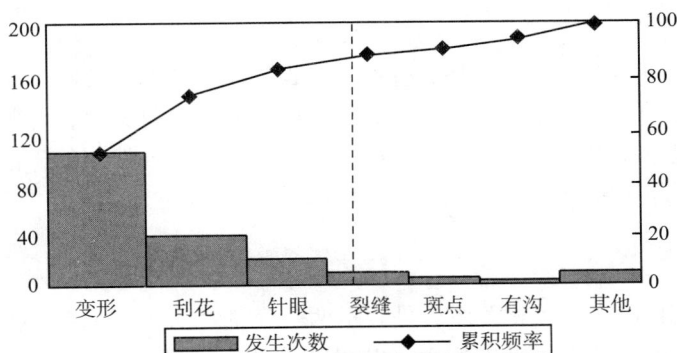

**图 10 - 2　缺陷原因帕累托图**

从图 10-2 中可以看出，虚线右边的折线仍在上升，但总体比较缓慢，而左边的三个原因已占缺陷原因的 80% 以上，所以变形、刮花和针眼是造成缺陷的主要原因。

## 4. 因果图法

因果图法又称特征因素图法，是分析各种质量问题原因的有效方法。在分析原因时，可从设备、操作者、工艺方法、材料、环境等方面层层深挖原因，以线条箭头表示。于是图上呈现各种原因的分支线条，犹如树枝或鱼刺，故又称树枝图或鱼刺图，如图 10-3 所示。这种方法充分发动员工动脑筋、查原因，集思广益，适合在 QC 小组中实行质量的民主管理。当所有可能的原因都找出来后，下一步就是要结合排列图等方法找出主要原因。

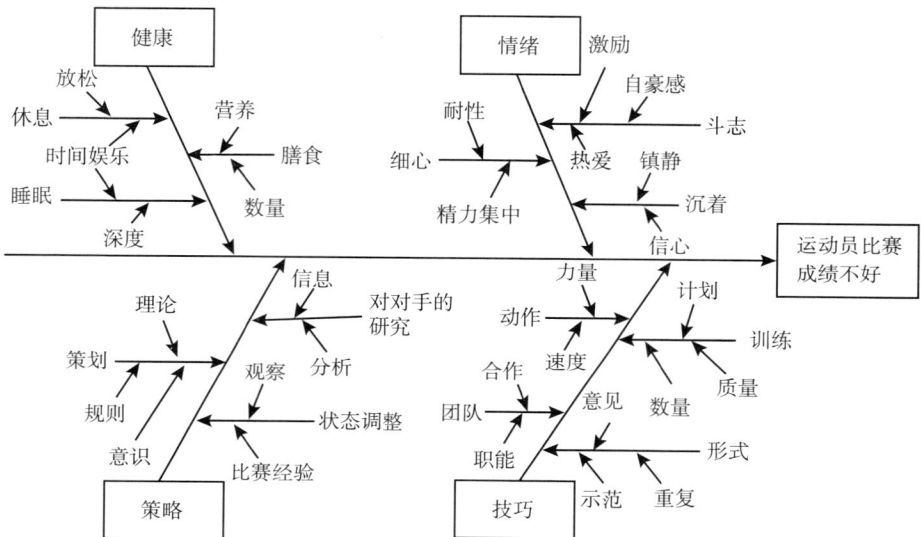

**图 10-3　因果分析图**

## 5. 直方图法

直方图又叫质量分布图，是通过整理抽查的质量数据，反映质量分布状态的统计图表。要绘制直方图，首先要将测得的质量数据进行分组，并整理成为频数表，然后据以绘制直方图。直方图可运用于某些需要加强控制的工序，它可以用来观察分析质量分布的情况（见图 10-4）。

## 6. 散布图法

散布图又称散点图、相关图，是表示两个变量之间相互关系的图表法。横坐标通常表示原因特性值，纵坐标表示结果特性值，交叉点表示它们的相互关系。相关关系可以分为：正相关、负相关、不相关。图 10-5 表示了某化工厂产品收率和反应温度之间的相关关系，可以看出，这是正相关。

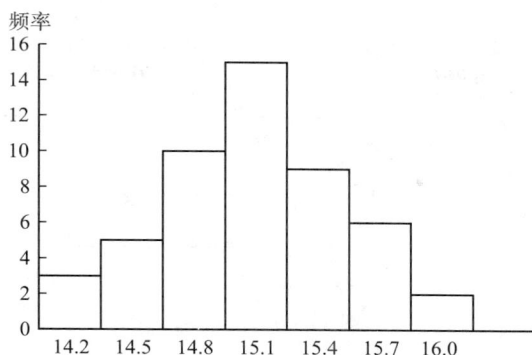

图 10 - 4　频率直方图

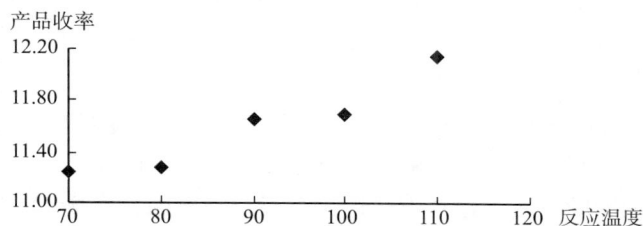

图 10 - 5　反应温度和产品收率之间相关图

## 7. 控制图法

当工序的加工过程处在正常稳定的状态时，其加工精度的偏差是近似服从正态分布的。由正态分布的特性可知，加工偏差落在 $1\sigma$ 范围内的概率为 0.6826；落在 $2\sigma$ 范围内的概率为 0.9545；落在 $3\sigma$ 范围内的概率为 0.9973。故在正常稳定的状态下，加工偏差超出 $3\sigma$ 范围的概率仅为 3‰。根据这一统计性质作横线图，标出 $3\sigma$ 的区域，然后将观察统计出的加工精度数据按时间顺序标在图上，就得到工序控制图。

控制图的基本样式如图 10 - 6 所示。横坐标为样本序号，纵坐标为产品质量特性，图上三条平行线分别为：实线 CL——中心线，虚线 UCL——上控制界限线，虚线 LCL——下控制界限线。在生产过程中，定时抽取样本，把测得的数据点一一描在控制图中。如果数据点落在两条控制界限之间，且排列无缺陷，则表明生产过程正常，过程处于控制状态，否则表明生产条件发生异常，需要对过程采取措施，加强管理，使生产过程恢复正常。

操作人员或监督人员通过观察加工精度数据在图上的落点和模式，可以很容易地判断出工序的加工状况是否处在正常稳定的状况下；一旦某个落点超出了 $3\sigma$ 的范围，说明该工序出现严重异常，此时应考虑停机检查，排除原因，使工序恢复正常。因此，控制图是一种控制工序质量的有效工具。

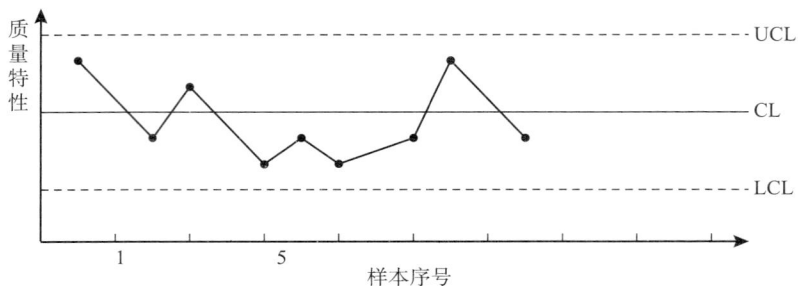

图 10 - 6　控制图

## 10.3.2　质量管理新七种工具

### 1. 关联图法

关联图法（inter-relationship diagram）是为了谋求解决那些有着原因与结果、目的与手段等关系复杂而互相纠缠的问题，并将各因素的因果关系逻辑地连接起来而绘制成关联图的方法，这种方法适用于有几个人的工作场所，经过多次修改绘制关联图，使有关人员澄清思路，认清问题，促进构想不断转换，最终找出以至解决质量关键问题（见图 10 - 7）。

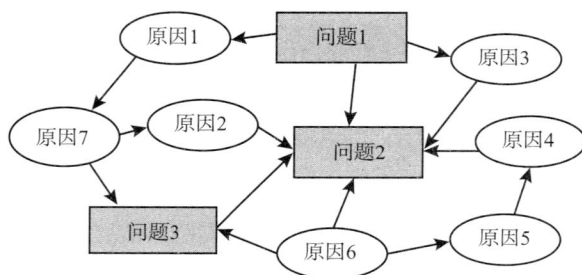

图 10 - 7　关联图

关联图法解决问题的一般步骤是：提出认为与问题有关的一切主要原因（因素）；用简明通俗的语言表示主要原因；用箭头表示主要原因之间，原因与问题之间的逻辑关系；了解问题因果关系的全貌；进一步归纳出重点项目，用双圈标出。

关联图法对于那些因果关系复杂的问题，可以采用自由表达形式，显示出它们的整体关系。

### 2. KJ 法

KJ 法是日本的川喜田二郎（KAWAKITA JIROU）博士于 1953 年探险尼泊尔时，将野外调查结果的数据予以整理时所研究开发出来的方法，是发现问题、解决问题的有效方法之一，其名称取自川喜田二郎博士英文名字的第一个字母。KJ法又称亲和图法，该法能在混淆的状态中找出问题点，并引导出解决的方案。川喜田二郎在多年的野外考察中总结出一套科学发现的方法，即把乍看上去根本不想收集的大量事实如实地捕捉下来，根据亲和性（亲缘关系）加以整理，绘制成图，如图 10－8 所示。发现问题的全貌，建立假说或创立新学说，把复杂而没有头绪的观念或事实，依其相互间的亲和性加以归纳统合，使这些观念或事实之间的关系明朗化的手法。

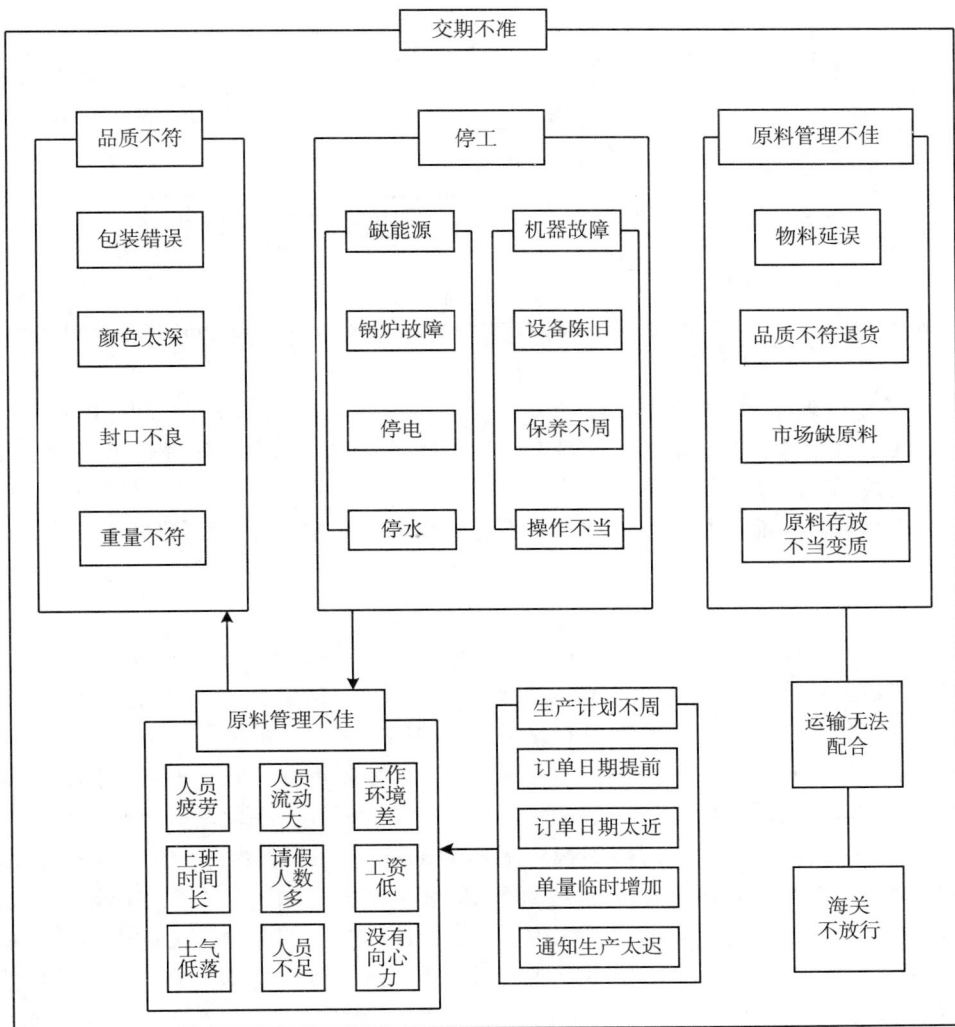

图 10－8　"交期不准"的 KJ 图

资料来源：根据 http：//wiki. mbalib. com/wiki/KJ% E6% B3%95 整理。

### 3. 系统图法

系统图法（systematic diagram）即运用系统的观点，把目的和达到目的的手段依次展开绘制成系统图，以寻求质量问题的重点和最佳解决方法。系统图由方块和箭头构成，形状似树枝，又叫树枝系统图、家谱图、组织图等等，它是从基本目的出发，采取从上而下层层展开和自下而上层层保证的方法来实现系统的目标。

在质量管理中，为了达到某种目的，就需要选择和考虑某一种手段；而为了采取这一手段又必须考虑它下一级的相应的手段。这样，上一级的手段就成为下一级手段的行动目的，如图 10 - 9 所示。

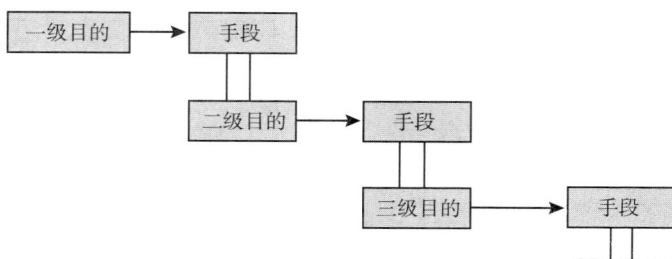

图 10 - 9　系统图

资料来源：http：//wiki. mbalib. com/wiki/% E7% B3% BB% E7% BB% 9F% E5% 9B% BE% E6% B3% 95.

利用系统图法的概念，把达到某一个目的所需要的手段层层展开成图形，就能对问题有一个全貌的认识，并且能够提问题的重点，从而能够寻找出实现预定目的的最理想方法。系统图法不仅对于明确管理的重点、找出质量改进的方法和手段十分有效，而且是企业管理人员不可缺少的"目的—手段"的思考方法。

### 4. 矩阵图法

所谓矩阵图法（matrix diagram），就是从问题的各种关系中找出成对要素，并按数学上矩阵的形式，把问题及与其有对应关系的各个因素，按行和列排成图，并在其交点处标出两者之间的关系，从中确定关键点的方法。

在复杂的质量问题中，往往存在许多成对的质量因素，将这些成对因素找出来，分别排列成行和列，其交点就是其相互关联的程度，在此基础上再找出存在的问题及问题的形态，从而找到解决问题的思路。质量管理中所使用的矩阵图，其成对因素往往是要着重分析的质量问题的两个侧面，如生产过程中出现了不合格时，着重需要分析不合格的现象和不合格的原因之间的关系，为此，需要把所有缺陷形式和造成这些缺陷的原因都罗列出来，逐一分析具体现象与具体原因之间的关系，这些具体现象和具体原因分别构成矩阵图中的行元素和列元素，如图 10 - 10 所示。

矩阵图的最大优点在于，寻找对应元素的交点很方便，而且不会遗漏，显示对应元素的关系也很清楚。矩阵图法还具有以下几个特点：可用于分析成对的影响因素；因素之间的关系清晰明了，便于确定重点；便于与系统图结合使用。

|  | A |  |  |
|---|---|---|---|
| B | a₁ | A₂ | a₃ |

|  |  |  |  |  |
|---|---|---|---|---|
| B | b₁ |  |  |  |
|  | b₂ |  |  |  |
|  | b₃ |  |  |  |

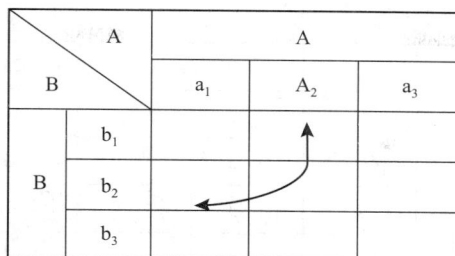

**图 10 – 10　系统图**

### 5. 矩阵数据分析法

矩阵数据分析法（matrix data analysis chart），即在矩阵图的基础上，把各个因素分别放在行和列，然后在行和列的交叉点用数量来描述这些因素之间的对比，再进行数量计算、定量分析，确定哪些因素相对比较重要。

当我们进行顾客调查、产品设计或者其他各种方案选择，做决策的时候，往往需要确定对几种因素加以考虑，然后，针对这些因素要权衡其重要性，加以排队，得出加权系数。譬如，我们在做产品设计之前，向顾客调查对产品的要求。利用这个方法就能确定哪些因素是临界质量特性。

下面通过例子来介绍如何进行矩阵数据分析法。

（1）确定需要分析的各个方面。通过亲和图得到以下几个方面，需要确定它们相对的重要程度：易于控制、易于使用、网络性能、和其他软件可以兼容、便于维护。

（2）组成数据矩阵。用 Excel 或者手工做。把这些因素分别输入表格的行和列，如表 10 – 5 所示。

（3）确定对比分数。自己和自己对比的地方都打 0 分。以"行"为基础，逐个和"列"对比，确定分数。"行"比"列"重要，给正分。分数范围从 9 到 1 分。打 1 分表示两个重要性相当。譬如，第 2 行"易于控制"分别和 C 列"易于使用"比较，重要一些，打 4 分。和 D 列"网络性能"比较，相当，打 1 分……如果"行"没有"列"重要，给反过来取重要分数的倒数。譬如，第 3 行的"易于使用"和 B 列的"易于控制"前面已经对比过了。前面是 4 分，现在取倒数，1/4 = 0.25。与 D 列"网络性能"比，没有"网络性能"重要，反过来，"网络性能"比"易于使用"重要，打 5 分。现在取倒数，就是 0.20。实际上，做的时候可以围绕以 0 组成的对角线对称填写对比的结果就可以了。

**表 10 – 5**　　　　　　　　　**矩阵数据分析法**

|  | A | B | C | D | E | F | G | H |
|---|---|---|---|---|---|---|---|---|
| 1 |  | 易控制 | 易使用 | 网络性能 | 软件兼容 | 便于维护 | 总分 | 权重（%） |
| 2 | 易于控制 | 0 | 4 | 1 | 3 | 1 | 9 | 26.2 |

续表

| 3 | 易于使用 | 0.25 | 0 | 0.20 | 0.33 | 0.25 | 1.03 | 3.0 |
|---|---|---|---|---|---|---|---|---|
| 4 | 网络性能 | 1 | 5 | 0 | 3 | 3 | 12 | 34.9 |
| 5 | 软件兼容 | 0.33 | 3 | 0.33 | 0 | 0.33 | 4 | 11.6 |
| 6 | 便于维护 | 1 | 4 | 0.33 | 3 | 0 | 8.33 | 24.2 |
| | 总分之和 | 34.37 | | | | | | |

（4）加总分。按照"行"把分数加起来。在 G 列内得到各行的"总分"。

（5）算权重分。把各行的总分加起来，得到总分之和。再把每行总分除以总分之和得到 H 列每个"行"的权重分数。权重分数愈大，说明这个方面最重要，"网络性能"34.9 分。其次是"易于控制"26.2 分。

## 6. 过程决策程序图法

过程决策程序图法（process decision program chart，PDPC）是在制订计划阶段或进行系统设计时，事先预测可能发生的障碍（不理想事态或结果），从而对于事态可能的发展变化作了充分的设想，并拟订出不同的方案，以增加计划的应变能力和适应能力，以最大的可能引向最终理想结果。该法可用于防止重大事故的发生，因此也称之为重大事故预测图法。主要用于制定目标管理、技术开发的执行计划等，如图 10-11 所示。

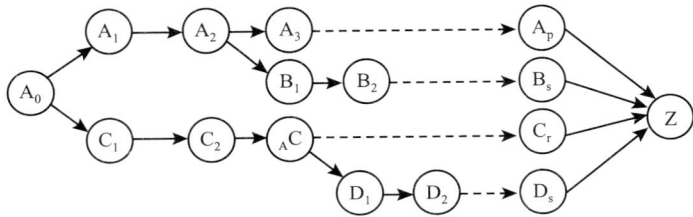

图 10-11　过程决策程序图

过程决策图法具有很多优点，具体来说主要有以下四点：

（1）能从整体上掌握系统的动态并依此判断全局。象棋大师可以一个人同时和20个人下象棋，20个人可能还下不过他一个人。这就在于象棋大师胸有全局，因此能够有条不紊，即使面对20个对手，也能有把握战而胜之。

（2）具有动态管理的特点。PDPC 法具有动态管理的特征，它是在运动的，而系统图是静止的。

（3）具有可追踪性。PDPC 法很灵活，它既可以从出发点追踪到最后的结果，也可以从最后的结果追踪中间发生的原因。

（4）PDPC 法能预测那些通常很少发生的重大事故，并在设计阶段预先考虑应付事故的措施。

换句话说，掌握了这些思考方法以后，所有的人都可以成为一个"诸葛亮"，做到运筹帷幄，料事于先。

### 7. 网络图法

1956 年美国杜邦公司的数学家、工程师组成的小组，在兰德公司的配合下，提出了运用图论的方法来表示计划并把这种方法定名为"关键路线法"（critical path method），简称 CPM 法。1958 年美国海军特种计划局在试制北极星导弹潜艇过程中也提出了以网络分析为主要内容的"计划评审法"（progrom evaluation and review technique），简称 PERT 法。这两种方法以及有关的一些方法统称为网络分析技术，它在世界各国得到了极为普遍的应用。1965 年，我国著名数学家华罗庚教授开始介绍这些方法，称为"统筹法"。

网络分析技术是把工程或任务作为一个系统加以处理，将组成系统的各项工作的各个阶段按先后顺序通过网络形式联系起来，统筹安排、合理规划，区分轻重缓急并研究其发展变化，从而对系统进行控制和调整，达到以最少时间和消耗来完成整个系统预期的目标。因此，网络分析技术是一种系统的技术。它以工序（活动）之间相互联系的网络图和较为简单的计算方法来反映整个工程或任务的全貌，指出对全局有影响的关键工序和关键路线，从而作出切合实际的统筹安排。网络分析技术特别适用于一次性工程或任务。工程或任务越复杂，采用网络分析技术收益越大。这时，也更便于应用计算机进行数据处理，从而加速工作的进展。

网络分析技术是质量管理中的常用工具之一，是取得每一 PDCA 循环活动成果的有效方法，是提高工作质量的重要途径。

当一项工程或任务的总完工期确定后，可画出网络图并计算出事项的最早可能开工时间、最迟必须完工时间；或者工序的最早可能开工时间、最迟必须开工时间以及时差等参数，还可在网络图上确定出关键路线。之后，就要进一步对各工序所需人力、材料和设备等进行合理安排。如果安排欠妥，工序的完成得不到保证，则会打乱全盘计划。安排欠妥，包括人力、物力不够；人力、物力过剩以及各工序间人力、物力安排不协调等，这都会造成不必要的浪费。因此，对整个工程和任务的统筹安排，必须予以足够重视。人力、材料、设备的安排有以下几个内容：

在保证总完工期条件下，根据确定的方法对各工序所需的人力、材料设备计算出合理的数量和进度安排。

当人力、材料、设备有限制时，统筹调配各个工序，以保证总完工期。

在总完工期稍有调整时，使人力、物力有很大的节约。

在人力、物力确定并对工序间作了统筹安排后尚不能保证总完工期，这时应在技术和方法上采取措施。如采用先进工艺，进行技术革新等。

在网络分析计算中，各工序每单位时间所需人力、材料、设备等的数量，一般都用工程进度甘特图来表示。为了计算方便，通常都是由某一种专业人员或者某一种物质的单一进度来表示与计算。计算时要优先保证关键路线上的关键工序的人力、物力，要充分利用时差来平衡协调人力、物力。

如图 10-12 所示，以工程对人力的需要为例作一统筹安排，箭杆上的数字前为工序时间（天数），后面括号内为人力（人数）。

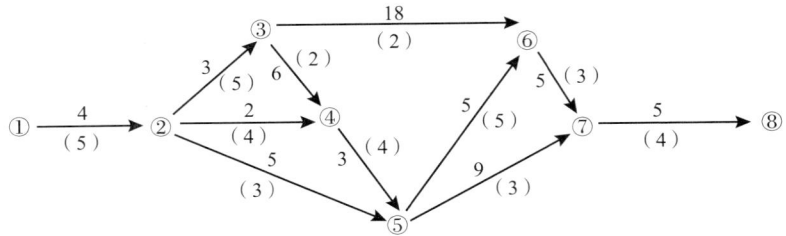

图 10-12　调整人力网络图

经过计算后，各工序的最早可能开工时间 TE、最迟必须开工时间 TL、工序总时差 R、工序单时差 r，如表 10-6 所示。

表 10-6　　　　　　　　　　　　　　计算表

| (1) 工序 i, j | (2) 人数 n | (3) t(i.j) | (4) TE(i, j) = TE(i) | (5) TL(i, j) | (6) TE(j) | (7) R(i, j) (5)-(4) | (8) r(i, j) (6)-(4)-(3) |
|---|---|---|---|---|---|---|---|
| ①→② | 5 | 4 | 0 | 0 | 4 | 0 | 0 |
| ②→③ | 5 | 3 | 4 | 4 | 7 | 0 | 0 |
| ②→④ | 4 | 2 | 4 | 15 | 13 | 11 | 7 |
| ②→⑤ | 3 | 5 | 4 | 15 | 16 | 11 | 7 |
| ③→④ | 2 | 6 | 7 | 11 | 13 | 4 | 0 |
| ③→⑥ | 2 | 18 | 7 | 7 | 25 | 0 | 0 |
| ④→⑤ | 4 | 3 | 13 | 17 | 16 | 4 | 0 |
| ⑤→⑥ | 5 | 5 | 16 | 20 | 25 | 4 | 4 |
| ⑤→⑦ | 3 | 9 | 16 | 21 | 30 | 5 | 5 |
| ⑥→⑦ | 3 | 5 | 25 | 25 | 30 | 0 | 0 |
| ⑦→⑧ | 6 | 5 | 30 | 30 | 35 | 0 | 0 |

由表 10-6 可知，总时差 R(i, j) 为零的工序为关键工序：

①→②→③→⑥→⑦→⑧是关键路线。要优先保证关键路线上的关键工序的人力、物力，要充分利用时差来平衡协调人力、物力。

### 10.3.3　质量管理常用方法

#### 1. 质量功能展开

如前所述，质量功能展开（QFD）是在产品/服务设计阶段一种非常有效的方法，是一种旨在提高顾客满意度的"顾客驱动"式的质量管理方法，这种方法实现了技术和人员的集成，是一种系统的设计与决策方法，按照质量功能展开的技术路线，可以识别、获取和度量顾客需求，并将顾客需求转化为与之相对应的产品/服务开发和制造各阶段的工程要求。

#### 2. 顾客满意度测评

顾客满意度测评就是针对"顾客对其要求被满足的程度的感受"进行评测。实施步骤如下：

（1）由组织自己或委托咨询、调查机构进行顾客满意度调查，收集顾客满意度的大量信息。

（2）对调查结果进行预处理，分析调查的可信度。

（3）对顾客满意度进行对比分析（与历史数据比，与竞争对手比），找出差距，发现改进的机会。

（4）通过分析确定不能满足顾客要求的关键所在，反馈给有关部门，实施改进。

（5）确认并巩固改进成果，不断提高顾客满意度水平。

根据调查数据对比分析顾客满意度是顾客满意度测评的重点和难点，定量方法有回归统计分析技术和结构方案模型。

利用多元回归分析概述，可以计算出满意度驱动要素对满意度的影响大小，即分析满意度驱动要素每提升 1 分，满意度在现有基础上可以提升多少分。

当满意度驱动要素不多，而且这些要素之间的关联性不强时，这种方法不失为一种简单有效的方法。

结构方案模型是一种因果关系模型，通过要素间的因果关系/准因果关系来表达现实生活中的相互关系，是国际上流行的顾客满意度分析评价定量模型。

目前，占主导地位的美国用户满意度指数模型（ACSI，1994）和欧洲用户满意度指数模型（ECSI，2000）都是采用结构方程模型构建关系，通过偏小二乘法（PLS 算法）进行计算分析。由于这些指数模型较为复杂，一般借助专业软件进行处理。

#### 3. QC 小组

QC 小组是来自不同岗位的员工围绕组织的经营战略、方针目标和现场存在的问题，以改进质量、降低消耗，提高经济效益为目的组织起来的，运用质量管理的理论和方法开展活动小组，是组织群众性质量管理活动的一种有效组织形式。

根据所要解决质量问题涉及的范围可划分为班组 QC 小组、部门 QC 小组和专题 QC 小组。根据所要解决质量问题的类型可划分为"现场型""攻关型""管理型"和"创新型"QC 小组。

一般的，QC 小组的主要工作步骤或内容有：

（1）采用质量管理工作及时发现质量问题或质量改进机会；

（2）采用"头脑风暴法"并充分听取来自 QC 小组外部的意见，寻求改进方法；

（3）以表单形式列出可能的问题及相应的解决方案。根据解决质量问题及相应解决方案的必要性及可行性对其进行排序。一定时期内着重解决一个或少数几个问题。

（4）对选中项目进行质量改进的策划、组织、协调和监督。

（5）负责向组织申报质量改进成果。

### 4. 田口方法

田口方法是日本著名质量工程专家田口玄一博士在于 20 世纪 60 年代提出的一种设计质量工程方法。

（1）田口方法强调质量管理在源头的理念，开发设计阶段是保证产品质量的源头，制造和检验阶段是下游，若设计质量水平不高，就很难生产制造出高质量的产品。

（2）田口方法是三次设计方法，即系统设计、参数设计、容差设计，其中，参数设计是核心。田口方法通过分析质量特性与无部件之间的非线性关系（交互作用），找出使稳定性达到最佳水平的组合。

（3）田口方法注重质量与成本的平衡性，引入质量损失函数这个工具使工程技术人员可以从技术和经济两个方面分析产品在设计、制造、使用和报废等过程上的性能与费用，使产品在整个寿命周期内社会总损失最小。

（4）田口方法的正交试验设计技术新颖。使用综合误差因素法，动态特性设计等先进技术，用误差因素模拟各种干扰（噪声），使得试验设计更具有工程特色，大大提高试验效率，增加试验设计的科学性和经济性，并且使产品在制造和使用过程中达到最优。

## 10.4  6σ 管理

六西格玛（Six Sigma）是在 20 世纪 90 年代中期开始被 GE 从一种全面质量管理方法演变成为一个高度有效的企业流程设计、改善和优化的技术，并提供了一系列同等的适用于设计、生产和服务的新产品开发工具。继而与 GE 的全球化、服务化、电子商务等战略齐头并进，成为全世界上追求管理卓越性的企业最为重要的战略举措。六西格玛逐步发展成为以顾客为主体来确定企业战略目标和产品开发设计的标尺，以追求持续进步的一种管理哲学。

### 10.4.1　6σ 管理的特征

6σ 管理法是一种统计评估法，核心是追求零缺陷生产，防范产品责任风险，降低成本，提高生产率和市场占有率，提高顾客的满意度和忠诚度。6σ 管理既着眼于产品、服务质量，又关注过程的改进。"σ"是希腊文的一个字母，在统计学上用来表示标准偏差值，用以描述总体中的个体离均值的偏离程度，测量出的 σ 表征着诸如单位缺陷、百万缺陷或错误的概率性，σ 值越大，缺陷或错误就越少。6σ 是一个目标，这个质量水平意味着在所有的过程和结果中，99.99966% 是无缺陷的，6σ 管理关注过程，特别是企业为市场和顾客提供价值的核心过程。因为过程能力用 σ 来度量后，σ 越大，过程的波动越小，过程以最低的成本损失、最短的时间周期满足顾客要求的能力就越强。

作为持续性的质量改进方法，6σ 管理具有如下特征：

#### 1. 对顾客需求的高度关注

6σ 管理以更为广泛的视角，关注影响顾客满意的所有方面。6σ 管理的绩效评估首先就是从顾客开始的，其改进的程度用对顾客满意度和价值的影响来衡量。6σ 质量代表了极高的对顾客要求的符合性和极低的缺陷率。它把顾客的期望作为目标，并且不断超越这种期望。企业从 3σ 开始，然后是 4σ、5σ，最终达到 6σ。

#### 2. 高度依赖统计数据

统计数据是实施 6σ 管理的重要工具，以数字来说明一切，所有的生产表现、执行能力等，都量化为具体的数据，成果一目了然。

#### 3. 重视改善业务流程

6σ 管理将重点放在产生缺陷的根本原因上，认为质量是靠流程的优化，而不是通过严格地对最终产品的检验来实现的。企业应该把资源放在认识、改善和控制原因上而不是放在质量检查、售后服务等活动上。6σ 管理有一整套严谨的工具和方法来帮助企业推广实施流程优化工作，识别并排除那些不能给顾客带来价值的成本浪费，消除无附加值活动，缩短生产、经营循环周期。

#### 4. 积极开展主动改进型管理

掌握了 6σ 管理方法，就好像找到了一个重新观察企业的放大镜。人们惊讶地发现，缺陷犹如灰尘，存在于企业的各个角落。这使管理者和员工感到不安。

要想变被动为主动，努力为企业做点什么。员工会不断地问自己：现在到达了几个 $\sigma$？问题出在哪里？能做到什么程度？通过努力提高了吗？这样，企业就始终处于一种不断改进的过程中。

### 5. 倡导无界限合作

$6\sigma$ 管理扩展了合作的机会，当人们确实认识到流程改进对于提高产品品质的重要性时，就会意识到在工作流程中各个部门、各个环节的相互依赖性，加强部门之间、上下环节之间的合作和配合。由于 $6\sigma$ 管理所追求的品质改进是一个永无终止的过程，而这种持续的改进必须以员工素质的不断提高为条件，因此，有助于形成勤于学习的企业氛围。

## 10.4.2  $6\sigma$ 管理途径与方法论

$6\sigma$ 模式是一种自上而下的革新方法，它由企业最高管理者领导并驱动，由最高管理层提出改进或革新目标（这个目标与企业发展战略和远景密切相关）、资源和时间框架。推行 $6\sigma$ 模式可以采用由界定、测量、分析、改进、控制（DMAIC）构成的改进流程和实施程序。

### 1. DMAIC 流程

典型的 $6\sigma$ 管理模式解决方案以 DMAIC 流程为核心，它涵盖了 $6\sigma$ 管理的策划、组织、人力资源准备与培训、实施过程与评价、相关技术方法（包括硬工具和软工具）的应用、管理信息系统的开发与使用等方面。DMAIC 可用于以下三种基本改进计划：①产品与服务实现过程改进；②业务流程改进；③产品设计过程改进。

为了达到 $6\sigma$，首先要制定标准，在管理中随时跟踪考核操作与标准的偏差，不断改进，最终达到 $6\sigma$。现已形成一套使每个环节不断改进的简单的流程模式：界定、测量、分析、改进、控制。

（1）界定（define）：确定需要改进的目标及其进度，企业高层领导的任务就是确定企业的策略目标，中层营运目标可能是提高制造部门的生产量，项目层的目标可能是减少次品和提高效率。界定前，需要辨析并绘制出流程。此阶段主要是明确问题、目标和流程，需要回答以下问题：应该重点关注哪些问题或机会？应该达到什么结果？何时达到这一结果？正在调查的是什么流程？它主要服务和影响哪些顾客？

（2）测量（measure）：以灵活有效的衡量标准测量和权衡现存的系统与数据，了解现有质量水平。此阶段主要是分析问题的焦点是什么，借助关键数据缩小问题的范围，找到导致问题产生的关键原因，明确问题的核心所在。

（3）分析（analyze）：利用统计学工具对整个系统进行分析，找到影响质量的少数几个关键因素。通过采用逻辑分析法、观察法、访谈法等方法，对已评估出来的导致问题产生的原因进行进一步分析，确认它们之间是否存在因果关系。

（4）改进（improve）：运用项目管理和其他管理工具，针对关键因素确立最佳改进方案。拟订几个可供选择的改进方案，通过讨论并多方面征求意见，从中挑选出最理想的改进方案付诸实施。实施 6σ 改进，可以是对原有流程进行局部的改进；在原有流程问题较多或惰性较大的情况下，也可以重新进行流程再设计，推出新的业务流程。

（5）控制（control）：监控新的系统流程，采取措施以维持改进的结果，以期整个流程充分发挥功效。根据改进方案中预先确定的控制标准，在改进过程中，及时解决出现的各种问题，使改进过程不至于偏离预先确定的轨道，发生较大的失误。

DMAIC 图如图 10 - 13 所示。

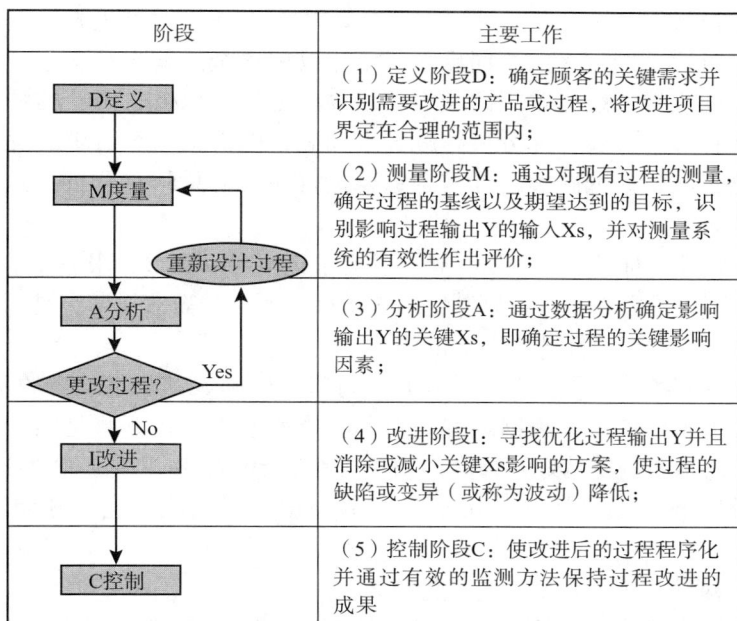

| 阶段 | 主要工作 |
| --- | --- |
| D定义 | （1）定义阶段D：确定顾客的关键需求并识别需要改进的产品或过程，将改进项目界定在合理的范围内； |
| M度量 / 重新设计过程 | （2）测量阶段M：通过对现有过程的测量，确定过程的基线以及期望达到的目标，识别影响过程输出Y的输入Xs，并对测量系统的有效性作出评价； |
| A分析 / 更改过程? Yes | （3）分析阶段A：通过数据分析确定影响输出Y的关键Xs，即确定过程的关键影响因素； |
| No / I改进 | （4）改进阶段I：寻找优化过程输出Y并且消除或减小关键Xs影响的方案，使过程的缺陷或变异（或称为波动）降低； |
| C控制 | （5）控制阶段C：使改进后的过程程序化并通过有效的监测方法保持过程改进的成果 |

**图 10 - 13　DMAIC 图**

### 2. 6σ 管理的实施程序

（1）辨别核心流程和关键顾客。

随着企业规模的扩大，顾客细分日益加剧，产品和服务呈现出多标准化，人们对实际工作流程的了解越来越模糊。获得对现有流程的清晰认识，是实施 6σ 管理的第一步。

①辨别核心流程。核心流程是对创造顾客价值最为重要的部门或者作业环节，如吸引顾客、订货管理、装货、顾客服务与支持、开发新产品或者新服务、

开票收款流程等，它们直接关系顾客的满意程度。与此相对应，诸如融资、预算、人力资源管理、信息系统等流程属于辅助流程，对核心流程起支持作用，它们与提高顾客满意度是一种间接的关系。

②界定业务流程的关键输出物和顾客对象。在这一过程中，应尽可能避免将太多的项目和工作成果堆到"输出物"栏目下，以免掩盖主要内容，抓不住工作重点。对于关键顾客，并不一定是企业外部顾客，对于某一流程来说，其关键顾客可能是下一个流程，如产品开发流程的关键顾客是生产流程。

③绘制核心流程图。在辨明核心流程的主要活动的基础上，将核心流程的主要活动绘制成流程图，使整个流程一目了然。

（2）定义顾客需求。

①收集顾客数据，制定顾客反馈战略。缺乏对顾客需求的清晰了解，是无法成功实施6σ管理的。即使是内部的辅助部门，如人力资源部，也必须清楚了解其内部顾客——企业员工的需求状况。建立顾客反馈系统的关键在于：首先将顾客反馈系统视为一个持续进行的活动，看作是长期应优先处理的事情或中心工作。听取不同顾客的不同反映，不能以偏概全。其次是除市场调查、访谈、正式化的投诉系统等常规的顾客反馈方法之外，积极采用新的顾客反馈方法，如顾客评分卡、数据库分析、顾客审计等，以掌握顾客需求的发展变化趋势。对于已经收集到的顾客需求信息，要进行深入的总结和分析，并传达给相应的高层管理者。

②制定绩效指标及需求说明。顾客的需求包括产品需求、服务需求或是两者的综合。对不同的需求，应分别制定绩效指标，而一份需求说明，是对某一流程中产品和服务绩效标准简洁而全面的描述。

③分析顾客各种不同的需求并对其进行排序。确认哪些是顾客的基本需求，这些需求必须予以满足，否则顾客绝对不会产生满意感；哪些是顾客的可变需求，在这类需求上做得越好，顾客的评价等级就越高；哪些是顾客的潜在需求，如果产品或服务的某些特征超出了顾客的期望值，则顾客会处于喜出望外的状态。

（3）针对顾客需求评估当前行为绩效。

如果公司拥有雄厚的资源，就可以对所有的核心流程进行绩效评估。如果公司的资源相对有限，则应该从某一个或几个核心流程入手开展绩效评估活动。评估步骤如下：

①选择评估指标。标准有两条：首先这些评估指标具有可得性，数据可以取得。其次这些评估指标是有价值的，为顾客所关心。

②对评估指标进行可操作性的界定，以避免产生误解。

③确定评估指标的资料来源。

④准备收集资料。对于需要通过抽样调查来进行绩效评估的，需要制定样本抽取方案。

⑤实施绩效评估，并检测评估结果的准确性，确认其是否有价值。

⑥通过对评估结果所反映出来的误差，如次品率、次品成本等进行数量和原因方面的分析，识别可能的改进机会。

（4）辨别优先次序，实施流程改进。

对需要改进的流程进行区分，找到高潜力的改进机会，优先对其实施改进。如果不确定优先次序，企业多方面出手，就可能分散精力，影响 6σ 管理的实施效果。业务流程改进遵循五步循环改进法，即 DMAIC 模式。

（5）扩展、整合 6σ 管理系统。

当某一 6σ 管理改进方案实现了减少缺陷的目标之后，如何巩固并扩大这一胜利成果就变得至关重要了。

①提供连续的评估以支持改进。在企业内广泛宣传推广该改进方案，以取得企业管理层和员工的广泛认同，减少进一步改进的阻力；将改进方案落实到通俗易懂的文本资料上，以便于执行；实行连续的评估，让企业管理层和员工从评估结果中获得鼓舞和信心；任何改进方案都可能存在着需要进一步改进之处，对可能出现的问题，应提前制定应对的策略，并做好进一步改进的准备。

②定义流程负责人及其相应的管理责任。采用了 6σ 管理方法，就意味着打破了原有的部门职能的交叉障碍。为确保各个业务流程的高效、畅通，有必要指定流程负责人，并明确其管理责任，包括：维持流程文件记录、评估和监控流程绩效、确认流程可能存在的问题和机遇、启动和支持新的流程改进方案等。

③实施闭环管理，不断向 6σ 绩效水平推进。6σ 改进是一个反复提高的过程，五步循环改进法在实践过程中也需要反复使用，形成一个良性发展的闭环系统，不断提高品质管理水平，减少缺陷率。此外，从部分核心环节开始实施的 6σ 管理，也有一个由点到面逐步推开改进成果、扩大改进范围的过程。

## 【本章小结】

美国著名质量管理专家朱兰有句名言："生活处于质量堤坝后面。"质量正像大堤一样守卫着消费者的安全和幸福，然而，当质量大堤一旦出现问题，质量问题就会引发一系列的损害和灾难。因此，从这个意义上讲，做好质量管理工作，无论是对企业自身还是对消费者和整个社会，都是一件意义重大的工作，这也是我们学习质量管理理论和方法的宗旨所在。

本章讲述质量、质量管理、ISO9000、全面质量管理和六西格玛管理。所谓质量，是指一组固有特性满足需求的程度。质量管理，是指"在质量方面指挥和控制组织的协调活动"。包括制定质量方针和质量目标，进行质量策划、质量控制、质量保证和质量改进等相关活动。本章介绍了质量管理的发展过程，重点讲解了全面质量管理思想及方法、ISO9000 质量保证体系、六西格玛质量改进实质及过程，还介绍了质量过程控制的常用工具。

【延伸阅读】

## 美国主要航空公司向国会承诺提升服务水平

新华社华盛顿5月2日电（记者刘阳　徐剑梅），美国多家大型航空公司高管2日接受美国国会质询，承诺汲取近期美国联合航空公司（美联航）乘客遭殴打事件的教训，提升服务水平。

在向国会众议院运输和基础设施委员会提交的书面证词中，美联航首席执行官奥斯卡·穆尼奥斯表示，一名乘客在其航班上遭殴打是公司员工犯下多个错误导致的，其中包括在机票售罄后试图搭载公司员工，未能提供足够多的经济补偿吸引乘客自愿放弃乘机权利，以及在没有安全隐患时将问题交由执法部门解决。

对此，穆尼奥斯列出美联航10项整改措施，包括加大对乘客的经济补偿措施，在没有安全隐患时不求助执法部门，减少机票超售等，以避免此类事件再次发生，提升乘客旅行体验。

"三周前我们经历了一次糟糕的失败，这不是我们应有的表现，也不是这个行业应有的表现。"穆尼奥斯表示，美联航将加倍努力，重新赢得人们信任。

一同出现在听证会上的还有阿拉斯加航空公司、西南航空公司和美国航空公司的高管，他们都承诺提升服务水平，减少乘客负担，简化理赔流程等。

众议院运输和基础设施委员会主席比尔·舒斯特表示，国会不希望看到临时或是不彻底的折中解决办法。美国航空业的服务问题一时不会消失，国会不会放松警惕。

由于长期垄断现象严重，美国航空业的服务水平饱受诟病。4月9日，美联航一架航班因满员，航空公司方面要求4名乘客推迟行程将座位让给其工作人员，但一名69岁的越南裔乘客表示自己是医生需要次日出诊而拒绝，被机场警察强行拖下飞机。4月21日，在一架美国航空公司的航班上，机组人员抢走一名母亲的婴儿车，导致其情绪崩溃。

这两次事件引发美国舆论的强烈愤慨，许多美国人通过网络分享乘坐飞机的不愉快经历。

（资料来源：新华网，2017 – 05 – 03）

【复习思考题】

1. 为什么说全面质量管理是一场深刻的变革？
2. PDCA循环有何特点？其应用有哪些步骤？
3. 试述ISO9000系列标准的意义及其重要作用，它与TQM有何联系？
4. 生产过程质量控制的目的是什么？如何利用质量控制工具来识别生产过程的质量状态？
5. 简述6σ实质和DMAIC流程。

## 【本章案例】

### 上汽通用汽车有限公司的质量管理

2015 年 7 月 16 日，上汽通用汽车有限公司向国家质检总局备案了召回计划，将自 2015 年 10 月 1 日起，召回部分进口 2009 ~ 2012 年款别克昂科雷汽车，生产日期为 2008 年 8 月 15 日至 2012 年 2 月 1 日。据该公司统计，在中国大陆地区共涉及 23 309 辆。本次召回范围内的车辆，在长期使用后，后举升门气压撑杆内可能有杂质颗粒进入，导致气压下降，由于后举升门的保护程序不够完善，极端情况下，气压撑杆不足以将后举升门维持在全开状态，若人员忽视或未注意到车辆的报警提示，并在后举升门开启区域内停留，会增加人员受伤风险，存在安全隐患。上汽通用汽车有限公司将为召回范围内的车辆采取对后举升门的保护程序进行升级并检修后举升门气压撑杆的措施，以消除该隐患。上汽通用汽车有限公司将通过别克特约售后服务中心主动与用户联系，安排免费检修事宜。用户可拨打免费客户服务热线、登录国家质检总局网站进出口商品检验栏目或缺陷产品管理中心网站，以及关注微信公众号来了解本次召回的详细信息，此外，还可拨打国家质检总局缺陷产品管理中心热线电话或地方出入境检验检疫机构的质量热线反映在召回活动实施过程中的问题或提交缺陷线索。

2015 年 10 月 23 日，第十五届全国质量奖获奖名单揭晓，上汽通用汽车有限公司凭借业内领先的卓越绩效管理和企业综合质量与竞争能力，一举荣获第十五届全国质量奖，并在 6 家获奖企业中以优异的成绩名列首位。上汽通用的质量优势首先体现在通用汽车的全球体系中。目前，通用汽车 GM 全球 169 家工厂中有 22 家获得 "BIQLevel 4" 的精益制造最高级别认证，上汽通用的工厂就占据四席。本届全国质量奖评委从卓越绩效模式的各个维度全面考核了上汽通用汽车有限公司的质量管理体系，并高度评价了其所具有的六大优势，包括良好的战略管理机制和流程、具有特色的企业文化体系，涵盖优化组织结构和创新人才开发培养机制与技术核心能力储备和提升，以及全公司制造系统的精益生产与出色的信息化建设等。这些优势正是上汽通用汽车有限公司卓越经营的集中体现。

上汽通用汽车有限公司是如何进行全面质量管理的呢，它在质量管理上又有哪些秘诀，相信我们都会发出这种疑问。

**优秀的企业文化体系**

（1）以客户为中心，以市场为导向。

产品在使用过程中难免发生故障，产品发生故障后消费者、产品生产者的利益都会受到损失。降低产品故障率的重要措施之一就是加强售后服务。为消除安全隐患，上汽通用积极召回范围内汽车，主动联系客户并安排免费检修事宜，公布本次召回详细信息并且通过质量热线接收反馈意见，这些行为体现了上汽通用完善的售后服务及其优秀的经营战略头脑——既增加商品信誉、提升用户信任度，又通过热线反馈，直接了解客户要求，从而设计出更好的产品。它体现了上汽通用高标准要求的售后服务与区域营销，反映出上汽通用"以客户为中心，以市场为导向"的经营理念。

（2）企业质量文化建设。

经过多年发展，上汽通用已形成了其独有的、优秀的企业文化，如"三不"原则和"三全"质量文化。"三不"原则指的是"不接受、不制造、不传递缺陷"的质量价值观，"三全"指的是"全员、全时、全程，追求卓越质量"的核心质量文化，再加上"人人都是质量第一责任人"的质量管理理念等思想，构成了上汽通用的优秀企业质量文化。并通过宣讲、培训、建言、激励等方式强化质量理念，让质量文化建设形成了长效机制。这些企业文化思想加强了员工对质量的认识，激励着员工提升个人素质，对企业产品质量和效益起到了明显的推动影响，为上汽通用竞争力的发展起到重要的支撑作用。

### 先进的生产设备

以通过 BIQLevel 4 认证的四家工厂之一的上汽通用沈阳北盛工厂为例，其中先进的带有 800 吨压机、每分钟可冲压 18 次的全自动开卷落料生产线，以及拥有相当于"营级编制"的 518 台机器人的车身生产线、非接触式 3D 激光头检测，还有生产通用汽车全球新一代 Ecotec 小排量发动机的首个量产车间，都是名副其实的国内先进、国际一流水平的制造设施和生产工艺。

先进的制造设备及生产工艺在提高生产效率与产品质量的同时，降低了对员工体力的消耗与产品质量成本，是企业进行生产和制造质量管理中的重要部分。此外，生产设备达到先进、一流水平程度后也为测量任务提供了便利，更容易达到所要求的测量准确度，以避免测量的异常波动导致质量问题。

### 全过程控制

产品正式投产后，是否能达到设计质量标准，在很大程度上取决于制造部门的技术能力以及生产制造过程中的质量管理水平。上汽通用将质量文化建设向供应链延伸，从源头上加强质量控制，进一步完善全业务链质量保障体系，不断提升产品的质量表现。

对于上汽通用而言，车辆生产制造环节是质量保证的重点。上汽通用以通用汽车全球制造系统（GMS）为基础，采用全球领先的精益生产制造系统。在生产过程中，生产部门通过自检、100% 全检、过程抽检等多种手段实施全过程控制。全过程控制加强了原材料的进厂检验和厂内自制零部件的工序和成品检验，从而在材料上保证了产品的质量。

此外，选择合适的供应商，与供应商建立战略合作伙伴关系，同时做好供应商的质量改进，也是上汽通用减少因材料不合格而导致的产品质量异常问题的战略性管理机制的内容之一。

### 柔性化与制造质量

（1）柔性化生产与柔性化质量管理。

信息化建设是上汽通用柔性化生产的一个必需条件，因为在柔性化生产中，需要清晰地定义不同系统间的信息流程，让各系统有效地协同运作，没有出色的信息系统建设，柔性化生产就无法发挥它应有的作用。

上汽通用的柔性化生产，是指在同一条生产线上同时共线生产多种不同平台、不同车型的车辆，从而实现快速灵活地响应客户订单需求及贯彻精益生产。柔性化生产能够增加企业生产效率，具有时间和成本方面的优势。在日益激烈的企业竞争中，能让企业获得更强的竞争力。

与柔性化生产相适应的是柔性化质量管理。柔性化质量管理将管理与技术充分结合，满足了消费者对产品质量的要求，并推动企业持续发展，不断前进。

（2）制造质量。

上汽通用的精益制造是其质量管理体系的一大优势。上汽通用贯彻和实施精益制造的工具和体系是全球制造系统 GMS，而制造质量 BIQ 则是用来衡量 GMS 实施水准和制造质量水平的一种精益制造标准。BIQ 是指在制造工序中求质量，将质量引入工序中的方法，通过这些方法可以检测到缺陷的存在，从而实施对策以防止同样的缺陷再次出现。制造质量管理的系统化，构成了"制造质量管理系统"，是质量管理中非常关键且实用的一种系统。

**本质安全化**

生产环境对于产品质量具有一定程度上的影响，因为汽车生产工艺较为复杂，对环境有着更为严格的要求，如组装预测量精密汽车仪器时，需要质量高，中等湿度的空气。除了达到温度、湿度等一般汽车生产环境要求以及规范员工行为外，上汽通用还不断改善作业现场环境、完善设备本质安全化以降低事故发生的概率与严重度。

本质安全是指操作失误时，设备能自动保证安全；当设备出现故障时，能自动发现并自动消除，能确保人身和设备的安全。本质安全化就是使设备达到本质安全而进行的研究、设计、改造和采取各种措施的一种最佳组合。

本质安全化是对生产环境的一种改进，既保证员工人身安全，也确保了设备的安全和企业产品质量的稳定。

## 【问题与讨论】

1. 上汽通用全面质量管理的主要特点是什么？

2. 上汽通用质量管理的成功经验表现在哪些方面？请对其进行总结。其质量管理和质量经营的成功经验对其他企业有什么启示和借鉴？

（资料来源：节选自周佳：《上汽通用汽车有限公司质量管理案例分析》，载于《广东经济》2016 年第 5 期）

# 第11章 设备综合管理与安全生产

【引例】

## 海信引进 TPI/TPM 管理活动

海信将"制造专家"作为企业的终极目标。海信集团要实现这个梦想，除了硬件之外，在软件方面，管理能力的提升同样十分重要。管理是中国企业参与世界竞争的"软肋"。

海信发现自己在管理上仍然存在着一些不够精细的地方，由于数据的缺乏，员工工作业绩的变化没有数据上的支持，员工考核起来相当困难，从而影响到员工的工作主动性和积极性的发挥。这给海信在管理上造成极大的困难。海信经过调查发现三星 SDI 公司在设备管理数据体系方面有很好的解决办法——TPI/TPM。

TPI 是"全员劳动生产率创新"的简称。即通过组织创新活动，使劳动生产率产生飞跃性的提高。而 TPM 是"全员生产保全"的简称，目的是在各个环节上持续不断地进行改善，积小善为大善，最终达成整体上的创新飞跃；同时通过标准化活动，将创新取得的成果持久地加以保持。TPM 则是 TPI 能够不断推行的基础。TPM 倡导全员参与，组成创新、创效小组，紧紧围绕 TPI 目标的实现，通过不间断的有组织的活动达成创新。

三星为了摆脱亚洲金融危机的影响开始大力推行 TPI/TPM。TPI/TPM 使整个三星集团发生了脱胎换骨的变化。裁减冗员 30% 之后的三星集团从此开始步入高速发展轨道，不仅成功避过了风险，还渐渐凌驾于其他集团之上，处于独步江湖的地位。三星在中国的显像管生产厂——深圳三星 SDI 就是因为推行 TPI/TPM，从而强化了企业的基础管理，成为目前三星 SDI 在全球经营效益最好的一家子公司，也是全行业里世界上最好的公司。

海信集团经营层成员到三星 SDI 深圳公司考察后，决定在全集团分阶段地推行 TPI/TPM 计划，为此成立了 TPI/TPM 管理推进领导小组，负责推进的指导、组织培训、推进工作质量的考核。

第一年导入 TPI/TPM，海信决定重点围绕培训和管理方法引入展开，组织所属公司和集团层的骨干进行培训学习，并且将培训与个人的职位升迁挂钩。培训结束时，要求学员结合本职工作做方案，以检验培训效果。半年之后，这些接受培训的骨干将分流到各自部门及公司组织和推进 TPI/TPM。同时，"TPI/TPM 领导小组"根据影响集团总利润、收入目标实现的六个关键因素，针对这六个方面实施 TPI 管理。

　　第二年 3 月，海信开始试行 TPI 可视化管理——"各所属公司将各自的一二级目标上墙"。换言之，将"分月度目标值"和"实际完成值"以图表的形式公开展示，并附加主要措施。而集团管理层将据此重点进行讲评分析，交流推介好的经验，解剖分析差的原因，并将改进结果作为下一个月考核的重点，如此循环推进。为了更好地借鉴三星的 TPI/TPM 经验，海信集团还从三星请来专家做管理顾问。三年之后，海信彩电取得了历史上的最好成绩。

（资料来源：中国工厂管理网，http：//www. chinafm. org）

## 【本章学习目标】

1. 了解设备综合管理概念。
2. 掌握设备选择与评价的内容与方法。
3. 熟悉设备维修管理体系内容。
4. 了解全员生产维护和安全生产内容。

# 11.1　设备综合管理概述

## 11.1.1　设备与设备管理

### 1. 设备

　　"设备"一词本身的含义极广，泛指为了组织生产或提供服务，为投入的劳动力和原材料所提供的各种相关劳动手段的总称。我们这里所讨论的"设备"，主要指企业生产或提供服务时所需的除土地、建筑物以外的有形固定资产，如各种机器、机械电子装置、各种车辆等，短期消耗的工装模具不在此"设备"之列。随着科技的不断发展，机器由单台设备发展为成套设备，即为了完成某种功能，按体系加以配置或组合而成的一整套机械装置及其相关要素的综合体。如冶炼成套设备、火力发电设备、综合采煤机组等。

　　设备在生产或服务时有不同的用途，可以分为以下几类：生产工艺设备、辅助生产设备、科研设备、管理用设备、公用福利设备。主要指企业内的医疗卫生设备、通信设备、炊事机械设备等。设备的分类也可以从其他的角度来进行，比如按工艺性质将机械制造业设备分为机械设备和动力设备。对设备进行合理的分类，有助于编制相关的设备台账，利于设备管理的开展。

## 2. 设备管理

设备的运动表现为两种形态：物质运动形态和价值运行形态。前者是指设备调研、规划、设计、制造、选购、安装、使用、维修、改造、更新、报废等；后者是指设备的初始投资、维修费用支出、折旧、更新改造资金的筹措、使用和支出等。设备管理（equipment management）就是根据企业生产经营目标，通过一系列的技术、经济和组织措施，对设备整个寿命周期内的所有设备物质运动形态和价值运动形态进行的综合管理工作，其根本目标是达到设备的寿命周期费用最少而综合效能（包括产量、质量、成本、交货期、安全、环保等指标）最高。

设备管理的基本任务是：

①根据企业经营目标及生产需要制定设备规划。

②根据技术上先进、经济上合理、生产上可行的原则正确地选购设备，必要时组织设计和制造。

③安装调试即将投入运行的设备，并对已投入运行的设备正确合理地使用。

④运用各种先进的检测手段，灵活采取各种维修方式、精心维护保养设备并及时检查设备运行状态，确保生产正常进行，并使设备综合效能最高。

⑤适时改造和更新设备，保证企业的技术进步，使企业的生产活动建立在最佳的物质技术基础之上。

随着科学技术的发展，生产的现代化水平不断提高，设备日益向高、精、尖发展，于是设备管理的重要性显得更加突出。

## 11.1.2 设备管理的发展

设备管理在以泰罗为代表的科学管理取代传统的经验管理之后最终独立为一个专门的职能，发展至今已有近百年的历史。随着科技的发展，设备现代化水平不断提高，设备管理逐步得到发展和完善。其发展过程可划分为事后修理、预防修理、生产维修、维修预防和设备综合管理五个阶段。

### 1. 事后修理

事后修理是比较原始的设备维修制度。设备发生故障后再进行修理，仅以修复原来的功能为目的，不坏不修。这种修理方法由于修理内容、时间长短等具有很大的随机性，且缺乏修理前的准备，因而修理停歇时间长，经常影响生产计划的顺利执行，很难适应现代化生产的要求。

### 2. 预防维修

随着机器设备的日益复杂，修理所占用的时间已成为影响生产的一个重要因素。因此，为了防止设备突发事故影响生产。20世纪二三十年代美苏等国提出了预防性维修的概念，由事后维修向定期预防维修转变。这种制度要求设备维修以预防为主，在设备使用过程中做好维护保养工作，加强日常检查和定期检查，根据零件磨损规律和检查结果，在设备发生故障前有计划地进行修理，这不但延长了设备的有效寿命，也使修理停歇时间大为缩短，提高了设备有效利用率。

### 3. 生产维修

生产维修是 1954 年出现的维修制度。它是针对预防维修有时工作量太大或造成过分保养而提出的，其目的在于从提高企业生产经营的经济效果出发来组织设备维修。根据企业的实际生产情况，对重点设备采用预防维修，对一般设备采用事后修理。这样既可以集中力量于重要设备的维修保养工作，又可以节省费用。

### 4. 维修预防

虽然设备的维修保养、修理工作进行得好坏直接影响设备故障率和利用率，但最终往往起决定性作用的还是设备本身的质量，先天不足往往使设备的修理工作难以有效进行。于是 1960 年出现了维修预防的设想，即在设备的设计、制造阶段就考虑维修问题，提高设备的可靠性和维修性。维修预防是设备维修制度方面的一个重大突破。

### 5. 设备综合管理

始于 20 世纪 70 年代，在设备维修预防的基础上，从行为科学、系统理论的观点出发，解决由于使用现代化设备而带来的一系列新问题，提高设备管理的技术、经济和社会效益。

（1）科技成果的广泛应用使设备的现代化水平大幅度提高，日益趋向高速化、精密化、电子化、多功能化等特点，在带来生产的高效率和高效益的同时，也导致设备故障损失大、环境污染严重、能源消耗大、设备腐蚀和磨损加快等负面后果。

（2）资金密集型的现代化设备使得设备的投资费和使用维修费都需要支付大量资金，对设备维修、管理的经济性提出了更加迫切的要求。

（3）随着设备结构的复杂程度不断提高，设备管理的环节增多，从研制、安装调试、使用、维修一直到报废，各环节相互影响，相互制约，任何一个环节的管理失误，都会影响整台设备的效益发挥。此外，设备管理中涉及的科学技术知识的门类越来越多，单凭某一学科的知识无法解决现代化设备中的重大技术问题和管理问题。

（4）随着设备现代化水平的提高，岗位分工越来越细，操作工人因工作单调易产生疲劳。同时，设备的操作由于仪表、按钮的增多使人们的感官能力较难适应。因此，需要研究人与机器的匹配关系，保证人与设备能够协调地动作，以保护操作工人的生产情绪与生产安全。

正是面对上述的新问题，在系统观点指导下，逐步形成设备综合管理的新制度。

### 11. 1. 3　设备综合管理

#### 1. 设备综合工程学

设备综合工程学 1970 年首创于英国，继而在欧洲各国广为流传。在其形成过程中，系统论、控制论、信息论起着重要作用。应当说，设备综合工程学实质上是"三论"的基本原理在设备管理中的体现和应用。同时它也吸收了科技方面的新成就，主要是故障物理学、可靠性工程、维修性工程、摩擦学等。

1974 年英国工商部对设备综合工程学的定义是：为了谋求经济的寿命周期费用而把适用于有形资产的有关工程技术、管理、财务以及其他业务工作加以综合的科学。通俗地讲，设备综合工程是一门以设备使用为研究对象，以提高设备综合效率，使其寿命周期费用最经济为目的的综合性管理科学。

设备综合工程学有以下几方面的特点：

（1）研究的目的是寻求设备的寿命周期费用最经济。寿命周期费用可以划分为两部分，一是设置费，包括研制费、购置费、运输费，安装费等；二是维持费，指设备投入运转之后发生的全部费用，如操作员工工资、能耗费、维护修理费、固定资产税金等费用。这两方面应该综合平衡考虑，售价低但维持费用高的设备不一定就是经济的设备。

（2）设备综合工程学运用工程技术、管理数学、经济学、心理学等多学科知识，对与设备有关的工程技术、财务、管理等方面进行综合性管理，符合现代化设备管理的客观要求。

（3）从设计阶段进行设备可靠性、维修性方面的研究，降低寿命周期费用，保证产品的产量、质量、交货期、操作安全性。

（4）强调对设备一生的研究和管理，即从"系统"的观点和方法出发，对设备的设计、制造、使用、维修、改造、更新等各阶段进行全面的、综合的、技术的、经济的管理。

（5）设备综合工程学是关于设计、使用效果、费用信息反馈的管理科学，追求对设备的不断改进或研制更高质量的设备。

#### 2. 全员设备维修制度

日本在吸收设备综合工程学研究成果的基础上，结合本国的管理经验，在 1971 年提出了富有特色的全员设备维修制度（total productive maintenance，TPM），更具可操作性。

（1）TPM 的基本思想是"三全"，即全效益、全过程、全员参加。"全效益"就是追求设备一生的寿命周期费用最小、输出最大，即设备的综合效益最高；"全过程"是对设备从设计、制造、使用、维修、改造到更新的设备一生的管理；"全员参加"表明设备管理是一种群众性的管理，从最高管理部门到基层员工都要参与进来。

（2）全员设备维修制度全部吸取了预防维修制的维修方式，包括日常维修、事后维修、预防维修、生产维修、维修预防等，强调基层员工参加日常检查。

（3）通过推行设备维修目标管理来确定设备维修工作的方向和具体奋斗目标，并作为评定维修工作成绩和工作总结的依据。

（4）经常进行 TPM 教育，强调工作作风保证，开展 5S 活动。5S 活动是指整理（seiri）、整顿（seiton）、清洁（seisoh）、清扫（seiketsu）、教养（shit-suke），目的是从思想上建立良好的工作作风。再先进的方法也要靠人去落实、去执行，特别是一线的操作工人，因此要特别重视对员工的经常性教育。不仅仅从操作技能上，更要从职业道德和敬业精神上开展不懈的教育活动，使员工能够自觉地执行各项规章制度。

综上所述，我们可以看到设备综合管理与传统的设备管理制度有许多方面的不同，总结起来如表 11 - 1 所示。

表 11 - 1　　传统设备管理与设备综合管理的区别

| 项目 | 传统的设备管理 | 设备综合管理 |
|---|---|---|
| 设备管理任务 | 保证设备处于良好的技术状态 | 贯彻企业经营方针 |
| 设备管理目标 | 个别环节个别方面的局部效果 | 追求寿命周期费用的经济追求综合效益最好 |
| 设备管理内容 | 维修及其管理 | 实行设备的全过程管理 |
| 设备管理手段 | 主要运用技术手段 | 运用技术、经济、组织措施 |
| 设备管理状态 | 恢复既定的出厂标准的静态化管理 | 服务于企业经营方针与技术进步的动态管理 |
| 参加人员 | 主要依赖设备专业人员 | 与设备有关的横向、纵向机构和人员 |

## 11.2　设备维修管理体系

设备维修管理体系（equipment maintenance system）是为了使设备经常保持良好的技术状态，充分发挥其工作效率，保质保量地完成生产或服务任务，企业必须建立一套科学的、有效的维护保养制度和修理方法。

设备维修的理论有两种基本观点：

一是建立在摩擦学基础之上，研究机械磨损规律的"设备修理周期结构"理论。这种理论认为，由于摩擦磨损的原因，随着磨损时间的延续和按一定规律磨损量的增加，将会引起机器零件表层的破坏和几何形状与尺寸的改变，甚至会造成机构动作的失调与工作精度的下降，最后丧失工作能力，导致故障或事故的发生。

二是建立在故障物理学基础之上，研究故障规律和设备可靠性的"故障分析与状态管理"理论。这种理论认为，设备的故障除了磨损的原因之外，还有外界工作条件如温度、压力、振动等原因，以及内部工作条件的内应力、变形、疲劳及老化等多种原因。运用这种理论时首先要对设备的异常现象进行数据检测、分析设备可靠性、故障频率及其分布，然后运用数理统计方法分析规律性，从而得到设备劣化与维修必要性的信息。这种理论和方法对尚未掌握维修规律，或重型、精密、电子、自动化等设备是比较适用的。

### 11.2.1　设备磨损理论

设备在使用和闲置过程中会逐渐发生磨损。设备的磨损分为两种，一种是看得见的有形磨损，另一种是看不见的无形磨损。

#### 1. 设备的有形磨损

设备的有形磨损分为两种：一种是设备在使用过程中发生的物质磨损，与设备的使用强度和持续运转时间成正比，与设备的维护保养工作也有很大关系。另一种是由于自然侵蚀作用引起的设备的物理、化学变化。

从金属材料学的理论及实际测定的经验中，我们能够发现设备的物理磨损有自己的规律，正常情况下可分为三个阶段，如图 11-1 所示。

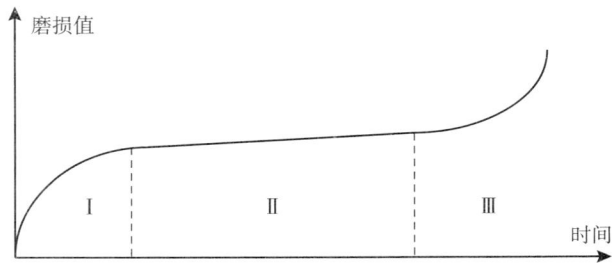

图 11-1　设备磨损曲线

第 I 阶段称为初期磨损阶段。这一阶段，零件之间表面的粗糙不平部分被迅速磨去，磨损速度较快，但时间较短，例如，一辆买回来的自行车不一定轻便好骑，而骑了一段时间后就会感到很轻便了，这是因为自行车上有相对运动的零件经过磨合后得到一种良好的配合状态，进入正常磨损期。

第 II 阶段是正常磨损阶段，在这一阶段设备处于最佳运动状态，磨损速度缓慢，磨损量小，曲线呈现平稳状态。在这个阶段，只要精心维护，合理使用设备，就能最大限度地延长设备的使用寿命，达到最佳的经济效果。

第 III 阶段称急剧磨损阶段。在这一阶段中，零件正常磨损关系破坏，磨损急剧增加，设备的精度、性能和生产效率降低。一般情况下不能允许零件使用到急剧磨损阶段，而应当在正常磨损阶段后期就应修复或更换。否则，将加大修理工作量，增加修理费用，延长设备停工修理时间。

设备磨损是客观必然的，只有针对磨损规律分别采取有效措施，才能保证设备经常处于良好的技术状态。

### 2. 设备的无形磨损

设备的无形磨损是由于科学技术的进步，出现了结构更加先进、技术更加完善、生产效率更高、能源和原材料消耗更少的设备，使得原来技术性能和生产效率较低的设备变得陈旧，降低了使用价值，甚至被淘汰。无形磨损又称为精神磨损或技术磨损。

有形磨损和无形磨损都会引起设备原始价值的降低，这一点上两者是相同的。不同之处在于，有形磨损的设备，特别是有形磨损严重的设备，在进行大修之前，往往不能继续生产产品；而无形磨损的设备，则能正常生产产品。

设备磨损形式不同，补偿磨损的方式也不一样。补偿分为局部补偿和完全补偿。设备有形磨损的局部补偿是修理，无形磨损的局部补偿是现代化改装或技术改造。有形磨损和无形磨损的完全补偿则是设备的更新。

设备的各种磨损形式及其补偿方式的相互关系如图 11-2 所示。

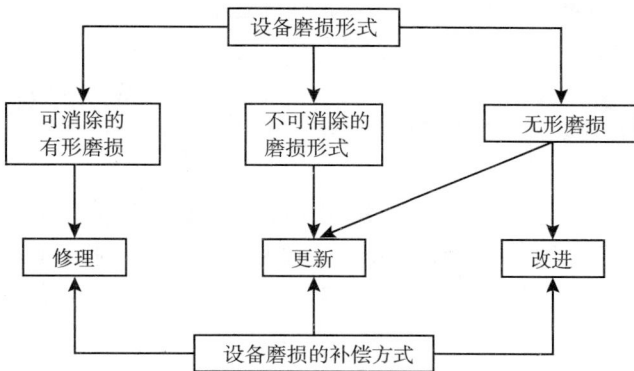

图 11-2  设备的各种磨损形式及其补偿方式的相互关系

## 11.2.2  设备的故障曲线

设备的故障是指设备或其零件在运行过程中发生的丧失其规定功能的不正常现象。由于种种原因，设备在使用过程中会发生这样或那样的故障，从而影响生产的顺利进行。因此，正确分析和掌握设备故障发生的规律，减少故障的发生，是设备管理中的重要问题。

一台设备，从投入运行到大修或报废，故障的发生是有一定规律可循的。经研究表明，设备的故障率在整个设备使用期间是按一条所谓的"浴盆曲线"分布的，如图 11-3 所示。故障率是指工作到某一时间的设备，在未来单位时间内发生故障的比率。

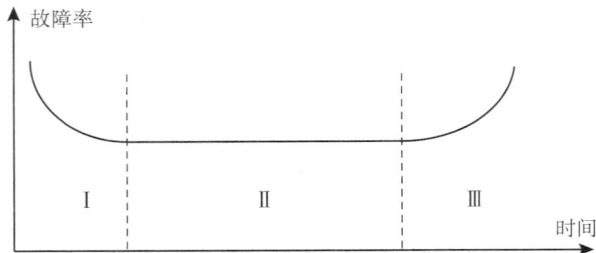

图 11 - 3　浴盆曲线

故障的发展过程可分为三个时期：

第 I 时期称为初期故障期。这一时期的故障主要是由设计和制造中的缺陷造成的，有时是由于操作不习惯、新装配的零件没有跑合、搬运和安装的大意以及操作者不适应等原因造成的，开始时故障率较高，随后逐渐降低，再过一段时间故障率就比较稳定了。在这一时期减少故障的措施有：细致地研究操作方法，并将设计制造中的缺陷及时反馈给相关部门；谨慎搬运安装设备，严格进行试运行并及时消除缺陷；加强岗位培训，提高操作者的工作熟练程度。

第 II 阶段称为偶发故障期。这个阶段设备已进入正常运转阶段，故障较少发生，主要由于操作失误，保养不善、设备使用条件不完备所致。此阶段持续时间较长，是设备的实际使用期，决定着设备寿命的长短。这一时期设备管理的主要任务是搞好日常维修、保养，提高生产工人的操作水平和责任心，从而延长设备的有效寿命。

第 III 阶段称为劣化故障期。这一阶段由于构成设备的某些零件已经老化，或进入急剧磨损阶段，因而故障率上升。这时因设备已经不能正常工作，必须停机检修，更换已损坏的零件，以降低故障率，延长设备的有效寿命。

## 11. 2. 3　计划预防修理制

为使设备始终处于完好状态，保证生产顺利进行，必须做好设备的维修工作。现实中有几种设备维修体制，这里重点介绍计划预修制，后面介绍 TPM 等。

### 1. 计划预防修理制的内容

计划预防修理制简称计划预修制，是我国企业从 20 世纪 50 年代开始普遍推行的一种设备维修制度。它按照预防为主的原则，根据设备的磨损规律，有计划地对设备进行日常维护保养、检查、校正和修理，以保证设备经常处于良好状态。这种维修体制克服了事后修理的缺陷，及时发现设备隐患，避免设备急剧磨损，延长了设备的使用寿命。同时有利于做好修理前的准备工作，缩短修理时间，提高维修效率。

计划预修制的主要内容有：日常维护，定期清洗换油、定期检查、计划修理。计划修理的主要工作内容有：小修、中修、大修。

小修是指日常的零星修理，仅对设备进行局部维修，通常只更换或修复少量的磨损零件，排除故障或清洗设备，紧固或调整零部件。小修工作量小，但次数多，一般结合日常检查与维护保养工作一道进行。

中修是工作量较大的一种修理，对设备进行部分解体，修理或更换磨损机件，校正设备的基准，保证设备主要精度达到工艺要求，以缩短停歇时间，减少修理费用，保证设备正常运转。

大修是对设备进行全面的修理，具有设备局部再生产的性质。设备的大修一般不改变设备的结构、性能和用途，不扩大设备的生产能力，但工作量仍然很大，修理费用较高。这就要求大修之前一定要精心计划，并可结合技术改造进行，提高设备的效率和先进性。

一般在设备说明书中，都规定着大、中、小修的期限。但由于影响设备修理期限的因素较多，如生产类型、负荷程度、工作技术条件、加工对象、日常维修状况等，设备修理的实际期限应根据具体情况予以适当修改。

2. 实现计划修理的方法

（1）标准修理法。又称强制修理法，是对设备的修理日期、类别和内容都按标准预先作出计划并按计划严格执行，而不考虑设备的实际磨损情况及设备的运行状态。这种方法一般适用于那些必须严格保证安全运转和特别重要的设备，如动力设备，自动线上的设备等。

（2）定期修理法。这种方法根据设备的实际使用情况，参考有关修理定额资料，制定设备修理的计划日期和大致修理工作量，再根据每次修理前的检查做详细规定。

（3）检查后修理法。这种方法事先只规定设备的检查计划，每次具体的修理时间和内容则根据检查结果及以前的修理资料来决定。采用检查后修理法，可以充分利用零件的使用期限，修理费用较低。但也可能产生主观判断错误，且不易做好修理前的准备工作而延长设备修理的停歇时间。

计划预修制作为一套比较科学的预防维修制度已充分得到人们的认同，但仍然存在不完善之处。例如，不能很好地解决修理计划切合设备实际的问题，对生产工人参与维修保养限制较多等，这一切应当在企业的实践中不断总结经验，从而对这种维修制度做更全面的提升。

## 11.3　全员生产维护[①]

全员生产维护（total productive maintenance，TPM）是设备维修制度的一个

---

① 陈志祥：《生产运作管理教程》，清华大学出版社 2010 年版。

新发展。TPM 有的人翻译为"全员生产维修""全面生产维护""全面生产维修"等，这主要是对 maintenance 一词的不同理解与汉语表述所致。笔者认为用"全员生产维护"或者"全面生产维修"更贴切，原因是 TMP 的核心是全员参与，而一般生产员工并不参加设备修理工作，但是参加设备的护理工作（如加油、清扫），其内容包括了许多如 5S、卫生与环境管理等，特别是新一代 TMP 的概念含义更广泛，因此用"维修"这个狭义的词已经完全不能反映 TPM 的发展，因此本书采用"全员生产维护"这个表述。另外，从日本人的定义，我们也可以看出，TPM 已经超出了一般的设备维修管理的范畴，演变为一个生产率管理的体系与哲学。比如 1971 年，日本生产维修协会（JIPM）把 TPM 定义为：覆盖所有部门的、设备的全寿命周期的保全体系。这个时候的定义还是设备管理范畴，但是1989 年，TPM 活动定义进行了修订，指公司在包括生产、开发、设计、销售及管理部门在内的所有部门，通过公司上层到第一线员工的全员参与和重复的小集团活动，从生产系统的整体出发，构筑能防范所有损失发生的机制，最终达成零损耗的目的。从这个新的定义可以看出，TPM 不是一般的设备维修活动，而是一种生产率维护活动。

### 11.3.1　TPM 的基本思想及其特征

#### 1. 全效益

全效益就是要求设备一生的寿命周期的费用最小、输出最大，即设备综合效率最高及损失最小。TPM 分阶段推进，追求卓越，将所有损耗的目标设为零。

#### 2. 全系统

全系统就是从设备的设计、制造、使用、维修、改造到更新的设备一生的管理，因此，有时又称全过程管理。

#### 3. 全员参加

全员参加就是凡是与设备的规划、设计、制造、使用、维修有关的部门和有关人员都参加到设备管理的行列中来。所以，TPM 是全员参加的、以提高设备综合效率为目标的、以设备一生为对象的生产维修制度。其主要特征是：
（1）以提高设备综合效率为目标；
（2）建立以设备一生为对象的生产维修总系统；
（3）设备的计划、使用、保养等所有部门都参加；
（4）从最高领导到第一线工人全体成员参加；
（5）加强生产维修保养思想教育，开展班组自主活动，推广生产维修。

## 4. 使用 "5 现" 手法

（1）现场：出现问题第一时间去现场，不逃避问题。

（2）现物：接触现物，直面问题，不存侥幸心理。

（3）现实：分析问题原因，立即作出决断，防止同类问题再发生。

（4）现金：将损失和改进的花费换算成现金，使人人心中有数。

（5）现认：现场确认，明确责任和改进措施。

## 11.3.2　TPM 的主要内容

### 1. 日常点检

由技术人员、维修人员共同制定点检卡，由工人根据点检的方法上班时进行自我检查，记录设备状况，然后维修人员根据操作工作的点检记录，决定是否对设备进行维修。这种由操作工人自己进行的设备检查活动能够及时发现设备问题，减少故障。

### 2. 定期检查

定期检查是维修工人按照计划定期对设备进行检查。定期检查的内容与方法也是预先确定的，按照规定的时间与检查顺序，逐一对设备进行检查。

### 3. 计划维修

根据日常点检、定期检查的结果编制计划定期维修。计划维修有小修、中修和大修等不同的修改计划，计划维修是有计划预防性减少故障的措施。

### 4. 改善性维修

对设备进行结构性改善修改，提高设备的性能与减少故障的发生。

### 5. 故障维修

当设备出现故障时需要及时修理，以保证生产顺利进行。

### 6. 维修记录分析

故障记录的分析对于设备维修很重要，为今后进行日常检查与修订维修计划提供参考，通过维修记录的分析，能够有针对性地确定设备维修与保养的重点对象。

### 7. 开展 5S 活动、TPM 教育

在全员生产维护制度中，员工的参与非常重要。因此，企业要经常开展 5S、

TPM 等教育与培训活动，以提高员工的参与设备维护意识。

### 11.3.3 设备综合效率计算与运用

设备综合效率（overall equipment effectiveness，OEE）是 TPM 应用重要概念和测量工具，如图 11 - 4 所示。OEE 的本质内涵，其实就是计算周期内用于加工的理论时间和负荷时间的百分比。设备的 OEE 水平不高，是由多种原因造成的，而每一种原因对 OEE 的影响又可能是大小不同。在分别计算 OEE 的不同"率"的过程中，可以分别反映出不同类型的损失，常见影响设备效率的七大损耗：

（1）故障损耗；

（2）准备、调整损耗；

（3）设备工作部分更换或调换损耗；

（4）达产及学习加速损耗；

（5）检查停机损耗；

（6）功能损耗；

（7）产出废品、修正。

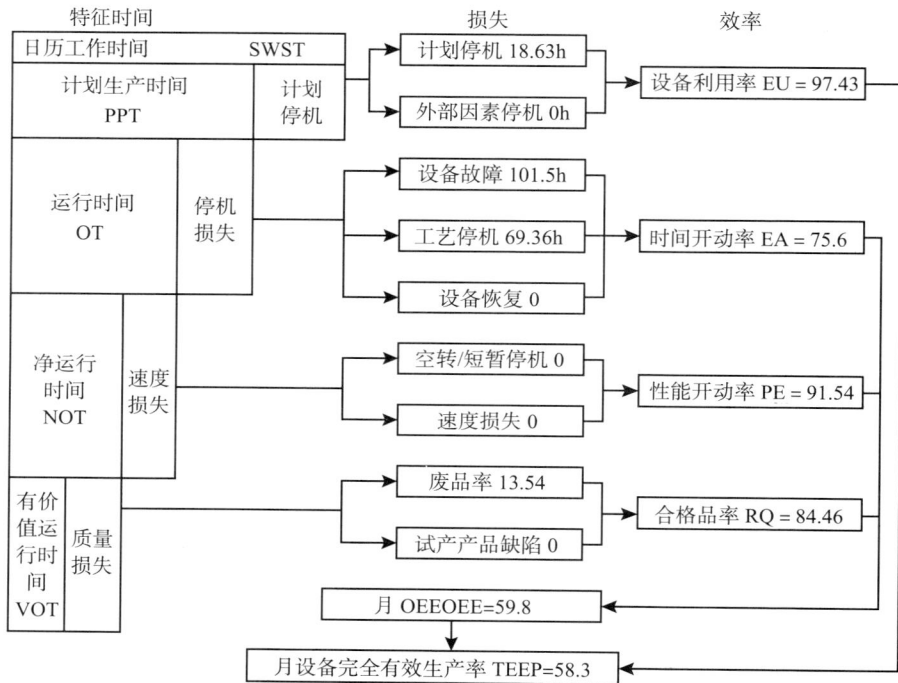

图 11 - 4 设备综合效率 OEE 计算与运用

## 1. 设备综合效率计算公式

设备综合效率 = 时间工作效率 × 性能工作效率 × 合格品率 × 100%

　　　　　 = (负荷时间 - 停止时间)/负荷时间 × 理论加工时间

　　　　　　 × 加工数/工作时间

　　　　　　 × (加工数量 - 报废数)/加工数量 × 100%

　　　　　 = 工作时间/负荷时间 × 基准 CT/实际 CT × 加工数量

　　　　　　 × 实际 CT/工作时间

　　　　　　 × 合格品数/加工数 × 100%

　　　　OEE = 时间开动率 × 性能开动率 × 合格品率

　　　　　 时间开动率 = 开动时间/负荷时间

　　　　　 负荷时间 = 日历工作时间 - 计划停机时间

开动时间 = 负荷时间 - 故障停机时间 - 设备调整初始化时间（包括更换

　　 产品规格、更换工装模具、更换刀具等活动所用时间）

　　　　　 性能开动率 = 净开动率 × 速度开动率

　　　　净开动率 = 加工数量 × 实际加工周期/开动时间

　　　　速度开动率 = 理论加工周期/实际加工周期

　　　　　 合格品率 = 合格品数量/加工数量

## 2. 时间工作效率

时间工作效率就是负荷时间（必须使设备工作的时间）与实际工作时间的比率，计公式如下：时间工作效率 = 负荷时间 - 停止时间/负荷时间 × 100%

上式中的负荷时间，就是从 1 天（或者 1 个月）的操作时间中减去生产计划上的暂停时间，计划保全上的暂停时间，日常管理上的打招呼等暂停时间后所剩余的时间。所谓停止时间，就是故障、准备、调整、调换刀具等停止的时间。

例：

1 天的负荷时间 460 分

故障时间 20 分（停止损耗时间 = 故障停止）

准备时间 20 分

调整时间 20 分（停止时间合计）

1 天的工作时间 400 分钟

在这种情况下的时间工作效率为：400/460 × 100% ≈ 87%，

因此，时间工作率约是 87%。

## 3. 性能工作效率

性能工作效率由速度工作效率和净工作效率组成。

速度工作效率的意思就是相对设备固有能力（周期时间、行程数）而言的速度的比率。即应看是否要按既定的速度（基准速度、周期时间）而实行工作。要是设备的速度下降，即可知该损失的程度。

$$速度工作效率 = 理论加工时间/实际加工时间 \times 100\%$$

净工作效率表示是否在单位时间内按一定的速度工作。

$$净工作效率 = 加工数量（产量）\times 实际加工时间/负荷时间$$
$$- 停止时间 \times 100\%$$

是否按一定的速度工作了，并不是说比基准速度快了还是慢了。而是指即使在速度较慢的情况下，是否能长时间地按这一速度稳定地运转呢？

这样，就能计算出因停止产生的损失，以及日报表所反映不出的因小故障产生的损失。

性能工作效率根据上述两个公式即可推算，公式如下：

$$性能工作效率 = 速度工作效率 \times 净工作效率 \times 100\%$$

## 11.3.4　TPM 八大支柱活动

### 1. 自主保全

自主保全是生产制造部门承担的防止设备劣化的活动。自主保全是"自己使用的设备自己保养"的理念的实践，通过制造部门的作业者的初期清扫和故障发生源追索对策活动磨炼其发现异常并担负简单修理排队故障的能力。

### 2. 计划保全

通过设备的点检、分析与预测，利用具体情报，早期发现设备故障及性能低下状态，按计划实施预防保全活动，提高设备的可靠性、保全性和经济性。

### 3. 个别改善

对关键设备、故障多发设备及部位展开改善课题，进行个别性设备改善。关键设备是指故障多、瓶颈、高价值和影响总体生产力的设备。

### 4. 品质保全

意义在于提高设备精度和性能，找出设备与操作和品质的关系要因，改善并实现管理指标和目标。

5. 初期管理

新设备在正式使用前的各种规划准备阶段必须做到完美无缺，才能确保正式生产阶段的高效能运转。

6. 教育培训

培育从上到下的具有 TPM 理念和设备技能的人才。

7. 安全、卫生、环境

推行零灾害活动，杜绝肮脏、危险和安全隐患。

8. 事务间接部门的效率化

研究、设计、营业、财务、人力资源管理和行政等事务间接部门与制造部门有直接联系，这些部门的效率对制造部门的活动效果有很大影响，实施 TPM 也要提高这些部门的效率。

## 11.3.5　TPM、TQM 与 JIT 三者的关系

1. TPM——全员生产维修体制

它是以设备综合效率为目标，以设备时间，空间全系统为载体，全体成员参与为基础的设备保养、维修体制。

设备是企业的骨骼、肌肉和脉管。TPM 是企业人格化机体的自我保健和治疗体系。是行之有效的一套科学体系。

2. TQM(TQC) ——全面质量管理体系

它是以顾客需求、工序要求为优先，以预防为方针，以数据为基础，以 PD-CA 循环为过程，以 ISO 为标准化作业目标的全面、有效的质量管理体系。

有人说质量是企业的灵魂，那么 TQM 是企业（人格化）灵魂的净化和陶冶过程，是企业升华、企业造福社会不可缺少的环节。

3. JIT(just-in-time) ——适时管理（也称准时制生产）

它也称为零库存生产方式，或解释成"在需要时才生产必要数量的产品或中间产品"。

如果企业是一个人，JIT 就是人行动的有效控制系统，让人消耗最小的能量，完成最佳的工作。如果把企业比喻成一辆车，则 TPM 是驱动轮（后轮），TQM 是前轮，JIT 是离合器，而企业的文化则是方向盘。

# 11.4 安全生产<sup>①</sup>

## 11.4.1 安全生产及其基本原则

### 1. 安全生产及其内容

安全生产（work safety）是指在生产过程中，通过努力改善劳动条件，克服不安全因素，使生产在保护劳动者的安全健康、保护国家和人民生命财产安全的前提下进行。

安全生产通常包括劳动保护、安全技术和工业卫生三个方面的内容。

（1）劳动保护。它是指为保护劳动者的安全与健康，在改善劳动条件、预防工伤事故和职业病等方面所采取的各种组织和技术措施。如配备安全管理人员和设施，加强安全教育和检查，预防和消除工伤事故；开展工业卫生工作，防止和控制职业病的发生；合理确定劳动者的工作时间和休息时间，实现劳逸结合；对女职工实行特殊保护等。

（2）安全技术。它是指为消除生产过程中的危险因素，保证职工在生产过程中的安全所采取的技术措施。如改进工艺和设备，设置安全保护装置，加强机械设备的维护保养、合理安排和布置工作地等。

（3）工业卫生。它是指对职业毒害识别、控制、消除和预防的专门技术。由职业毒害引起的疾病称为职业病。如因接触粉尘、放射性物质和其他有毒、有害物质而引起的疾病。

### 2. 安全生产基本原则

（1）预防为主原则。该原则要求安全生产要做好事前预防工作。即要依靠科技进步，加强安全教育、安全责任制建设、安全设施设备、安全检查等管理工作，及时发现并消除各种安全隐患。

（2）"五同时"原则。该原则要求企业各级领导或管理者在计划、布置、检查、总结、评比生产的同时，要计划、布置、检查、总结、评比安全工作。

（3）"三同时"原则。该原则要求企业在实施新建、改建、扩建基本建设项目和技术改进项目时，要将职业安全、卫生设施与主体工程同时设计、同时施工、同时投入生产和使用。

（4）安全否决权原则。该原则要求把安全工作作为衡量企业生产经营管理工作好坏的一项基本内容。企业、行业和政府在组织评选表模活动中，必须首先考

---

① 潘艾华、阮喜珍：《生产运作管理实务》，武汉大学出版社 2009 年版。

核参选单位的安全指标完成情况。对于没有完成安全生产指标的，评选组织要坚决取消其参加评选的资格。即安全生产指标具有"一票否决"的作用。

### 11.4.2　安全生产管理体系

目前，我国的安全生产管理体制是国家监察、行业管理、企业负责、社会监督四方协调管理体制。

#### 1. 政府统一领导

政府统一领导是指安全生产工作必须在国务院和地方各级人民政府的领导下，根据国家关于安全生产的法律法规要求开展。任何单位都必须保障其安全生产的技术和管理符合国家安全生产的要求。

#### 2. 部门依法监管

部门依法监管是指安全生产监管部门和相关部门，要依法履行综合监督管理的职能。目前在安全生产的监督方面处于核心地位的是各级负有安全生产监督管理职能的部门。

#### 3. 企业全面负责

企业是安全生产的主体。国家关于安全生产的法律法规和方针政策，最终要由企业来落实。企业特别是其主要负责人承担着安全生产的全面责任。企业应全面贯彻安全生产的基本原则，建立健全各级安全生产责任制及其他各项安全生产制度，建立安全管理组织，合理配置安全管理资源，确保企业安全生产。

另外，企业作为法人，对企业发生的安全事故，应当依法承担相应的经济责任、行政责任和刑事责任等。

#### 4. 社会监督

社会监督是指利用和发挥全社会各方面的力量和作用，在全社会形成关爱生命、注重安全的舆论氛围。

### 11.4.3　安全生产检查

#### 1. 安全生产检查内容

安全生产检查是指依据国家有关安全生产的方针、政策、法律、法规和标准，以及企业的规章制度等，对生产过程的安全生产进行的检查活动。企业及安全管理员只有各种开工的安全生产检查，不断地发现生产中的不安全因素，及时消除安全隐患，才能确保企业安全生产。

企业安全检查按其实施的主体不同可分为班组安全检查、车间安全检查和厂级安全检查。实施安全检查的主体不同，其检查内容的重点不同。下面分别加以介绍。

（1）班组安全检查。

班组安全检查是安全检查的重点。具体内容包括：班组有无安全员；班组记录是否准确齐全；每个岗位是否都有安全生产责任制和安全技术操作规程；对新入厂和新换工种的员工是否进行了班组安全教育；危险施工现场有无安全监护人，是否在进行监督检查；所使用的设备工具、仪器、仪表有无专人保管；应设置安全标志的地方是否按标准设置了安全标志；电气、电路安装是否正确完好；消防设施、消防器材是否按要求配备；涉及有毒有害的作业有无安全防护措施；禁止烟火的生产场所有无火源；环保治理设施是否完好、运行是否正常；生产场所"三废"处理、排放是否符合国家标准；所有上岗人员是否严格遵守安全生产技术操作规程和各项规章制度，等等。

（2）车间安全检查。

车间安全检查的内容主要包括以下三个方面：

车间平面布置检查。具体内容包括：重要装置是否设置了围栏；危险装置是否与控制室、变电室隔开；有严重危害的生产车间是否安排在被隔离的小建筑物内；车间是否有足够的出入口供运输工具和行人通过；是否把有毒的、有腐蚀性的、易燃易爆的、易挥发性的物质和放射性的废物排放入市政的下水道。

车间建筑物情况检查。具体内容包括：地板、墙壁开口、通风和空调管道、电梯竖井、楼梯通道等处是否设有良好的防火措施；对有爆炸危险的工段、车间是否采用防火墙，顶层材料是否为防火材料，是否设置了足够的防爆排气孔；出入口和紧急通道是否阻塞，有无明显的标志和警告设置；车间内各种构筑物、道路、避难退路、门等处照明设施是否完好；各种安全标志牌是否每年至少检查一次，如有发现变形、破损或图形符号脱落以及变色等，是否及时维修或更换。

车间环境检查。具体内容包括：是否经常检测车间内有毒物体浓度，如超过最大允许浓度时是否及时采取了措施；各种管线及支架有无妨碍工作地点的通畅；原材料的临时堆放现场是否安全适用；产品和半成品堆放是否良好；有无足够的空间可供检验及下道工序取用；对有火灾爆炸危险的工作是否采取了隔离操作；在带电物体周围是否设立了安全间距。

（3）全厂范围的安全检查。

全厂范围的安全检查主要包括以下五个方面的内容：

厂内运输检查。具体内容包括：厂内的道路是否满足人和车的通行以及是否有明显的通行标志；厂内的各种运输车辆是否有安全装置和是否进行了定期检查；易燃易爆液体罐车在装卸地点是否有接地装置、是否留有安全操作空间和防止从罐车上坠落的措施；汽车、铲车是否符合技术规范要求，性能是否良好。

生产工艺检查。具体内容包括：对原辅材料的理化性质了解如何？是否了解材料的毒性；对湿法作业是否采取了密闭尘源和通风防尘的措施，有无个体防护措施，有无防止粉尘爆炸措施等。

设备状态检查。具体内容包括：是否能保证各种管线均无潜在危险；对可能成为易燃介质引起火灾的机器、机械及其他设备、材料与成品，是否规定了其制造、应用和使用的制度；是否使用符合防火防爆级别与类别的电气设备；是否采用符合静电火花安全要求的工艺过程及设备；紧急用阀和紧急开关是否易于操作；对爆炸较敏感的生产设备是否进行了隔离，是否安装了屏蔽物和防护墙；液位计、仪表、记录装置等显示情况是否良好，是否易于辨识。

操作管理检查。具体内容包括：检查车间每个员工是否熟悉各种操作规程、岗位操作方法、安全守则；所有人员是否都经过了安全训练，是否都了解本岗位潜在的危险性；是否训练了操作人员遇到紧急事故的处理方法；是否训练了操作人员熟练使用安全设备及个人防护用具的方法；是否采取有效措施防范日常维护检修作业所存在的潜在危险；对特殊危险作业是否规定了专门制度；是否坚持了定期检查和定点检查制度等。

防灾设备检查。具体内容包括：是否根据建筑物的结构和建筑材料选用了不同开工的消防设备；在建筑物内部是否配备了消防措施；在可燃性液体罐区是否安装了适用的防火设施；是否采取了防止粉尘爆炸的措施；火灾警报装置是否安装在适当的地点等。

## 2. 安全生产检查方式

安全生产检查是企事业安全管理的重要环节，是企业安全生产管理人员及职工辨识危险源、消除不安全因素、防止事故发生的有效手段。安全生产检查的方式是多种多样的。

按检查内容分类，有综合检查和专项检查。综合检查也称全面检查，检查的内容涉及安全生产的各个方面。专项检查是指对某一方面内容进行的安全检查。如防火检查、特种设备检查、机动车检查、特种作业检查等。

检查时间分类，有日常检查、定期检查、不定期检查和连续检查。日常检查是指每天进行的常规性的安全生产检查。它一般由员工和专兼职安全管理员进行。定期检查是指每间隔一定时间进行的安全检查。不定期检查又叫突击检查，是一种根据需要随机进行的安全检查。如对一些特殊部门、特殊设备进行的且事先未曾宣布的检查。连续检查是指为跟踪某项工作或部门的安全生产状态而对其开展的持续一定时间的连续多次的安全检查。

实施检查的主体分类，有政府检查、企业检查和员工自查。政府检查是指由县级以上人民政府或主管安全生产的部门与机构对企业的安全生产、工业卫生进行的检查。政府检查是推动企业贯彻执行劳动保护政策、安全法律法规与标准，及时发现和解决企业在安全方面存在的问题和隐患的有力手段。企业检查是指由企业自己组织有关人员进行的安全生产检查。目的是发现隐患，落实整改措施。员工自查是指由员工在工作时间进行的自我安全检查。

### 3. 安全生产检查流程

实施安全生产检查一般遵循下列五个程序。

（1）制定安全生产检查计划。

制定安全生产检查计划其实就对安全检查工作提前作出科学合理的安排，其结果是编制安全检查表。为了让安全检查达到预期的效果，应根据有关制度、标准，结合实践经验、事故情报等，事先对检查对象、检查时间、检查人员、检查方式方法等进行认真的思考，并作出合理的安排，确定检查的项目和要点，并以提问的方式，将检查项目和要点等按系统编制成检查表，供检查时用。

（2）成立安全生产组织。

计划制定后，应根据安全检查的规模大小和内容特点，成立较专业的安全生产检查组织。检查组的负责人一般由相关领导或专业工程担任，成员应有较强工作责任心和安全业务素质的人员。对组织成员应进行安全检查工作要求、方式等内容的培训，还应根据其专业特点结合检查内容进行相对明确分工，以充分发挥检查组成员的能动作用。

（3）实施安全生产检查。

实施安全生产检查就是根据检查计划深入调查现场，按照检查表对检查对象逐一观察。对各观察结果必须详细记录，特别是违反安全规程、存在大重大安全隐患的，要记录存在问题的准确地点和时间以及其他必要的数据。

（4）提出安全隐患整改的建议。

首先，对检查中发现的问题及安全隐患要按照重要和紧急程度进行统计整理、排序，并明确责任。责任要落实到人，特别是领导责任。随后，对问题产生的可能原因要作出初步的分析，并在此基础上，对每个问题提出切实可行的整改措施和建议。

（5）编写安全生产检查报告和效果评价。

安全检查结束后，要随即将检查情况写成调查报告。报告的内容包括：检查的目的、时间、地点、人员以及检查的方法、过程、结果等。其中，重点是检查的结果，包括存在问题和整改意见。所谓检查效果评价主要是指评价通过检查及时发现了哪些隐患，其中哪些是较重大隐患，发现的隐患是否被彻底消除或采取积极的处理措施，有何经验教训等。

## 11.4.4　安全事故处理

### 1. 安全伤亡事故

（1）事故。它是指在有目的进行的过程中所发生的违背人们意愿的事件或现象，它包含人身受到伤害和财产受到损失。在不同的行业对事故有不同的描述。在企业中发生的事故按性质可分为以下几类：

人身事故。指企业职工在生产领域中所发生的和生产有关的伤亡事故。

设备事故。由于某种原因引起的机械、工艺、动力设备、管道、电线运输设备以及仪器仪表、工具的非正常损坏，造成严重损失，影响生产的事故。

火灾和爆炸事故。由于火灾和爆炸造成的伤亡或财产损失的事故。

生产、质量事故。由于违反工艺规程、岗位操作规程或由于指挥失误，造成生产工艺不正常或造成生产中断，以及产品质量下降或废品、次品的大量出现，从而严重影响生产和产品质量的事故。

污染和急性中毒事故。因为工业装置排放污染物引起周围居民中毒、死亡、农作物减产、树木枯死、牲畜伤亡或由于生产过程中存在的有毒物质，在短期内大量侵入人体造成身体中毒的事故。

重大未遂事故。指虽然已经构成发生各类重大事故的条件，由于处理及时得当，未造成伤亡和直接经济损失，但性质恶劣或生产操作严重不正常，给设备带来重大隐患或降低设备使用寿命的事故。

伤亡事故。它是指生产经营单位的从业人员在生产经营活动中或在与生产经营相关的活动中，突然发生损伤或人体的某一些器官失去正常机能，导致负伤肌体暂时或长期地丧失劳动能力，甚至终止生命的事故。

（2）伤亡事故的分类。

伤亡事故按不同的划分标志可分为不同的类型。下面重点介绍按其伤害程度和按人员保险待遇两种标志划分下的类型。

按其伤害程度分类，可分为轻伤、重伤、死亡。其中，轻伤是指损失工作日满 1 天而低于 105 天的失能伤害；重伤，指损失工作日等于或大于 105 天而低于 6 000 天的失能伤害。

按人员保险待遇分类，可分为工伤事故、比照工伤事故、外因事故。其中，工伤事故是指在生产过程中发生的人身伤害和急性中毒事故；比照工伤事故是指与工作有关、可按工伤待遇处理的伤亡事故；外因事故是指与生产或工作无关的事故。

（3）伤亡事故的鉴别。

工伤事故是企业伤亡事故的主要类型，是安全管理的重点对象。它是企业员工为了生产和工作，在生产区域内，由于生产过程存在的危险因素的影响，或虽不在生产和工作岗位，但由于企业生产条件、设备条件、劳动条件或管理制度不良，使人体受到伤害，导致部分地、暂时地或长期地丧失劳动能力的事故。下面介绍对伤亡事故鉴别有重要意义的几个概念。

生产区域。是指生产所涉及的场所。包括厂区道路、生产车间等。有一些无固定生产岗位的员工，其工作地就是他们的生产区域。员工上下班途中发生交通事故不属于工伤。

工作时间。包括班前准备和班后清理的时间。

员工的活动有一些与生产无直接关系，应根据《企业职工工伤保险试行办法》规定的条款来判定是否属于工伤。

## 2. 伤亡事故预防与救援

由于伤亡事故管理一种事后行为，所以伤亡事故的预防与救援就显得特别重要。伤亡事故管理的中心应该是预防第一。

（1）伤亡事故的预防原则。

伤亡事故的预防主要是对生产过程中出现的有毒有害及危险因素加以消除、降低与防护。即通过管理和技术手段消除生产中的危险或有害因素，或使危险及有害因素降低到最小限度，以及控制危险源不与人接触等。伤亡事故的预防原则表现为：

首先，消除潜在危险的原则。即从根本上消除事故隐患，排除危险。

其次，降低潜在危险因素数值的原则。即在无法彻底消除危害因素影响的情况下，最大限度地限制和减少其危险程度。如采用无毒原材料代替有毒的原材料或操作工艺改干式操作为湿式操作等。

最后，防护潜在危险的原则。即在既无法彻底根除、又无法降低危害程度的情况下，可采用各种各样的防护措施来保护人的安全。这是一种消极的防护措施。具体包括：距离防护、时间防护、屏障防护、坚固防护、闭锁防护等。

（2）伤亡事故预防的技术。

根除。根据生产技术条件，通过改进设计方案、工艺过程，选用合适的原材料来彻底消除危险。例如用阻燃性材料代替可燃材料，用液压代替电力等。

限制。对某些不能根除的危险，应设法限制它，使其不能造成伤害和损失。例如用低压替代高压。

隔离。隔离是常用的安全技术措施。一般来说，一旦判明有危险因素存在就应设法把它隔离起来。隔离技术包括分离和屏蔽两种。前者是指空间上的分离，后者是指应用物理屏蔽措施进行隔离。利用隔离技术，可以把不能共存的物质分开，也可以控制能量释放。

故障—安全设计。在系统或设备的某一部分发生故障或损坏的情况下，在一定时间内也能保证安全的技术措施称为故障—安全设计。这是一种通过技术设计手段，使系统或设备在发生故障时处于低能量状态，防止能量意外释放的措施。

（3）伤亡事故的救援。

伤亡事故的救援主要是指制定一套应急计划，以便在伤亡事故发生时能立即启动救援措施，及时报警并联络相关部门组织救援。

应急计划的内容。应急计划需要充分考虑每一个重大危险以及它们之间可能发生的相互作用，以及危险发生后应该采取的消除隐患的减少损失的具体措施等。

报警和联络。伤亡事故救援时，首先应能将任何突发的事故或紧急状态迅速通知给所有相关人员，并作出安排。企业应将报警步骤通知所有的工人以确保其能尽快采取措施，控制事态的发展。

应急救援措施。现场救援的首要任务是控制和遏制伤亡事故，防止伤亡事故扩大到附近的其他设施，以减少人员伤亡和财产损失。在应急救援措施中应包含足够的灵活性，以保证在现场能采取适当的措施和决定。

应急救援措施的演习。一旦应急救援措施被确定下来，安全管理人员应组织相关人员进行培训与演练，以确保所有工人以及外部应急服务机构都了解企业的应急救援措施。

### 3. 伤亡事故的报告与登记

伤亡事故的报告与登记是安全管理工作的一项重要内容。企业领导和相关的责任人必须对伤亡事故报告与登记的准确性与及时性负责，并坚持尊重科学与实事求是的原则。

（1）伤亡事故报告与登记的范围。

企业职工发生的伤亡，一般分为两类。一类是因工伤亡，另一类是非因工伤亡。伤亡事故的报告与登记所统计的是因工伤亡的数字，非因工伤亡的不包括在内。一般来说，只要职工为了生产和工作而发生的事故，或虽不在生产或岗位上，但由于企业设备和企业劳动条件不良引起的职工伤亡，都应算作因工伤亡而加以登记报告，并且其受伤害人员应包括企业所有人员。即临时工、实习生、义务参加劳动人员、来厂参观学习和检查工作的人员等。

（2）伤亡事故报告制度。

伤亡事故报告制度是指生产经营单位发生伤亡事故后，负伤者和最先发现人逐级报告的程序与报告内容的要求。

对生产经营单位的要求。事故发生后，当事人或事故现场相关人员应当及时采取自救、互救、保护现场等措施，并立即直接或逐级报告本单位的负责人。单位负责人接到事故报告后，应当迅速采取有效措施，组织抢救，防止事故扩大，减少人员伤亡和财产损失，并按照国家有关规定，立即如实地报告当地负有安全生产监督管理职能部门及有关部门。不得隐瞒不报、谎报，不得故意破坏事故现场，不得毁灭有关证据。

对负有安全生产监督管理职能部门的要求。负有安全生产监督管理职责的部门接到事故报告后，负有安全，应当立即按照国家有关规定上报事故情况。安全生产综合监督管理部门接到伤亡事故报告后，应当立即向当地人民政府和上一级安全生产综合监督管理部门报告，并向当地公安等部门能报。同时迅速赶到事故现场进行抢救。

（3）伤亡事故报告和登记的要求。

伤亡事故报告的总要求是"一快二准"。"快"就是要迅速及时，也就是报告写得及时，报得迅速。上报时一般是逐级上报，特殊情况也可越级上报。"准"就是内容准确。要求时间、地点、范围、程度都准确无误。报告人为受伤人或最早发现人。

伤亡事故登记要求。企业发生伤亡事故后应进行及时登记。登记表一般由班组长或企业安全管理员填写。

伤亡事故的报告和登记是一个十分严肃的工作，各种事故登记必须认真细致地填写，不得虚报、假报、瞒报或故意延迟报告。各级主管领导必须对报告的真实性、准确性和及时性负责。

### 11.4.5　职业卫生

**1. 职业卫生概述**

职业卫生关注的是人类从事各种职业劳动过程中的卫生问题，它以职工的健康在职业活动过程中免受有害因素侵害为目的，其中包括劳动环境对劳动者健康的影响以及防止职业性危害的对策。只有创造合理的劳动工作条件，才能使所有从事劳动的人员在体格、精神、社会适应等方面都保持健康。只有防止职业病和与职业有关的疾病，才能降低病伤缺勤，提高劳动生产率。

**2. 职业卫生的标准及检测**

我国《职业病防治法》明确规定，用人单位的工作场所职业病危害因素的强度或者浓度必须符合国家职业卫生标准，并定期对工作场所进行职业病危害因素检测、评价。职业病危害因素检测、评价由依法设立的取得省级以上人民政府卫生行政部门资质认证的职业卫生技术服务机构进行。

按照我国《职业病防治法》和职业卫生监督相关法律法规的要求，各类生产企业应为劳动者提供符合国家职业卫生标准和卫生要求的工作场所，定期进行职业病危害因素检测和评价。遵守工业卫生相关法律法规，是各类企业的基本社会责任。企业可以委托环境保护部门或第三方检测机构如SGS定期进行工业卫生检测，实时掌握本企业工业卫生状况，根据实验结果适时采取预防和纠正措施，规避健康损害带来的风险，为企业职工营造良好的工作氛围。

### 【本章小结】

企业生产能力的大小、生产效率的高低、企业生产的品种、质量、交货期以及安全、环境保护、员工情绪等，都在不同程度上取决于设备的完善程度和安全生产管理情况。特别是随着科技的发展和全球化进程的加快，产品的升级换代周期大为缩短，使企业面对越来越激烈的市场竞争，这就对企业设备的管理水平和安全生产管理完善程度提出了越来越高的要求，科学地选好、用好、保养维护好设备和警钟长鸣、防患未然已成为企业设备与安全管理的重要组成部分。通过本章学习和训练，首先了解设备综合管理概念，熟悉设备维修管理体系内容，掌握全员生产维护和安全生产相关内容。

### 【复习思考题】

1. 设备综合管理有哪些主要特征？它对提高企业竞争力有哪些贡献？
2. 试述设备的磨损规律及故障规律。

3. 试对计划预修制、TPM 做综合评述。

4. 导致新设备出现故障的主要原因有哪些？

5. 谈谈 TPM 八大支柱活动。

6. 谈谈设备综合效率计算与运用。

7. 谈谈安全生产基本原则。

8. 谈谈车间安全检查的主要内容。

## 【本章案例】

### 电容制造部的难题

吉姆电子公司是一家日资企业，其电容制造部主要生产 MCH 系列陶瓷积层电容，共 100 多种规格，从包装形式上可分为纸带和塑料带两大类。自 2015 年初投产以来，由于编带作业采用了改进后的新工艺、公司操作人员不太熟悉设备操作性能等原因，经过两个多月的努力，仍未能达到月产量 1 亿的设计能力。日本总部对此非常不满，经常对电容制造部的有关部门提出指责。对此，电容制造部负责人尹先生十分苦恼。这一天，他又一次召集有关部门负责人员开会，研究如何解决所面临的生产问题。

会上，大家列举了最近出现的各种问题，普遍反映加班实在太辛苦，有些操作人员已十分疲乏。会议进行到一半，负责对外联络业务的王小姐过来汇报说，刚才又接到日本总部打来的电话，对本公司电容制造部未完成上个月的生产任务大为不满，严令这个月必须完成，否则将进一步追究各部门责任，等等。

这个消息立即引起了与会人员的不满，设备科长李先生首先按捺不住，愤愤地说："这活儿没法干了，日本人有本事，就让他们自己来干，我就这点本事了。"这些天一直陪着李先生加班的车间监督申先生则息事宁人地说："老李，你先坐下，别那么激动。"接着又转过头对尹先生说："老李说的也有道理，现在，咱们部的工人加班加点成了家常便饭，可产量还是完不成。工人们已经尽了最大努力，产量完不成的责任看来不在我们，是不是跟总经理反映一下？"其他人也纷纷附和。会议的议题由分析车间内部问题转向议论日本总部各部门的不配合上……

尹先生看着大家疲惫而又激动的神色，知道这些人说的都是实话，并且工作中也都尽了最大努力，但如何能达到设计生产能力，完成计划任务，又是不得不解决的难题。日本总部一些部门配合不力的确是个很大的问题，但关键问题估计还是在车间管理内部。那么，这个问题究竟出在哪儿呢？于是，也不知不觉叹了一口气，随手拿起了会议记录，又仔细研究起来。

会议记录

时间：2015 年 4 月 2 日

地点：电容部会议室

参加人：电容制造部门负责人尹科长

生产管理陈主任

设备科李主任

工程监督申主任

质管科周主任

议题：如何提高编带月产量

发言记录：

陈：要完成月产量1亿的生产任务，根据理论计算，编带设备综合利用率必须达到55%以上。日本总部的设计能力是60%～65%。但现在我们的实际利用率只有40%多一点。上个月加了5天班，产量才达到7 000万。这个月要达到1亿，即使周六、周日全部加班，即加8天班，也只能达到9 000万。所以，现在的生产计划不符合生产实际状况，指导不了生产。现在只有两种选择。要么与日本总部联络，修改计划产量；要么改进作业方法，争取采用与日本一样的生产方法。

李：目前我们的编带操作方法与在日本学习时不太一样，日本采用的是大卷，即将十几万个电容编成一卷，而我们则是三四千个一卷的小卷，因此，我们的计划标准应该有所降低，不能采用日本标准，即60%～65%。另外，我们的设备变换太频繁，一台机器一个月要换2～3次不同类产品，每次都要调整1～2天，这样人为增加设备调整次数，结果使设备故障率大大增加，发挥不出高速编带机应有的效果（900个/秒）。特别是塑料带，几乎每次调整后都要出现各种问题，而我们设备维修人员只有2人，根本打不开点儿。所以，我们现在整天只忙着修理设备，正常的维护保养根本无法进行，所以也就无法保证设备不出故障，换句话说，完不成计划的责任根源肯定不在我们身上。

申：有些操作人员素质太差，如张某某，同样的简单问题，上星期我已教育了她两次，但昨天又出现了同样的错误，结果我问她怎么回事，她却一点儿也不在乎，脸都不红一下。另外，李某某、王某某，也不好好干活，说一句能顶回两句。上个月周六加了几天班，好像是我求她们一样。这样的人最好是不要，或转到其他部门，我是管不了她们。一个班总共才5个人，有两个这样的，产量肯定上不来。长期下去，1个亿的计划估计是够呛。另外，编带操作人员整天站着干活，非常辛苦，和坐着干活的库房、检验人员相比，工资上没有什么区别，是不是可以增加些奖金刺激刺激？

周：有些操作员的素质实在是太差。转换产品规格时，需要将规格输入计算机。她们瞪眼儿就将"F"输成"H"。仅上个月就发现了三次，幸亏发现及时，否则损失就大了。若一旦发生索赔，公司信誉将受到严重影响。真不知当初入厂教育是怎么进行的。另外，最近6号编带机发现了两次混料事故（即不同种规格的电容混在一起）。我们经过初步调查，怀疑两个环节有问题，一个是零散数量回收时可能混入，另一个是机器清理时未打扫干净。我们正在做实验。按规定，混料以后必须查清原因，这期间机器必须停止工作。所以今天6号编带机不能干活。如果保证不了质量，产量即使提高上去也得不偿失。

......

尹先生反复看了几遍之后，对大家说："操作员素质不高是个大问题，我已向总经理做过汇报，人事部门正在研究处理方案。设备维修人员不足问题，限于人员定额限制，短期内估计增加不了。采用小卷是为了方便顾客使用，改回大卷也不太现实。现在关键是大家有没有新的想法和建议，怎么能提高产量？或怎么能向日本人解释清楚？"

沉默了片刻，陈主任提出了一个建议，他说："我觉得现在除了加强人员教育之外，唯一可行的办法是改进生产作业方法。由于我们生产的产品品种较多，而每个批量的数量较少，所以设备调整时间占用过多，设备利用率很低，产量也就无法提高。上个月我们将编带操作人员的辅助作业减去不少，产量有所提高，我们可以将这一思路继续改进，即加大生产批量，减少停机等待等非工作时间，这样就可以提高设备利用率。产量自然就可以上去了，在具体做法上，可以把编带生产工艺作如下调整"，说着，他画出了编带工艺改进前后的工艺草图。

他解释道："在现在的工艺流程中，半成品库中的电容以整袋形式出库，一袋数千至数十万不等，编带的批量是 256 000 个/批，多余的电容从机器中排出，作为半成品零散数量形式回收入库，等待再次出库编带。在这一过程中，编带机存在排料待工时间。如果将这部分时间改为工作时间，即将多余的电容继续编带，以合格品形式合批后再出厂，根据测算，每月可增产 1 500 万左右。如果这样做可行的话，每个月再加几天班，1 个亿的月计划就可完成。"

对这种看法，质管科周主任表示反对，意见是这样做会给零散数量合格品保管带来问题，因为管理人员只上白班，二、三班无人看管，因此保证不了成品出厂质量，工程监督申主任也表示怀疑，认为会加重二、三班操作人员的负担。只有设备科李主任认为这样有利于减少设备故障，增加生产能力……（参见图1、图2）

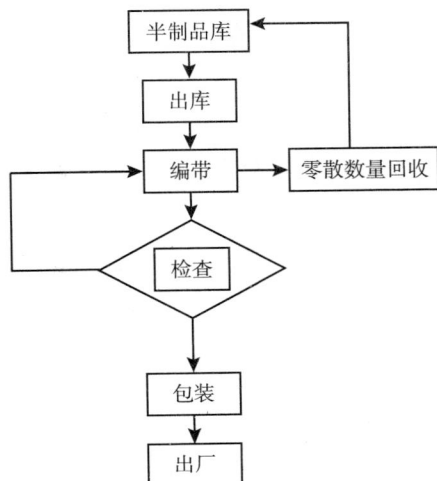

图 1　现在的编带工艺　　　　　　图 2　改进后的编带工艺

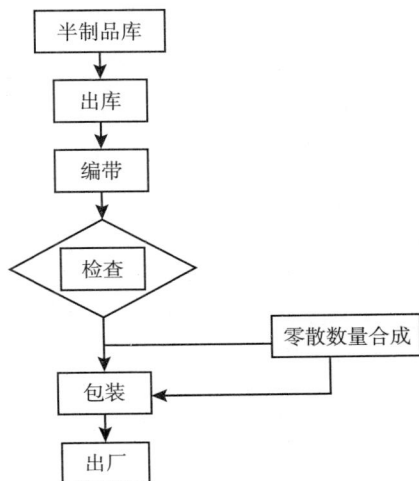

正在大家热烈讨论之时，总务员送来了一份刚刚收到的传真，尹先生看过以后，非常高兴，对大家说："有一个好消息，下周一，总部要派主管电容生产的福井课长来公司调查电容生产问题，今天的会议就到这儿吧，回头大家把今天的内容整理一下，准备下周一跟这个日本课长汇报。"

## 【问题与讨论】

1. 陈主任所提的建议方案能解决问题吗？为什么？
2. 电容制造部目前的主要问题是什么？如何解决？
3. 编带设备综合利用率标准是否应改变？一个亿的产量是否应减少？为什么？
4. 操作人员素质低的问题应如何解决？你有什么好的办法？
5. 设备维修人员不足的问题应如何解决？为什么？

# 第12章 先进生产运作方式

## 11年，从精益生产到智能制造，
## 中车电动一步一脚印

2018年，中国改革开放40周年

中国制造业发生翻天覆地的变化

……

2018年，中车电动11周年

借力改革开放，企业整体实力获得跨越式发展

智能制造更跑出了"加速度"

**智能制造跑出"加速度"**

2007年公司成立之初，中车电动精益之路的构想就已经形成。

2008年开始全面导入精益生产。

2009年至2011年，建立工位制节拍化流水线生产方式，完成了精益流水线的建设。

2012年至2013年，基于MES（制造企业生产过程执行管理系统）信息化的成功应用，紧密结合精益管理思想建设数字化精益工厂，面向车间班组和工位，积极探索管理创新，将精益管理思想贯彻到经营的每个角落。同年，"电动汽车数字化精益制造管理体系构建"项目获湖南省企业管理现代化创新成果一等奖。为智能制造工厂打下坚实基础。

2014年，总投资3亿元的二期项目全线投产，整车制造工艺水平跨入行业第一梯队。通过优化产品结构、改进工装设备，统一了工艺路线，生产设备通用性得到了全面加强，工装、设备的换型缩短至2小时以内，生产线的柔性大幅提升。同时结合信息化系统的支撑，形成了适时、客观的绩效数据体系，有效拉动职能部门管理，梳理管理链和管理改善的开展。智能制造工厂雏形初步建立。

2015年，国家工信部公布首批智能制造试点项目，中车电动成功入选客车行业仅有两家。

2016年，坚持实施技术领先战略，持续提升产品规划和产品研发的管理水

平。持续变革供应链管控模式，围绕 QCD 铁三角，面向全球，培育具有一流综合竞争力的供应商队伍，打造精益供应链。

2017 年，中车电动"智能制造"覆盖了市场、研发、物流、生产、售后服务。"能源、环保、安全"三位一体在线监测项目，正式上线运营，打造行业首个"绿色工厂"。

2018 年，中车电动挺进全国"互联网＋制造业"优秀案例十强，客车行业独此一家；首台"车身打磨机器人"在中车电动启用，客车行业首创。

**智能制造，未来更"惊人"**

如今，中车电动的智能工厂，每台设备都与执行系统相连，数据则成为每台设备之间相互产生联系的纽带，机器自动进行生产随处可见。基于一系列智能化生产设备，中车电动的精益制造生产线产值目标达成率100%，产能提高 5 倍……

针对智能制造的发展，中车电动也给出了具体的"场景"规划：今后的新能源汽车智能制造将从营销到售后，从供应商采购到客户服务，从现场生产到经营管理，都被赋予智能化的基因，形成智能设计、智能制造、智能管理、智能供应链、智能产品和服务的定制化智能制造模式。

未来，中车电动将以信息化支撑柔性化制造，形成自适应柔性生产线，并同时以大数据探索智能决策，结合大数据分析和商务智能，实现中车电动各业务协同管理和智能决策。

（资料来源：改编自：中车电动 2018－07－20，https：//www.toutiao.com/a6580203403601773064/）

## 【本章学习目标】

1. 掌握精益生产的基本原理。
2. 掌握大规模定制的基本原理。
3. 了解敏捷制造基本原理。
4. 了解生产运作方式发展趋势。

# 12.1　准时制生产与精益生产系统

准时制生产（Just-in-Time，JIT）是 20 世纪 50 年代初，日本丰田公司研究和开始实施的生产管理方式，也是一种与整个制造过程相关的哲理思想。它的基本思想可用现在已广为流传的一句话来概括，即只在需要的时候，按需要的量生产所需的产品。这种生产方式的核心是追求一种无库存的生产系统，或使库存达到最小的生产系统。为此而开发了包括看板在内的一系列具体方法，并逐渐形成了一套独具特色的生产经营体系。

## 12.1.1　准时生产制的哲理

日本从 20 世纪 50 年代末到 70 年代初，经济高速发展，这期间采用美国的大量生产方式能取得相当的规模生产效果。但是 1973 年中东石油危机之后，市场环境发生了变化，日本经济增长率明显下降，通常在 0 附近波动。在这种低速发展时期，如何将产品销售出去是企业面临的重大问题。这时丰田的 JIT 生产方式显现出强大生命力，丰田公司的经营绩效与其他汽车制造企业的经营绩效开始拉开距离，JIT 生产方式的优越性引起世人的注目和研究，在国际上赢得广泛赞誉，并对日本汽车工业的发展起到了不可忽视的重要作用。

JIT 生产方式是经过几十年的反复试行而逐渐成熟的，至今已形成一套包括从企业的经营理念、管理原则到生产组织、生产计划、控制、作业管理以及对人的管理等在内的完整的理论和方法体系，对丰富和发展现代生产管理理论具有重要的作用。

JIT 代表的是一种能够减少库存、提高生产服务经营水平的有效工具，是一种浓缩各种精华的哲理，涉及产品设计、过程设计、设备选择、物料管理、质量保证、工作设计及生产力改善等一系列活动。它将运作管理的 5P——people（人力）、plants（工厂）、parts（部件）、processes（作业）、planning and control system（计划控制系统）集成到能提供高质量产品和服务的流水线生产中，其目的在于实现在原材料、在制品及成品保持最小库存下的多品种批量生产。所谓准时化（Just in Time），就是指在需要的时间和地点，生产必要的数量和完美质量的产品和零部件，以杜绝超量生产，消除无效劳动和浪费，达到用最少的投入实现最大产出的目的。

JIT 意味着任何超过所需最小数量的东西都是浪费，追求"一个流生产"和"零库存"。所谓"一个流"，从理论上讲，当有一件成品卖出时，市场就从生产系统的终端，如总装线拉动一个产品，于是形成对生产线的订货。总装线工人从物流的上游工位拿一个新产品补充被取走的产品，这个上游工位又从更上游的工位拉动产品，直至原材料的投入。于是形成需要一件，生产一件，零件一个一个地流动的"一个流生产"，也是"准时生产"的意思。要保证这一从后向前牵引过程的平稳运行，生产过程的各个阶段都要有高水平的质量、良好的供应商关系以及对最终需求的准确预测。

"零库存"（zero inventory）即"无库存生产"，意即不提供暂时不需要的物料的生产。JIT 认为库存是"万恶之源"，它不仅造成浪费，还将许多管理不善的问题掩盖起来。如果用池子中的水代表库存，用石头代表企业中的问题，则高水位能够隐藏问题，会认为管理无需改进。但当水位在经济衰退时下降时，问题就会浮于水面。JIT 就是要追求不断减少库存，及早暴露管理中的问题，不断消除浪费，进行永无止境的改进，无限接近"零库存"。

JIT 的思想比较容易理解，但实现并不容易，因为实施 JIT 几乎要涉及企业的每一个部门，渗透到企业的每一项活动之中。丰田公司管理者从美国超级市场的管理结构和工作程序中受到启发而有了准时生产的思想，但还是经过 20 多年的坚持不懈的努力，才达到比较完善的地步。JIT 是生产管理上的一次革命，任何急功近利，企图立竿见影的思想都是不符合 JIT 持续改进思想的。

JIT 作为一种生产管理手段，是围绕最终目标和基本目标所进行的多种手段和方法的集合，并且这些手段和方法都从各个方面来实现最终目标和基本目标。因此，JIT 是由各层次目标和各种方法构成的一个有机整体，其构造体系如图 12 - 1 所示。

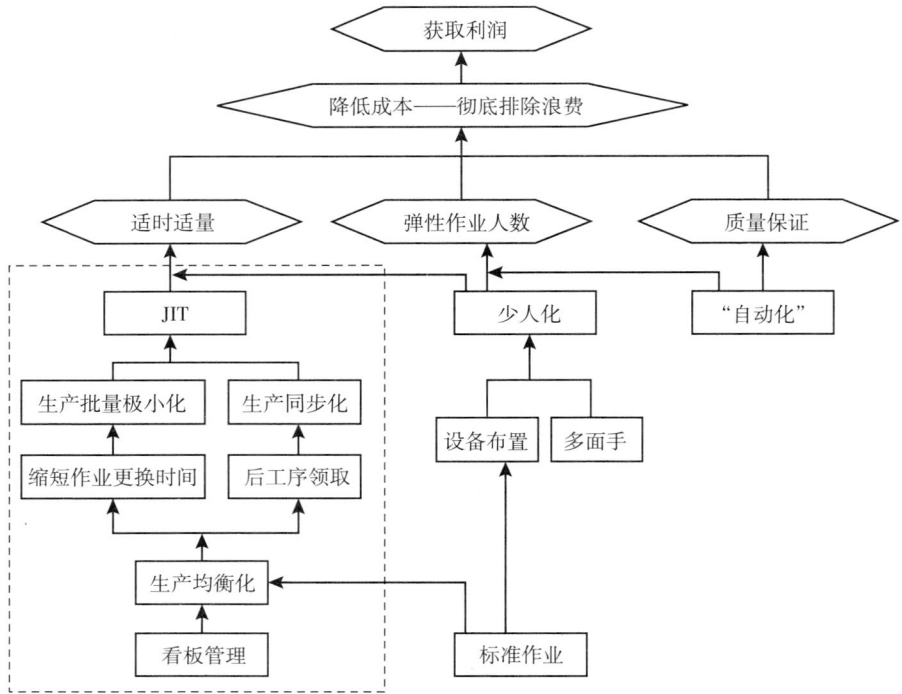

**图 12 - 1　JIT 体系**

## 12. 1. 2　看板控制系统

### 1. 看板的作用

JIT 的零件仅当后续工序提出需求时才生产，是一种"拉动"的生产方式。它将传统生产过程中前道工序向后道工序送货，改为后道工序根据"看板"向前道工序取货。前道工序按看板要求只生产后道工序取走的数量的工件作为补充，现场操作人员根据"看板"进行生产作业。看板控制系统是 JIT 生产现场控制技术的核心，犹如连接各工序的神经，通过看板技术控制生产和物流，达到准时生产的目的。

所谓看板（Kanban），是现场管理中传递信息的工具，可以是一种卡片，也可以是一种信号。从看板担负的任务来划分，看板分为两大类，一种是传递生产指令的生产看板，另一种是传递取货指令或运输指令的传送看板，如图 12 - 2 所示。

| 搬运看板 | 从供方工作地：<br>38# 油漆 | 零件号：A435<br>油 箱 座 | 到需方工作地：<br>3# 装配 |
|---|---|---|---|
| | 出口存放处号<br><br>No. 38—6 | 容器：2型（黄色）<br>每一容器容量：20件 | 入口存放处号<br>No. 3—1 |
| | | 看板号： | |
| | | 3号（共发出5张） | |

| 生产看板 | 工作地号：38#油漆<br>零件号：A435油箱座<br>放于出口存放处：NO 38—6<br>所需物料：5#漆，黑色<br>放于：压制车间21—11号储藏室 |
|---|---|

图 12 – 2　看板示例

## 2. 看板使用规则

（1）不合格品不得挂看板，即不得将不合格品下传。用看板进行现场管理的重要前提之一是送的产品是100%的合格品，否则会造成全线停产，看板管理本身也难以维持。如果每道工序都做到了不合格品不下传，那就容易发现在本工序上产生不合格品的原因，利于加强质量控制。

（2）后工序向前工序取货时必须出示自己的取货看板，并且不得领取比看板标示数量更多的工件。

（3）前工序只生产后工序领取数量的工件，并按生产看板出现的次序和时间要求安排生产，不能多生产，不能提前生产。

（4）看板要随它所代表的产品一起流动，以证明这些产品是必需的，以防止过剩生产，过剩搬运。

（5）要使用标准容器，不允许使用非标准容器或者虽使用标准容器但不按标准数量放入。这样做可以减少搬运与点数的时间，并可以防止损伤零件。

（6）按看板运输。取货工人定时定路线去收集看板，并按看板取货。不见看板不取货，不运送。取货时间要符合生产时间的要求，不提前不退后。

看板的使用规则很简单，但执行时必须严格，这样才能形成一个十分简单的牵引式系统，每道工序准时为后道工序提供所需的零件，每个工作地都能够在需要的时候从其前道工序得到所需的零件。于是物料从原材料到最终装配同步进行，避免零件囤积造成的浪费。看板控制系统在现场管理中的应用可用图 12 – 3 来说明。A 表示工序进口点存料处；B 表示工序出口点存料处。

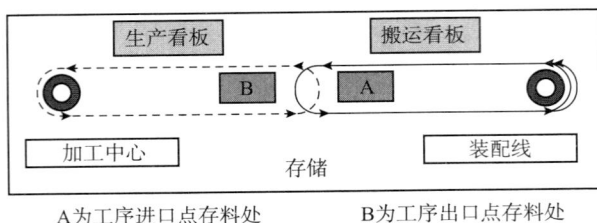

A为工序进口点存料处　　　　　　B为工序出口点存料处

**图 12 - 3　看板在工序间传递**

### 12. 1. 3　精益生产系统

#### 1. 精益生产方式特点

精益生产（lean production）又称精良生产、精细生产。它是美国在全面研究以 JIT 生产方式为代表的日本式生产方式在西方发达国家及发展中国家应用情况的基础上，于 1990 年提出的一种比较完整的生产经营管理理论。精益生产方式则把"无止境地追求完美"作为经营目标，追求在产品质量、成本和服务方面的不断完善。这一思想是区别于大量生产方式的重要特征，同时精益生产方式还具有如下特点：

（1）去除生产中一切不增值的工作。精益生产视产品缺陷、过量生产、库存、等待时间都是浪费，同时认为加工过程、操作动作、运输中都存在着浪费。为了杜绝这些浪费，必须坚决撤销不直接给生产增值的环节和工作岗位，严格实行准时制生产。

（2）强调人的作用，发挥人的潜力。精益生产中，实行与西方传统不同的劳资关系，将人视为生产中最宝贵的东西，是解决问题的根本动力，而不是把工人视为会说话的机器。因此要求工人成为多面手，并在生产中赋予他们更多的自主权。同时，小组协同工作的集体负责制使工人的工作范围扩大，激发了工人对工作的兴趣和创新精神。

（3）采用适度自动化，提高生产系统的柔性。精益生产方式并不追求设备的高度自动化和现代化，而是强调对现有设备的改造和根据实际需要采用先进技术来提高设备的效率和柔性。一切以满足市场需求为目的，避免技术和资金的浪费。

（4）不懈努力，以尽善尽美为目标。精益生产的目标是"尽善尽美"，即不断地发现问题，寻找原因，提出改进措施，改变工作方法。尽善尽美是无止境的，谁能不断改进，谁就能赢得竞争。

#### 2. 精益生产主要内容

精益思维的核心就是以最小的资源投入，包括人力、资金、材料、时间和空间，创造出尽可能多的价值，为顾客提供新产品和及时的服务。主要内容有：

（1）在生产计划与库存管理方面，采用独特的准时制生产（JIT）。与传统的"推动式"计划管理不同的是，精益生产方式采用"拉动式"管理模式。各工序的生产指令完全依据后续工序的需要而定，按照所需要的量生产所需的零件和产品，杜绝一切超量超前生产，从而大大降低了在制品和成品库存，减少了流动资金的积压，降低了企业成本。

（2）在产品的研究与开发方面，以团队为研究开发的主要组织形式和工作方式，以"主查负责制"为领导方式进行并行工程，确保产品的高质量、低成本，缩短产品开发周期，满足用户需求。

（3）在销售服务方面，与顾客以及零售商、批发商建立一种长期的关系，使来自顾客和零售商或批发商的订货与工厂的生产系统直接挂钩，销售成为生产活动的起点。产品开发与产品生产都以销售为起点，按订货合同组织多品种小批量的生产。这极大减少了流通环节的库存，以迅速、周到的服务最大限度地满足顾客的需求。

（4）在协作配套方面，把主机厂与协作厂之间存在的单纯买卖关系变成利益相关的共同体，把 70% 左右零部件的设计、制造委托给协作厂进行，主机厂只完成约 30% 的设计、制造任务。对于零部件供应系统，在运用竞争原理的同时与零部件供应厂家保持长期稳定的全面合作关系，在互惠互利、资源互补的基础上，形成一种"命运共同体"，用这种方法来确保零部件供应链的畅通。

（5）在人力资源管理方面，形成一整套劳资互惠的管理体制，并一改大量生产方式中把工人只看作是一种"机器的延伸"的机械管理方法，通过团队工作方式、提案制度、目标管理等一系列具体的方法，调动和鼓励员工进行"创造性思考"，并注重从多个方面培养和训练工人以及各级管理人员，最大限度地发挥和利用企业组织中每一个人的潜在能力，由此提高职工的工作热情和工作兴趣。精益生产方式强调团队精神，鼓励建立共同的价值观，培养员工的集体荣誉感，提倡全员参与工厂的建设与管理。精益企业的员工都是"多面手"，并实行补台制度，能够互相协作，协同生产，从而极大提高了精益生产的整体灵活性和竞争力。

### 3．实现精益生产的要求

（1）改进生产流程。

精益生产利用传统的工业工程技术来消除浪费，对整个生产流程进行优化。

首先，消除质量检测环节和返工现象。如果产品质量从产品的设计方案开始，一直到整个产品从流水线上制造出来，其中每一个环节的质量都能做到百分百的保证，那么质量检测和返工的现象自然而然就成了多余之举。因此，必须把"出错保护"（Poka－Yoke）的思想贯穿到整个生产过程，也就是说，从产品的设计开始，质量问题就已经考虑进去，保证每一种产品只能严格地按照正确的方式加工和安装，从而避免生产流程中可能发生的错误。

其次，消除零件不必要的移动。生产布局不合理是造成零件往返搬动的根源。在按工艺专业化形式组织的车间里，零件往往需要在几个车间中搬来搬去，使得生产线路长，生产周期长，并且占用很多在制品库存，导致生产成本很高。通过改变这种不合理的布局，把生产产品所要求的设备按照加工顺序安排，并且做到尽可能的紧凑，这样有利于缩短运输路线，消除零件不必要的搬动，节约生产时间。

再次，消灭库存。把库存当作解生产和销售之急的做法犹如饮鸩止渴。因为库存会掩盖许多生产中的问题，还会滋长工人的惰性，更糟糕的是要占用大量的资金。在精益企业里，库存被认为是最大的浪费，必须消灭。减少库存的有力措施是变"批量生产、排队供应"为单件生产流程（one-piece-flow）。在单件生产流程中，基本上只有一个生产件在各道工序之间流动，整个生产过程随单件生产流程的进行而永远保持流动。理想的情况是，在相邻工序之间没有在制品库存。实现单件生产流程和保持生产过程的流动性还必须做到以下两点：

①同步——在不间断的连续生产流程里，必须平衡生产单元内每一道工序，要求完成每一项操作花费大致相同的时间。平衡——合理安排工作计划和工作人员，避免一道工序的工作荷载一会儿过高，一会儿又过低。但是，在某些情况下，还必须保留一定数量的在制品库存，而这个数量就取决于相邻两道工序的交接时间。

②实施单件生产流程、同步和平衡这些措施，其目标是要使每项操作或一组操作与生产线的单件产品生产时间相匹配。单件产品生产时间是满足用户需求所需的生产时间，也可以认为市场的节拍或韵律。在严格地按照节拍组织生产的情况下，产成品的库存会降低到最低限度。

（2）改进生产活动。

仅仅对生产流程予以持续的改善，还不足以实现精益化生产，还要进一步改善生产流程中的个别活动，以更好地配合改进过的生产流程。在没有或很少库存的情况下，生产过程的可靠性至关重要。要保证生产的连续性，必须通过减少生产准备时间，机器检修、待料的停工时间和减少废品的产生。

①减少生产准备时间。减少生产准备时间一般的做法是，认真细致地做好开机前的一切准备活动，消除生产过程可能发生的各种隐患。列举生产准备程序的每一项要素或步骤：

第一，辨别哪些因素是内在的（需要停机才能处理），哪些是外在的因素（在生产过程中就能处理）；

第二，尽可能变内在因素为外在因素；

第三，利用工业工程方法来改进技术，精简所有影响生产准备的内在的、外在的因素，使效率提高。

②消除停机时间。全面生产维修（total productive maintenance，TPM）是消除停机时间最有力的措施，包括例行维修、预测性维修、预防性维修和立即维修四种基本维修方式。

第一，例行维修——操作工和维修工每天所作的维修活动，需要定期对机器进行保养。

第二，预测性维修——利用测量手段和分析技术预测潜在的故障，保证生产设备不会因机器故障而造成时间上的损失。其意义在于未雨绸缪，防患于未然。

第三，预防性维修——为每一台机器编制档案，记录所有的维修计划和维修记录。对机器的每一个零部件都做好彻底、严格的保养，适时更换零部件，保证机器不发生意外故障。

第四，立即维修——当有故障发生时，维修人员要召之即来，随叫随到，及时处理。

由于在连续生产流程中，两道工序之间少有库存，若机器一旦发生故障，整个生产线就会瘫痪，因此消除停机时间对维持连续生产意义重大。TPM 的目标是零缺陷、无停机时间。要达到此目标，必须致力于消除产生故障的根源，而不是仅仅处理好日常表现的症状。

③减少废品产生。严密注视产生废品的各种现象（比如设备、工作人员、物料和操作方法等），找出根源，然后彻底解决。此外，那些消除返工的措施也同样有利于减少废品的产生。

（3）提高劳动利用率。

提高劳动利用率，有两个方面，一是提高直接劳动利用率，二是提高间接劳动利用率。

提高直接劳动利用率的关键在于一人负责多台机器，这就要求对操作工进行交叉培训，交叉培训的目的是使生产线上的操作工可以适应生产线上的任何工种。交叉培训赋予了工人极大的灵活性，便于协调处理生产过程中的异常问题。实现一人多机的前提是建立工作标准化制度。工作标准化是通过对大量工作方法和动作进行研究，以决定最有效和可重复的方法。工作时员工必须严格地按照标准化进行，其意义不仅在于直接劳动的利用率的提高，而且也提高了产品的质量，因为出错保护和防止废品产生等一系列技术措施的采用，确保了每一项操作只能按照唯一正确的方法进行。

在生产设备上安装自动检测的装置同样可以提高直接劳动利用率。生产过程自始至终处在自动检测装置的严密监视下，一旦检测到生产过程中有任何异常情况发生，便发出警报或自动停机。这些自动检测的装置一定程度上取代了质量检测工人的活动，排除了产生质量问题的原因，返工现象也大大减少，劳动利用率自然提高。

间接劳动利用率随生产流程的改进和库存、检验、返工等现象的消除而提高，那些有利于提高直接劳动利用率的措施同样也能提高间接劳动率。库存、检验、返工等环节所消耗的人力和物力并不能增加产品的价值，因而这些劳动通常被认为是间接劳动，若消除了产品价值链中不能增值的间接活动，那么由这些间接活动引发的间接成本便会显著降低，劳动利用率也相应得以提高。

总而言之，精益生产是一个永无止境的精益求精的过程，它致力于改进生产流程和流程中的每一道工序，尽最大可能消除价值链中一切不能增加价值的活动，提高劳动利用率，消灭浪费，按照顾客订单生产的同时也最大限度地降低库存。

## 12.2 大规模定制[①]

### 12.2.1 大规模定制的概念

大规模定制是斯坦·戴维斯在他所著的《未来理念》一书中首先提出的。约瑟夫·派恩二世对大规模定制进行了系统的阐述，他认为大规模定制是以满足顾客个性化需求为目标，以顾客愿意支付的价格，并以能够获得一定利润的成本高效率地进行定制，从而提高企业适应市场需求变化的灵活性和快速响应能力的现金生产方式。大规模定制不同于大规模生产，它兼有两者的优点，能够在不牺牲企业经济效益的前提下满足顾客对产品或服务的个性化需求，使企业获得新的竞争优势和发展机会。

随着技术进步速度的加快、经济的发展和生活水平的提高，人们对产品多样性的要求越来越突出。顾客需求个性化将成为一种趋势，通过为顾客提供个性化的产品和服务来提高顾客的满意度是现代企业获得竞争优势的有效途径。因此，大规模定制称为 21 世纪的主流生产方式。丰田汽车公司、摩托罗拉、戴尔公司等先行者已经通过实施大规模定制获得了巨大的真正优势，起到了良好的示范作用。

### 12.2.2 大规模定制的类型

一般认为，大规模定制有四种基本类型，它们是：

（1）合作型定制。企业通过与顾客交流可以明确表达出对产品的具体要求，依次设计制造出满足顾客个性化需求的产品。

（2）透明型定制。顾客不参与产品的设计过程，企业根据预测或推断不同顾客的需求，为其提供个性化产品。

（3）装饰性定制。企业以不同的包装把产品提供给不同的顾客。这种方式适用于顾客对产品本身无特殊要求，但对包装有个性化要求的产品。

（4）适应性定制。企业提供客户化的标准化产品，顾客根据要求对产品进行调整，以满足其个性化的需求。

---

① 马凤才：《运营管理》，机械工业出版社 2011 年版。

### 12.2.3 实施大规模定制的方法

在大规模定制生产运作方式中，对顾客而言，每一种产品都是定制的、个性化的。但对企业而言，该产品却是主要采用大批量生产运作方式制造出来的。组织大规模定制生产运作的基本思想是通过产品维和过程维的优化，采用先进的制造技术和管理方法，把产品的定制生产运作全部或部分地转化为批量生产运作，以大批量的生产运作成本和效率生产出个性化的产品，具体思路见图 12-4。

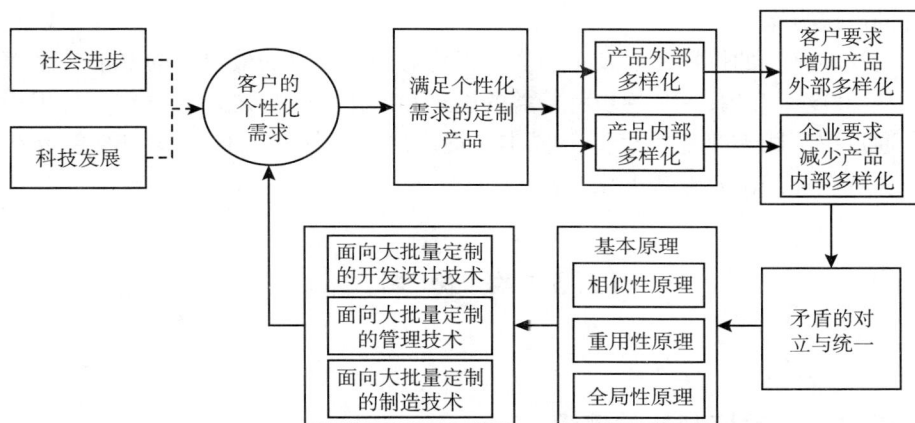

**图 12-4 大规模定制基本思路**

"大规模"与"定制化"无疑是对立的。要想大规模的生产运作，就不可能实现定制化；要想实现定制化，就不可能实现大规模生产运作。要把两者统一起来，只有应用设计与制造的模块化以及定制的延迟化两个核心技术。在产品设计中，通过采用标准化的模块和零件，减少定制的模块和零件的数量。在生产过程中，采取定制的延迟化的策略，尽可能地把定制点推迟到生产过程的下游环节。所谓定制点是指这样一个节点，在此之后，生产运作系统开始实施面向顾客的定制过程；在此之前生产运作系统采用大量生产方式。定制的延迟化有助于提高生产效率、降低成本，缩短生产周期。

要把设计与制造的模块化以及定制的延迟化这两项核心技术应用好，又依赖于以下四个条件：

（1）以顾客需求深度调查为基础的客户关系管理；

（2）以最先进信息技术为支撑的电子商务；

（3）以价值链为核心的供应链管理；

（4）基于流程优化或流程再造的精益"六西格玛"。

所谓顾客需求的深度调查，就是充分采集、分析、处理顾客的需求信息，把顾客的需求融合到产品或服务中去。直接的方法是邀请顾客参与产品的设计与开发，更多的则是对顾客留下的点滴信息进行归类统计分析，以便所制造的模块正是顾客所需要的。例如顾客为定制整体厨房，可能会咨询很多厂家。作为整体厨房生产厂家，不管顾客最后是否购买本公司的产品，都要设法保存交谈记录，通过对数据进行分类统计分析，以对顾客的需求有更深入的了解，以此为基础就克服了产品设计与开发的盲目性。

通过对顾客需求的深入调查，对顾客即时需求作出快速反应、生产及配送系统柔性的提高、企业技术创新能力的提高等无一不对最先进信息技术的应用提出了要求。

延迟定制点不是单靠哪一个企业能完成的，以价值链为核心的供应链管理是最好的解决方案。

设计与制造的模块化以及定制的延迟化对企业提出的最根本的要求是流程优化。从 2005 年开始，GE 逐步将精益的思想和工作方式与"六西格玛"思想相结合，通过提高顾客满意度、降低成本、提高质量、加快流程速度和改善资本投入，实现企业经济效益最大化。

# 12.3  敏 捷 制 造[①]

## 12.3.1  敏捷制造的概念

敏捷制造（agile manufacturing）的概念是在美国里海大学雅柯卡（Iacocca）研究所撰写的"21 世纪制造业战略"报告中提出的。20 世纪七八十年代美国制造业的竞争力下降，原因是其大量生产模式不能对快速的市场变化作出灵活快捷的响应。美国提出敏捷制造的目的是通过建立一种市场竞争力的制造组织、对用户需求的产品和服务作出快速响应，满足各种顾客的个体化要求，恢复在制造业中失去的优势。

敏捷制造是一种哲理，蕴含着新的思想和新的方法，备受企业界的关注。敏捷制造是企业在无法预测的多变、快速交货的竞争环境中生存、发展并扩大竞争优势的一种新的经营管理和生产组织的模式。如果把敏捷与产品的生产过程联系起来表示快速；与大规模定制联系起来表示适应性；与动态联盟联系起来表示畅通的人供应链和各种方式的联合；与重构联系起来表示生产过程的持续改进；与精益生产联系起来则表示更高的资源利用率。其最基本的特征是智能和快速。所谓智能是指利用员工的智慧、知识、经验及技艺的能力、快速是指对市场需求变化的快速响应。革新了的组织和管理机构、柔性技术、有知识和技艺的员工是敏捷制造的三大基石。敏捷制造是以虚拟公司的组织形式出现的，它通过企业间的

____

① 马风才：《运营管理》，机械工业出版社 2011 年版。

优势互补的动态联盟参与竞争，在联盟内通过产品制造、信息处理和现代通信技术的集成，实现人、知识、资金和设备的集中管理和优化利用，以便迅速改变制造过程。设备和软件，快速生产小批量的多种新产品投放市场、敏捷制造企业使企业具有敏捷性，这使得企业拥有对不断变化的市场作出快速响应的能力。而这种能力是企业在未来的竞争中生存和发展所不可缺少的。

## 12.3.2　敏捷制造的技术基础

### 1. 敏捷化信息系统

敏捷化信息系统是敏捷制造运行的基础平台。敏捷制造系统信息的采集、处理与分析、传递、集成的敏捷化是实现敏捷制造不可缺少的。敏捷化信息系统具有开发性、系统可重复性、软件可重用性和规模可扩展性，可以通过添加新的要素，并改变要素之间的连接方式，使系统动态地改变为新的系统，以适应新的要求。

### 2. 敏捷化工具集

在敏捷化信息系统上提供敏捷化工具集，为企业活动提供时能服务。工具集主要包括：决策支持系统；多媒体协同工作环境；工作流程管理系统；产品数据管理系统；质量保证体系；计算机仿真技术；MRPⅡ/ERP；供应链管理系统等。这些工具集构成的软环境从不同的侧面支持敏捷化企业的运行。

### 3. 敏捷化制造技术

敏捷化制造技术采用企业间的协同制造、可重组加工单元、动态生产调度、企业间协同设计、动态加工仿真、实时工艺规划、实时工程分析、产品并行设计、集成产品建模、先进制造技术及设备等提高产品设计、制造的速度和效率，降低制造成本。

## 12.3.3　敏捷制造的实施

敏捷制造的实施包括以下总体规划、企业构建以及管理与运行三个步骤：

### 1. 敏捷制造的总体规划

根据企业发展战略的要求确定敏捷制造的目标，在此基础上制定实现敏捷制造的中长期计划和实施方案。按照总体规划、分步实施、重点突破、逐步拓宽的原则来实现企业的敏捷化工程。

## 2. 敏捷化企业的构建

按照具有敏捷性及快速反应能力、充分利用制造资源、整体的协调一致性和个体独立自主性高度统一的要求，根据企业自身的类型和特点、敏捷目标等，设计敏捷化企业，选择设备、人员、技术、运行与控制方法等，构建敏捷化企业。

## 3. 企业敏捷化管理与运行

首先，分析与重组企业运作过程、调整组织与资源、建设制度及文化。

其次，建设敏捷化信息系统，整合敏捷化工具集，创新敏捷化制造以及产品设计与过程开发技术，并对员工进行相应的技术培训。

再次，在企业内部，面向运作过程建立多功能的工作团体，实施并行工程和协同工作、协调好联盟企业之间在运作上的组织、过程、资源和能力，确保联盟具有敏捷性，实现敏捷制造。

最后，建立敏捷性的评价指标体系和方法，对运作过程进行评价，确认企业的敏捷性及其变化情况，确定制约企业敏捷性的因素，有针对性地采取措施提高企业的敏捷性。

# 12.4　先进生产运作方式新发展

## 12.4.1　生产运作方式发展历程

### 1. 第一阶段——手工单件生产方式

主要是单件制造方式，例如法国巴黎 Panhard – Levassor（P&L）机床公司开始制造汽车（1890 年），当时年产量 800 台。其特点是：几乎没有两辆汽车是相同的；制作成本高，且易出故障；由许多独立的工匠手工完成，要求工人具有高超技术。其生产流程包括：几个主要伙伴讨论用户需求，确定汽车规格；定购主要零件、各个承包商制造零件、汇总安装。其生产方式追求的目标：全面满足客户的要求；较高的制造装配工艺水平；达到汽车的机械性能。

### 2. 第二阶段——大批量重复生产方式

1908 年，以美国汽车制造商福特 Ford 引入生产线方式为代表，其技术关键：零件的互换性和装配的简单化。由于分工精细、操作简单，工人只需几分钟训练就能上装配线干活，其结果是生产率大幅度提高。1908 年，用时 514 分钟生产一辆车，到了 1914 年实行流水生产后，只要 1.19 分钟生产一辆车。随着产量的提高，成本大幅度下降。1908 年每辆车售价 850 美元，到 1926 年每辆车售价 290 美元。

50 年代前大批量生产追求的目标：大量生产——低成本——提高劳动生产率。

### 3. 第三阶段——精益生产方式

福特的大量生产有一个根本缺陷，就是缺乏适应品种变化的能力，即缺乏柔性。为了使专用、高效、昂贵的机器的高固定成本分摊到尽可能多的产品上，生产线不能停工，这就需要各种缓冲：过量的库存、过多的供应厂家、过多的工人、过大的场地。以 JIT 生产方式为代表的日本式生产方式是在西方发达国家及发展中国家应用情况的基础上，于 1990 年提出的一种比较完整的生产经营管理理论。精益生产方式则把"无止境地追求完美"作为经营目标，追求在产品质量、成本和服务方面的不断完善。

### 4. 第四阶段——信息化集成制造供应链运作方式

科学技术进步使得制造设备水平大大提高，数控机床出现（20 世纪 50 年代），FMS 出现（20 世纪 70 年代），以及计算机辅助设计技术应用 CAD、CAPP、CAM、CAE 单元技术应用。片面提高自动化水平并不能够带来企业效益的提高，由于孤立的信息单元作用有限，"自动化孤岛"问题越来越严重，制约了企业竞争力提高。以信息技术为基础，系统集成与优化为手段，以提高企业的市场竞争能力为目标，致力于全面提高企业的 T、Q、C、S 水平的集成策略成为现代制造业发展的主旋律。

从早期的以信息集成为特征的"计算机集成制造系统"开始，发展到以信息集成和企业优化为特征的现代集成制造系统 CIM（contemporary integrated manufacturing system）。CIM 四个功能分系统包括：以 MRP Ⅱ 为核心管理信息分系统；以 CAD/CAPP/CAM 系统主要内容的产品设计与制造工程设计自动化分系统；以数控机床等支撑的制造自动化或柔性自动化分系统；质量检测、评价、控制、跟踪等功能的质量保证分系统，如图 12-5 所示。两个支撑分系统：实现异种机互联、异构局部网络及多种网络的互联计算机网络分系统；支撑 CIMS 各分系统、覆盖企业全部信息的数据库系统，如图 12-6 所示。

随着全球化趋势发展，以客户为中心的市场竞争新环境和新形式的形成，知识经济初露端倪，尤其是因特网的冲击，更有环境保护和可持续发展的呼声日盛，学术界、产业界对 CIM 有了全新认识。新 CIM 是一种组织、管理和运行现代制造类企业的理念。它将传统的制造技术与现代化信息技术、管理技术、自动化技术、系统工程技术等有机结合，使企业产品全生命周期（从市场需求分析到最终报废处理）各阶段活动中有关的人（组织、管理）、经营管理和技术三要素及其信息流、物流和价值流三流有机集成并优化运行，以达到产品（P）上市快（T）、高质（Q）、低耗（C）、服务好（S）、环境清洁（E），进而提高企业的柔性、健壮性、敏捷性，使企业赢得市场竞争。新现代集成制造的代表模式主要包括：计算机集成制造；并行工程；虚拟制造；精益生产；敏捷制造；协同制造；网络化制造；供应链再造组织全球制造运作方式。

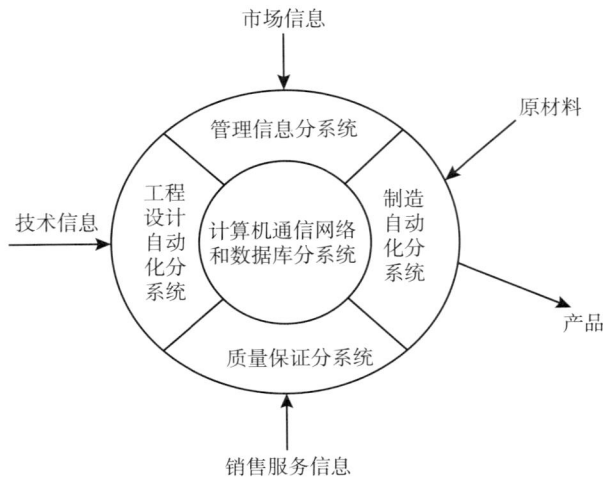

图 12 – 5　CIM 功能视角的四个分系统

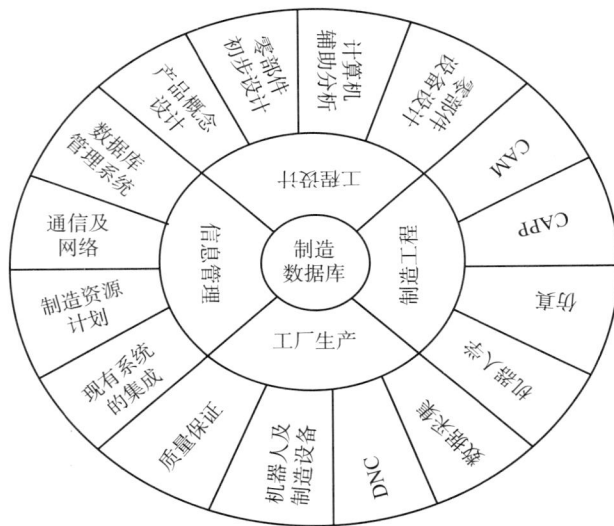

图 12 – 6　CIM 信息化视角的分系统

## 5. 生产运作方式演变主旋律——工业化与信息化

蒸汽机和电机的应用，延伸了人的体力劳动，催生了工业革命，使人类社会通过工业化从农业社会发展到工业社会。而以计算机为核心的现代信息技术的应用，则延伸了人的脑力劳动，引发了新的工业革命，使人类社会通过信息化从工业社会发展到信息社会。所以，信息化是信息时代的工业革命，信息技术引发了制造业的深刻变革。

信息技术促使工业产品知识化，制造业信息化；产品信息化、设计制造过程信息化、管理信息化、资源信息化、服务信息化。

信息技术推动了新技术经济体系的形成，产生了新的生产管理和组织形式，形成了当代最先进的生产力，为制造业注入了新的活力，增强了制造业的技术创新和管理创新能力。

信息技术促进了经济全球化与制造全球化，信息技术促进了敏捷制造的发展，形成了以虚拟制造和动态联盟为特征的新型制造模式。

网络技术促进了全球化制造的发展，引发了制造业的重新分工和资源的重新配置。

计算机技术促进设计制造数字化，提高了产品创新能力，缩短了设计周期，降低了产品开发成本。电子商务技术促进了全球化采购/销售，降低了采购与销售成本，提高了服务质量。

## 12.4.2 服务型制造

### 1. 依托制造业拓展生产性服务业

在发达国家，服务业增加值占 GDP 比重的 70%，而以服务型制造为主体的生产性服务业又占全部服务业比重的 70%。从生产性制造向服务型制造转型升级是全球制造业发展的重要趋势，要实现从生产型制造向服务型制造的转变，制造企业必须依靠信息技术走向服务化、大力发展第三方专业服务和共性资源服务，加速制造与服务的融合，迈向全球产业价值链的高端。制造企业服务化：利用信息技术支撑企业开展工程成套、MRO①、产品后市场等高附加值制造服务。第三方专业化服务：基于信息技术建设产业协作、物流外包、设计研发、制造资源等服务平台，发展壮大第三方专业化服务。共性资源服务：利用 SOA（面向服务的架构）、SaaS（软件即服务）等技术，加快各类资源的共享。

许多传统的制造业企业通过发展生产性服务业来整合原有的业务，形成了新的业务增长点，通过产业之间的融合发展提升了企业的整体竞争力。在美国许多著名的制造业企业中，服务业在企业收入和利润中所占的比重越来越高，已经很难判断它是制造业企业还是服务业企业。典型的代表是美国通用电气公司（GE Appliances）、惠普公司（HP）、思科（Cisco）等企业。信息技术促进制造企业向服务延伸，信息技术的应用极大地支持了罗尔斯－罗伊斯公司的服务化转型。罗尔斯－罗伊斯公司建立了基于网络的远程状态监控和诊断系统、后勤保障系统，制定了相应的标准与规范。信息技术是罗尔斯－罗伊斯从发动机制造向发动机租赁转型的基础。罗尔斯－罗伊斯公司销售的现代喷气发动机中 55% 以上都签订了服务协议。

---

① MRO 是英文 maintenance, repair & operations 的缩写。即：maintenance 维护、repair 维修、operation 运行（MRO）。通常是指在实际的生产过程不直接构成产品，只用于维护、维修、运行设备的物料和服务。MRO 是指非生产原料性质的工业用品。

## 2. 从销售产品发展成为提供服务和成套解决方案

在当今社会，消费者更加注重产品的个性化以及产品使用的便利性，服务的附加价值增大。国际上一些大型的传统制造企业积极发展各类与产品相关的服务业务，向服务业渗透和转型，从销售产品发展成为提供服务和成套解决方案，作业管理从制造领域延伸到了服务领域，服务业务成为新的增长点和利润来源，为这些传统制造企业赢得了竞争优势。许多企业的生产与服务功能已经融合在一起，模糊了两者之间的界限，国际商业机器公司（IBM）是此领域的典型代表。

通用电气是世界最大的电器和电子设备制造公司，它的理念是"致力研发开创优质产品，价格实惠相宜，保证令顾客称心满意"，目标是在经营的每个行业取得全球领先地位并推动客户成功。通用电气公司把服务渗透到了自己的日常作业管理之中，依托制造业积极发展商务金融、消费者金融、信息技术等利润丰厚、发展前景广阔的生产性服务业，使企业的制造功能和服务功能融合为一体，极大地增强了市场竞争力。1980 年，通用电气来源于服务活动的收入仅占其总收入的 16.4%，2003 年，通用电气服务业收入占总收入的比重为 62.44%，商品销售收入占 37.10%，其他收入占 0.46%。进入 21 世纪之后，通用电气积极进行并购重组和企业再造。2002 年以来，通用电气公司退出了几乎所有保险、材料、设备服务，以及增长缓慢的娱乐业和工业平台；在同一时期，通用电气公司发展了 800 亿美元的新业务，在生命科学、医疗信息技术、金融服务业务和有线节目制作等高增长领域进行了投资。2004 年，通用电气公司服务业收入占总收入的比重上升到了 63.32%；2007 年之前的 25 年中，通用电气的平均利润增长率为 11%，2007 年的增长率为 16%；在雷曼兄弟等投资银行倒闭、通用汽车公司等大企业严重亏损的背景下，通用电气在 2008 年仍然能够取得 180 亿美元左右的盈利。从制造业到服务业的多样化、相互融合的业务赋予了通用电气巨大的战略灵活性，通用电气实现了高效成长。

## 3. 公共服务平台、企业间协作平台、供应链管理平台等支撑制造业专业服务的发展

公共服务平台、企业间协作平台、供应链管理平台发展是支撑制造业专业服务的必要基础，同时又为企业提供主要发展机遇，IBM 从硬件制造、软件开发，向系统集成商转型以及整体解决方案的信息集成服务商转型。德国 SAP 为企业提供系统集成、运行、管理和维护的整体解决方案，并包括全球化、专业化的全面售后服务，保持企业信息系统无故障快速运行，使其发挥最佳效能。Exostar 是世界上最大的基于互联网的航天及国防系统信息化公共服务平台，向波音、洛马、英宇航、罗尔斯－罗伊斯等公司的提供采办交易服务和供应链管理，通过信息技术构建的 Exostar 平台至 2002 年底注册供应商已超过 12 000 个，买方近 70 个，已完成了超过 20 亿美元的交易额，平均节省采办成本超过 18%，大大缩短了产品交货期。

### 12.4.3　云制造

#### 1. 云制造概念

云制造是一种利用网络、云制造服务平台，按用户需求组织网上制造资源（制造云），为用户提供各类按需制造服务的一种面向服务的网络化制造新模式。

"云制造技术"将现有网络化制造与服务技术与云计算、云安全、高性能计算、物联网等技术融合，以实现各类制造资源（制造硬设备、计算系统、软件、模型、数据、知识等）统一的、集中的智能化管理和经营，为制造全生命周期过程提供可随时获取的、按需使用的、安全可靠的、优质廉价的各类制造活动服务。

云制造是云计算和物联网等技术与我国制造业发展需求相结合所催生的先进制造新模式，作为服务型制造的一种崭新的业务形态，通过提供主动、全方位的制造资源和制造能力服务，将支撑我国制造企业破解发展困局，实现升级转型。

#### 2. 云制造的内涵与特点

云制造将各类制造资源虚拟化和制造能力服务化，提供面向制造企业的主动（active）、敏捷（agile）、聚合（aggregative）、全方位（all-aspects）的制造资源和制造能力服务，实现制造资源广域互联和按需共享。

云制造的核心是构建整合制造企业所需的各种软硬件制造资源并提供 4A 服务的云制造服务平台。制造企业向云制造服务平台提出产品设计、制造、试验、管理等产品全生命周期过程各类业务与资源服务请求。云制造服务平台则在云制造资源中进行高效查找、智能匹配、推荐和执行服务。

云制造特点主要体现在：资源整合：将分散的制造资源（如软件、数据、计算、加工、检测等）集中起来，形成逻辑上统一的资源整体，提高资源利用率、节省投资，极大地超越了单个资源的能力极限。高效服务：用户可以像使用"水、电、煤气"一样方便、快捷的使用统一、标准、规范的制造服务，将极大地提升资源应用的综合效能。多方共赢：资源的拥有者可以通过资源服务来获利，实现资源优化分配；用户是云制造的最大获益者。

### 12.4.4　智能制造技术[①]

#### 1. 智能制造概念

1988 年，赖特和伯恩出版了智能制造研究领域的首本专著《智能制造》，他

---

① 郭琼主编：《先进制造技术》，机械工业出版社 2017 年版，第 184 ~ 189 页。

们在这本书中提出智能机床的设想。采用拟人化的方法将智能机床制成能模仿熟练机械师技能的加工机器，根据给定的输入，自动完成加工任务，并输出所希望的产品。智能机床与熟练机械师操作普通机床具有同样的功能，因而具有智能。智能机床具有目标理解、信息感知、通信、适应控制等功能。

它是发挥人的创造能力和具有人的智能的制造系统，制造工作者认为它是当前制造系统发展的最高阶段，展现了与人类智能行为相关的特性，如理解语言、学习能力、逻辑推理和解决问题等能力，能够深入了解人脑活动机理，取代人的部分脑力劳动，强调企业的自组织能力。

### 2. 智能制造系统组成

智能制造系统（intelligent manufacturing system，IMS）是指基于智能制造技术，综合运用人工智能技术、信息技术、自动化技术、制造技术、并行工程、生命科学、现代管理技术和系统工程理论方法，在国际标准化和互换性的基础上，使得制造系统中的经营决策、产品设计、生产规划、制造装配和质量保证等各个子系统分别实现智能化的网络集成的高度自动化制造系统，即智能制造系统。

### 3. 智能制造系统架构

智能制造体现了信息技术和工业技术的深度融合，是"中国制造2025"的主攻方向。但对于智能制造这样一个复杂的系统而言，需要一个相对复杂的系统构架来概括和凝练其主要环节和核心技术。智能制造系统架构从生命周期、系统层级和智能功能三个维度构建：

（1）生命周期。生命周期是由设计、生产、物流、销售、服务等一系列相互联系的价值创造活动组成的链式集合。生命周期中各项活动相互关联、相互影响。

不同行业的生命周期构成不尽相同。当传统的产品变成智能产品以后，它不仅体现在消费者使用时的智能性，也体现在生命周期中。例如，通过RFID技术记录产品从设计到服务整个过程的信息，通过网络自动跟踪每一件货物的去向等。

（2）系统层级。系统层级自下而上共五个层级，分别为设备层级、控制层级、车间层级、企业层级和协同层级。

①设备层级包括传感器、仪器仪表、条码、射频识别、机器、机械和装置等，是企业进行生产活动的物质技术基础。

②控制层级包括可编程序控制器（programmable logic controller，PLC）、数据采集与监视控制系统（supervisory control and data acquistion，SCADA）、分布式控制系统（distribu－ted control system，DCS）和现场总线控制系统等。

③车间层级实现面向工厂／车间的生产管理，包括制造执行系统（manufac-turing execu－tion system，MES）等。

④企业层级实现面向企业的经营管理，包括企业资源计划（ERP）系统、产

品生命周期管理（PLM）系统、供应链管理（supply chain management，SCM）系统和客户关系管理（customer relationship management，CRM）系统等。

⑤协同层级由产业链上不同企业通过互联网共享信息实现协同研发、智能生产、精准物流和智能服务等。

（3）智能功能。智能功能包括资源要素、系统集成、互联互通、信息融合和新兴业态五层。

①资源要素包括设计施工图样、产品工艺文件、原材料、制造设备、生产车间和工厂等物理实体，也包括电力、燃气等能源及相关人员等。

②系统集成是指通过二维码、射频识别、软件等信息技术集成原材料、零部件、能源、设备等各种制造资源，由小到大实现从智能装备到智能生产单元、智能生产线、数字化车间、智能工厂，乃至智能制造系统集成。

③互联互通是指通过有线、无线等通信技术，实现机器之间、机器与控制系统之间、企业之间的互联互通。

④信息融合是指在系统集成和通信的基础上，利用云计算、大数据等新一代信息技术，在保障信息安全的前提下，实现信息协同共享。

⑤新兴业态包括个性化定制、远程运维和工业云等服务型制造模式。

智能制造系统架构通过三个维度展示了智能制造的全貌。智能制造的产品生命周期与传统制造业是类似的，但是在设计等环节与传统制造业相比增加了企业间的协同合作，实现了水平集成；系统层级从设备到企业的四个环节与传统制造业企业也是类似的，只是每个环节的内涵和外延都有了相应的扩展。另外，协同是智能制造相对传统制造的一个新的特点；智能功能维度则是使产品和工厂更加数字化、网络化、智能化的一系列信息技术的集中体现。整个智能制造系统架构体现了工业化与信息化的深度融合。

## 12.4.5　大数据技术[①]

### 1. 大数据概念

对于"大数据"（big data）研究机构 Gartner 给出了这样的定义。"大数据"是需要新处理模式才能具有更强的决策力、洞察发现力和流程优化能力的海量、高增长率和多样化的信息资产。大数据技术的战略意义不在于掌握庞大的数据信息，而在于对这些含有意义的数据进行专业化处理。换言之，如果把大数据比作一种产业，那么这种产业实现盈利的关键，在于提高对数据的"加工能力"，通过"加工"实现数据的"增值"。

从技术上看，大数据与云计算的关系就像一枚硬币的正反面一样密不可分。大数据必然无法用单台的计算机进行处理，必须采用分布式架构。它的特色在于

---

① http：//baike. baidu. com/subview/6954399/13647476. htm？ fr = aladdin.

对海量数据进行分布式数据挖掘，但它必须依托云计算的分布式处理、分布式数据库和云存储、虚拟化技术（IaaS）。

大数据需要特殊的技术，以有效地对海量数据进行存储和分析。适用于大数据的技术，包括大规模并行处理（MPP）数据库、数据挖掘电网、分布式文件系统、分布式数据库、云计算平台、互联网和可扩展的存储系统。

想要系统地认知大数据，必须要全面而细致地分解它，本书着手从三个层面来展开：

第一层面是理论，理论是认知的必经途径，也是被广泛认同和传播的基线。在这里从大数据的特征定义理解行业对大数据的整体描绘和定性；从对大数据价值的探讨来深入解析大数据的珍贵所在；洞悉大数据的发展趋势；从大数据隐私这个特别而重要的视角审视人和数据之间的长久博弈。

第二层面是技术，技术是大数据价值体现的手段和前进的基石。在这里分别从云计算、分布式处理技术、存储技术和感知技术的发展来说明大数据从采集、处理、存储到形成结果的整个过程。

第三层面是实践，实践是大数据的最终价值体现。在这里分别从互联网的大数据、政府的大数据、企业的大数据和个人的大数据四个方面来描绘大数据已经展现的美好景象和即将实现的蓝图。

## 2. 大数据作用

首先是变革价值的力量，数据的价值在于将正确的信息在正确的时间交付到正确的人手中。未来将属于那些能够驾驭所拥有数据的公司，这些数据与公司自身的业务和客户相关，通过对数据的利用，发现新的洞见，帮助他们找出竞争优势。

其次是变革经济的力量，生产者是有价值的，消费者是价值的意义所在。有意义的才有价值，消费者不认同的，就卖不出去，就实现不了价值；只有消费者认同的，才卖得出去，才实现得了价值。大数据帮助我们从消费者这个源头识别意义，从而帮助生产者实现价值。这就是启动内需的原理。

最后是变革组织的力量，随着具有语义网特征的数据基础设施和数据资源发展起来，组织的变革就越来越显得不可避免。大数据将推动网络结构产生无组织的组织力量。最先反映这种结构特点的，是各种各样去中心化的 Web2.0 应用，如 RSS、维基、博客等。大数据之所以成为时代变革力量，在于它通过追随意义而获得智慧。

## 3. 大数据用途

大数据可分成大数据技术、大数据工程、大数据科学和大数据应用等领域。目前人们谈论最多的是大数据技术和大数据应用。工程和科学问题尚未被重视。大数据工程指大数据的规划建设运营管理的系统工程；大数据科学关注大数据网络发展和运营过程中发现和验证大数据的规律及其与自然和社会活动之间的关系。

物联网、云计算、移动互联网、车联网、手机、平板电脑、PC 以及遍布地球各个角落的各种各样的传感器，无一不是数据来源或者承载的方式。

有些例子包括网络日志，RFID，传感器网络，社会网络，社会数据（由于数据革命的社会），互联网文本和文件；互联网搜索索引；呼叫详细记录，天文学，大气科学，基因组学，生物地球化学，生物，和其他复杂和/或跨学科的科研，军事侦察，医疗记录；摄影档案馆视频档案；大规模的电子商务。

### 4. 发展前景

大数据的意义是由人类日益普及的网络行为所伴生的，被相关部门、企业采集的，蕴含数据生产者真实意图、喜好的，非传统结构和意义的数据。

借着大数据时代的热潮，微软公司生产了一款数据驱动的软件，主要是为工程建设节约资源提高效率。在这个过程里可以为世界节约 40% 的能源。抛开这个软件的前景不看，从微软团队致力于研究开始，可以看出他们的目标不仅是为了节约能源，而且更加关注智能化运营。通过跟踪取暖器、空调、风扇以及灯光等积累下来的超大量数据，捕捉如何杜绝能源浪费。"给我提供一些数据，我就能做一些改变。如果给我提供所有数据，我就能拯救世界。"微软史密斯这样说。而智能建筑正是他的团队专注的事情。

从海量数据中"提纯"出有用的信息，这对网络架构和数据处理能力而言也是巨大的挑战。在经历了几年的批判、质疑、讨论、炒作之后，大数据终于迎来了属于它的时代。2012 年 3 月 22 日，奥巴马政府宣布投资 2 亿美元拉动大数据相关产业发展，将"大数据战略"上升为国家战略。奥巴马政府甚至将大数据定义为"未来的新石油"。

### 5. 八个典型的大数据应用案例[①]

1. 梅西百货的实时定价机制。根据需求和库存的情况，该公司基于 SAS 的系统对多达 7 300 万种货品进行实时调价。

2. Tipp24 AG 针对欧洲博彩业构建的下注和预测平台。该公司用 KXEN 软件来分析数十亿计的交易以及客户的特性，然后通过预测模型对特定用户进行动态的营销活动。这项举措减少了 90% 的预测模型构建时间。SAP 公司正在试图收购 KXEN。

3. 沃尔玛的搜索。这家零售业寡头为其网站 Walmart. com 自行设计了最新的搜索引擎 Polaris，利用语义数据进行文本分析、机器学习和同义词挖掘等。根据沃尔玛的说法，语义搜索技术的运用使得在线购物的完成率提升了 10% 到 15%，这就意味着数十亿美元的金额。

4. 快餐业的视频分析。该公司通过视频分析等候队列的长度，然后自动变

---

① 资料来源：搜狐科技，http://it.sohu.com/20140107/n393108255.shtml，2014 年 1 月 7 日。

化电子菜单显示的内容。如果队列较长，则显示可以快速供给的食物；如果队列较短，则显示那些利润较高但准备时间相对长的食品。

5. Morton 牛排店的品牌认知。当一位顾客开玩笑地通过推特向这家位于芝加哥的牛排连锁店订餐送到纽约 Newark 机场（他将在一天工作之后抵达该处）时，Morton 就开始了自己的社交秀。首先，分析推特数据，发现该顾客是本店的常客，也是推特的常用者。根据客户以往的订单，推测出其所乘的航班，然后派出一位身着燕尾服的侍者为客户提供晚餐。

6. PredPol Inc.。PredPol 公司通过与洛杉矶和圣克鲁斯的警方以及一群研究人员合作，基于地震预测算法的变体和犯罪数据来预测犯罪发生的概率，可以精确到 500 平方英尺的范围内。在洛杉矶运用该算法的地区，盗窃罪和暴力犯罪分别下降了 33% 和 21%。

7. Tesco PLC（特易购）和运营效率。这家超市连锁在其数据仓库中收集了700 万部冰箱的数据。通过对这些数据的分析，进行更全面的监控并进行主动的维修以降低整体能耗。

8. American Express（美国运通，AmEx）和商业智能。以往，AmEx 只能实现事后诸葛式的报告和滞后的预测，传统的 BI 已经无法满足业务发展的需要。于是，AmEx 开始构建真正能够预测忠诚度的模型，基于历史交易数据，用 115个变量来进行分析预测。该公司表示，对于澳大利亚将于之后 4 个月中流失的客户，已经能够识别出其中的 24%。

## 【本章小结】

生产运作方式对生产运作职能发挥起着巨大作用，每一次生产运作方式变革都对会企业生存和发展产生深远的影响，每一次生产运作方式发展都伴随技术创新和管理进步。从第一阶段的手工单件生产方式到第二阶段的大批量重复生产方式，再到第三阶段的精益生产方式，正是蒸汽机、电机的应用，延伸了人的体力劳动，催生了工业革命，使人类社会通过工业化从农业社会发展到工业社会。在以 JIT 生产方式为代表的日本式生产方式在西方发达国家及发展中国家应用情况的基础上，于 1990 年提出的一种比较完整的生产经营管理理论。精益生产方式则把"无止境地追求完美"作为经营目标，追求在产品质量、成本和服务方面的不断完善。

第四阶段的信息化集成制造供应链运作方式，是以计算机为核心的现代信息技术的应用，则延伸了人的脑力劳动，引发了新的工业革命，使人类社会通过信息化从工业社会发展到信息社会。信息技术促使工业产品知识化，制造业信息化；产品信息化、设计制造过程信息化、管理信息化、资源信息化、服务信息化。信息技术推动了新技术经济体系的形成，产生了新的生产管理和组织形式，形成了当代最先进的生产力，为制造业注入了新的活力，增强了制造业的技术创新和管理创新能力。信息技术促进了经济全球化与制造全球化，信息技术促进了敏捷制造的发展，形成了以虚拟制造和动态联盟为特征的新型制造模式。网络技术促进了全球化制造的发展，引发了制造业的重新分工和资源的重新配置。计算机技术促进设计制造数字化，提高了产品创新能力，缩短了设计周期，降低了产品开发成本。电子商务技术促进了全球化采购/销售，降低了采购与销售成本，提高了服务质量。

## 【延伸阅读】

①http：//www. leanchina. cn。
②http：//services. consulting‒china. cn。

## 【复习思考题】

1. 简述 JIT 的出发点，它与传统生产方式有何区别？
2. 精益生产的基本思想是什么？
3. 何谓敏捷制造？
4. 何谓大规模定制？
5. 简述生产运作发展各个阶段特征。
6. 简述生产运作方式新发展。
7. 谈谈信息化在生产运作方式发展中的作用。
8. 简述大数据技术对生产运作方式发展的影响。

## 【本章案例】

### 从"中国制造 2025"中能读出什么？

在今年的政府工作报告中，李克强总理针对产业发展提到了一个新概念：要实施"中国制造 2025"。究竟什么是"中国制造 2025"，可能社会各界还不太熟悉。在 4 日的全国政协分组讨论中，全国政协财经委员会副主任、工信部原部长李毅中透露，目前工信部与工程院正在制定中国制造 2025 年规划，很快要上报国务院。如此看来，即将出台的"中国制造 2025"将对中国制造业的未来发展起到举足轻重的"路线图"作用，只不过具体内容还未最后落定并对外公布。

从世界范围来看，工业 4.0 概念引领了全世界制造业的发展方向。其强调的工业化和智能化融合发展道路，已被我国一些制造业发达的地区率先借鉴。中国要从"制造业大国"向"制造业强国"迈进，当然不能在这一波全球性的产业革命中落后。

而从中国自身来看，随着劳动力价格要素的上升，人口结构的变化，过去那种低质低价的"中国制造"形态必须要向中高端转型。与此同时，随着城镇化的推进以及国民消费能力的上升，中国国内市场对于高端消费品的需求正在不断提升。不久前，"赴日抢购马桶盖"成为热点话题，有些人从这一现象中看到了从"中国制造"到"中国智造"还有很多短板需要补强，但这一现象背后国人消费需求层次的提升和消费意愿的增强则很容易被人忽视。从产业发展规律来看，生产往往是滞后于需求的，当下国人消费需求的提升，更应看成是推动我国制造业转型的有利东风。只有市场需要高端产品，企业家才有动力将其千方百计生产出来。以此观之，当下提出"中国制造2025"的内外部条件，都已成熟。

那么，制造业要变，究竟怎么变？从"中国制造2025"的提法中，也可以读出一些信息。首先，制造业的提升不会是一个短期工程，将年限定在了十年之后的2025年，提醒地方政府和企业家要对制造业转型的长期性和艰巨性有思想准备。要实现这一罕见的"十年计划"，打一场"持久战"不可避免。另一方面，强调"中国制造"，意味着不能用完完全全的"拿来主义"对待工业4.0，将外国的具体做法原封不动地复制在中国制造业上。德国是一个制造业积淀深厚、科技创新能力突出的老牌工业国家，而中国的制造业发展速度虽然冠绝全球，但论技术含量、人才数量、企业类型，都有非常大的区别。囫囵吞枣，只会落得"消化不良"。因此，我们有理由期待"中国制造2025"是一部"接地气"的规划，立足于中国制造业的具体实际，研究的是中国制造业的具体问题。

尽管"中国制造2025"的具体内容还未公布，但其中的主线一定是加强创新驱动。这又涉及方方面面的问题，从财税政策到人才教育，从产学研结合到企业融资。"创新驱动"虽然只有短短四字，但在"中国制造2025"的宏伟计划下，必将大有文章可做。

（资料来源：大洋网－广州日报，http：//www.dayoo.com，2015年3月6日）

## 【问题与讨论】

1. 从"中国制造"到"中国智造"还有哪些短板需要补强？
2. "中国制造2025"与工业4.0有哪些相同点和不同点？

# 主要参考文献

1. 蔡斯等著，任建标译：《运营管理》（原书第 11 版），机械工业出版社 2007 年版。

2. 陈荣秋、马士华编著：《生产运作管理》，机械工业出版社 2013 年版。

3. http：//finance. sina. com. cn/roll/20101016/08453482753. shtml.

4. 迈克尔·波特（Michael E. Porter）著，陈小悦译：《竞争战略》，华夏出版社 1997 年版。

5. 马克·M. 戴维斯（Mark M. Davis）、尼古拉斯·J. 阿圭拉诺（Nicholas J. Aquilano）、理查德·B. 蔡斯（Richard B. Chase）著，汪蓉译：《运营管理基础》（第 4 版），机械工业出版社 2004 年版。

6. 罗杰·G. 施罗德（Roger G. Schroeder）著，任建标译：《施罗德运营管理》（第 4 版），中国人民大学出版社 2009 年版。

7. 杰伊·海泽（Jay Heizer）、巴里·伦德尔（Barry Render）著，寿涌毅译：《运作管理原理》（第 6 版），北京大学出版社 2010 年版。

8. 雷达：《生产与运作管理》，上海交通大学出版社 2012 年版。

9. 王永贵、贾鹤编著：《产品开发与管理：案例·点评·分析》，北京师范大学出版社 2008 年版。

10. 金涛等：《产品设计开发》，海洋出版社 2010 年版。

11. 朱少军：《工艺管理简单讲》，广东经济出版社 2006 年版。

12. 蔺雷、吴贵生：《服务管理》，清华大学出版社 2008 年版。

13. 科利尔、埃文斯著，马风才译：《运营管理》，机械工业出版社 2011 年版。

14. 克拉耶夫斯基（Krajewski, L. J.）、里茨曼（Ritzman, L. P.）著，刘晋、向佐春译：《运营管理——流程与价值链》（第 7 版），人民邮电出版社 2007 年版。

15. 谢勤龙：《供应链战争》，机械工业出版社 2010 年版。

16. 马士华、林勇：《供应链管理》，机械工业出版社 2010 年版。

17. 陈志祥：《生产与运作管理》（第 2 版），机械工业出版社 2014 年版。

18. 何吉涛、秦廷奎、朱王奇、张燕：《供应链管理：理论、难点与案例》，人民邮电出版社 2013 年版。

19. 李军、孟春华：《工作研究用于生产线再设计：案例研究》，载于《工业经济》2009 年第 4 期。

20. 雅各布斯、蔡斯著，任建标译：《运营管理》（原书第 13 版），机械工业出版社 2011 年版。

21. 斯莱克等著，钟含春等译：《运营管理》（第 6 版），中国市场出版社 2012 年版。

22. 许淑君编著：《运营管理》，中国人民大学出版社 2013 年版。

23. 陈志祥：《生产运作管理教程》，清华大学出版社 2010 年版。

24. 申元月、张鸿萍：《生产运作管理》，山东人民出版社 2005 年版。

25. 李环祖：《生产计划与控制》，中国科学技术出版社 2008 年版。

26. 张群：《生产与运作管理》，机械工业出版社 2014 年版。

27. 威廉·J. 史蒂文森（William J. Stevenson）著，张群、张杰、马风才：《运营管理》（第 12 版），机械工业出版社 2016 年版。

28. 理查德·蔡斯（Richard B. Chase）、罗伯特·雅各布斯（F. Robert Jacobs）著，陈荣秋等译：《运作管理》（第 3 版），中国人民大学出版社 2014 年版。

29. 詹姆斯·A. 菲茨西蒙斯（James A. Fitzimmons）、莫娜·G. 菲茨西蒙斯（Mona G. Fitzimmons）著，张金成、范秀成、杨坤译：《服务管理》（第 7 版），机械工业出版社 2013 年版。

30. 杰拉德·卡桑（Gerard Cachon）、克里斯蒂安·特维施（Christian Terwiesch）著，任建标译：《运营管理》（第 2 版），中国人民大学出版社 2013 年版。

31. 威廉·史蒂文森（William J. Stevenson）著，张群、张杰、马风才译：《运营管理》（第 11 版），机械工业出版社 2012 年版。

32. 韩之俊等编著：《质量管理》（第三版），科学出版社 2011 年版。

33. 洪生伟：《质量管理》（第六版），中国计量出版社 2012 年版。

34. 苏秦等编著：《质量管理》，中国人民大学出版社 2011 年版。

35. 谢建华：《质量管理体系 ISO9001&TS16949 最新应用实务》，中国经济出版社 2013 年版。